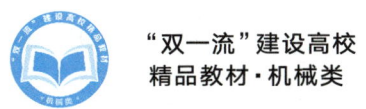
"双一流"建设高校
精品教材·机械类

机械设计基础

第三版

贾艳辉 罗彦茹 主编

中国教育出版传媒集团
高等教育出版社·北京

内容提要

本书是在前两版的基础上,根据新工科建设的要求及最新国家标准修订而成的,可作为理工科机械类及近机类各专业 60 学时左右的机械设计基础课程教材。

全书分为机构设计、机械传动、支撑与连接、机械精度设计四篇,共 13 章,主要介绍常用机构的工作原理和设计方法、机械零部件的工程应用和设计方法及精度设计的基础知识。本书每章都附有适量的思考题及设计题目,书后附录给出了常用的标准及规范。

图书在版编目(CIP)数据

机械设计基础 / 贾艳辉,罗彦茹主编. -- 3 版.
北京:高等教育出版社,2025.8. -- ISBN 978 - 7 - 04 - 064660 - 3

Ⅰ. TH122

中国国家版本馆 CIP 数据核字第 2025D503C4 号

Jixie Sheji Jichu

策划编辑	卢 广	责任编辑	周 正	封面设计	李树龙	版式设计	董思含	于 婕
责任绘图	黄云燕	责任校对	张 薇	责任印制	高 峰			

出版发行	高等教育出版社	网　址	http://www.hep.edu.cn
社　址	北京市西城区德外大街 4 号		http://www.hep.com.cn
邮政编码	100120	网上订购	http://www.hepmall.com.cn
印　刷	山东新华印务有限公司		http://www.hepmall.com
开　本	787mm×1092mm　1/16		http://www.hepmall.cn
印　张	16.75	版　次	2008 年 5 月第 1 版
字　数	420 千字		2025 年 8 月第 3 版
购书热线	010-58581118	印　次	2025 年 8 月第 1 次印刷
咨询电话	400-810-0598	定　价	45.00 元

本书如有缺页、倒页、脱页等质量问题,请到所购图书销售部门联系调换
版权所有　侵权必究
物　料　号　64660-00

新形态教材网使用说明

机械设计基础
（第三版）

贾艳辉　罗彦茹　主编

计算机访问：

1　计算机访问https://abooks.hep.com.cn/122693100。

2　注册并登录，进入"个人中心"，点击"绑定防伪码"，输入图书封底防伪码（20位密码，刮开涂层可见），完成课程绑定。

3　在"个人中心"→"我的学习"中选择本书，开始学习。

手机访问：

1　手机微信扫描下方二维码。

2　注册并登录后，点击"扫码"按钮，使用"扫码绑图书"功能或者输入图书封底防伪码（20位密码，刮开涂层可见），完成课程绑定。

3　在"个人中心"→"我的图书"中选择本书，开始学习。

　受硬件限制，部分内容无法在手机端显示，请按提示通过计算机访问学习。

　如有使用问题，请直接在页面点击答疑图标进行问题咨询。

扫描二维码
访问新形态教材网

https://abooks.hep.com.cn/122693100

第三版前言

本书是吉林大学国家级机械基础实验教学中心组织编写的机械基础系列课程教材之一,是在第二版的基础上,参考教育部高等学校机械基础课程教学指导分委员会制订的《机械设计课程教学基本要求》,结合近几年的教学实践及读者的建议修订而成的。

本书仍坚持上一版"少而精"的原则,在内容上减少理论推导,适度扩展知识领域,保证机械设计知识体系的完整性。为增强内容的逻辑性并适应不同专业的使用要求,本次修订按机械设计的一般过程将教材主体内容划分为四篇,分别为机构设计篇、机械传动篇、支撑与连接篇和精度设计篇。每篇前都有内容提要,介绍本篇的主要内容及与前后篇章的关系;另外,还对部分章节内容进行补充和删减,删除了弹簧、机械调速与平衡等内容,在第四篇增加机械精度设计内容,更正了第二版中的疏漏和错误,对一些图表也进行必要的更新和修正。

为便于教师教学和学生自学使用,本书配有丰富的数字化资源,可扫描书中的二维码进行查看。

本书由贾艳辉、罗彦茹担任主编,参加修订工作的有:贾艳辉(第1、6、11章),罗彦茹(第2、3、4、12、13章),李晓韬(第5、7章),王顺(第8、9、10章)。

吉林大学王聪慧教授审阅本书,提出了很多宝贵意见和建议,在此表示诚挚的谢意。在本书的修订过程中,得到了吉林大学机械原理与设计教研室教师们的支持和帮助,在此表示衷心感谢。

由于编者水平有限,书中难免存在不妥之处,敬请广大读者批评指正。编者邮箱:jiayh@jlu.edu.cn

编　者
2025 年 3 月

第二版前言

　　本书是吉林大学国家工科机械基础教学基地组织编写的机械基础系列课程教材之一,是在第一版基础上并参考教育部高等学校机械基础课程教学指导分委员会制订的《机械设计基础课程教学基本要求》编写的,可作为高等学校理工科非机械类(测控技术与仪器、自动化、电气工程及其自动化、管理科学与工程、食品科学与工程、物流工程等)专业60学时左右的机械设计基础课程教材,也可供近机械类专业参考和选用。

　　本书借鉴国外先进教材体系,在内容的安排和取舍上减少理论推导,增强工程知识,适度扩展知识领域,体现少而精的原则。

　　除绪论外,每章都附有适量的思考题及设计题目,书后附录给出了常用的标准和规范。

　　鉴于非机械类专业大多不独立开设工程材料、公差与配合、机械制造基础课程,本书简要介绍了有关方面的基本知识。本课程的先修课程应该有工程图学、工程力学等,它们与本课程一起构成了理工科非机械类专业机械工程基础知识体系。

　　本书由贾艳辉主编,参加本书编写的有:贾艳辉(第1、7、8章,第2章2.1、2.3),卢秀泉(第3、4、5章),李晓韬(第6章),罗彦茹(第9、10、11、12章),张起勋(第13、14章,第2章2.2).

　　吉林省教学名师、吉林大学博士生导师谭庆昌教授认真审阅了本书,对本书的编写体系和内容提出了许多宝贵的建议,编者在此表示衷心的感谢。

　　欢迎读者对书中不妥之处批评指正。

编　者

2014 年 5 月于吉林大学

目　　录

第 1 章

绪 论

1.1 本课程的研究对象和内容

人类通过长期的生产实践逐渐创造了类型繁多、功能各异的机器,如缝纫机、洗衣机、自行车、汽车、机床、机器人等。

图 1-1 所示为单缸内燃机,它由气缸体 1、曲轴 2、连杆 3、活塞 4、进气阀 5、排气阀 6、顶杆 7、凸轮 8、齿轮 9 和 10 等组成。燃气推动活塞往复移动,经过连杆转变为曲轴的连续转动,将燃气的热能转变成机械能。

图 1-2 所示为颚式矿石破碎机,当电动机驱动轮子绕固定轴 A 转动时,通过轮子上的偏心销 B 和连杆 BC 使动颚板绕 D 点往复摆动,改变与固定颚板之间的空间,轧碎两板之间的矿石。

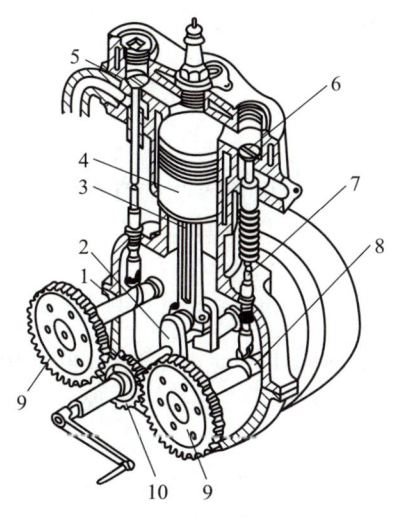

图 1-1 单缸内燃机

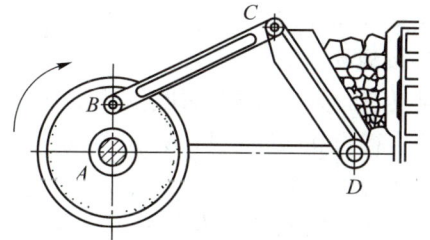

图 1-2 颚式矿石破碎机

从以上两例可以看出,尽管机器的构造、用途和性能各不相同,但都有以下一些共同的特征:

(1) 是人为实体的组合体;

(2) 各实体之间具有确定的相对运动;

(3) 能完成有用的机械功或转换机械能。

具有以上三个特征的实体组合体称为机器,仅有前两个特征的称为机构。一部机器可以由

1

多个机构组成,如内燃机中曲轴、连杆、活塞和气缸体组成曲柄滑块机构,曲轴称为曲柄,活塞即滑块,将活塞的往复移动转变为曲轴的连续转动;凸轮、顶杆和气缸体组成凸轮机构,将凸轮的连续转动转变为顶杆的往复移动;齿轮机构用来保证曲轴与凸轮之间的传动比。一部机器也可能只含一个机构,如颚式矿石破碎机就只含一个曲柄摇杆机构。机构在机器中起着改变运动形式、改变速度大小或改变运动方向的作用。若撇开机器在做功和能量转换方面起的作用,仅从结构和运动的观点来看,机器和机构并无区别。工程实际中用"机械"作为机器和机构的总称。

机器中普遍使用的机构称为常用机构,如连杆机构、凸轮机构、齿轮机构等。组成机构的各个相对运动部分称为构件。构件可以是单一的整体,也可以是几个零件的刚性组合,如内燃机中的连杆,它是由连杆体、连杆盖、螺栓等几个零件组成的刚性结构,是一个构件。由此可知,构件是运动单元,零件是制造单元。另外,通常把为完成共同任务而结合起来的一组零件称为部件,部件是装配单元,如滚动轴承、联轴器等。

机器中的零件可分两大类,在各种机械中都经常使用的零件称为通用零件,如螺栓、轴、齿轮、滚动轴承、弹簧等。只出现在某些专用机械中的零件称为专用零件,如农机中的犁铧、装载机的铲斗等。

机械设计基础课程主要研究机械中常用机构和通用零件的工作原理、结构特点、基本设计理论和计算方法。这些常用机构和通用零部件构成了机器的主体。通过本课程的学习,学生可以掌握常用机构的工作原理和运动、动力特性,掌握通用零、部件选用和设计的基本知识,具有分析一般机器的组成、工作原理和设计机械传动装置、简单机械的基本能力。

1.2　机械设计的基本要求和一般程序

1.2.1　机械设计的基本要求

机械设计的核心工作是创造和设计出可实现预期功能的新机器或改进原有机器的性能。不论机器的类型和工作原理如何,一般来说,总会对机器提出以下基本要求,设计工作也是围绕如何实现这些要求展开的。

1. 使用功能要求

机器应具有预期的使用功能,这主要靠正确选择机器的工作原理,正确设计或选用能够实现功能要求的执行机构、传动机构和原动机,以及合理配置必要的辅助系统来实现。

2. 工作可靠性要求

为使机器在预定的使用寿命内可靠地工作,组成机器的各个零、部件都需在使用期限内正常工作,由此对零、部件设计提出了工作能力要求。机器工作的可靠性还与机器的制造、管理、维护等有关。

3. 经济性要求

机器的经济性体现在设计、制造和使用的全过程中。提高设计和制造经济性指标的主要途径有:采用先进的现代设计方法,使设计参数最优化,加快设计进度,降低设计成本;最大限度地采用标准化、系列化的零、部件;尽可能采用新技术、新工艺、新结构和新材料;降低管理、维护费用等。

4. 劳动保护要求

劳动保护要求关注机器的操作方便和安全性。应尽可能减少操作手柄的数量,操作手柄及按钮等都应放置在便于操作的位置;合理地规定操作时的驱动力,操作方式要符合人们的心理和习惯;设置完善的安全防护装置、报警装置、显示装置等。另外,所设计的机器应符合劳动保护法规的要求。

5. 环境保护要求

任何机器的设计都应符合国家各种环境保护法律、法规的要求。如在设计方案上考虑降低机器的工作噪声;防止有毒、有害介质渗漏,防止废水、废气的排放等。

6. 其他专用要求

对不同的机器,还要满足一些特有的要求。例如:对流动使用的机器(如钻探机械)要便于安装和拆卸;对大型机器要便于运输;对食品、医药机械要防止污染产品等。

机器各项要求的满足,是以组成机器的零件的设计和制造为前提的。因此,对机构和零件的设计也要提出相应的要求。

1.2.2 机构和零件设计的基本要求

1. 机构设计的基本要求

(1)运动要求　机构应实现机器使用功能所提出的运动形式、运动特性等基本要求。

(2)动力要求　机构的动力参数应与机器的工作要求相匹配,具有效率高、速度波动小、平衡精度高、冲击振动小等良好的动力特性。

(3)可调性要求　为适应机器工作环境的变化,机构的运动参数、动力参数等要易于调节。

2. 零件设计的基本要求

零件是机器的制造单元。机构设计完成后只是得到机器的运动简图,只有通过零件设计方可获得用于加工制造的零件工作图及机械装配图。零件设计应满足的基本要求主要有以下几点。

(1)工作能力要求

机械零件由于某些原因不能正常工作的情形称为失效。在不发生失效的条件下,零件所能安全工作的限度称为工作能力。通常此限度是对载荷而言,所以习惯上又称为承载能力。机械零件种类繁多,工作条件各异,失效形式多样,常见的有:断裂,如轴、轮齿的断裂;过大的变形,如机床主轴的弹性变形、齿轮轮齿的塑性变形等;表面失效,相对运动的表面磨损(如滑动轴承的磨损)、点或线接触处的表面疲劳(如滚动轴承的疲劳点蚀)、面接触处的表面压溃(如键连接中键槽的压溃)等。除了有明显的破坏以致零件失效外,有时还因为破坏了正常工作条件而引起失效,如带传动因张紧不足出现的打滑、回转构件不平衡引起的振动或振动频率接近其固有频率产生共振等。为防止零件失效,设计时保证其工作能力所依据的基本原则称设计准则,当对应有具体计算式时,也称计算准则。机械零件设计的主要计算准则有:

1)强度准则　强度是指零件抵抗断裂、过大的塑性变形或表面疲劳破坏的能力。强度准则就是要求零件在预期的设计寿命内不发生上述的失效。其广义的表达式为

$$\sigma \leqslant [\sigma] \tag{1-1}$$

式中：σ 为零件的工作应力；$[\sigma]$ 为零件材料的许用应力，$[\sigma] = \dfrac{\sigma_{lim}}{S}$。极限应力 σ_{lim} 取决于零件的材料和应力的种类，安全系数 S 按零件设计要求选定。

2) 刚度准则　刚度是指零件抵抗弹性变形的能力。机械零件在工作时所产生的弹性变形不超过允许的限度，就称满足刚度准则。其广义的表达式为

$$y \leqslant [y] \tag{1-2}$$

式中：y 为零件的弹性变形；$[y]$ 为零件允许的弹性变形。

3) 耐磨性准则　耐磨性是指相互接触并有相对运动的零件工作表面抵抗磨损的能力。当零件的磨损量超过许用值后，零件的尺寸和形状会发生改变而不能正常工作，如齿轮的磨损、滑动轴承的磨损等。耐磨性准则就是要求零件在预期设计寿命内磨损量不超过允许值。但由于有关磨损的计算尚无简单可靠的理论公式，故一般采用条件性计算。一是验算接触面压强 p，以保证工作表面不产生过度磨损；二是对滑动速度 v 较大的摩擦表面，要验算 pv 值，以限制摩擦功耗，避免胶合。其表达式为

$$p \leqslant [p] \tag{1-3}$$

$$pv \leqslant [pv] \tag{1-4}$$

式中：$[p]$、$[pv]$ 分别为零件材料的许用压强和许用 pv 值。

4) 振动稳定性准则　轴系由于不平衡引起的振动，或在转速接近轴系临界转速时引起的共振，都会影响机器的正常工作。

轴和轴上零件的材质不均、加工和装配误差、零件形状的非对称性等会导致轴系质量偏心，回转时产生离心惯性力。因此，高速回转的轴系零件(也称转子)，应进行转子平衡。为避免共振，轴系的固有频率 f 要错开外界激振频率 f_p，通常应满足下列条件：

$$1.15f < f_p \quad \text{或} \quad 0.85f > f_p \tag{1-5}$$

设计时，根据零件的工作条件、载荷及应力状态、材料和结构等多种因素，分析其主要失效形式，确定计算准则，设计出零件的主要尺寸或参数。具体应用见后面各零件设计章节。

（2）结构工艺性要求

在满足使用功能的前提下，设计者应力求所设计的机械结构在既定的生产条件下，能够方便、经济地生产出来，且便于装配。因此，零件的结构工艺性应从毛坯成形、机械加工及装配等几个生产环节综合考虑。这方面已总结了大量可供参考的资料和实例，后面各章零件设计时也适量体现。

（3）经济性要求

每个零件的经济性构成了机器的经济性。零件的材料、结构、毛坯形式、精度等因素都影响零件的经济性。采用轻型的零件结构以降低材料消耗，采用廉价而供应充足的材料来代替贵重材料，采用少余量或无余量的毛坯以减少加工费用，大型零件采用组合结构来代替整体结构，选用适合的精度，尽可能采用标准化的零、部件来取代特殊加工的零、部件等，以上措施对提高零件的经济性都有效果。

3. 机械精度设计的要求

（1）功能要求　机械产品的不同功能及适用范围决定了其所需的精度等级不同。

（2）互换性要求　机械精度设计时应考虑零件的标准化和互换性，便于批量生产和更换。

4

（3）经济性要求　在满足功能要求的前提下尽量选择低的精度等级，以降低制造成本。

（4）检测性要求　应尽量使零件的尺寸和几何特性可以通过常规的检测方法进行验证。

1.2.3　机械设计的一般程序

机器的设计既是一个创造性的工作过程，同时也尽可能多地利用已有的成功经验。要把继承与创新结合起来才能设计出高质量的机器。一部完整的机器是一个复杂的技术系统，它的设计过程涉及许多方面。根据人们设计机器的长期经验，一部机器的设计程序基本上如表 1-1 所示。

表 1-1　机械设计的一般程序

设计的阶段	内　　　容	应完成的工作
计划	1. 根据市场需求或受用户委托，提出设计任务； 2. 进行可行性研究； 3. 编制设计任务书	提交可行性研究报告和设计任务书
方案设计	1. 进行机器方案设计； 2. 方案评价	提出最佳设计方案——原理图或机器运动简图
技术设计	1. 设计装配草图和部件装配草图； 2. 设计、绘制零件图； 3. 设计、绘制控制系统图和润滑系统图； 4. 完善装配图和部件装配图； 5. 编制计算说明书、使用说明书、工艺文件、外购件明细表等	提交机器总体设计图、机器装配图及部件装配图、零件图、技术资料
试制试验	通过试制、试验发现问题，加以改进	提出试制、试验报告，提交改进措施
投产以后	产品投产后，根据用户的意见、使用中发现的问题以及市场的变化，做相应的改进和更新设计	市场调查，发现问题，更新设计

1.3　机械零件的强度

保证机械零件具有合理的强度是零件设计的最基本原则。强度问题分为静应力强度和变应力强度（疲劳强度）两个范畴。

1.3.1　应力的种类

应力分为静应力和变应力。大小和方向不随时间变化的应力称为静应力，纯粹的静应力是不存在的，变化幅度很小或变化缓慢，可以看作静应力。随时间变化的应力为变应力，变应力种类繁多，其中随时间做周期性交替变化的，称为交变应力。本节只介绍与后续课程有关的几种典型交变应力，如表 1-2 所示。

表 1-2　几种典型的交变应力

循环类型	$\sigma-t$ 曲线	循环特征	σ_{max} 与 σ_{min}	σ_m 与 σ_a
对称循环		$r=-1$	$\sigma_{max}=-\sigma_{min}$	$\sigma_m=0$ $\sigma_a=\sigma_{max}$
脉动循环		$r=0$	$\sigma_{min}=0$ $\sigma_{max}>0$	$\sigma_m=\sigma_a=\dfrac{\sigma_{max}}{2}$
非对称循环		$-1<r<+1$	$\sigma_{max}=\sigma_m+\sigma_a$ $\sigma_{min}=\sigma_m-\sigma_a$	$\sigma_m=\dfrac{\sigma_{max}+\sigma_{min}}{2}$ $\sigma_a=\dfrac{\sigma_{max}-\sigma_{min}}{2}$
静应力		$r=+1$	$\sigma_{max}=\sigma_{min}$	$\sigma_a=0$ $\sigma_m=\sigma_{max}=\sigma_{min}$

如图 1-3 所示，表征变应力的参数有：最大应力 σ_{max}，最小应力 σ_{min}，平均应力 $\sigma_m=\dfrac{\sigma_{max}+\sigma_{min}}{2}$，应力幅 $\sigma_a=\dfrac{\sigma_{max}-\sigma_{min}}{2}$，循环特性 $r=\dfrac{\sigma_{min}}{\sigma_{max}}$。

循环特性为 r 的变应力表示为 σ_r。如用 σ_{-1} 表示循环特性 $r=-1$ 的对称循环变应力，用 σ_0 表示脉动循环变应力。图 8-2 所示的转动心轴，轴横截面边缘任意点处所受的弯曲应力即对称循环变应力；齿轮轮齿啮合过程中，齿面的接触应力是脉动循环变应力。

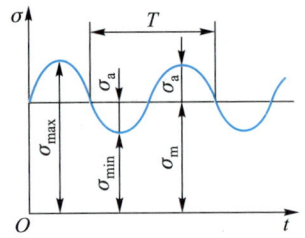

图 1-3　变应力参数

1.3.2　许用应力

1. 静应力下的许用应力

在静应力下，塑性材料零件的极限应力 σ_{lim} 取材料的屈服极限 σ_s[①]，故许用应力为

$$[\sigma]=\frac{\sigma_s}{S} \tag{1-6}$$

脆性材料零件的极限应力 σ_{lim} 取强度极限，许用应力为

$$[\sigma]=\frac{\sigma_b}{S} \tag{1-7}$$

---

① 国家标准 GB/T 228.1—2021 中规定了应力、抗拉强度、上屈服强度、下屈服强度等术语，分别采用了 R、R_m、R_{eH}、R_{eL} 等表示。由于在本课程的先学课程"材料力学"中仍采用旧国标中的 σ、σ_B、σ_s 表示应力、强度极限（或抗拉强度）和屈服极限（屈服极限一般对应下屈服强度）。所以为了课程的延续，本书采用材料力学中的符号和术语。

2. 变应力下的许用应力

变应力下零件的失效形式是疲劳断裂。疲劳断裂是损伤累积的过程,初期表现为零件的表面或表层产生微裂纹,随着应力循环次数增加,裂纹逐渐扩展,直至危险界面突然断裂。疲劳破坏是在应力低于强度极限,甚至低于屈服极限下发生的,所以疲劳破坏与静应力下的破坏性质完全不同。工程上,由于金属疲劳引起的零件失效占所有失效的 80% 以上,因此对于交变应力下工作的零件,进行疲劳强度计算是非常必要的。

变应力下,材料的极限应力 $\sigma_{\lim}$ 取材料的疲劳极限 σ_{rN}。如图 1-4 所示为通过疲劳试验得到的材料疲劳曲线,横坐标为应力循环次数 N,纵坐标为断裂时的循环应力 σ_{rN}。对于钢和铸铁等金属材料,当循环次数超过某一数值时 N_0 后,材料的极限应力基本保持不变,N_0 称为循环基数。对应 N_0 的极限应力用 σ_r 表示,称为材料的疲劳极限。当 $N < N_0$ 时,疲劳曲线可近似用方程表示:

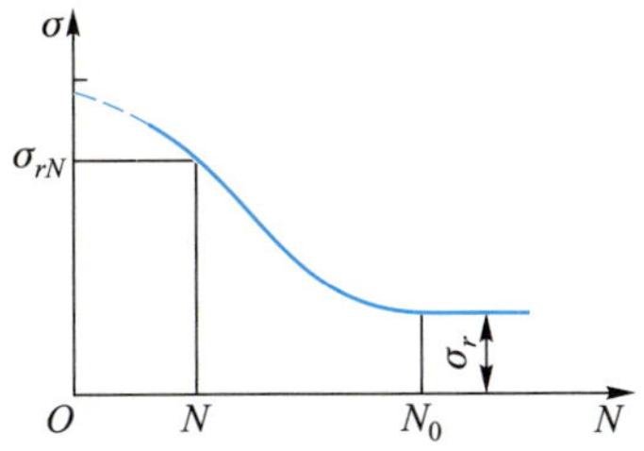

$$\sigma_{rN} = \sigma_r \sqrt[m]{\frac{N_0}{N}} \qquad (1-8)$$

图 1-4 疲劳曲线

式中,m 为幂指数,取值与材料及应力性质有关,一般为 6~9。

因此,当 $N < N_0$ 时,可按式(1-8)求得材料的极限应力 $\sigma_{\lim} = \sigma_{rN}$,当 $N \geqslant N_0$ 时,取 $\sigma_{\lim} = \sigma_r$。用 σ_r 求得的许用应力进行零件设计也称无限寿命设计,本书后续章节的大部分零件是按无限寿命设计的。

习   题

1-1 举例说明机构与机器的区别。

1-2 机械设计的基本要求有哪些?

1-3 机械零件设计的主要计算准则有哪些?

第一篇 机 构 设 计

　　机械的运动传递与转换功能是通过机构及其组合实现的,机构设计是构建机械系统的重要基础。机构可分为平面机构和空间机构,本篇介绍常见平面机构的基础知识与设计原理,主要内容包括机构的组成、类型特点、自由度计算及典型机构的设计方法。希望读者通过本篇的学习,能够了解平面机构的基础知识,理解机构的运动学和动力学特性,掌握平面连杆机构、凸轮机构以及间歇运动机构的设计要点,为后续的复杂机械设计提供坚实的理论支撑。

第 2 章

平面机构的组成及其自由度

2.1 平面机构的组成

如第 1 章所述,一部机器可以包含一个或多个机构,而机构则是由构件和运动副组成的。若机构中所有的构件都在相互平行的平面内运动,则称为平面机构,否则称为空间机构。本章只讨论平面机构。

2.1.1 构件

从运动的观点分析,机构中的构件有以下三类:

(1) 机架 相对固定的构件,用来支承机构中的活动构件,如图 1-1 所示的内燃机缸体 1、图 1-2 所示的破碎机机架 AD。

(2) 主动件 运动规律已知的活动构件,它的运动是外界输入的,如图 1-1 所示的内燃机中的活塞 4、图 1-2 所示的破碎机中的驱动轮 AB。

(3) 从动件 随主动件的运动而具有确定相对运动的其余活动构件,其中输出机构预期运动的构件称为输出构件,其他从动件起传递运动的作用。如图 1-1 所示的内燃机中的曲轴 2 和连杆 3 都是从动件,由于该机构是将直线运动转变为定轴转动,因此曲轴是输出构件,连杆起传动作用。图 1-2 所示的破碎机是将电动机的转动变为颚板 CD 的往复摆动,因此颚板是输出构件,连杆 BC 是起传动作用的从动件。

2.1.2 构件的自由度和约束

一个作平面运动的自由构件有三个独立运动的可能性。如图 2-1a 所示,在 Oxy 坐标系中,构件 S 可以沿 x 轴、y 轴方向移动和绕与运动平面内任一点转动。构件的这种独立运动的数目称为自由度。因此,一个作平面运动的自由构件具有三个自由度。

当两构件通过某种方式连接后,因为构件直接接触而使某些独立运动受到限制,其自由度减少。这种对独立运动的限制称为约束。构件的约束数目等于其减

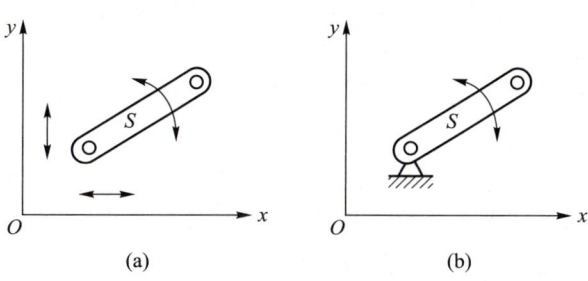

图 2-1 平面运动构件的自由度和约束

少的自由度数。如图 2-1b 所示,当构件 S 的一个孔用转动销与机架相连后,就只能绕固定点转动,失去了沿 x 轴、y 轴方向移动的可能,即只剩下一个自由度,其他两个自由度被约束。

2.1.3　运动副及其分类

为实现构件之间的相对运动,各个构件需以一定的方式相连接。两构件直接接触,并能产生一定相对运动的连接称为运动副。两个构件通过点、线或面接触,形成一定形式的运动副。通过面接触的运动副称为低副,通过点或线接触的运动副称为高副。

1. 低副

低副又分为转动副(图 2-2)和移动副(图 2-3)。

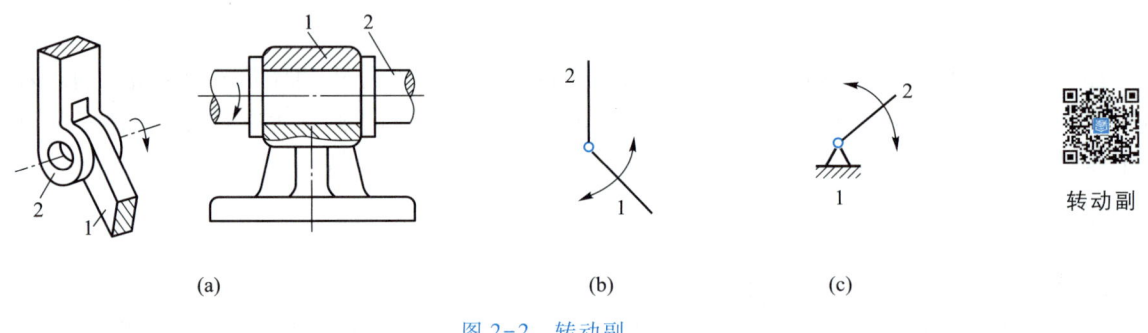

图 2-2　转动副

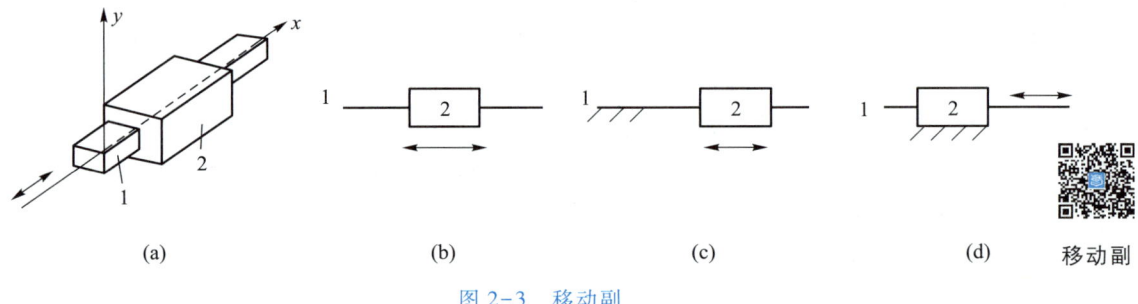

图 2-3　移动副

两构件以圆柱面相接触,它们之间的相对运动为转动,称为转动副,也称为铰链。组成转动副的两构件只能绕某一轴线转动,结构如图 2-2a 所示,简图如图 2-2b、c 所示。当两构件都是活动构件时,称活动铰链(图 2-2b);若其中之一是机架,称固定铰链(图 2-2c)。显然,两构件组成转动副后,不能再沿 x 轴或 y 轴方向相对移动,只剩下一个相对转动的自由度,即转动副带来两个约束。

两构件以平面相接触,它们之间的相对运动为移动,称为移动副(图 2-3a),简图如图 2-3b 所示。其中之一为机架时,简图如图 2-3c、d 所示。显然,两构件组成移动副后,只剩下一个相对移动的自由度,即移动副也带来两个约束。

可见,平面运动副中低副存在两个约束,具有一个自由度。

2. 高副

两构件通过点或线接触组成的运动副称为高副。如图2-4所示的凸轮副和图2-5所示的齿轮副,构件1和2为点接触或线接触形成高副,彼此间的相对运动是沿接触处切线 t-t 方向的移动和绕接触点的转动,而沿法线 n-n 方向的移动受到约束。可见,平面运动副中高副存在一个约束,具有两个自由度。

运动副的作用是提供约束,引入约束数等于构件失去的自由度,保留的自由度通过两构件的相对运动形式表现出来。

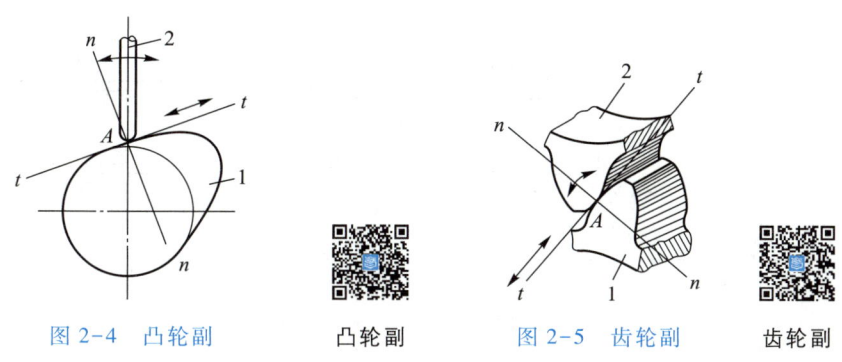

图 2-4 凸轮副   凸轮副   图 2-5 齿轮副   齿轮副

2.2 平面机构运动简图

2.2.1 机构运动简图

在设计机器时,首先要研究机器的运动特性。为了使问题简化,可以不考虑那些与运动无关的因素(如构件的外形和截面尺寸、组成构件的零件数目、运动副的具体构造等),用简单的线条和规定的符号来表示构件和运动副,并按一定比例表示各构件间相对运动关系。这种表示机构中各构件相对运动关系的简单图形称为机构运动简图。平面机构运动简图中,构件和运动副的表示方法见表2-1。

表 2-1 常用平面机构运动简图符号

名　称		符　号
构件	机架	
	两副构件	
	三副构件	

名 称		符 号
低副	转动副（铰链）	
	移动副	
高副	凸轮副	
	齿轮副	外啮合圆柱齿轮　　内啮合圆柱齿轮　锥齿轮啮合　蜗杆蜗轮啮合　齿轮齿条啮合

14

2.2.2 机构运动简图的画法

绘制机器的机构运动简图的步骤如下：

（1）分析机器的功能和组成，判定所用机构的类型，认清机架、主动件和从动件，按运动传递顺序，确定构件的数目（如1、2、3、…）及运动副的类型和数目（如 A、B、C、…）。

（2）选择视图平面，并确定机器的一个瞬时的工作位置。

（3）选择合适的比例尺，测量出各运动副之间的相对位置和尺寸，按选定的比例尺和规定的符号绘制机构运动简图。

例 2-1　绘制图 1-2 所示颚式矿石破碎机的机构运动简图。

解　机器的功能是将电动机的转动转变为动颚板的往复摆动，用以轧碎矿石。机器的主体由机架（包括固定颚板）、驱动轮、连杆 BC、动颚板 CD 组成。驱动轮是主动件，其余构件都是从动件。

各构件之间的运动副类型：驱动轮绕机架 A 点转动，是固定铰链；驱动轮和连杆 BC 在 B 点构成活动铰链；连杆 BC 和动颚板 CD 在 C 点构成活动铰链；动颚板 CD 绕机架 D 点转动，是固定铰链。

测量出各转动副中心之间的长度尺寸，选择合适比例尺，按表 2-1 规定的符号绘制机构运动简图，如图 2-6 所示。

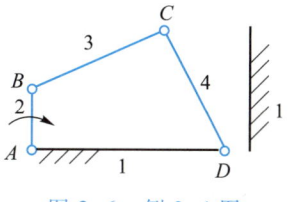

图 2-6　例 2-1 图

2.3　平面机构的自由度

2.3.1 平面机构自由度计算公式

机构的自由度是指机构相对于机架所具有的独立运动的个数。为使组合起来的构件具有确定的相对运动，应讨论机构的自由度和机构具有确定运动的条件。

如前所述，一个作平面运动的自由构件具有三个自由度。设平面机构有 N 个构件，除去机架，则机构中的活动构件数 $n=N-1$。在未用运动副连接之前，这些活动构件自由度总数为 $3n$。当用运动副连接后，各构件的自由度受到约束，自由度数目将随之减少。因每个低副引入两个约束，每个高副引入一个约束，如果该机构由 P_L 个低副和 P_H 个高副连接而成，则机构中运动副所引入的约束数为 $(2P_L+P_H)$，即减少了活动构件同样数目的自由度。若用 F 表示该平面机构的自由度，则

$$F=3n-2P_L-P_H \tag{2-1}$$

式（2-1）为平面机构自由度计算公式。

在例 2-1 中，$N=4$，$n=N-1=3$，$P_L=4$，$P_H=0$。根据式（2-1），颚式矿石破碎机的自由度为

$$F=3n-2P_L-P_H=3\times3-2\times4-0=1$$

说明该机构只有一个独立运动。当主动件提供了这一运动时，其他活动构件具有确定的运动。

图 2-7a 所示的三个构件彼此用铰链连接。取构件 3 为机架，则该构件组合的自由度为 $F=3n-2P_L-P_H=3\times2-2\times3-0=0$。自由度为零，说明各构件之间不能相对运动，因此它是一个刚性桁架。

图 2-7b 所示的四个构件彼此用铰链连接。取构件 3 为机架,则该构件组合的自由度为 $F = 3n-2P_L-P_H = 3\times3-2\times5-0 = -1$,表明各构件之间不但不能相对运动,还是一个超静定结构。

由此可见,可以利用自由度去判别构件系统是否具有运动的可能。若 $F>0$,表示能运动,若 $F\leqslant0$,表示不能运动。

由于主动件是由外界给定的具有独立运动的构件,通常每个主动件只具有一种独立运动(如内燃机活塞的往复移动、矿石破碎机驱动轮的转动),因此机构具有确定运动的条件是主动件数必须等于机构的自由度数。

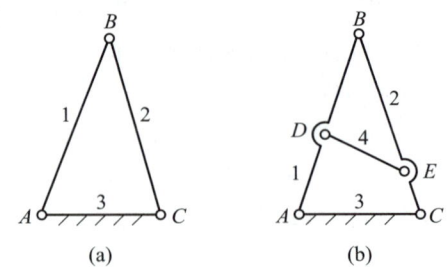

图 2-7　$F\leqslant0$ 的构件组合

2.3.2　计算机构自由度时应注意的问题

在应用式(2-1)计算平面机构自由度时,还应注意和正确处理以下问题。

1. 复合铰链

如图 2-8a 所示,有三个构件在 A 处汇交组成转动副,其实际构造如图 2-8b 所示,可以看出,这三个构件共组成两个转动副 A、B。三个或三个以上构件在同一点处用转动副相连接,就构成复合铰链。m 个构件在同一点铰接而成的复合铰链,实际构成的转动副数为 $(m-1)$ 个。在计算机构自由度时应注意识别复合铰链,以免漏算转动副的数目。

2. 局部自由度

如图 2-9a 所示的滚子直动从动件盘状凸轮机构中,若以 $n=3$、$P_L=3$、$P_H=1$ 计,则 $F=2$,即要使机构具有确定的运动,需两个主动件。但实际上只要凸轮绕点 A 转动,输出构件 3 就能有确定的运动。究其原因,是滚子 2 绕点 C 的转动对输出构件 3 的运动无影响。这种与整个机构运动无关的自由度称为局部自由度,在计算机构自由度时应除去不计。可设想将滚子 2 与从动件 3 焊接成一个构件,如图 2-9b 所示,此时该机构的自由度变为以 $n=2$、$P_L=2$、$P_H=1$ 计,则 $F=1$。计算结果与实际相符。

局部自由度虽然不影响整个机构的运动,但可以将高副接触处的滑动摩擦变成滚动摩擦,改善从动件和凸轮受力、磨损情况。

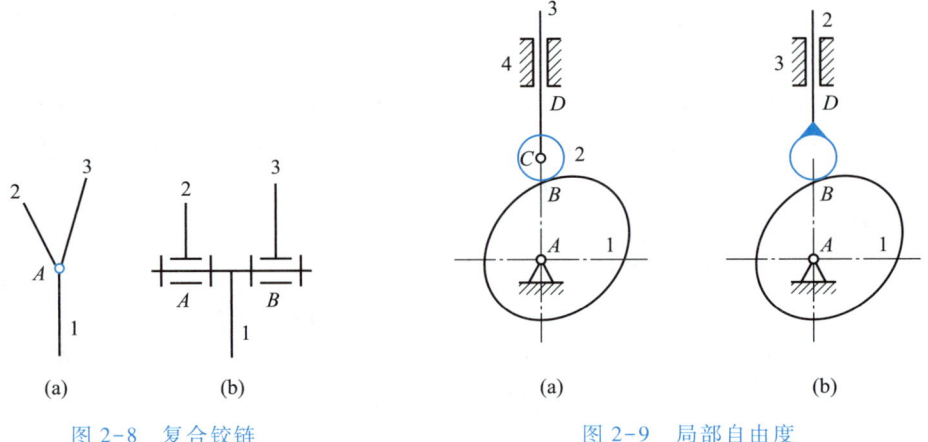

图 2-8　复合铰链　　　　　　　　图 2-9　局部自由度

3. 虚约束

在机构中,与其他约束重复而不起限制运动作用的约束称为虚约束。在计算机构自由度时应将虚约束除去不计。如图 2-10a 所示的机车车轮联动的平行四边形机构,AB、EF、CD 平行且相等,若以 $n=5-1=4$、$P_L=6$、$P_H=0$ 计,则 $F=0$,这与实际不符。这是因为,此机构中存在着对运动不起限制作用的虚约束。如去掉构件 5(图 2-10b),则对机构的运动不产生任何影响。由于加入了构件 5,虽然引入了 3 个自由度,但却因增加了 2 个转动副 E、F 而引入四个约束,即多了一个对机构运动不起限制作用的虚约束。若把虚约束除去,按图 2-10b,该机构自由度 $F=3n-2P_L-P_H=3\times3-2\times4-0=1$。

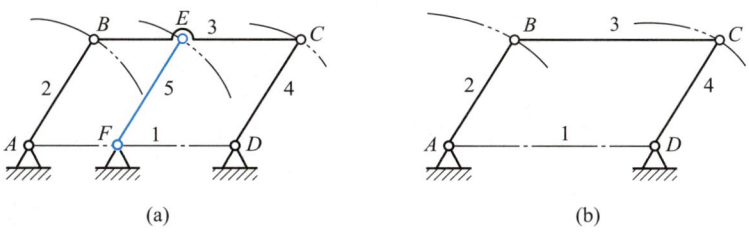

图 2-10 虚约束

出现虚约束的常见情况有以下几种。

(1)两个构件在多处组成移动副,且各移动副的导路平行,则其中只有一个移动副起约束作用,其余都是虚约束。如图 2-11a、b 中的 A 或 B。

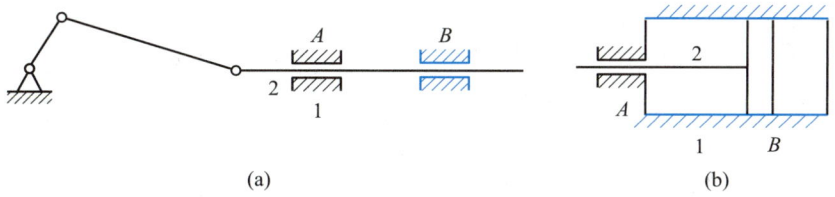

图 2-11 移动副中的虚约束

(2)两个构件在多处组成转动副,且转动副的回转轴线重合,则其中只有一个转动副起约束作用,其余都是虚约束。如图 2-12 所示的齿轮 1 与机架 3 组成的转动副 A 或 B;齿轮 2 与机架 3 组成的转动副 C 或 D。去掉其中一个,如图 2-12b 所示,对机构的运动不产生任何影响。

(3)两个构件组成多个高副,且高副接触点处的公法线重合。此时起限制作用的只有一个高副,其余为虚约束。如图 2-13 中的 A 或 B。

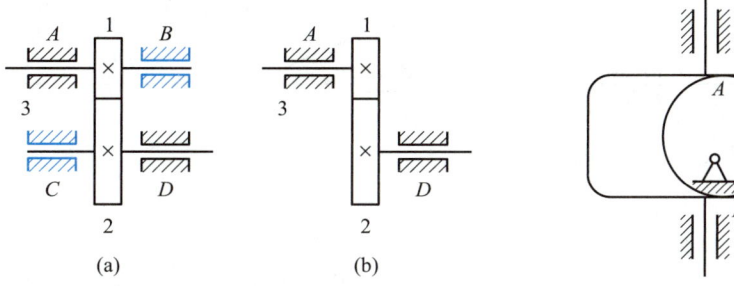

图 2-12 转动副中的虚约束   图 2-13 高副中的虚约束

对刚体运动而言,两个构件组成多个运动副时,起约束作用的只能有一个,否则构件会损坏。

（4）两个构件铰链连接点的轨迹重合,会形成虚约束。如图 2-10a 所示的机车车轮联动的平行四边形机构,构件 3 上点 E 的轨迹与构件 5 上点 E 的轨迹重合,在点 E 组成铰链后不会起到限制运动的作用,故为虚约束。

（5）机构中,与运动无关的结构对称部存在虚约束。如图 2-14 所示的差动轮系,两个对称布置的行星轮 2 和 2′中,只有一个起到约束作用,另一个是虚约束。

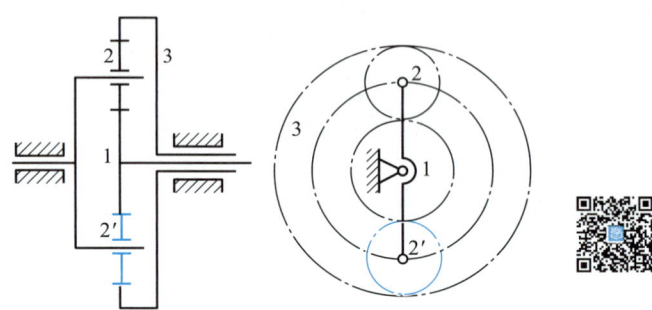

图 2-14　对称结构中的虚约束

在各种实际机构中,为了改善构件的受力状态,增加机构的强度和刚度,虚约束是必不可少的,在计算机构自由度时应将虚约束除去不计。

例 2-2　计算图 2-15a 所示冲压机构的自由度。若有复合铰链、局部自由度、虚约束需指出。

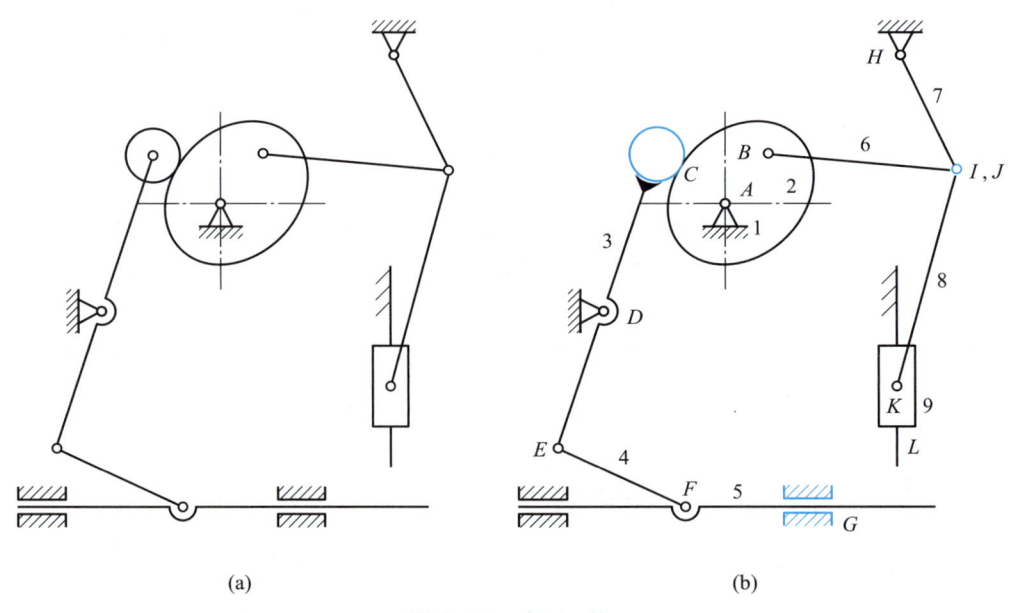

(a)　　　　　　　　　　　　(b)

图 2-15　冲压机构

解　找出复合铰链、局部自由度和虚约束,标出构件和运动副。

构件 6、7、8 汇交于一点,形成复合铰链;滚子与构件 3 组成的转动副是局部自由度;构件 5 与机架 1 在两处组成移动副,且两移动副的导路平行,其中之一为虚约束。

此机构有 9 个构件,1 为机架,其余 8 个为活动构件。如图 2-15b 所示,A、B、D、E、F、H、I、J、K 是转动副,G、L 是移动副,C 是高副。即 $n = N-1 = 9-1 = 8$,$P_L = 11$,$P_H = 1$。$F = 3n-2P_L-P_H = 3 \times 8-2 \times 11-1 = 1$。当主动件凸轮转动时,其余构件有确定的运动。

例 2-3 试绘出图 2-16 所示简易冲压机机构运动简图;分析其运动是否确定。若不确定,提出修改方案。

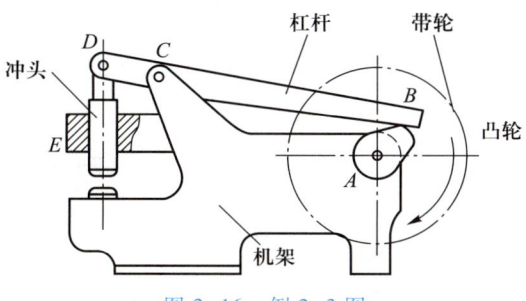

图 2-16 例 2-3 图

解 设计思路:动力由带轮输入,使轴 A 连续回转,而固装在轴 A 上的凸轮与杠杆组成的凸轮机构,使冲头上下运动,以达到冲压的目的。

冲压机的机构运动简图如图 2-17 所示,分析可知,活动构件数 $n = 3$,低副数 $P_L = 4$(3 个转动副,1 个移动副),$P_H = 1$。机构自由度为:$F = 3n-2P_L-P_H = 3 \times 3-2 \times 4-1 = 0$。$F = 0$,说明机构不动,不存在主动件。究其原因:构件 2 上的点 D 要作圆弧运动,构件 3 上的点 D 要作上下往复移动,故点 D 的运动轨迹发生冲突,所以机构不能动。

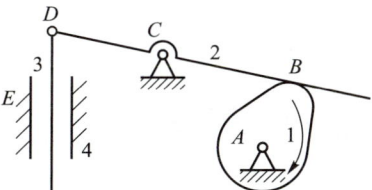

图 2-17 简易冲压机机构运动简图

为解决点 D 的运动轨迹冲突问题,可以引入一个活动构件,即引入一个低副,最终获得一个自由度。下面提供了三种修改方案,如图 2-18a、b 和 c 所示。改进后的机构中,活动构件数 $n = 4$,低副数 $P_L = 5$(3 个转动副,1 个移动副),$P_H = 1$。机构自由度为 $F = 3n-2P_L-P_H = 3 \times 4-2 \times 5-1 = 1$。$F = 1$,说明只要有一个主动件,该机构就能具有确定的运动。

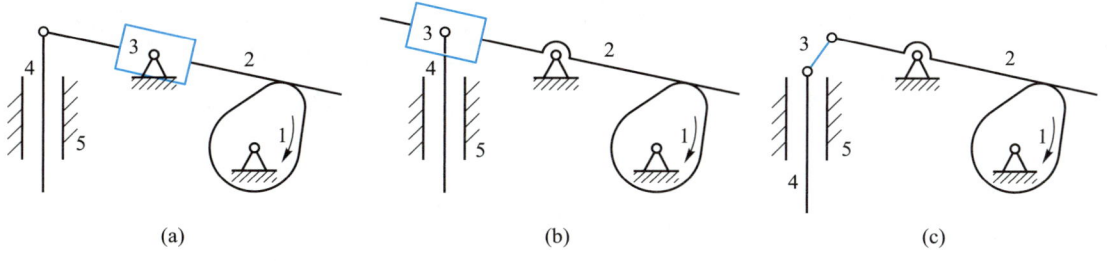

(a)   (b)   (c)

图 2-18 简易冲压机改后机构运动简图

习 题

2-1 什么是运动副？运动副是如何分类的？

2-2 平面低副、高副各引入几个约束？具有几个自由度？

2-3 平面机构具有确定运动的条件是什么？

2-4 计算图 2-19 所示机构的自由度。若有复合铰链、局部自由度和虚约束需指明。

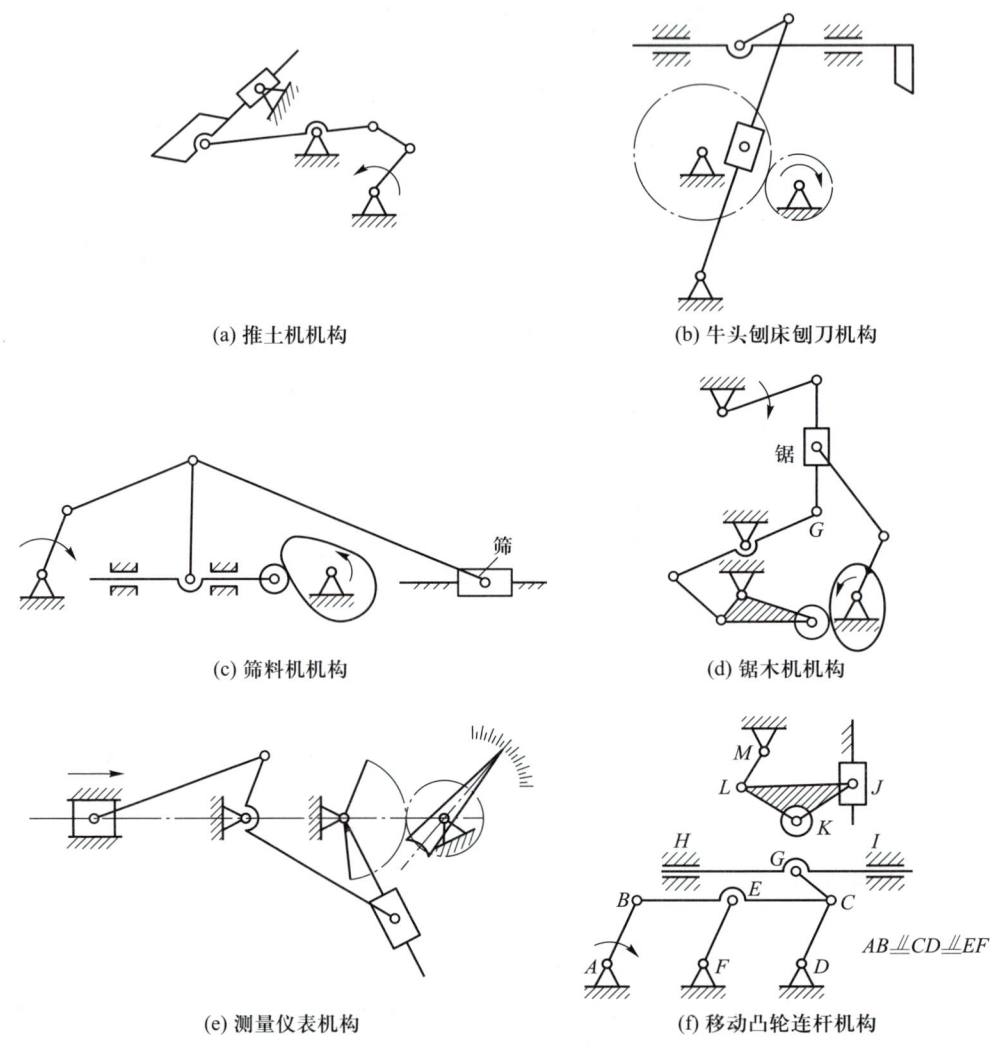

(a) 推土机机构　　　　　　　(b) 牛头刨床刨刀机构

(c) 筛料机机构　　　　　　　(d) 锯木机机构

(e) 测量仪表机构　　　　　　(f) 移动凸轮连杆机构

$AB \underline{\underline{//}} CD \underline{\underline{//}} EF$

图 2-19　习题 2-4 图

2-5 试画出图 2-20 所示各机构的运动简图并计算其自由度。

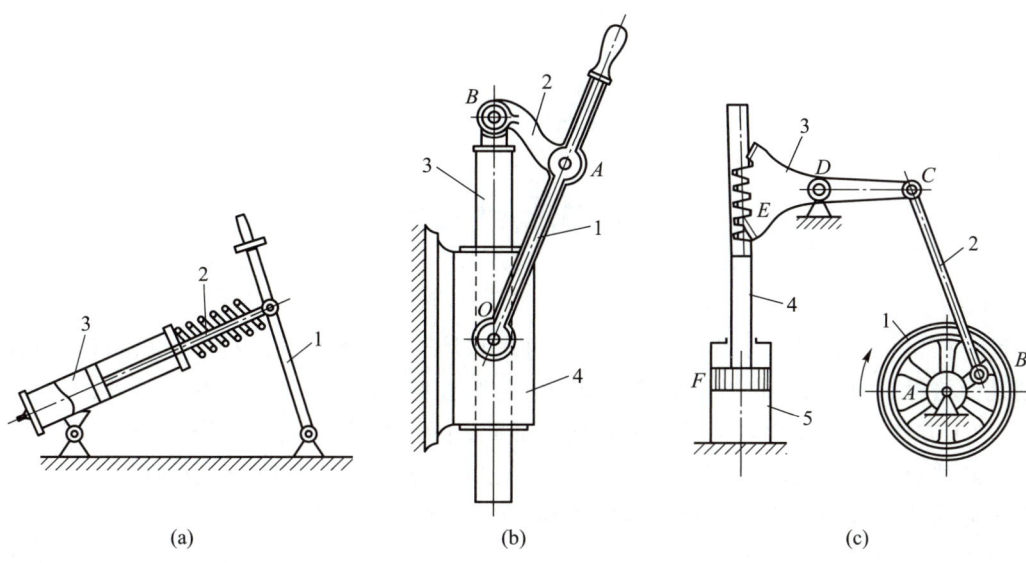

(a)   (b)   (c)

图 2-20 习题 2-5 图

第 3 章

平面连杆机构

平面连杆机构是由若干个作平面运动的构件通过低副连接组成的机构,也称低副机构。由于低副是面接触,因而承受的压强小,便于润滑,耐磨性好,能承受较大载荷。另外,低副几何形状简单,加工方便,易于获得较高的制造精度。因此,平面连杆机构在各种机械和仪器中获得广泛使用。其缺点是由于低副中存在间隙,当运动副数目较多时会引起运动积累误差。另外,机构中作平面运动的构件所产生的惯性力难以平衡,在高速时将引起较大的振动。

最常见的平面连杆机构由四个构件组成,称平面四杆机构。它不仅应用广泛,而且是组成多杆机构的基础。本章主要介绍平面四杆机构的基本形式和设计方法。

3.1 铰链四杆机构的基本类型及其演化

3.1.1 铰链四杆机构的基本类型

如图 3-1a 所示,当平面四杆机构中的运动副都是转动副时,称铰链四杆机构。机构中,固定不动的构件 4 称为机架;与机架相连的构件 1、3 称为连架杆,其中能作整周转动的连架杆 1 称为曲柄,只能在一定角度范围往复摆动的连架杆 3 称为摇杆;不与机架相连的构件 2 称为连杆。

铰链四杆机构按两连架杆是否为曲柄或摇杆,可分为三种基本形式,即曲柄摇杆机构(图 3-1a)、双曲柄机构(图 3-1b)和双摇杆机构(图 3-1c)。

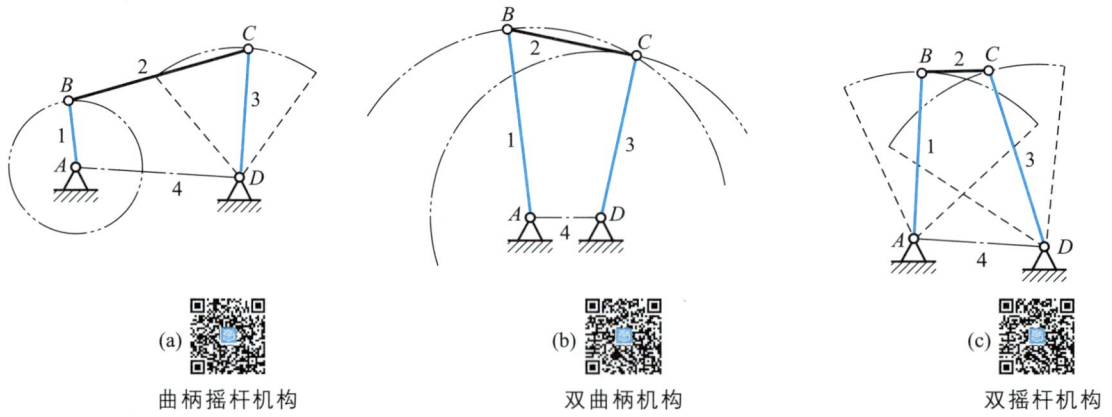

(a) 曲柄摇杆机构　　　　(b) 双曲柄机构　　　　(c) 双摇杆机构

图 3-1 铰链四杆机构的基本类型

1. 曲柄摇杆机构

铰链四杆机构中,若一个连架杆为曲柄,另一个连架杆为摇杆,则称为曲柄摇杆机构。当曲柄为主动件,摇杆为从动件时,可将曲柄的连续转动转变为摇杆的往复摆动,如图3-2所示的调整雷达天线俯仰角的曲柄摇杆机构。若摇杆为主动件,则可将摇杆的往复摆动转变为曲柄的连续转动,如图3-3所示的缝纫机脚踏板机构。

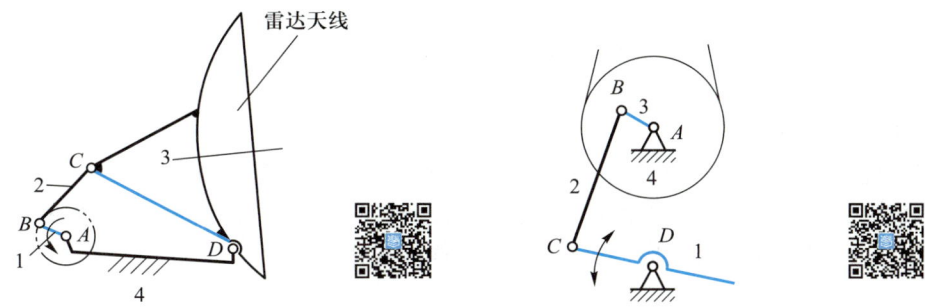

图3-2 雷达天线的俯仰角机构   图3-3 缝纫机的脚踏板机构

2. 双曲柄机构

铰链四杆机构中,若两连架杆都为曲柄时,称为双曲柄机构。如图3-4所示的惯性筛机构,当主动曲柄1等速转动时,从动曲柄3作变速转动,从而使筛子E作变速移动,以获得筛分材料颗粒所需的加速度。

在双曲柄机构中,若相对的两组杆长相等,组成平行四边形,称为平行四边形机构。如图3-5所示的摄影平台升降机构、图3-6所示的机车车轮的联动机构,都是利用了各曲柄等速同向转动的运动特点。

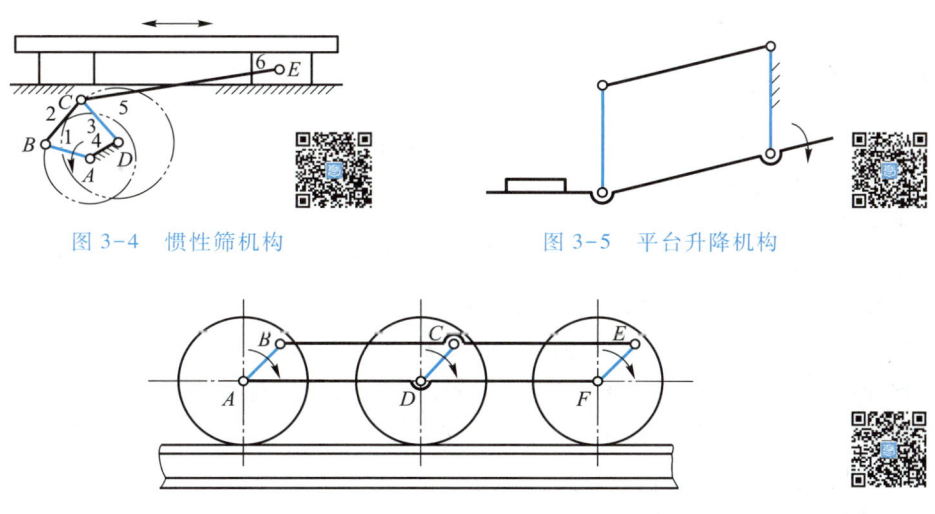

图3-4 惯性筛机构   图3-5 平台升降机构

图3-6 机车车轮的联动机构

图3-7a所示的四边形机构,相对杆的长度相等但不平行,称为反平行四边形机构。当主动曲柄等速转动时,从动曲柄作反向变速转动。图3-7b所示的车门启闭机构就是利用两曲柄转向相反的运动特点,使两扇车门同时启闭。

23

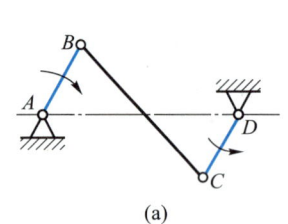
(a)

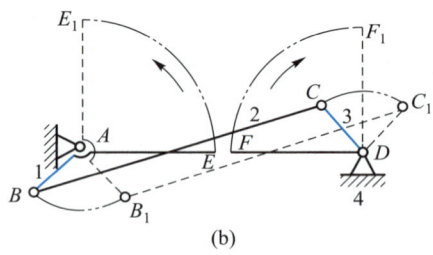

(b)

图 3-7 反平行四边形机构及其应用

3．双摇杆机构

当铰链四杆机构中的两个连架杆都是摇杆时,称为双摇杆机构。如图 3-8 所示的港口鹤式起重机机构,利用两个摇杆的摆动,使悬挂在连杆 E 上的重物 G 沿近似水平直线方向运动。图 3-9所示的飞机起落架机构,也是双摇杆机构的应用实例。

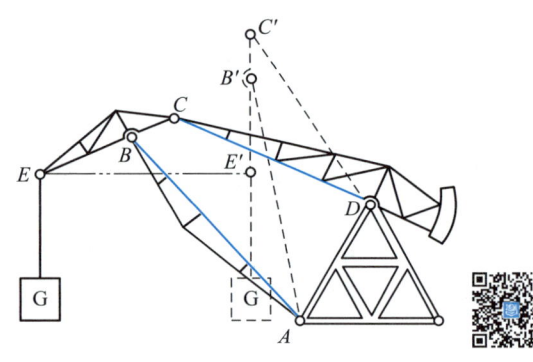

图 3-8 港口鹤式起重机机构

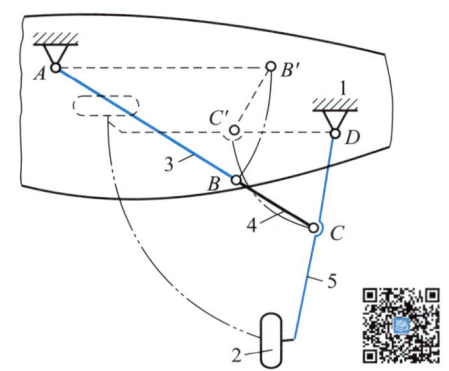

图 3-9 飞机起落架机构

3.1.2 铰链四杆机构的演化

四杆机构除了以上三种基本形式外,还有其他多种形式。这些不同形式的四杆机构,可以视为由铰链四杆机构演化而成。

1．曲柄滑块机构

如图 3-10a 所示的曲柄摇杆机构,摇杆 3 上点 C 的轨迹是以点 D 为中心,以 CD 为半径的圆弧。若摇杆 3 的长度趋于无穷大,则点 C 的轨迹变为直线(图 3-10b),转动副 C 转化为移动副,曲柄摇杆机构演化为图 3-10c 所示的曲柄滑块机构。

根据导路中心线 $m-m$ 是否通过曲柄回转中心 A,可分为对心曲柄滑块机构(图 3-10c)和偏心曲柄滑块机构(图 3-10d),其中 e 为偏距。曲柄滑块机构广泛应用于内燃机、空气压缩机、冲压机床等机械中。

2．导杆机构、摇块机构和定块机构

在图 3-11a 所示的对心曲柄滑块机构中,若取构件 1 为机架,即得如图 3-11b 所示的导杆机构。当 $l_1 < l_2$ 时,机架是最短杆,它的相邻构件 2 和导杆 4 均能整周转动,称为转动导杆机构,图 3-12 所示为该机构在小型刨床上的应用。当 $l_1 > l_2$ 时,导杆 4 只能往复摆动,称为摆动导杆机构,图 3-13 所示为该机构在牛头刨床上的应用。

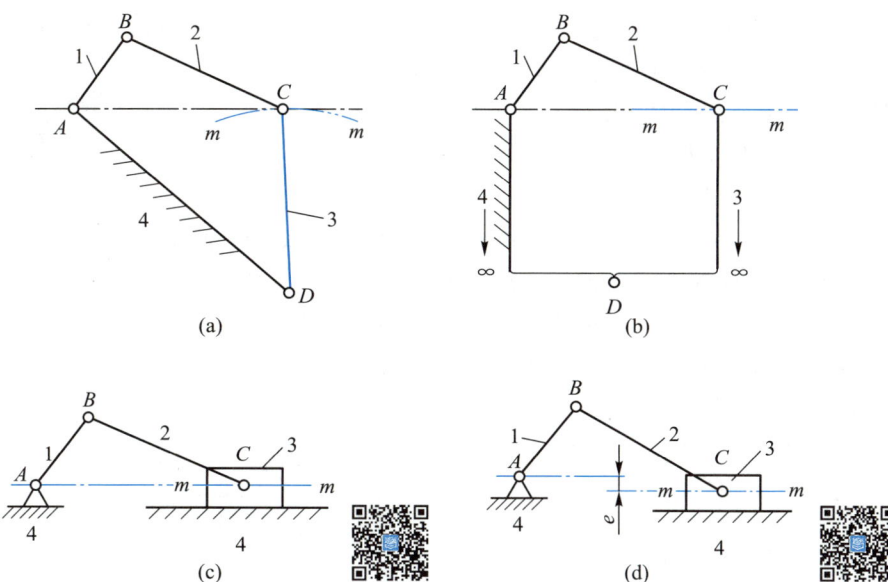

图 3-10 曲柄摇杆机构演化成曲柄滑块机构

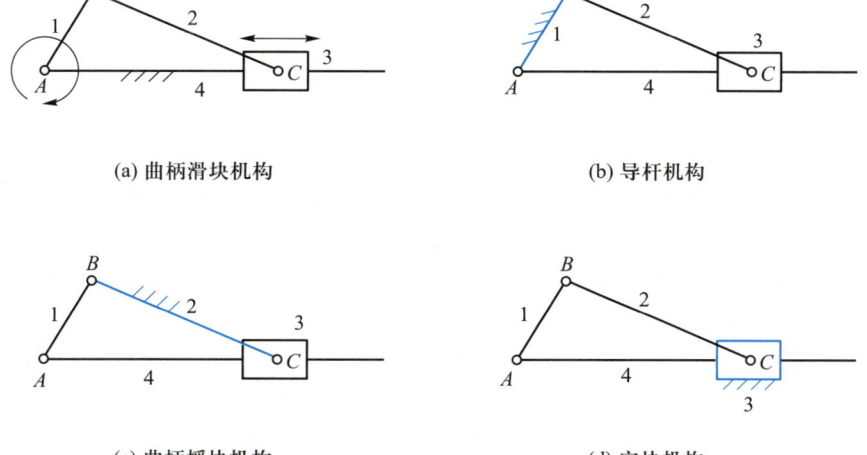

(a) 曲柄滑块机构

(b) 导杆机构

(c) 曲柄摇块机构

(d) 定块机构

图 3-11 曲柄滑块机构的演化

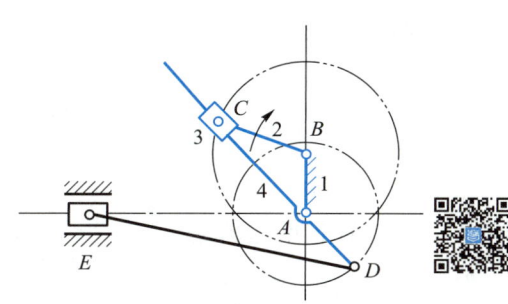

图 3-12 转动导杆机构的应用

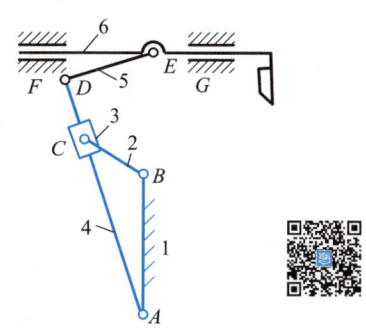

图 3-13 摆动导杆机构的应用

如图 3-11a 所示,若固定构件 2,得到如图 3-11c 所示的曲柄摇块机构,或称摇块机构。图 3-14 所示为该机构在车厢翻转机构中的应用。

如图 3-11a 所示,若固定构件 3,得到如图 3-11d 所示的定块机构。压水井机构即为应用实例(图 3-15)。

3. 偏心轮机构

对于如图 3-11a 所示的曲柄滑块机构,当曲柄的长度很小时,通常把曲柄做成偏心盘的形式,如图 3-16 所示。圆盘的几何中心 B 与回转中心 A 不重合,A、B 之间的距离称偏距 e。这种机构称为偏心轮机构。此机构的性能与曲柄滑块机构完全相同。

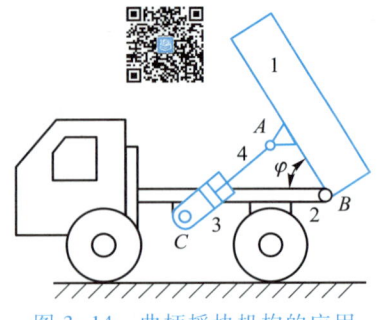

图 3-14 曲柄摇块机构的应用

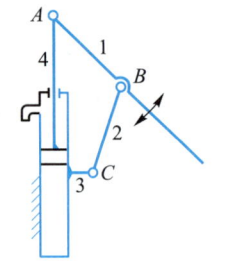

图 3-15 定块机构的应用

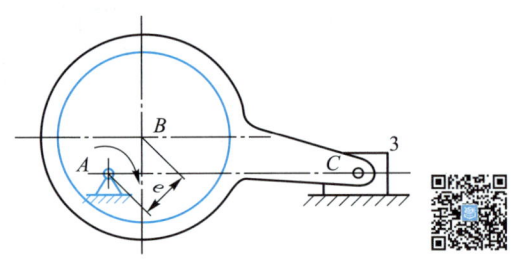

图 3-16 偏心轮机构

3.1.3 铰链四杆机构曲柄存在的条件

铰链四杆机构三种基本形式的区别在于是否存在曲柄和有几个曲柄,而有无曲柄则与机构中各杆的相对长度及机架的选择有关。下面讨论铰链四杆机构曲柄存在的条件。

如图 3-17 所示,用 a、b、c、d 表示各杆长度。若杆 1 为曲柄,杆 4 为机架,则杆 1 要能够通过 AB_1、AB_2 两个极限位置,就能实现绕 A 点整周转动。

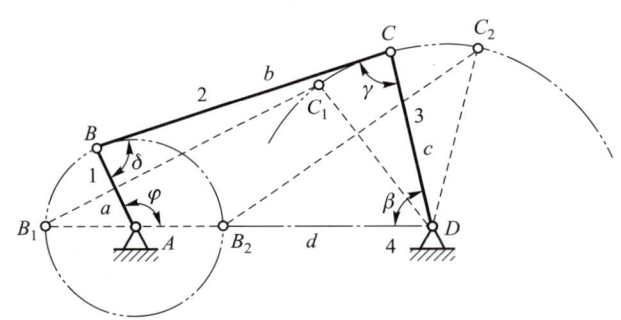

图 3-17 铰链四杆机构曲柄存在条件

在 AB_1 位置,杆 1 与杆 4 拉直共线,形成 $\triangle B_1C_1D$,显然各杆长度应满足

$$a+d \leqslant c+b \tag{3-1}$$

在 AB_2 位置,杆 1 与杆 4 重叠共线,形成 $\triangle B_2C_2D$。设 $a \leqslant d$,根据三角形的边长关系,有

$$b \leqslant (d-a)+c \quad 即 \quad a+b \leqslant d+c \tag{3-2}$$

或 $$c \leqslant (d-a)+b \quad 即 \quad a+c \leqslant d+b \tag{3-3}$$

将上述三式分别两两相加,可得

$$a \leqslant b, \quad a \leqslant c, \quad a \leqslant d \tag{3-4}$$

即杆 1(曲柄)为最短杆。

若设 $d \leqslant a$,用上述同样分析方法,可得 $d+a \leqslant c+b, d+b \leqslant a+c, d+c \leqslant a+b$ 及 $d \leqslant a, d \leqslant b, d \leqslant c$,即杆 4(机架)为最短杆。

综合上述情况,可得铰链四杆机构曲柄存在条件:

(1)最短杆与最长杆的长度之和小于或等于其余两杆的长度之和。

(2)连架杆和机架中必有一杆是最短杆。

条件(1)是铰链四杆机构曲柄存在的必要条件,也称杆长条件。如果铰链四杆机构满足杆长条件,则最短杆与相邻两杆之间均能整周转动。如图 3-17 所示的曲柄摇杆机构,当曲柄整周转动时,曲柄与邻杆的夹角 φ、δ 可以在 0°~360°内变化;而杆 3 与邻杆的夹角 γ、β 只能在一定角度内变化。

根据相对运动原理,当铰链四杆机构满足杆长条件时,取不同杆为机架,可得到不同形式的铰链四杆机构。如:

(1)若取最短杆相邻的杆为机架,成为曲柄摇杆机构,如图 3-18a、b 所示。

(2)若取最短杆为机架,成为双曲柄机构,如图 3-18c 所示。

(3)若取最短杆的相对杆(杆 3)为机架,由于 γ、β 只能在一定角度内变化,成为双摇杆机构,如图 3-18d 所示。

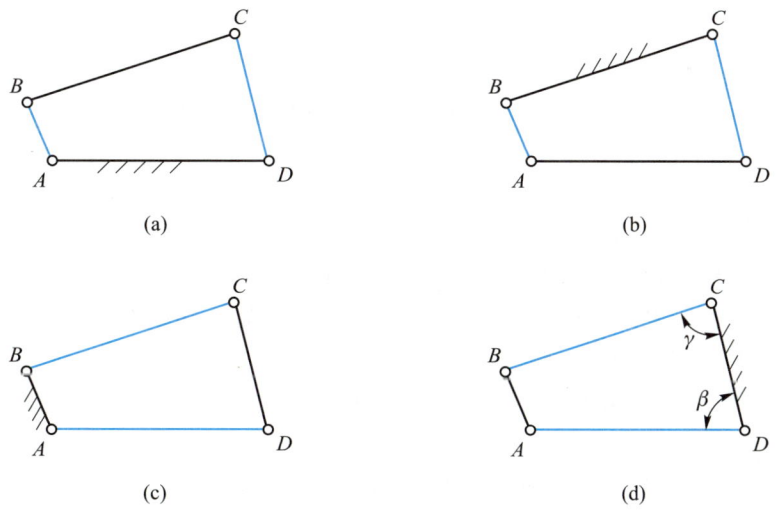

图 3-18　变更机架后机构的演化

当"最短杆与最长杆的长度之和大于其余两杆的长度之和"时,该机构中不存在曲柄,无论固定哪个杆件,得到的都是双摇杆机构。可见,在满足杆长条件下,机构究竟有一个曲柄、两个曲柄或是没有曲柄,还需根据取何杆为机架来判断。

例 3-1 图 3-19 所示的铰链四杆机构,已知 $l_{BC}=100$ mm, $l_{CD}=90$ mm, $l_{AD}=60$ mm, AD 为机架。

(1) 若设计此机构为曲柄摇杆机构,求 l_{AB} 的取值范围;

(2) 若设计此机构为双曲柄机构,求 l_{AB} 的取值范围;

(3) 若设计此机构为双摇杆机构,求 l_{AB} 的取值范围。

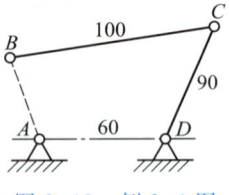

图 3-19 例 3-1 图

解 (1) 若此机构为曲柄摇杆机构,曲柄应为最短杆,最短杆的邻边作机架。按杆长条件,应满足:

$$l_{AB}+l_{BC} \leqslant l_{CD}+l_{AD}$$

即

$$0 < l_{AB} \leqslant l_{CD}+l_{AD}-l_{BC}=(90+60-100) \text{ mm}=50 \text{ mm}$$

所以结果为: $0 < l_{AB} \leqslant 50$ mm

(2) 若此机构为双曲柄机构, AD 应为最短杆。按杆长条件,应满足:

l_{AB} 长度居中,则 $l_{AD}+l_{BC} \leqslant l_{AB}+l_{CD}$ 可得 $l_{AB} \geqslant 70$ mm

l_{AB} 长度最长,则 $l_{AD}+l_{AB} \leqslant l_{BC}+l_{CD}$ 可得 $l_{AB} \leqslant 130$ mm

所以结果为: 70 mm $\leqslant l_{AB} \leqslant 130$ mm

(3) 若此机构为双摇杆机构,若满足杆长条件,应取最短杆对边作机架,与题中条件不符。所以,按最短杆+最长杆>其他两杆之和,无论选取哪个构件作机架都为双摇杆机构。

l_{AB} 长度最短,则 $l_{AB}+l_{BC}>l_{CD}+l_{AD}$ 可得 $l_{AB}>50$ mm

l_{AB} 长度居中,则 $l_{AD}+l_{BC}>l_{CD}+l_{AB}$ 可得 $l_{AB}<70$ mm

l_{AB} 长度最长,则 $l_{AB}+l_{AD}>l_{CD}+l_{BC}$ 可得 $l_{AB}>130$ mm

所以结果为: 50 mm $< l_{AB} < 70$ mm 或 130 mm $< l_{AB} \leqslant l_{BC}+l_{CD}+l_{AD}=250$ mm,否则装不上。

3.2 铰链四杆机构的传动特性

3.2.1 急回特性

如图 3-20 所示的曲柄摇杆机构,主动件曲柄在转动一周的过程中,两次与连杆共线(即图中 AB_1C_1、AB_2C_2 位置)。此时,摇杆 CD 分别处于两极限位置 C_1D 和 C_2D。摇杆两极限位置的夹角 ψ 称为摇杆的摆角;当摇杆处在两极限位置时,对应曲柄的两位置线之间所夹角的补角 θ 称为极位夹角。

当曲柄顺时针由 B_1 转至 B_2 时,转角为 $\varphi_1=180°+\theta$,此时摇杆上点 C 由 C_1 摆动到 C_2,称工作行程,设用时为 t_1;当曲柄继续顺时针转过 $\varphi_2=180°-\theta$ 时,摇杆从 C_2 摆回到 C_1,称回程,设用时为 t_2。摇杆往复摆动的角度相同,但由于曲柄的转角不同, $\varphi_1>\varphi_2$,所以 $t_1>t_2$,则摇杆往返的平均速度 $v_1<v_2$,即

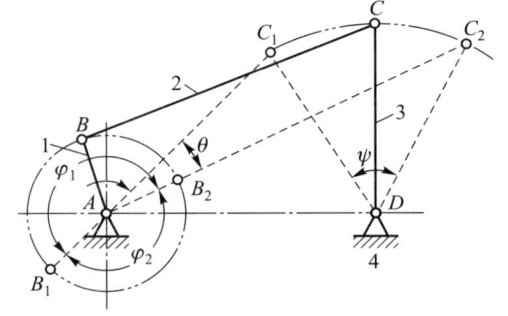

图 3-20 曲柄摇杆机构的急回特性

回程速度快。曲柄摇杆机构的这种运动特性称为急回特性。在往复工作的机械中,利用机构的急回特性可缩短非工作行程,提高劳动生产率。

机构的急回特性可用行程速度变化系数 K 表示,即

$$K = \frac{v_2}{v_1} = \frac{t_1}{t_2} = \frac{\varphi_1}{\varphi_2} = \frac{180°+\theta}{180°-\theta} \qquad (3-5)$$

上式表明,当曲柄摇杆机构有极位夹角 θ 时,机构便有急回特性。θ 角越大,K 值越大,急回特性也越明显。按上述分析方法,可以很容易得出:对心曲柄滑块机构(图3-10c),极位夹角 $\theta =$ 0,无急回特性;偏置曲柄滑块机构(图3-10d),极位夹角 $\theta \neq 0$,有急回特性;摆动导杆机构(图3-13),极位夹角 θ 等于摆动导杆的摆角 ψ,即 $\theta = \psi$,也有急回特性。

由式(3-5),可得

$$\theta = 180° \frac{K-1}{K+1} \qquad (3-6)$$

在设计具有急回特性要求的机器(如牛头刨床、插床、往复式输送机等)时,通常先根据所需要的 K 值,由上式计算出极位夹角 θ,再确定各杆尺寸。

3.2.2 压力角和传动角

如图3-21所示的四杆机构中,忽略各构件的质量和运动副中的摩擦,主动件曲柄1通过连杆2作用在摇杆3上点 C 的力 F 沿 BC 方向。从动件在点 C 受力方向与该点的速度方向所夹的锐角称为压力角,用 α 表示。由图可见,F_t 是推动摇杆运动的有效分力,$F_t = F\cos\alpha$。α 越小,有效分力 F_t 越大,机构的传力性能越好。所以,压力角可作为判断机构传力性能的一个标志。在实际应用中,为方便测量与观察,常用压力角的余角 γ(即连杆与摇杆之间所夹的锐角)来判断传力性能,γ 称为传动角。因为 $\gamma = 90°-\alpha$,故压力角越小,传动角越大,机构传力性能越好。

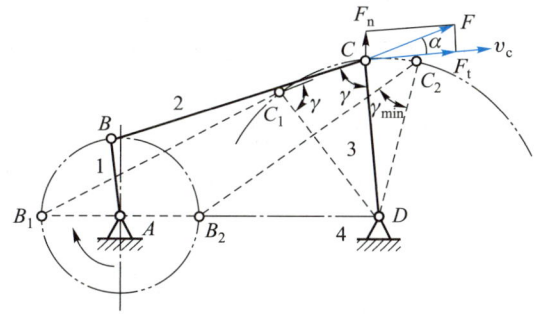

图3-21 压力角和传动角

机构在运动过程中,传动角是变化的。为了保证从动件在整个工作行程内都有较好的传力性能,应限制传动角的最小值 γ_{min},一般取 $\gamma_{min} \geq 40°$。由图3-21可知,对曲柄摇杆机构,在曲柄与机架共线的两个位置处,$\triangle BCD$ 的 BD 边长达到最大($B_1 D$)和最小($B_2 D$),此时 $\angle BCD$ 分别出现最大值($\angle B_1 C_1 D$)和最小值($\angle B_2 C_2 D$)。当 $\angle BCD$ 为锐角时,$\gamma = \angle BCD$;当 $\angle BCD$ 为钝角时,$\gamma = 180°- \angle BCD$,因而,$\angle BCD$ 的最大值也可能对应着 γ_{min}。比较两个位置处的传动角 γ,其中较小者就是该机构的最小传动角 γ_{min}。图3-21所示的机构的最小传动角出现在曲柄位于 AB_2 处,即 $\angle B_2 C_2 D = \gamma_{min}$。

3.2.3 死点位置

如图3-22所示的曲柄摇杆机构,若摇杆为主动件,曲柄为从动件,当摇杆摆到图示两极限位置时,连杆2与曲柄1共线,则摇杆通过连杆给曲柄的力将通过其回转中心 A,$\alpha = 90°$。因此,

无论该力有多大,也不能推动曲柄转动。机构的这种位置称为死点位置。

为了使机构能顺利地通过死点位置,通常是在曲柄轴上安装飞轮,利用飞轮惯性使机构通过死点位置。

在工程中,也常利用死点位置实现机械工作的特定要求。如图 3-23 所示的夹紧机构,当工件被夹紧后,B、C、D 成一直线,机构在工件夹紧力 F_n 作用下处于的死点位置,去掉操纵力 F,仍能可靠地夹紧。

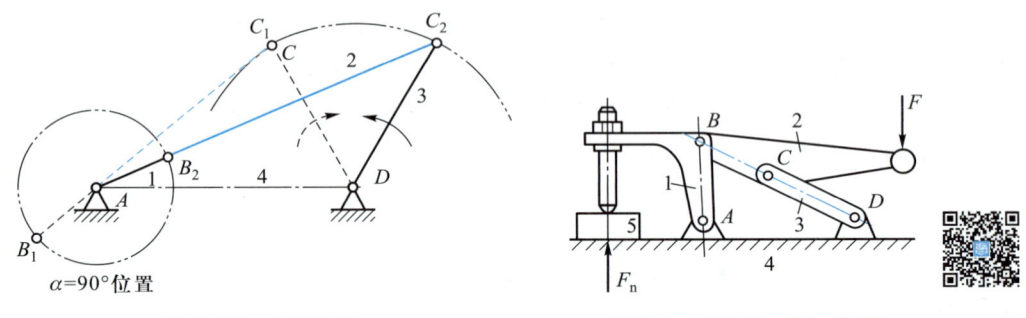

图 3-22 死点位置   图 3-23 死点位置的应用

3.3 平面四杆机构的设计

平面四杆机构可实现转动、移动、摆动、平面的复合运动等多种运动形式的转换,其设计主要是根据给定的使用要求,选择机构的类型,确定机构的尺寸参数。平面四杆机构应用广泛,使用要求也多种多样,一般可归结为两类:① 按给定的运动规律(如急回特性、对应位置等)设计;② 按给定的运动轨迹设计。

平面四杆机构的设计方法有图解法、解析法和实验法。下面应用图解法或实验法设计平面四杆机构。

3.3.1 按给定的行程速度变化系数 K 设计四杆机构

在设计曲柄摇杆机构时,一般都是根据机器的空间尺寸选定摇杆的长度 l_{CD} 和摆角 ψ。按给定的行程速度变化系数 K 设计其余杆的长度。设计步骤如下:

(1)求极位夹角 θ

$$\theta = 180° \frac{K-1}{K+1}$$

(2)任选定固定铰链 D 的位置,根据摇杆的长度 l_{CD} 和摆角 ψ,作出摇杆的两极限位置 C_1D、C_2D,如图 3-24 所示。

(3)连接 C_1 和 C_2,垂直于 C_1C_2 作 C_1N;作 $\angle C_1C_2M = 90°-\theta$,则 C_1N 与 C_2M 交于点 P。由三角形的内角之和等于 180°可知 $\angle C_1PC_2 = \theta$。

(4)作 $\triangle C_1C_2P$ 的外接圆,在圆上任取一点 A,并连线 AC_1、AC_2,则 $\angle C_1AC_2 = \theta$。

(5)因 AC_1、AC_2 分别是曲柄与连杆重叠、拉直共线的位置,即 $l_{AB}+l_{BC}=AC_2$,$l_{BC}-l_{AB}=AC_1$。所以,曲柄长度 $l_{AB}=(AC_2-AC_1)/2$,连杆长度 $l_{BC}=(AC_2+AC_1)/2$,机架长度 $l_{AD}=AD$。

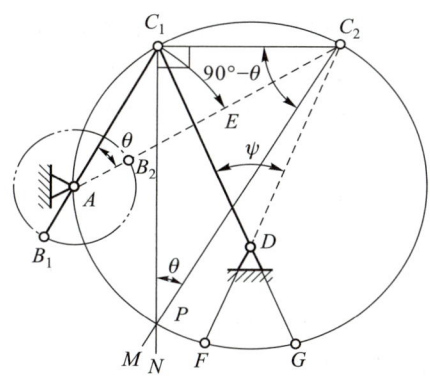

图 3-24 按给定的行程速度变化系数设计四杆机构

作图时,可以直接以 A 为圆心, AC_1 为半径作弧,交于 AC_2 于点 E,则 $l_{AB}=EC_2/2$。

设计时,根据机器的总体布置,可在 C_1F 和 C_2G 两弧段上任选固定铰链 A 的位置(点 A 不要选在 FG 弧段上),所以有无穷多组解。点 A 位置不同,机构的传动角也不同。如给出其他附加条件(如最小传动角、机架 AD 的方位等),才能得到唯一解。

若设计具有急回特性的偏置曲柄滑块机构,可根据已知的滑块行程 H 和行程速度变化系数 K,参照上述方法设计。图 3-25 中点 C_1、C_2 分别是滑块的两极限位置,两点之间的距离为滑块行程 H。当给定偏距 e 后,可有唯一解。

对摆动导杆机构,因极位夹角 θ 等于摆动导杆的摆角 ψ(图 3-26),在已知的机架长度 l_{AD} 和行程速度变化系数 K 的条件下,所需确定的仅是曲柄长度 l_{AC},可用作图法设计,也可直接计算出 $l_{AC}=l_{AD}\sin(\theta/2)$。

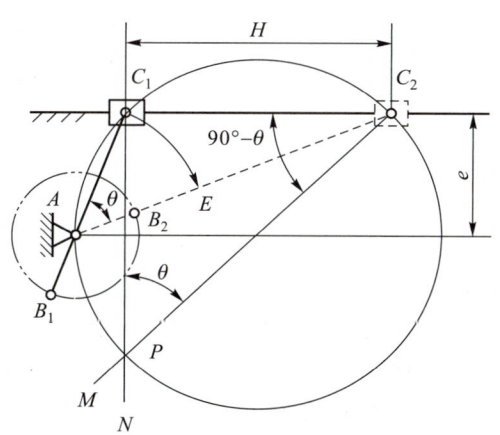

图 3-25 按 K 值设计偏置曲柄滑块机构

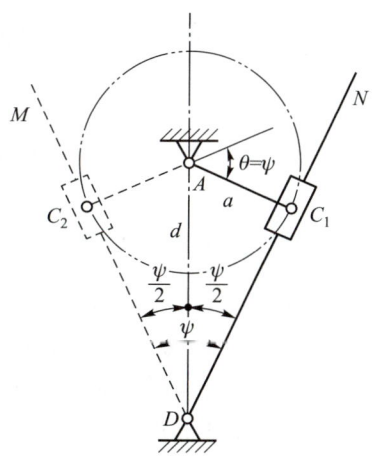

图 3-26 按 K 值设计摆动导杆机构

3.3.2 按给定的连杆位置设计四杆机构

如图 3-27 所示,已知连杆 BC 在工作时要达到的两个位置 B_1C_1 和 B_2C_2,设计满足这项工作要求的四杆机构。

31

由前文对铰链四杆机构介绍可知,机构中活动铰链 B、C 两点的轨迹是两个圆弧,两个圆弧的中心就是固定铰链 A、D 的位置。现在是已知每个圆弧上的两个点,要确定圆弧的中心。因此,分别作 B_1B_2 和 C_1C_2 连线的中垂线 b_{12} 和 c_{12},以 b_{12} 线上任意点 A 和 c_{12} 线上任意点 D 作为固定铰链点,机构 AB_1C_1D 即可达到给定的连杆另一位置。显然,此时有无穷多个解。

可用上述同样方法,设计能够实现连杆 BC 三个预定位置的四杆机构。分别作 B_1B_2 和 B_2B_3 的中垂线 b_{12}、b_{23} 交于一点 A,再作 C_1C_2 和 C_2C_3 的中垂线交于一点 D,则由 AB_1C_1D 组成的四杆机构即可达到给定的连杆另外两个位置。显然,三点定圆心,是唯一解。

图 3-28 所示为热处理电炉炉门开关机构,固定铰链 A、D 装在炉箱上,活动铰链 B、C 装在炉门上,炉门的关门位置是 AB_1C_1D,开门位置是 AB_2C_2D。按上述设计方法,分别作 B_1B_2 和 C_1C_2 连线的中垂线 b_{12} 和 c_{12},结合电炉的布置尺寸和结构,在 b_{12} 线上选 A 点,在 c_{12} 线上选 D 点即可。用简单的四杆机构,实现了开门后热面朝下,方便热处理件的装取。

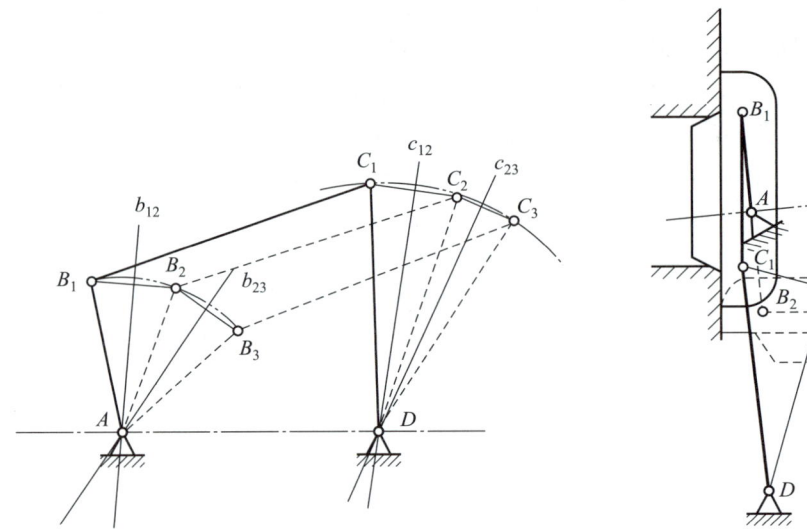

图 3-27　按给定连杆位置设计四杆机构　　　　图 3-28　炉门开关机构

3.3.3　按给定的运动轨迹设计四杆机构

四杆机构在运动时,其连杆作平面复合运动,连杆上任一点的轨迹为一条封闭曲线,这种曲线称连杆曲线。连杆曲线的形状将随连杆上点的位置以及各杆的相对长度不同而变化。连杆曲线的多样性,使它有可能实现复杂的轨迹,从而被广泛地应用在各种机械上。如图 3-29 所示的和面机构,利用连杆上点 E 的轨迹 $a-a$ 和面盆的转动,模仿出人工和面的动作。

按给定的运动轨迹设计四杆机构比较复杂,工程中常用"图谱法"设计。这种方法是利用事先编制的连杆曲线图谱,在图谱中找出所需的曲线,便可直接查出该四杆机构的各杆相对长度。

图 3-30 所示为描绘连杆曲线的仪器模型。这种装置的各杆长度可以调节。在连杆上固定一块多孔薄板,代表连杆平面上不同点的位置。如在板上点 E 装有描笔,当曲柄 AB 转动一周时,就描绘出点 E 的连杆曲线。若多点描绘,则得到一组连杆曲线。改变各杆相对曲柄 AB 的长度,就可得到多组连杆曲线。将它们汇编成册,即成连杆曲线图谱。

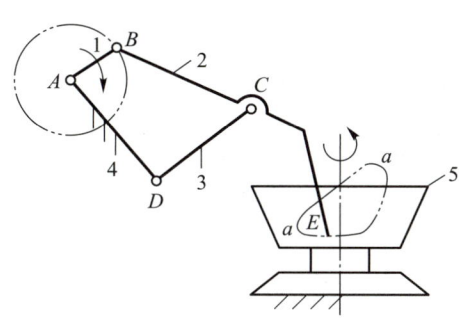

图 3-29　和面机机构

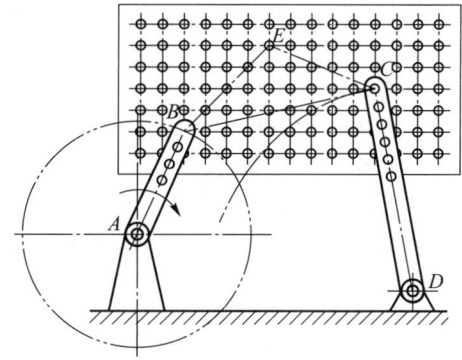

图 3-30　连杆曲线的绘制

习　题

3-1 简述平面连杆机构的优缺点。

3-2 铰链四杆机构有哪几种基本形式？名称是什么？

3-3 铰链四杆机构曲柄存在的条件是什么？如何判别机构类型？

3-4 什么是极位夹角、行程速度变化系数？

3-5 什么是压力角、传动角、死点位置？

3-6 根据图 3-31 所示的尺寸，判断各四杆机构的类型。

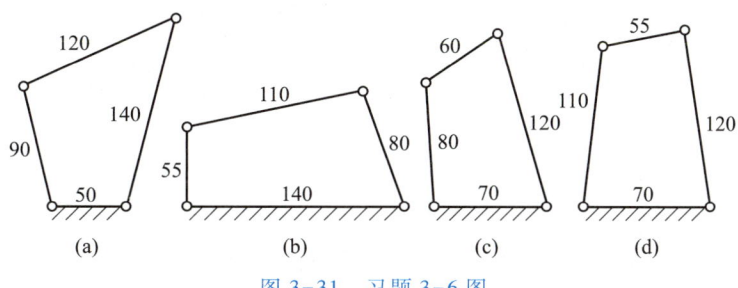

图 3-31　习题 3-6 图

3-7 画出图 3-32 所示各机构的压力角。

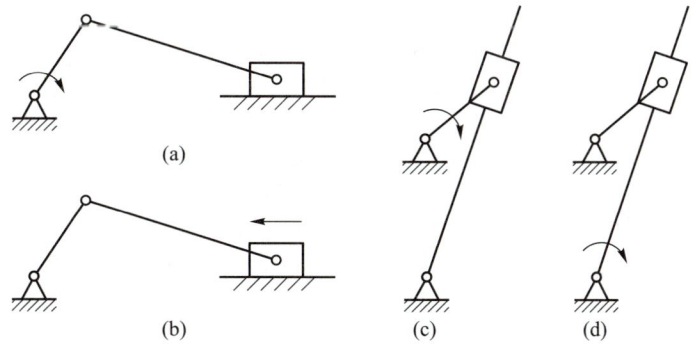

图 3-32　习题 3-7 图

3-8 设计一曲柄摇杆机构,已知摇杆长度 $l_{CD} = 50$ mm,摆角 $\psi = 45°$,行程速度变化系数 $K = 1.4$,机架长度 $l_{AD} = 45$ mm。

3-9 如图 3-33 所示的偏置曲柄滑块机构,试求:

(1) 使杆 AB 成为曲柄的条件;偏距 $e = 0$ 时,杆 AB 成为曲柄的条件又是什么?

(2) 画出机构的极位,标出极位夹角。

(3) 标出图示位置滑块的压力角 α、传动角 γ,画出最小传动角 γ_{min} 出现的位置。

3-10 如图 3-34 所示的偏置曲柄滑块机构,已知滑块的行程 $H = 60$ mm,机构的行程速度变化系数 $K = 1.4$,偏距 $e = 20$ mm。试用图解法设计曲柄和连杆的长度。

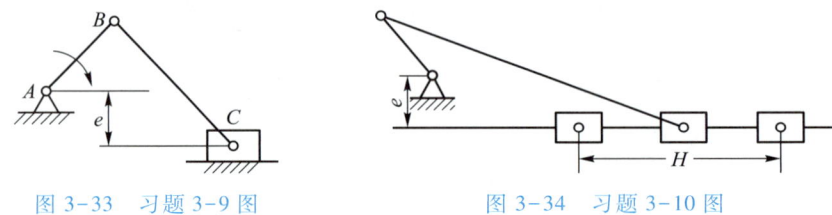

图 3-33　习题 3-9 图　　　　　　图 3-34　习题 3-10 图

3-11 设计图 3-35a 所示的夹紧工件的铰链四杆机构。已知连杆长度 $l_{BC} = 40$ mm,连杆的两个位置如图 3-35b 所示,放松工件时 B_1C_1 处于水平位置,夹紧工件时 B_2C_2 机构处于死点位置,此时要求主动件 AB 处于竖直位置。

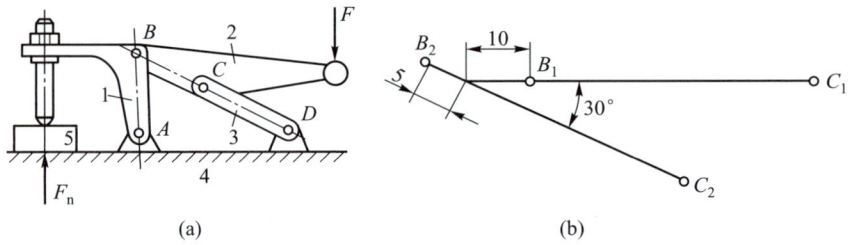

(a)　　　　　　　　　　(b)

图 3-35　习题 3-11 图

3-12 设计一曲柄摇杆机构,如图 3-36 所示,曲柄为主动件。已知摇杆的行程速度变化系数 $K = 1$,机架长 $l_{AD} = 120$ mm,曲柄长 $l_{AB} = 20$ mm,且当曲柄 AB 运动到与连杆拉直共线时,曲柄位置 AB_2 与机架的夹角 $\varphi_1 = 45°$。试用图解法求摇杆的长度 l_{CD} 及连杆的长度 l_{BC}。

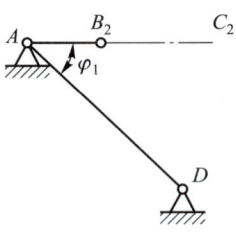

图 3-36　习题 3-12 图

第4章

凸轮机构与间歇运动机构

4.1 概　　述

如图 4-1 所示,凸轮机构是由凸轮 1、从动件 2、机架 3 组成的高副机构。通常凸轮是具有曲线轮廓或凹槽的构件,为主动件,作匀速转动;从动件可作往复直线运动,也可作往复摆动。因为从动件的运动规律取决于凸轮轮廓线的形状,所以能实现比较复杂的运动规律,广泛地应用于各种机械和自动控制装置中。凸轮机构结构简单,工作可靠。由于是高副接触,易磨损,故不宜用于传递大功率的场合。

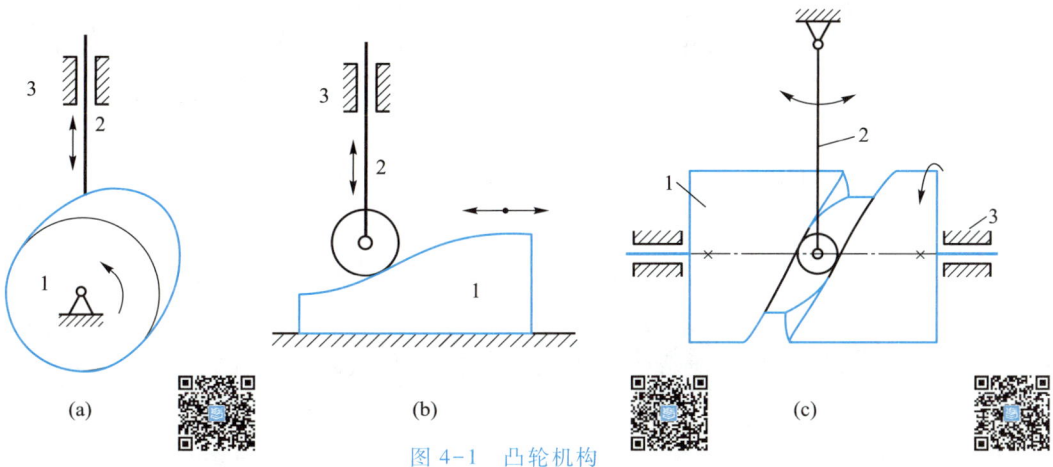

图 4-1　凸轮机构

4.1.1　凸轮机构的分类

凸轮机构的类型很多,通常可按如下方法来分类。

1. 按凸轮的形状分类

(1) 盘形凸轮机构　凸轮为一绕其轴线转动且具有变化向径的盘形构件,如图 4-1a 所示。盘形凸轮是凸轮的最基本形式。

(2) 移动凸轮机构　凸轮相对机架作往复直线移动,如图 4-1b 所示。

(3) 圆柱凸轮机构　将移动凸轮卷成圆柱体即成为圆柱凸轮,如图 4-1c 所示。

2. 按从动件形状分类

（1）尖顶从动件　如图 4-2a 所示。从动件与凸轮间为点接触,极易磨损,用于传力较小的低速凸轮机构中。

（2）滚子从动件　如图 4-2b 所示。从动件上装有滚子(局部自由度),从动件与凸轮轮廓间为滚动摩擦,可以传递较大的载荷,应用广泛。

（3）平底从动件　如图 4-2c、f 所示。从动件的平底与凸轮轮廓线相切,凸轮与平底之间易形成油膜,有利于润滑。所以,平底从动件常用于高速凸轮中,但只适用于外凸的凸轮轮廓线。

3. 按从动件的导路是否通过凸轮的转动中心分类

（1）对心凸轮机构　如图 4-2a、b、c 所示。从动件的导路通过凸轮的转动中心,通常用于需要高精度和平稳运动的场合。

（2）偏置凸轮机构　如图 4-2d、e、f 所示。从动件的导路不通过凸轮的转动中心,适用于需要复杂运动或特定运动轨迹的场合。

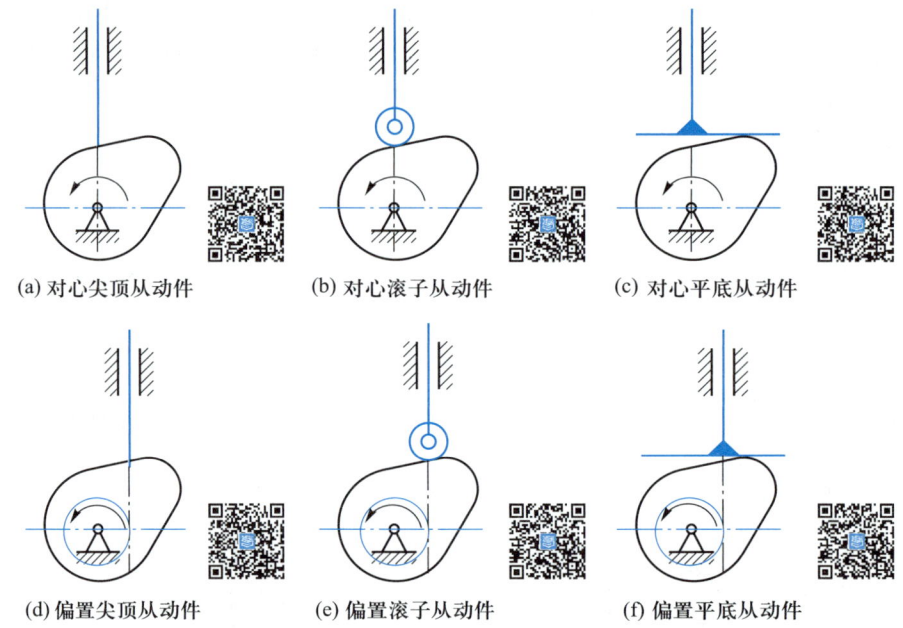

(a) 对心尖顶从动件　　(b) 对心滚子从动件　　(c) 对心平底从动件

(d) 偏置尖顶从动件　　(e) 偏置滚子从动件　　(f) 偏置平底从动件

图 4-2　不同布置方式和从动件形状的凸轮机构

4. 按从动件的运动形式分类

（1）直动从动件凸轮机构 如图 4-2 所示。从动件运动形式为往复移动。

（2）摆动从动件凸轮机构 如图 4-3 所示。从动件运动形式为往复摆动。

5. 按凸轮与从动件的封闭(锁合)方式分类

（1）力封闭型凸轮机构　如图 4-4a、b 所示。该方式是利用从动件的重力、弹力或其他外力使从动件与凸轮保持接触。

（2）形封闭型凸轮机构　如图 4-4c、d 所示。该方式是利用凸轮或从动件的特殊几何结构来保持两者始终接触。

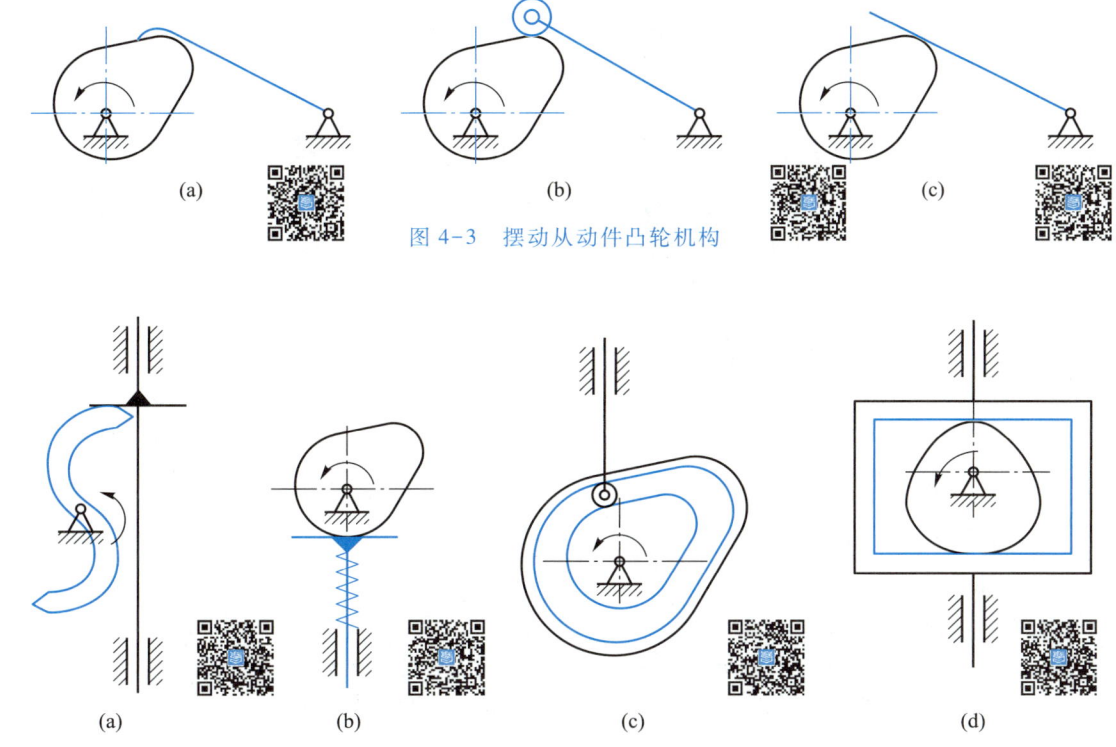

图 4-3　摆动从动件凸轮机构

(a)　　　　　(b)　　　　　(c)　　　　　(d)

图 4-4　凸轮与从动件的不同锁合方式

4.1.2　凸轮机构的工作周期

现以图 4-5 所示对心尖顶直动从动件盘形凸轮机构为例,分析凸轮机构一个工作周期的运动。当凸轮以等角速度逆时针自点 A 转动时,从动件将从最低点开始作周期内的往复直线运动,其中凸轮轮廓线上最小向径 r_0 为半径的圆称为基圆,廓线沿 ABCDA 的顺序与从动件接触,需历经四段运动。

推程运动(AB 段)。AB 段是向径逐渐变大的曲线,因此推程运动是从动件从最低位置上升到最高位置的过程,从动件上升的高度叫位移,用 s 表示,其最大值即最大位移称为升程,用 h 表示,对应凸轮的转角为 δ_1,称为推程运动角;

远休止(BC 段)。BC 段是向径不变的曲线,因此远休止是从动件在最高位置静止不动的过程,对应凸轮的转角为 δ_2,称为远休止角;

回程运动(CD 段)。CD 段是向径逐渐变小的曲线,因此回程运动是从动件从最高位置降到最低位置的过程,对应凸轮的转角 δ_3,称为回程运动角;

近休止(DA 段)。DA 段向径不变且为最小的圆弧,因此近休止是从动件在最低位置静止不动的过程,对应凸轮的转角为 δ_4,称为近休止角。

在平面凸轮机构设计中,为满足凸轮机构的工作需求,上述四个运动阶段不一定同时存在,但一个工作周期中至少要有推程和回程两个阶段。所以根据从动件的运动情况与凸轮转角的对应关系,其从动件的运动形式有图 4-6 所示的四种情况。

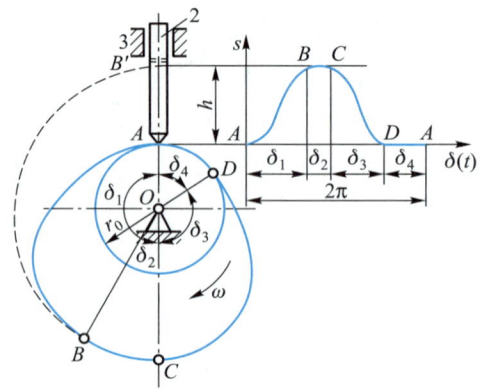

图 4-5　尖顶直动从动件盘形凸轮机构

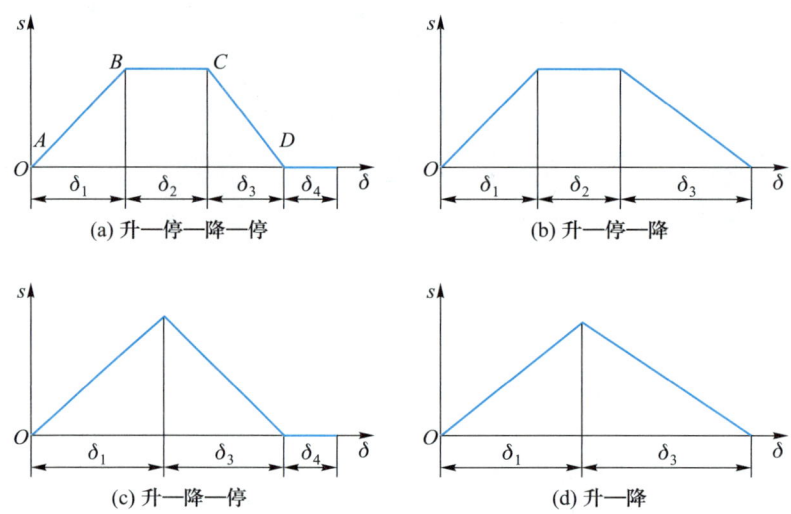

图 4-6　从动件的运动形式

4.2　从动件的常用运动规律

由于从动件的运动规律取决于凸轮轮廓线的形状,因此设计凸轮时,必须先按实际工况确定从动件的运动规律。

4.2.1　从动件的运动表达

从动件的运动规律是指在推程或回程的过程中,从动件的位移 s、速度 v、加速度 a 随时间 t 的变化规律。由于凸轮一般为等速转动,其转角 δ 与时间 t 成正比,所以凸轮机构从动件的运动规律通常表示成 δ 的函数,即

$$s=s(\delta)\quad v=\frac{\mathrm{d}s}{\mathrm{d}t}=\frac{\mathrm{d}s}{\mathrm{d}\delta}\frac{\mathrm{d}\delta}{\mathrm{d}t}=\omega\,\frac{\mathrm{d}s}{\mathrm{d}\delta}\quad a=\frac{\mathrm{d}^2s}{\mathrm{d}t^2}=\frac{\mathrm{d}}{\mathrm{d}t}\left(\omega\,\frac{\mathrm{d}s}{\mathrm{d}\delta}\right)=\omega^2\,\frac{\mathrm{d}^2s}{\mathrm{d}\delta^2}\tag{4-1}$$

由于凸轮转动的角速度保持恒定,故可以将从动件的运动参数与凸轮的几何参数联系起来。式(4-1)中 $\mathrm{d}s/\mathrm{d}\delta$ 和 $\mathrm{d}^2s/\mathrm{d}\delta^2$ 分别与从动件的速度和加速度变化规律一致,因此 $\mathrm{d}s/\mathrm{d}\delta$ 称为类速度、$\mathrm{d}^2s/\mathrm{d}\delta^2$ 称为类加速度。如图4-5所示为凸轮机构在一个运动周期内从动件位移 s_2 随凸轮转角 δ 的变化曲线,又称位移曲线。

一般推程是工作行程,回程是非工作行程。下面介绍几种常用的推程阶段从动件运动规律,分析方法也适用于回程阶段。

4.2.2 从动件的常用运动规律

1. 等速运动规律

等速运动规律指从动件在运动过程中,速度保持不变,即 $v_2 = v_0$。凸轮转过 δ_1 角,用时为 t_1,$\delta_1 = \omega_1 t_1$,对应从动件升起行程 h,则 $v_2 = v_0 = h/t_1 = h\omega_1/\delta_1$。则从动件推程作等速运动的位移 s_2、速度 v_2、加速度 a_2 方程为

$$\begin{cases} s_2 = \dfrac{h}{\delta_1}\delta \\ v_2 = \dfrac{h}{\delta_1}\omega_1 = v_0 \\ a_2 = 0 \end{cases} \tag{4-2}$$

等速运动规律从动件的运动线图如图4-7所示。

由运动线图可以看出,从动件在运动中,加速度为零,但在运动开始和终止时,速度有突变,理论上将产生无穷大的加速度(由于构件有弹性,不至于达到无穷大),以致引起强烈冲击。这种冲击称为刚性冲击。因此,等速运动规律只适用于低速、轻载的场合。

对于回程阶段,由于回程起始点推杆处于最高位置,随着凸轮转动,推杆逐渐下降,若回程阶段也选用等速运动规律,则从动件位移应等于行程 h 减去由式(4-2)求得的位移,即回程阶段 $s_2 = h - (h/\delta_3)\delta$,从而可得回程阶段从动件的速度 $v_2 = -h\omega_1/\delta_3$、加速度 $a_2 = 0$。

2. 等加速等减速运动规律

等加速等减速运动规律是指从动件在一个行程中,前半程作等加速运动,后半程作等减速运动。通常前、后半程加速度的绝对值相等。设从动件的加速度 $a_2 = a_0$,则从动件前半程速度 $v_2 = a_0 t$,从动件位移 $s_2 = a_0 t^2/2$。当从动件前半程作等加速运动时,凸轮转过 $\delta_1/2$ 角,用时为 $t_1/2$,$\delta_1 = \omega_1 t_1$,对应从动件升起行程 $h/2$,即 $h/2 = a_0(t_1/2)^2/2 = a_0(\delta_1/2\omega_1)^2/2$,则

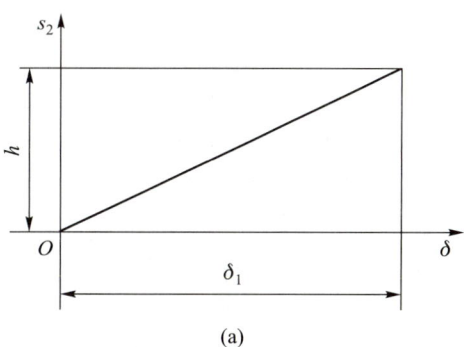

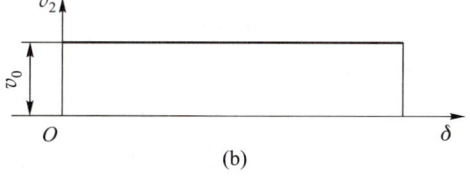

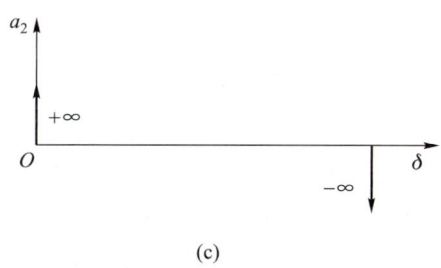

图4-7 等速运动规律从动件运动线图

39

$a_0 = 4h(\omega_1/\delta_1)^2$。由此可得前半程从动件作等加速运动时的运动方程：

$$\begin{cases} s_2 = \dfrac{2h}{\delta_1^2}\delta^2 \\[2mm] v_2 = \dfrac{4h\omega_1}{\delta_1^2}\delta \\[2mm] a_2 = \dfrac{4h\omega_1^2}{\delta_1^2} = a_0 \end{cases} \tag{4-3}$$

在推程的后半程，从动件作等减速运动，凸轮转角由 $\delta_1/2$ 起，到 δ_1 止，对应从动件行程从 $h/2$ 到 h。不难导出后半程从动件作等减速运动时的运动方程：

$$\begin{cases} s_2 = h - \dfrac{2h}{\delta_1^2}(\delta_1 - \delta)^2 \\[2mm] v_2 = \dfrac{4h\omega_1}{\delta_1^2}(\delta_1 - \delta) \\[2mm] a_2 = -\dfrac{4h\omega_1^2}{\delta_1^2} \end{cases} \tag{4-4}$$

图 4-8 所示为等加速等减速运动规律的运动线图。这种运动规律加速度线图是两段水平线，速度线图是两段斜直线，位移线图为两段抛物线。由图可见，在运动开始、终止和等加速等减速转变的瞬间，加速度出现有限值的突变，引起有限惯性力冲击，故称这种冲击为柔性冲击。因此，等加速等减速运动规律只适用中速场合。

按式（4-3）、式（4-4）中从动件位移方程，可在计算机上绘制位移线图，也可将 δ_1 等分若干份（图 4-8 将等加速、等减速各分 4 等份），将各分点值代入式（4-3）、式（4-4），求出对应点的位移 s_2，按比例手工绘制位移线图，以备绘制凸轮轮廓线用。

3. 余弦加速度运动规律

点在半径为 R 的圆周上作匀速运动时，它在该圆直径上的投影所构成的运动称为简谐运动。当从动件按简谐运动规律运动时，位移曲线方程为 $s_2 = R(1 - \cos\theta)$，R、θ 如图 4-9a 所示，图中 $R = h/2$，$\theta/\pi = \delta/\delta_1$。将 R、θ 带入位移曲线方程，对位移方程求导两次，即得从动件作简谐运动的运动方程：

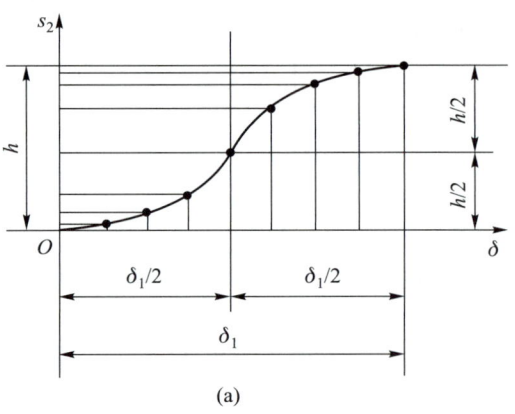

(a)

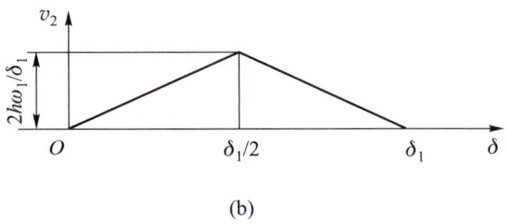

(b)

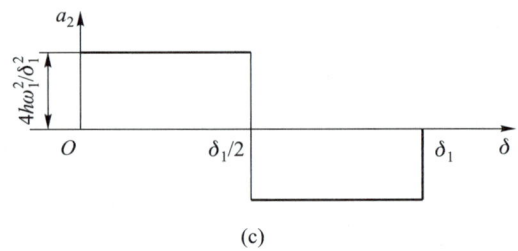

(c)

图 4-8　等加速等减速运动规律

$$\begin{cases} s_2 = \dfrac{h}{2}\left[1-\cos\left(\dfrac{\pi}{\delta_1}\delta\right)\right] \\[4mm] v_2 = \dfrac{\pi h \omega_1}{2\delta_1}\sin\left(\dfrac{\pi}{\delta_1}\delta\right) \\[4mm] a_2 = \dfrac{\pi^2 h \omega_1^2}{2\delta_1^2}\cos\left(\dfrac{\pi}{\delta_1}\delta\right) \end{cases} \tag{4-5}$$

由式(4-5)可知,从动件按简谐运动规律运动时,其加速度是按余弦规律变化,故称余弦加速度运动规律。

图 4-9 所示为余弦加速度运动规律的运动线图。按简谐运动生成原理,以从动件行程 h 为直径画半圆,将此半圆和横坐标的推程运动角 δ_1 分成相同等份(图中分成 8 等份),从半圆和横坐标上各点引水平线和垂直线,交点为位移曲线上的点,过这些点连接成的光滑曲线即为推程位移曲线。由图可见,从动件在推程过程中,加速度曲线光滑连续,但在运动始、末两点,加速度存

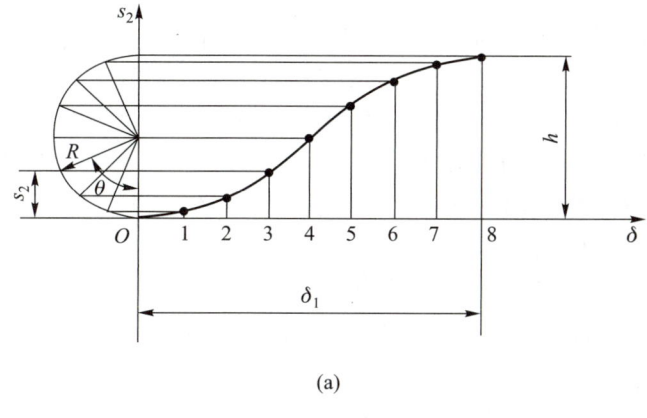

(a)

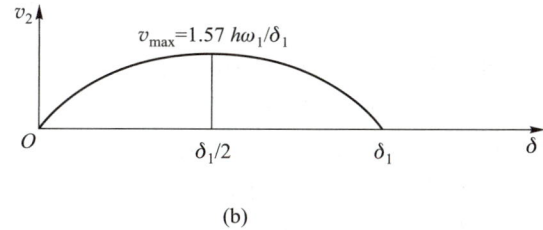

(b)

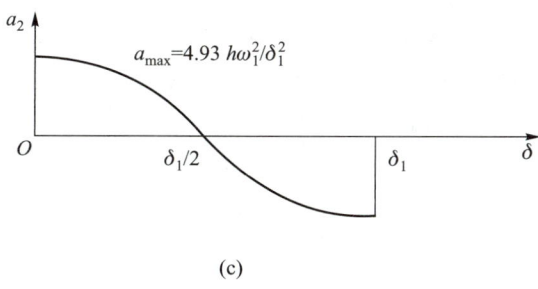

(c)

图 4-9　余弦加速度运动规律

在有限值的突变,故也有柔性冲击;若从动件只有推程和回程运动,且推程和回程都符合此规律,则柔性冲击可以避免。因此,简谐运动规律适用于中速场合。为使加速度始终保持连续变化,工程中还应用了正弦加速度、高次多项式等运动规律。其中,符合正弦加速度运动规律的运动既无刚性冲击,也无柔性冲击,可用于高速场合;但在有多个特殊运动要求的情况下,正弦加速度运动规律不易求解,需采用加控制条件的高次多项式运动规律,五次、七次以及更高阶的多项式运动规律也无刚性和柔性冲击,同样可用于高速场合。

4.3 凸轮机构的设计

4.3.1 凸轮机构的压力角和基圆半径

在设计凸轮机构时,不仅要保证从动件的运动规律,还要保证机构就具有良好的传力性能及紧凑的结构尺寸,由此涉及凸轮机构的压力角的校核和基圆半径的选择。

图4-10所示机构为尖顶直动从动件凸轮机构,若不计摩擦力,凸轮作用给从动件的力 F_n 的方向是沿接触点 B 的法线方向,F_n 与从动件运动方向所夹的锐角为压力角 α。F_n 可分解为沿从动件运动方向的分力 F_y 和垂直运动方向的分力 F_x。F_y 是推动从动件运动的有效分力,F_x 引起导路对从动件的摩擦阻力 F_f。$F_y = F_n\cos\alpha$,$F_x = F_n\sin\alpha$。当 F_n 一定时,α 越小,有效分力 F_y 越大,机构的传力性能越好;反之,F_x 大,摩擦阻力 F_f 也随之增大。当 α 大到一定值时,会出现有效分力 F_y 小于摩擦阻力 F_f。此时,即使从动件上的外载荷 F_Q 为零,无论 F_n 有多大,都无法推动从动件运动,即机构发生自锁。

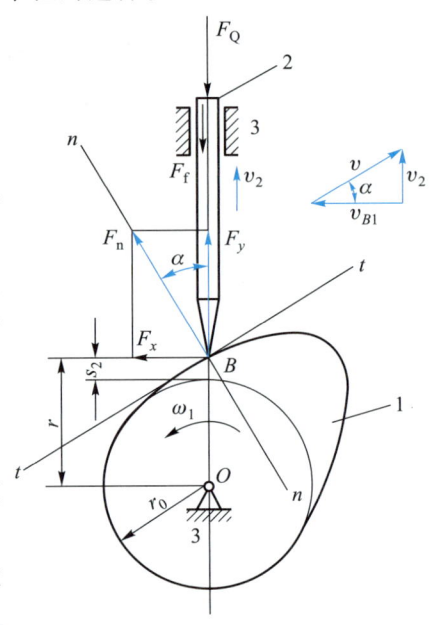

图4-10 凸轮机构的受力分析

为了保证凸轮正常工作,提高效率,减小磨损,应对压力角 α 加以限制。凸轮轮廓线上各点的压力角是不同的,设计时应使最大压力角不超出许用值,即 $\alpha_{max} \leq [\alpha]$。一般直动从动件推程中许用压力角 $[\alpha] = 30°$。凸轮机构中,从动件大多都是靠弹簧或重力作用返回,所以回程发生自锁的可能性很小,因而可以有较大的压力角。

由上述分析可知,压力角越小对传动越有利,而凸轮机构的压力角与基圆半径有关。从图4-10可以看出,从动件在与凸轮点 B 接触时的位移 $s_2 = r - r_0$,r 为点 B 处凸轮半径。从图中的速度三角形可知 $v_2 = v_{B1}\tan\alpha = r\omega_1\tan\alpha$,即

$$r = \frac{v_2}{\omega_1\tan\alpha}$$

所以

$$r_0 = r - s_2 = \frac{v_2}{\omega_1\tan\alpha} - s_2 \tag{4-6}$$

由式(4-6)可知,当从动件运动规律(s_2、v_2)确定后,要想得到较小的压力角,就要加大基圆

半径,凸轮的结构尺寸就偏大。若要求凸轮机构结构紧凑,可以在满足 $\alpha_{\max} \leqslant [\alpha]$ 的条件下,减小基圆半径。由于凸轮可直接作在轴上或安装在轴上,故基圆半径必须大于轴或轮毂半径。当已知凸轮轴的直径 d 时,通常可按下列经验公式选择基圆半径:

$$r_0 = (0.8 \sim 1)d + r_k \text{ 或 } r_k = (0.1 \sim 0.15)r_0$$

式中:r_k 为滚子半径。

4.3.2 图解法绘制凸轮轮廓线

在选定从动件运动规律和基圆半径后,可以用解析法或图解法绘制凸轮轮廓线。由于凸轮大都是在数控机床(铣床或磨床)上加工,在图纸上给出凸轮各运动角内的从动件位移方程,就可以精确地加工出凸轮。所以,无论是用解析法通过计算机绘制,还是图解法手工绘制凸轮轮廓线,都不能用其图形进行凸轮轮廓线的精度检测。绘制凸轮轮廓线的主要目的是了解凸轮轮廓线的形成原理,检查凸轮形状和尺寸,校核凸轮压力角等。

凸轮机构工作时,凸轮是以角速度 ω_1 转动的,而绘制凸轮轮廓线时,凸轮相对图纸是静止的,为此,可以采用"反转法"绘制凸轮轮廓线。如图 4-11a 所示的对心尖顶移动从动件盘形凸轮机构,若给整个机构加角速度 $-\omega_1$,根据相对运动原理,各构件的相对运动不变。这样一来,凸轮不动,从动件随导路以角速度 $-\omega_1$ 转动,同时又沿导路往复移动。由于尖顶始终与凸轮保持接触,所以反转时尖顶的运动轨迹就是凸轮轮廓线。

1. 对心尖顶直动从动件盘形凸轮轮廓线的绘制

图 4-11a 所示为对心尖顶直动从动件盘形凸轮机构。已知凸轮以 ω_1 沿逆时针旋转,基圆半径为 r_0,从动件运动规律如图 4-11b 所示。绘制凸轮轮廓线步骤如下:

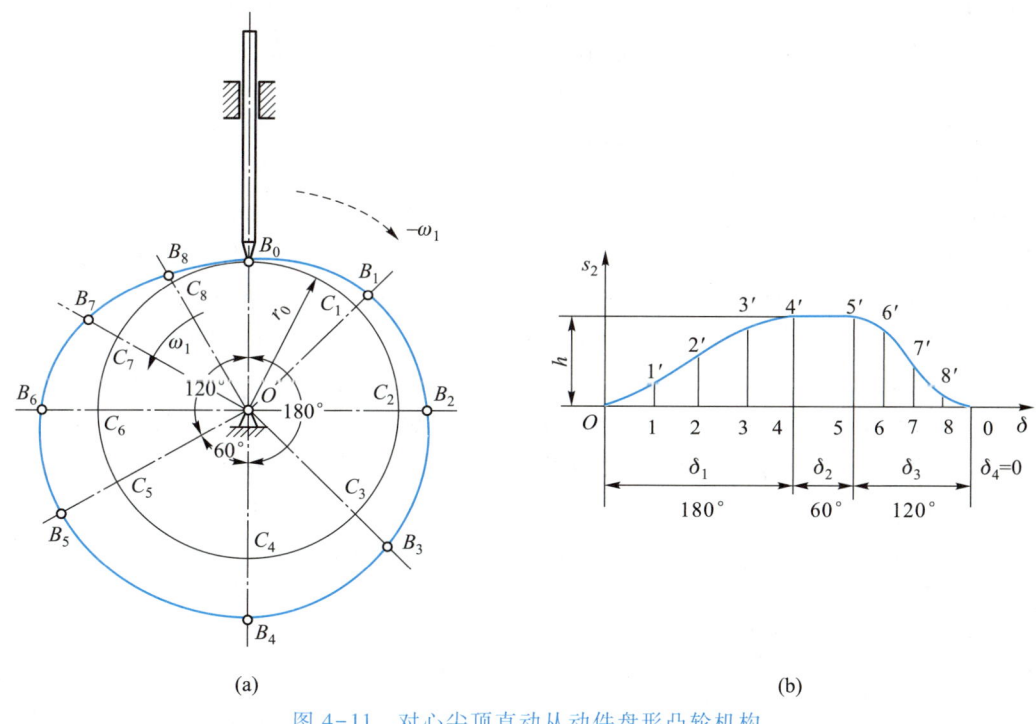

(a)   (b)

图 4-11　对心尖顶直动从动件盘形凸轮机构

43

（1）选取适当比例尺，根据选定的从动件运动规律，作出位移线图。将位移线图的推程运动角和回程运动角分成若干等份（为使示图清晰些，例图分等份较少，实际绘制时应多分等份），得到从动件在各等分点上的位移量 $11'$、$22'$、…、$88'$，如图 4-11b 所示。

（2）根据已知的基圆半径 r_0，画出基圆。

（3）在基圆上选定凸轮轮廓线的起始点 B_0，从点 B_0 开始，沿 $-\omega_1$ 方向，分出推程运动角、远休止角、回程运动角和近休止角（此例近休止角为零）。将推程运动角和回程运动角各分成与位移线图对应的等份，在基圆上得点 C_1、C_2、…、C_8。过这些点作射线 OC_1、OC_2、…、OC_8，各射线即为从动件导路在反转中依次所处的位置。

（4）从基圆上的点开始，沿导路方向分别量取对应的位移量 $C_1B_1=11'$、$C_2B_2=22'$、…、$C_8B_8=88'$，得到反转后尖顶的一系列位置 B_1、B_2、…、B_8，将点 B_1、B_2、…、B_8 连成光滑曲线（休止角对应的是以 O 为圆心的圆弧），便得到所求的凸轮轮廓线。

2. 对心滚子直动从动件盘形凸轮轮廓线的绘制

按上述方法得到的凸轮轮廓线称理论轮廓线。若采用滚子从动件，则以理论轮廓线 β 各点为中心，以滚子半径 r_k 为半径画一系列圆弧，最后作这些圆弧的包络线 β'，它便是使用滚子从动件时凸轮的实际轮廓线，如图 4-12 所示。顺便指出，滚子从动件凸轮的基圆半径 r_0 和各点压力角 α 均是在理论轮廓线上度量。

采用滚子后，从动件与凸轮间的摩擦变为滚动摩擦，从而延长了机构的使用寿命。为提高凸轮和滚子的接触强度，可适当加大半径 r_k。但是应注意凸轮理论轮廓线的曲率半径和滚子半径的关系，避免出现凸轮实际轮廓线变尖或从动件运动失真现象。

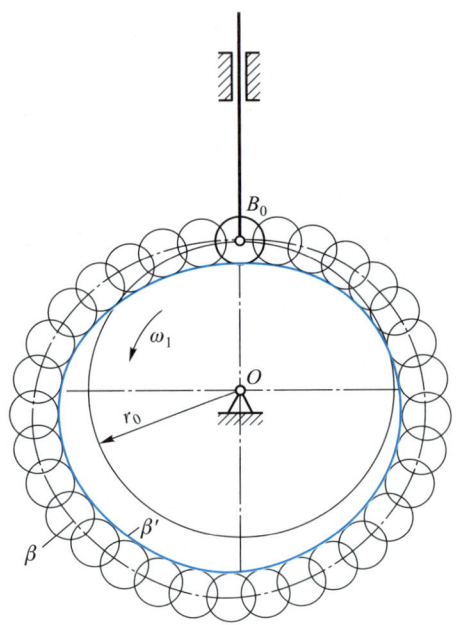

图 4-12　对心滚子直动从动件
盘形凸轮机构

如图 4-13a 所示，凸轮理论轮廓线为外凸曲线，实际轮廓线曲率半径 ρ' 等于理论轮廓线曲率半径 ρ 与滚子半径 r_k 之差，即 $\rho'=\rho-r_k$。当 $\rho=r_k$ 时，实际轮廓线曲率半径 ρ' 为零，即凸轮出现尖点，如图 4-13b 所示，这种轮廓极易磨损，不能使用；当 $\rho<r_k$ 时，实际轮廓线曲率半径 ρ' 为负值，实际轮廓线出现交叉点，如图 4-13c 所示，交叉点以上的轮廓线加工时将被切去，致使从动件不能实现预期的运动规律，这种现象称为运动失真。所以在设计时，必须使滚子半径 $r_k<\rho_{min}$，ρ_{min} 为凸轮理论轮廓线上外凸曲线最小曲率半径，ρ_{min} 可以由作图法找出。当凸轮轮廓线为内凹形时，实际轮廓线曲率半径 ρ' 等于理论轮廓线曲率半径 ρ 与滚子半径 r_k 之和，即 $\rho'=\rho+r_k$，如图 4-13d 所示。这样，不论滚子半径大小如何，凸轮的实际轮廓线总是可以作出。

当绘制完凸轮轮廓线后，检查凸轮的外观形状，校核推程轮廓线的压力角。一般可在轮廓线比较陡的地方取若干点进行检验，若 $\alpha_{max}>[\alpha]$，可适当增加基圆半径重新设计。

3. 平底直动从动件盘形凸轮轮廓线的绘制

若采用平底从动件，如图 4-14 所示，将平底中心线与导路的交点 B_0 视为前述尖顶从动件的尖顶，按尖顶从动件凸轮轮廓线的绘制步骤，得到反转后 B_0 的一系列位置 B_1、B_2、…、B_8，过这

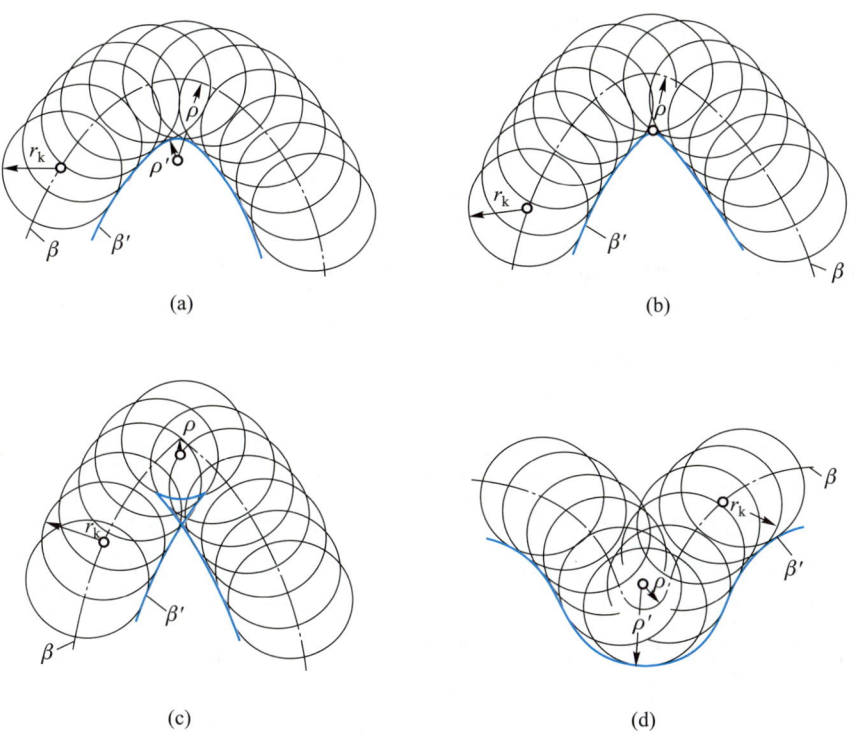

图 4-13 滚子半径对实际轮廓线的影响

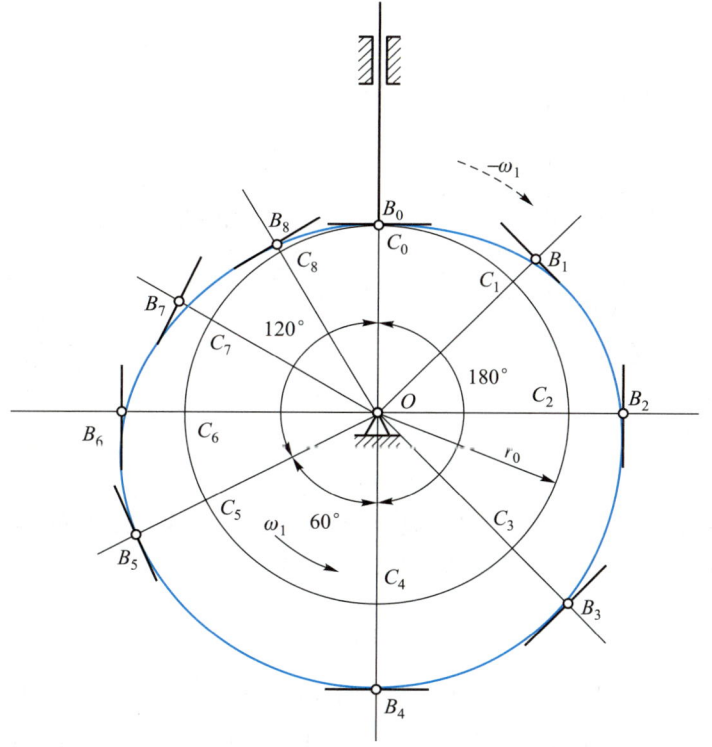

图 4-14 平底直动从动件盘形凸轮机构

45

些点作一系列代表从动件平底即垂直于导路的直线,此直线族的包络线即为平底从动件盘状凸轮的轮廓曲线。平底从动件凸轮机构的压力角等于常数。当平底垂直于从动件运动方向时,其压力角始终为零。

4.4 间歇运动机构

在许多机械中,常需要某些构件作周期性的间歇运动,实现这种运动的机构称为间歇运动机构。如机床的进给机构、印刷机的进纸机构、生产线上的计数机构等。常用的间歇运动机构有棘轮机构、槽轮机构、不完全齿轮机构等。

4.4.1 棘轮机构

图 4-15a 所示为外啮合式棘轮机构,由主动摇杆 1、棘轮 2、驱动棘爪 3、转轴 4 和止回棘爪 5 组成。摇杆 1 空套在转轴 4 上,棘轮 2 与转轴 4 固连。当主动摇杆 1 顺时针方向摆动时,棘爪 3 便插入棘轮 2 的齿间,推动棘轮 2 转动一定角度。此时,止回棘爪 5 在棘轮的齿背上滑过。当主动摇杆 1 逆时针方向摆动时,棘爪 3 在棘轮的齿背上滑过,此时,止回棘爪 5 阻止棘轮倒转。为保证机构可靠工作,用弹簧使棘爪与棘轮保持接触。这样,将摇杆的连续往复摆动转变为棘轮的单向间歇转动。可以想象,如通过曲柄摇杆机构和棘轮机构组合,能将连续转动变为间歇转动。同样的工作原理,利用图 4-15b 所示的棘条机构,可将摇杆的连续往复摆动转变为棘条的单向间歇移动,实现直线间歇进给运动,常用于起重机械上。

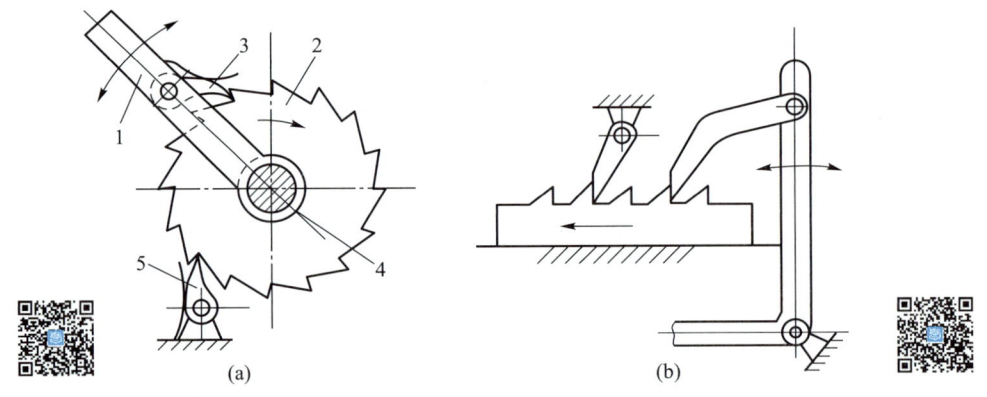

(a)　　　　　　　　　　　　　　　(b)

图 4-15　棘轮机构

棘轮机构结构简单,运动可靠。棘轮的转角是相邻两齿所夹圆心角的整数倍,通过调整摇杆的摆角,可以实现有级的改变。棘轮机构工作时有噪声,适用于低速和轻载的场合。

4.4.2 槽轮机构

图 4-16 所示为槽轮机构,由带有销轮的拨盘 1、具有径向槽的槽轮 2 和机架组成。主动件拨盘 1 连续转动,当拨盘上的圆销 C 进入从动槽轮 2 的径向槽时,拨动槽轮转动,当圆销在点 C′ 从径向槽时滑出时,槽轮上的内凹锁止弧被拨盘上的外凸锁止弧锁住,故槽轮静止,直到圆销再

46

一次进入下一个径向槽时,锁止弧脱开,槽轮才能继续回转,从而实现槽轮的间歇转动。拨盘转一周,槽轮间歇运动一次。平面槽轮机构有外槽轮机构(图 4-16)和内槽轮机构(图 4-17)两种。外槽轮机构主、从动轮转向相反,内槽轮机构两轮转向相同。工程中外啮合槽轮应用较多。

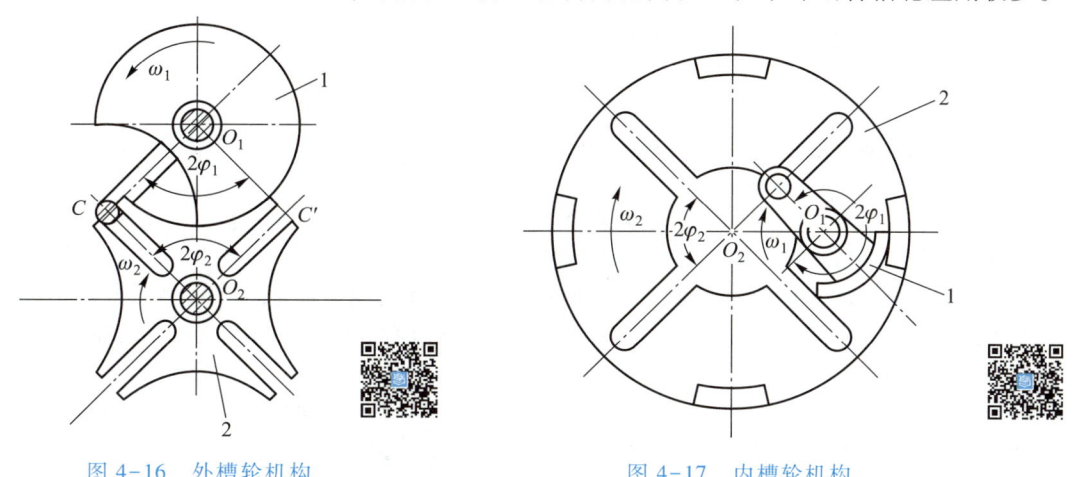

图 4-16 外槽轮机构   图 4-17 内槽轮机构

槽轮机构结构简单,运动较棘轮机构平稳。但槽轮的转角是不可调节的,若想改变转角,必须更换具有相应槽数的槽轮。槽轮在转动时有较大的角加速度,因此不宜用于转速较高的场合。

4.4.3 不完全齿轮机构

不完全齿轮机构是由齿轮机构演变得到的一种间歇运动机构。如图 4-18 所示,主动轮 1 上有一个或几个齿,其余部分为外凸锁止弧。在从动轮 2 上,根据运动停歇时间的要求,作出与主动轮相啮合的轮齿和内凹锁止弧。在图 4-18a 所示的不完全齿轮机构中,主动轮 1 上只有 1 个齿,从动轮 2 上有 8 个齿,故主动轮转 1 转时,从动轮转 1/8 转。如图 4-18b 所示,主动轮 1 上只有 4 个齿,从动轮 2 上有 4 个运动段和 4 个停歇段,故主动轮转 1 转时,从动轮转 1/4 转。

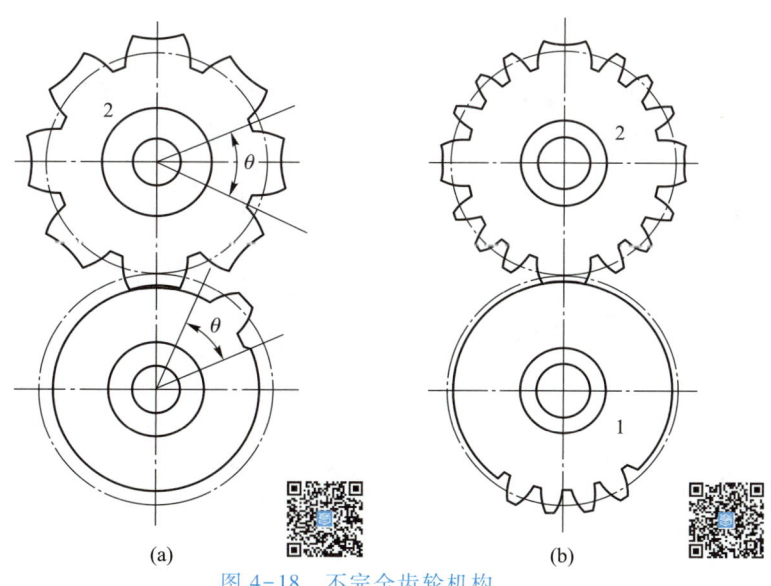

(a)   (b)

图 4-18 不完全齿轮机构

习　题

4-1 简述凸轮机构一个工作周期内的运动。

4-2 简述从动件常用运动规律及特点。

4-3 什么是凸轮机构传动中的刚性冲击和柔性冲击?

4-4 凸轮机构的压力角的大小对凸轮机构的传动有何影响?设计时为什么要控制压力角的最大值?基圆与压力角之间有何关系?

4-5 什么是凸轮的理论轮廓线?凸轮的基圆在理论轮廓线上还是在实际轮廓线上?尖顶从动件和滚子从动件凸轮机构的实际轮廓线与理论轮廓线各有何区别?

4-6 滚子从动件的滚子大小应该如何选取?若出现凸轮轮廓线变尖或是失真可采取哪些措施?

4-7 滚子直动从动件盘形凸轮机构和平底直动从动件盘形凸轮机构的凸轮轮廓线哪一个可以内凹?为什么?

4-8 能实现间歇运动的机构有哪几种?各有什么特点?

4-9 图 4-19 所示的对心尖顶直动从动件盘形凸轮机构中,从动件运动规律的曲线图尚不完全,试在图中补全各段的位移、速度及加速度曲线,并指出在哪些位置会出现刚性或柔性冲击。

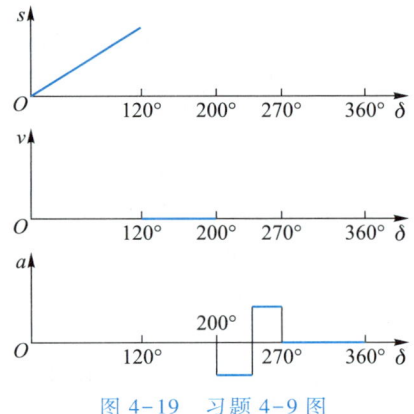

图 4-19　习题 4-9 图

4-10 试在图 4-20 所示的凸轮机构中,其中 4-20b、4-20c 为偏心圆盘,画出凸轮的基圆及按图示转向转过 45°时从动件位移 s 和压力角 α。

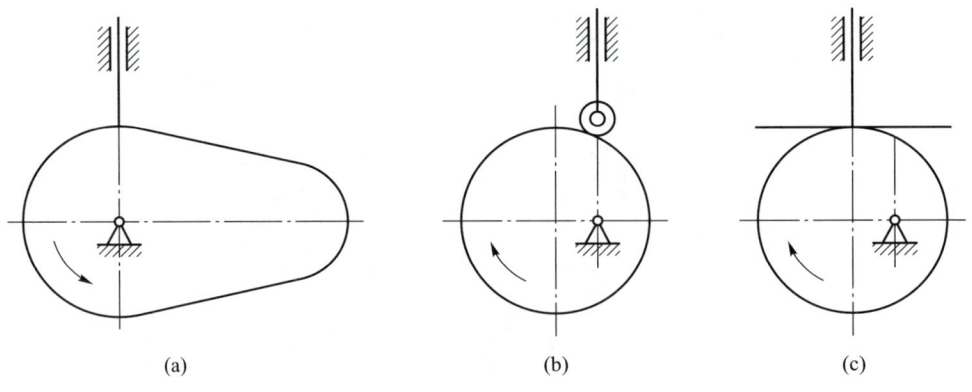

(a)　　　　　　　　　　(b)　　　　　　　　　　(c)

图 4-20　习题 4-10 图

4-11 如图 4-21 所示,已知一对心尖顶直动从动件盘形凸轮机构,凸轮的轮廓线为一个半径 $R = 80$ mm 的圆,其圆心到凸轮转动中心的距离为 20 mm,凸轮顺时针转动,起始时从动件处于最低位置。试用图解法求出基圆半径 r_0,从动件的升程 h,标出从图示位置转过 60° 后从动件的位移 s 和压力角 α。

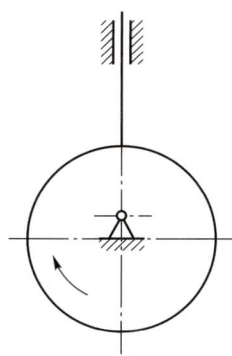

图 4-21　习题 4-11 图

4-12 试绘制对心尖顶直动从动件盘形凸轮机构的凸轮轮廓线。已知凸轮以等角速度顺时针回转,基圆半径 $r_0 = 50$ mm,从动件的推程为等加速等减速运动规律,回程为余弦加速度运动规律,推程运动角 $\delta_1 = 120°$,远休止角 $\delta_2 = 60°$,回程运动角 $\delta_3 = 90°$,近休止角 $\delta_4 = 90°$,升程 $h = 20$ mm。

4-13 若习题 4-12 凸轮机构改用滚子从动件,请选择合适的滚子半径,试绘制其凸轮轮廓线。

4-14 若习题 4-12 凸轮机构改用平底从动件,平底垂直于从动件导路,试绘制其凸轮轮廓线。

第 5 章
齿 轮 机 构

5.1 齿轮机构的类型

齿轮机构是应用最广泛的传动机构之一。按照轴的相对位置,齿轮机构可分为平面齿轮机构(图 5-1)和空间齿轮机构(图 5-2)。

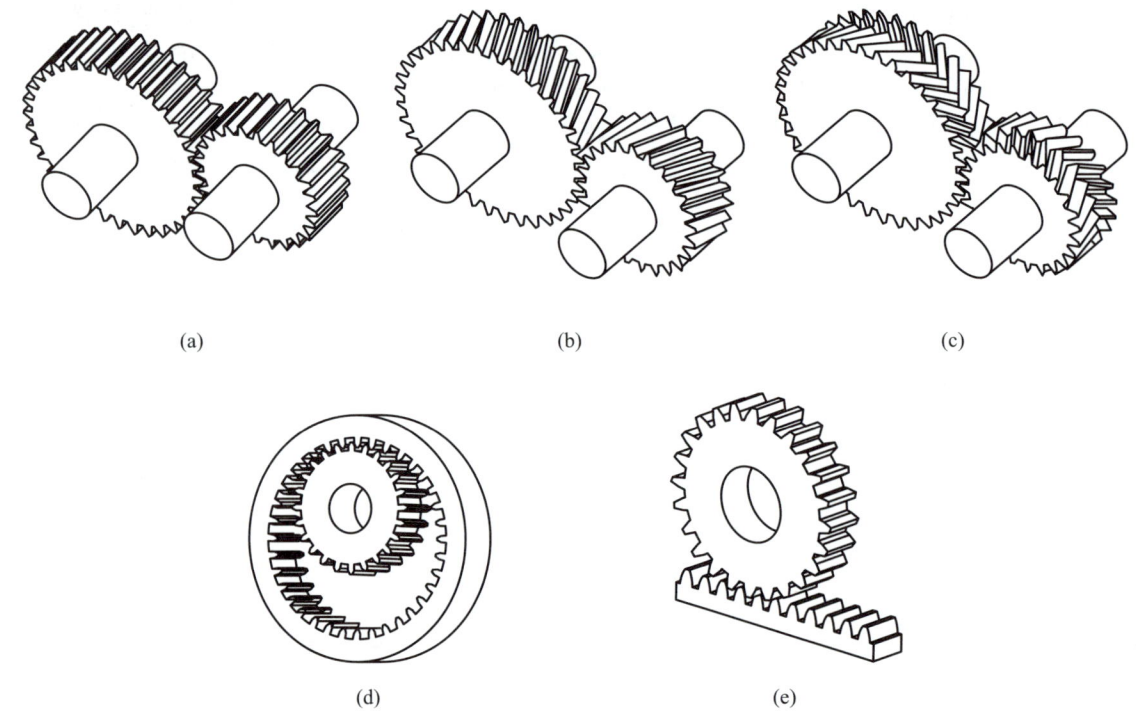

(a) (b) (c)

(d) (e)

图 5-1 平面齿轮机构类型

平面齿轮机构用于传递两平行轴之间的传动。根据轮齿相对轴线的方向,可分为直齿圆柱齿轮(图 5-1a)、斜齿圆柱齿轮(图 5-1b)和人字齿圆柱齿轮(图 5-1c),其啮合形式又有外啮合(图 5-1a、b、c)、内啮合(图 5-1d)和齿轮齿条啮合(图 5-1e)。

空间齿轮机构用于传递空间两相交轴或交错轴之间的传动(图 5-2),常见的形式有锥齿轮(图 5-2a)、交错轴斜齿轮(图 5-2b)和蜗杆蜗轮(图 5-2c)。

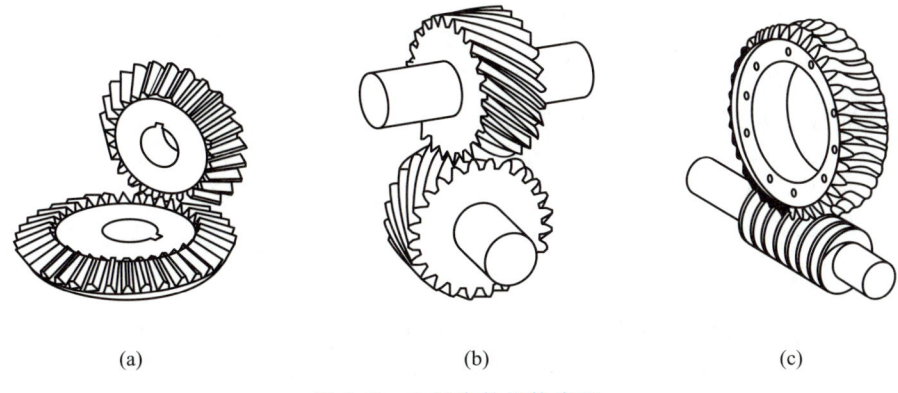

(a) (b) (c)

图 5-2 空间齿轮机构类型

齿轮传动是靠主动轮的齿廓依次推动从动轮的齿廓来实现的,对传动的基本要求之一是保证瞬时传动比不变,这样就对齿轮齿廓曲线提出了要求。

5.2 渐开线齿轮机构

5.2.1 齿廓啮合基本定律

图 5-3 所示为一对齿轮在 K 点接触,O_1、O_2 分别是两齿轮的转动中心,ω_1、ω_2 分别是两齿轮的角速度。

过点 K 作两齿廓的公法线 n-n 与两齿轮连心线 O_1O_2 交于点 C。为保证两齿轮连续运动,两齿廓点 K 速度 v_{K1}、v_{K2} 在公法线 n-n 上的分速度应相等。过点 O_2 作 n-n 的平行线与 O_1K 的延长线交于点 Z。因 $\triangle O_2KZ$ 与 $\triangle aKb$ 的三边相互垂直,即两三角形相似,因而

$$\frac{v_{K1}}{v_{K2}} = \frac{\overline{O_1K} \cdot \omega_1}{\overline{O_2K} \cdot \omega_2} = \frac{\overline{ZK}}{\overline{O_2K}}$$

故

$$i = \frac{\omega_1}{\omega_2} = \frac{\overline{ZK}}{\overline{O_1K}} = \frac{\overline{O_2C}}{\overline{O_1C}} \qquad (5-1)$$

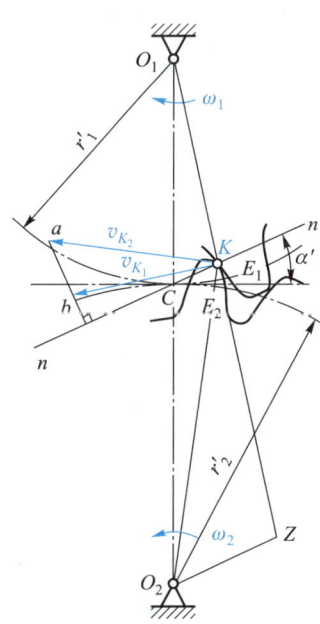

图 5-3 齿廓啮合基本定律

上式表明,齿轮传动的瞬时传动比与两轮连心线被齿廓接触点公法线所分割的两线段长度成反比,这一规律称齿廓啮合基本定律。

在齿轮传动中,连心线 O_1O_2 长度不变,欲使瞬时传动比为常数,则必须使 C 为定点。即两齿廓无论在哪一点接触,过接触点作两齿廓公法线与两轮连心线的交点应为一定点。定点 C 称为节点,过节点 C 作两个相切的圆称为节圆,节圆半径用 r_1'、r_2' 表示。由于两齿廓在节点 C 的相对速度等于零,故两齿轮的啮合传动可视为两

轮的节圆作纯滚动。

凡符合齿廓啮合基本定律、能实现定传动比的一对相互啮合齿廓称共轭齿廓。理论上讲，任意给出一条齿廓曲线和预期的传动比，都可以根据齿廓啮合基本定律包络出与其共轭的另一条齿廓曲线。常用的有渐开线、圆弧曲线和摆线等曲线齿廓，其中渐开线齿廓应用最为广泛。

5.2.2　渐开线及其特性

1. 渐开线的形成

如图5-4所示，当直线 l 在Ⅰ位置沿圆周作纯滚动至Ⅱ位置时，直线上任一点 K 的轨迹 AK 即为该圆的渐开线。这个圆称为渐开线的基圆，其半径用 r_b 表示。直线 l 称渐开线的发生线。

2. 渐开线的特性

由渐开线的形成过程可知，它具有下列特性：

（1）发生线沿基圆滚过的长度等于基圆上被滚过的圆弧长度，即 $\overline{KB} = \overset{\frown}{AB}$。

（2）渐开线上任一点的法线必与基圆相切。当发生线沿基圆滚动时，切点 B 是其瞬时转动中心，因此 KB 是渐开线上点 K 的法线。由于发生线始终与基圆相切，所以渐开线上任一点的法线必与基圆相切。切点 B 为点 K 的曲率中心，线段 KB 是点 K 的曲率半径。随着点 K 离基圆愈远，相应的曲率半径愈大，反之愈小。渐开线在基圆上起始点处的曲率半径为零。

（3）渐开线齿廓上某点的法线（力作用线）与该点速度方向线所夹锐角称该点的压力角，以 α_K 表示。以 r_K 表示点 K 的向径，则

$$\cos \alpha_K = \frac{r_b}{r_K}$$

上式表明，渐开线齿廓上各点的压力角不等，向径 r_K 愈大（即点 K 离圆心愈远），其压力角愈大，基圆上压力角为零。

（4）渐开线的形状取决于基圆的大小，基圆愈大，渐开线愈平直（图5-5）。当基圆半径趋于无穷大时，其渐开线将成为垂直于 KB 的直线，它就是渐开线齿条的齿廓线。

（5）基圆内无渐开线。

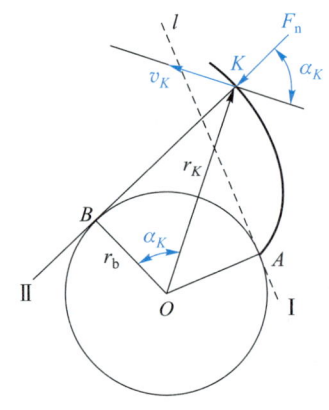

图 5-4　渐开线的形成

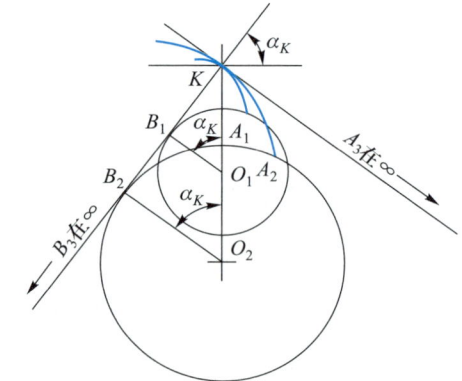

图 5-5　基圆大小对渐开线的影响

5.2.3 渐开线齿廓的啮合特点

1. 渐开线齿廓能保证定传动比要求

设图 5-6 所示的两渐开线齿廓 E_1、E_2 在点 K 接触,过点 K 作两齿廓的公法线 $n-n$ 与两轮的连心线 O_1O_2 交于点 C。由渐开线的性质可知,公法线 $n-n$ 必为两基圆的内公切线,切点分别为 N_1、N_2。由于两轮的基圆及轮心位置均不变,同一方向的内公切线只有一条,它与连心线必交于一定点 C,所以渐开线齿廓满足齿廓啮合基本定律,满足定传动比要求。

$$i = \frac{\omega_1}{\omega_2} = \frac{\overline{O_2C}}{\overline{O_1C}} = \frac{r_{b2}}{r_{b1}} \qquad (5-2)$$

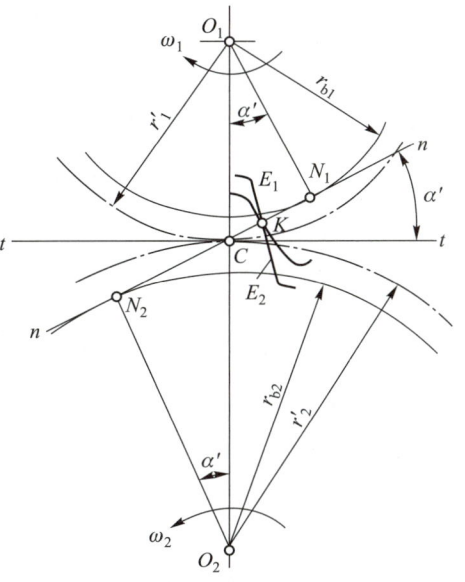

2. 渐开线齿廓的啮合线为一直线

齿轮传动时其两齿廓啮合点的轨迹称啮合线。对于渐开线齿轮,无论齿廓在哪点接触,接触点的公法线总是两齿轮基圆的内公切线 N_1N_2,说明两齿廓的啮合点均在 N_1N_2 线上,因此 N_1N_2 线就是渐开线齿廓的啮合线。啮合线与两节圆的公切线 $t-t$ 的夹角称啮合角 α' (图 5-6)。由图可知,渐开线齿轮传动中啮合角始终不变,它等于齿轮节圆压力角。啮合角不变表示齿廓间正

图 5-6　渐开线齿廓的啮合

压力作用的方向不变,当传递的扭矩恒定时,则轮齿之间、轴及轴承之间作用力大小和方向均不变,这对齿轮传动的平稳性极为有利。

3. 渐开线齿轮传动具有中心距可分性

由式(5-2)可知,渐开线齿轮的传动比取决于两齿轮基圆半径的大小。当齿轮制成后,基圆大小不会改变,即使由于制造或安装等使中心距发生变化,也不会影响传动比。这一特性称为中心距可分性,这对齿轮的加工、装配都十分有利。

5.2.4 渐开线标准直齿圆柱齿轮

图 5-7 所示为标准直齿圆柱外齿轮的一部分。

轮齿顶端所确定的圆称齿顶圆,用 r_a 和 d_a 表示其半径和直径。

相邻两齿间的空间称为齿槽。齿槽底部所确定的圆称齿根圆,用 r_f 和 d_f 表示其半径和直径。

在齿顶圆和齿根圆之间选择一个圆,称分度圆,用 r 和 d 表示其半径和直径。

任意圆周上齿槽的弧线长和轮齿的弧线长称该圆上的齿槽宽和齿厚,该圆上的齿距为齿槽宽与齿厚之和。分度圆上的齿槽宽、齿厚和齿距分别用 s、e 和 p 表示,$p=s+e$。

设 z 为齿轮齿数,则有 $\pi d = pz$,即分度圆直径为

$$d = \frac{p}{\pi}z$$

为了便于齿轮设计、制造和互换,将 $\dfrac{p}{\pi}$ 规定为标准值,称为模数 m。

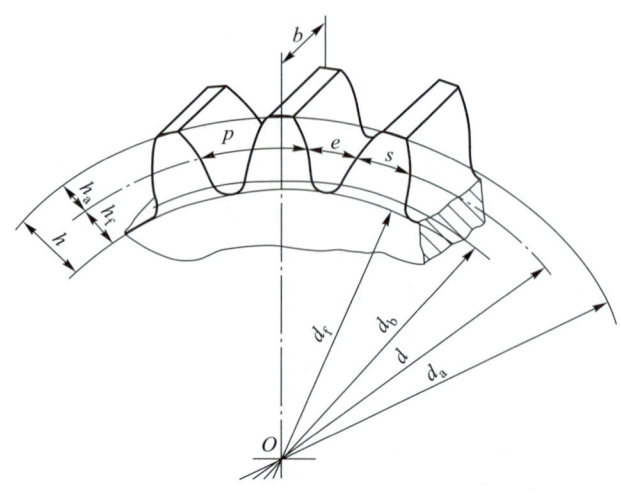

图 5-7　标准直齿圆柱外齿轮(部分)

$$m = \frac{p}{\pi} \qquad (5-3)$$

则有：
$$d = mz \qquad (5-4)$$

模数是决定齿轮尺寸的一个基本参数。显然,模数越大,轮齿就越大,轮齿的抗弯能力也就越强。表 5-1 为 GB/T 1357—2008 规定的标准模数的一部分。

表 5-1　标准模数系列　　　　　　　　　　　　　　　　　　　　　　　　　　　mm

第一系列	1, 1.25, 1.5,2, 2.5, 3, 4, 5, 6, 8, 10, 12, 16, 20, 25, 32, 40, 50
第二系列	1.125,1.375,1.75,2.25,2.75,3.5,4.5,5.5,(6.5),7,9,11,14,18,22,28,35,45

注:选用模数时,优先采用表 5-1 中给出的第一系列模数,应避免采用第二系列中的模数 6.5。斜齿及人字圆柱齿轮取法面模数为标准模数;锥齿轮取大端模数为标准模数。

由于 $d_{\mathrm{b}} = d\cos\alpha$,同样的分度圆直径,如果分度圆压力角不同,其基圆大小就不同,齿廓渐开线形状也就不同。所以,压力角也是决定渐开线齿廓形状的一个基本参数,应规定标准值。GB/T 1356—2001 中规定分度圆压力角(简称压力角)α 标准值为 20°。

由此可见,分度圆是具有标准模数和标准压力角的圆,并作为渐开线齿轮尺寸计算的基准。

轮齿上分度圆和齿顶圆之间的部分称为齿顶,其径向高度称为齿顶高,用 h_{a} 表示。

轮齿上分度圆和齿根圆之间的部分称为齿根,其径向高度称为齿根高,用 h_{f} 表示。

齿顶圆和齿根圆之间的径向高度称为齿全高,用 h 表示,显然有 $h = h_{\mathrm{a}} + h_{\mathrm{f}}$。

齿轮的几何尺寸都是以模数为基础来计算,则齿顶高、齿根高可写为

$$h_{\mathrm{a}} = h_{\mathrm{a}}^{*} m$$
$$h_{\mathrm{f}} = (h_{\mathrm{a}}^{*} + c^{*}) m$$

式中,h_{a}^{*}、c^{*} 分别称为齿顶高系数和顶隙系数,对于模数 $m \geqslant 1$ 的圆柱齿轮,标准规定正常齿制:$h_{\mathrm{a}}^{*} = 1, c^{*} = 0.25$。顶隙 $c^{*} m$ 是指一对齿轮啮合时,一个齿轮的齿顶圆到另一个齿轮的齿根圆之间的径向距离。顶隙有利于润滑油的流动。

具有标准齿廓参数(m,α,h_a^*,c^*),而且分度圆齿厚与齿槽宽相等的齿轮称标准齿轮。渐开线标准直齿圆柱齿轮几何尺寸计算公式见表5-2。

表5-2　渐开线标准直齿圆柱齿轮尺寸计算公式　　　　　　　　　　mm

名　　称	代号	计　算　公　式
模数	m	根据齿轮强度确定,取标准值
压力角	α	20°
分度圆直径	d	$d=mz$
齿顶高	h_a	$h_a=h_a^*m,h_a^*=1$
齿根高	h_f	$h_f=(h_a^*+c^*)m,c^*=0.25$
齿全高	h	$h=h_a+h_f$
顶隙	c	$c=c^*m$
齿顶圆直径	d_a	$d_a=d+2h_a=(z+2h_a^*)m$
齿根圆直径	d_f	$d_f=d-2h_f=(z-2h_a^*-2c^*)m$
基圆直径	d_b	$d_b=d\cos\alpha$
节圆直径	d'	$d'=d$(标准中心距安装)
齿距	p	$p=\pi m$
基节	p_b	$p_b=p\cos\alpha$
分度圆齿厚	s	$s=\dfrac{\pi m}{2}$
分度圆齿间	e	$e=\dfrac{\pi m}{2}$
中心距	a	$a=\dfrac{m}{2}(z_1+z_2)$(外啮合)

5.3　渐开线标准直齿圆柱齿轮机构

5.3.1　正确啮合条件

齿轮传动是靠两轮的轮齿依次啮合来实现的。由渐开线的性质可知,参与啮合的齿廓其啮合点都在啮合线上。因此,如图5-8所示,要使处于啮合线上的各对轮齿都能同时啮合,两齿轮相邻同侧齿廓间的法向齿距p_b应相等,即

$$p_{b1}=p_{b2}$$

因$p_b=p\cos\alpha=\pi m\cos\alpha$,代入上式可得

$$m_1\cos\alpha_1=m_2\cos\alpha_2$$

由于模数和压力角都已标准化,故要满足上述条件,则必须是

$$\begin{cases} m_1 = m_2 = m \\ \alpha_1 = \alpha_2 = \alpha \end{cases} \qquad (5-5)$$

可见,渐开线直齿圆柱齿轮传动的正确啮合条件是两齿轮的模数和压力角应分别相等。

5.3.2 连续传动条件

一对齿轮若实现定传动比的连续传动,只具备两齿轮的法向齿距相等的条件是不够的。因轮齿的高度有限,故参与啮合的区域也是有限的。为实现连续传动,应保证在前一对轮齿尚未脱离啮合时,后一对轮齿已进入啮合。

如主动轮 1 按图 5-8 所示的 ω_1 方向运转,其某一对齿廓开始啮合时,总是主动轮 1 的齿根推动从动轮 2 的齿顶,因此啮合的起始点是从动轮 2 的齿顶圆与啮合线的交点 B_2。随着传动的进行,到达主动轮 1 的齿顶圆与啮合线的交点 B_1 时,两齿廓即将脱离啮合,故 B_1 点为两轮齿啮合终止点,图 5-8 所示的前一对啮合齿正在此位置。由啮合过程可见,线段 B_1B_2 为一对齿廓啮合点的实际轨迹,称实际啮合线。当齿高加大时,实际啮合线 B_1B_2 向外延伸,因基圆内没有渐开线,所以实际啮合线不能超过啮合极限点 N_1、N_2,线段 N_1N_2 称为理论啮合线。

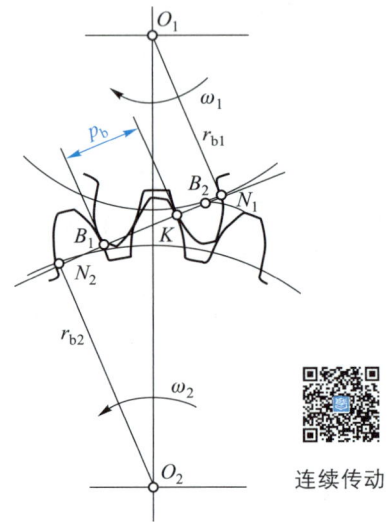

连续传动

图 5-8 渐开线齿轮的啮合

从两齿轮的啮合过程可知,要实现连续传动,应保证在实际啮合线上至少有一对齿廓在啮合,即实际啮合线段 B_1B_2 长度应大于等于法向齿距 p_b。通常把 $\overline{B_1B_2}$ 与 p_b 的比值称为重合度 ε,于是可得齿轮连续传动的条件为

$$\varepsilon = \frac{\overline{B_1B_2}}{p_b} \geqslant 1 \qquad (5-6)$$

重合度 ε 愈大,表明同时参与啮合的齿对数愈多,这对提高齿轮传动的平稳性和承载能力都十分有利。

5.3.3 中心距和啮合角

在加工齿轮时,刀具与轮齿之间是没有齿侧间隙的,因此在齿轮几何尺寸计算时,都认为齿侧间隙为零(考虑轮齿润滑、热膨胀和安装需要等,齿轮传动存在侧隙,其值由制造公差来控制)。对标准齿轮外啮合,若安装时保证两轮分度圆相切,因为两齿轮模数、齿间和齿厚均相等,所以齿侧间隙为零(图 5-9a),中心距为

$$a = r_1 + r_2 = \frac{m}{2}(z_1 + z_2)$$

一对标准齿轮分度圆相切时的中心距称为标准中心距。

一对齿轮啮合,两齿轮的中心距总是等于节圆半径之和,而一对标准齿轮按标准中心距安装时,两齿轮的中心距等于分度圆半径之和。所以,一对渐开线标准圆柱齿轮按标准中心距安装

时,其节圆与分度圆重合。因两齿轮的分度圆相切,故顶隙

$$c = h_f - h_a = (h_a^* + c^*)m - h_a^* m = c^* m$$

此时顶隙 c 为标准值。标准齿轮的这种安装称标准安装。

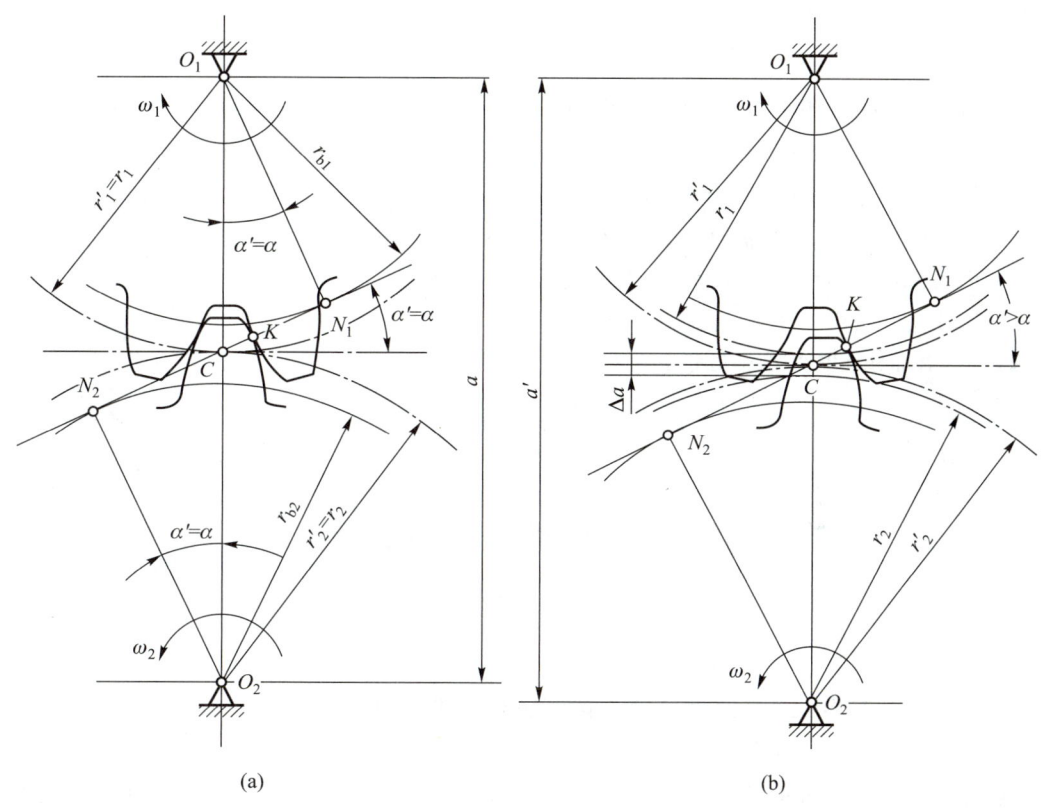

图 5-9 齿轮传动的中心距和啮合角

标准齿轮标准安装时,由于节圆与分度圆重合,啮合角也就等于分度圆压力角,即 $\alpha' = \alpha$。

由于箱体制造和安装误差等原因,使实际中心距 a' 与标准中心距 a 不相等,如图 5-9b 所示的 $a' > a$ 情况,这时两轮的节圆与分度圆就不再重合,啮合角 α' 也不等于分度圆压力角 α,根据齿轮传动的几何尺寸,可推导出中心距与啮合角之间的关系为

$$a\cos\alpha = a'\cos\alpha'$$

此时称非标准安装。无论是标准安装,还是非标准安装,其传动比都为

$$i = \frac{\omega_1}{\omega_2} = \frac{O_2 C}{O_1 C} = \frac{r_2'}{r_1'} = \frac{r_{b2}}{r_{b1}} = \frac{r_2}{r_1} = \frac{z_2}{z_1} = 常数$$

这就是前面提到的渐开线齿轮传动中心距可分性。标准齿轮非标准安装时,齿侧会出现间隙,顶隙 c 也为非标准值。

应当指出,分度圆和压力角是单个齿轮所具有的,而节圆和啮合角只有两个齿轮啮合时才会出现。

例 5-1　已知一对正常齿制标准安装的外啮合标准直齿圆柱齿轮传动,中心距 $a=180$ mm,$m=3$ mm,传动比 $i=3$,试求两齿轮齿数、分度圆直径、齿顶圆直径、齿根圆直径、齿距、节圆直径。

解　根据题意,由表 5-2 中公式,有

$$a=\frac{m}{2}(z_1+z_2)=\frac{3}{2}(z_1+z_2)=180,i=\frac{z_2}{z_1}=3,得$$

$$z_1=30,z_2=90$$

$$d_1=mz_1=3\times30 \text{ mm}=90 \text{ mm},d_2=mz_2=3\times90 \text{ mm}=270 \text{ mm}$$

$$d_{a1}=d_1+2h_a=d_1+2h_a^* m=90+2\times1\times3 \text{ mm}=96 \text{ mm}$$

$$d_{a2}=d_2+2h_a=d_2+2h_a^* m=270+2\times1\times3 \text{ mm}=276 \text{ mm}$$

$$d_{f1}=d_1-2h_f=d_1-2(h_a^*+c^*)m=90-2\times(1+0.25)\times3 \text{ mm}=82.5 \text{ mm}$$

$$d_{f2}=d_2-2h_f=d_2-2(h_a^*+c^*)m=270-2\times(1+0.25)\times3 \text{ mm}=262.5 \text{ mm}$$

$$p=\pi m=9.424 \text{ mm}$$

因是标准齿轮标准安装,节圆与分度圆重合,即

$$d_1'=d_1=90 \text{ mm},d_2'=d_2=270 \text{ mm}$$

5.4　渐开线齿轮切齿原理及变位齿轮

5.4.1　渐开线齿轮的切齿原理

齿轮的切削加工方法按其原理可分为仿形法和展成法两种。

1. 仿形法

仿形法是用渐开线齿形刀具直接切出齿轮齿形。常用的有盘状铣刀(图 5-10a)和指状铣刀(图 5-10b)两种。加工时,铣刀绕本身轴线旋转并沿齿轮轴线作直线运动。铣出一个齿槽后,将轮坯转过 $360°/z$,再铣下一个齿槽,其余以此类推。

这种加工方法简单,不需要专用设备,但生产率低,精度差,仅适用于单件生产及精度要求不高的齿轮加工。

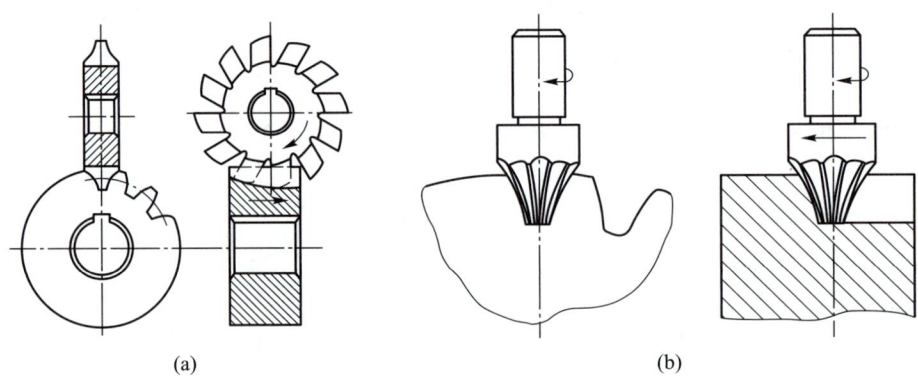

(a)　　　　　　　　　　　　(b)

图 5-10　仿形法切齿

2. 展成法

展成法是利用一对齿轮(或齿轮和齿条)啮合时其共轭齿廓互为包络线的原理来加工齿轮的。如果把其中一个齿轮(或齿条)做成刀具,就可以切出与它共轭的渐开线齿廓。用展成法加工齿轮的刀具有齿轮插刀(图 5-11)、齿条插刀(图 5-12)和滚刀(图 5-13)。

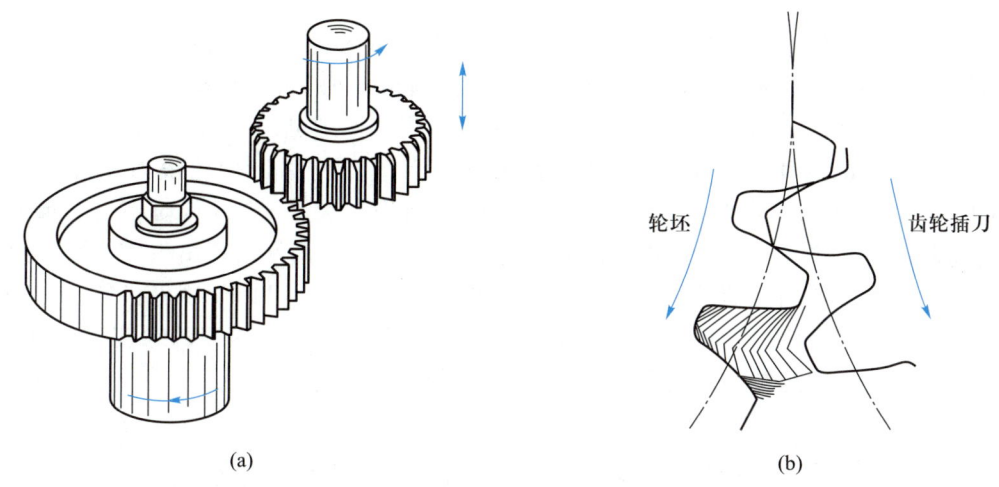

(a)　　　　　　　　　　　　　　(b)

图 5-11　齿轮插刀加工轮齿

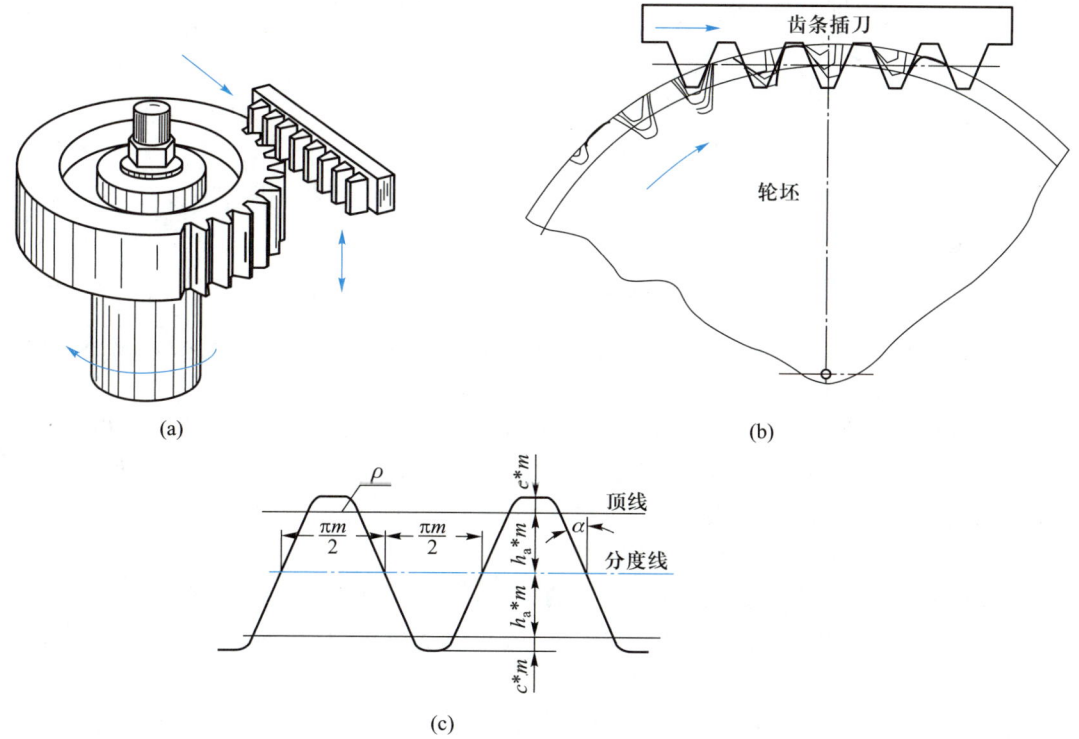

(a)　　　　　　　　　　　　　　(b)

(c)

图 5-12　齿条插刀加工轮齿

齿轮插刀是一个齿廓为刀刃的外齿轮,其模数和压力角与被加工齿轮相同,顶部比正常齿高出 $c^* m$,以便切出顶隙部分。插齿时,刀具沿轮坯轴线方向作往复切削运动,同时通过机床的传动系统使刀具和轮坯按恒定传动比转动,直至全部齿槽切削完毕(图5-11a)。加工出齿轮的模数、压力角与齿轮插刀相同,齿轮的齿廓就是刀具齿形在各个位置的包络线(图5-11b)。

当齿轮插刀的齿数趋向无穷多时,其基圆半径变为无穷大,插齿刀的齿廓变为直线,刀具成为齿条插刀。图5-12a所示为用齿条插刀加工齿轮的情形。加工时,刀具与轮坯的展成运动相当于齿轮与齿条啮合传动,其加工原理与齿轮插刀加工齿轮原理相同。

以上两种刀具都只能间断地切削,生产率较低。目前广泛采用齿轮滚刀来加工齿轮,如图5-13所示。滚刀形状与梯形螺纹相似,它的轴向截面为一齿条,滚刀转动相当于齿条移动。故用滚刀切制齿轮与齿条插刀切制齿轮的原理相同。为了沿齿宽方向切出齿槽,滚刀在转动的同时还需沿轮坯轴线方向移动。同一把滚刀既可以切削直齿轮也可以切削斜齿轮,此时只需调整刀具轴线与轮坯端面之间的夹角即可。加工直齿轮时,该夹角等于滚刀的螺旋线升角 λ,这样使切削处滚刀齿线方向与被切轮齿方向一致(图5-13b)。

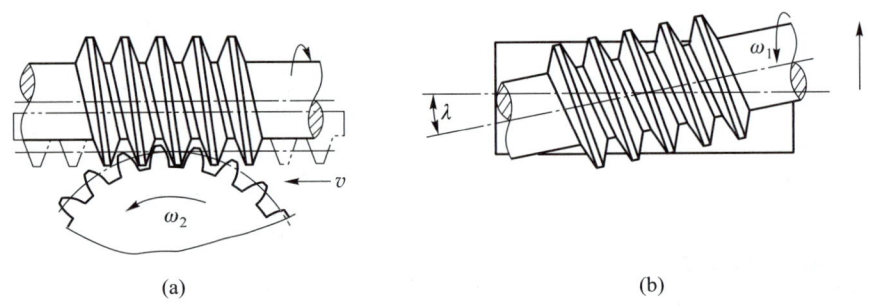

(a)   (b)

图5-13 滚刀加工轮齿

5.4.2 渐开线齿廓的根切现象及最少齿数

在齿轮设计中,当模数按强度条件确定后,有时希望小齿轮齿数尽可能少,以减小齿轮传动尺寸。但是对渐开线标准齿轮,其最少齿数受齿轮根切的限制。

用展成法加工齿轮时(以齿条刀具为例),当刀具齿顶线超过被切轮齿的啮合极限点 N 时(图5-14),超过点 N 的刀刃会将齿根部已加工出的渐开线齿廓切掉,这种现象称为根切。根切使齿根削弱,重合度减小,应当避免。

要避免根切,就必须使刀具齿顶线不超过点 N。

当模数确定后,刀具齿顶线的位置是确定的,所以要避免根切,只能提高点 N,即加大齿轮半径,例如提高到图5-14中的点 N'。因模数已定,故对标准齿轮,只能通过增加齿数加大齿轮半径才能提高 N 点,即对最少齿数要有限制。

由图5-14可以看出,为了避免根切,应使 $\overline{CB} \leqslant \overline{CN}$。设加大齿轮半径后齿轮齿数为 z,因 $\overline{CB} = \dfrac{h_a^* m}{\sin \alpha}$,而 $\overline{CN} = \dfrac{mz\sin \alpha}{2}$,故有

$$z \geqslant \frac{2h_a^*}{\sin^2 \alpha}$$

对于正常齿制($h_a^* = 1$)标准齿轮,可计算出不产生根切的最少齿数 $z_{min} = 17$。

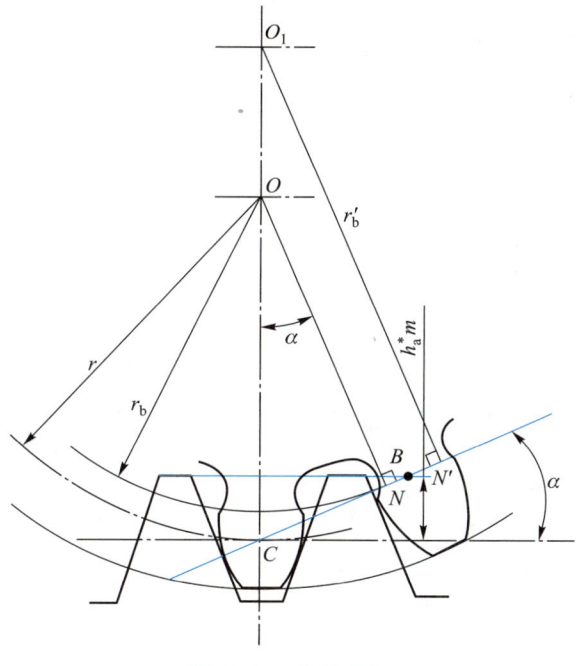

图 5-14　齿轮根切

5.4.3　变位齿轮的概念

在机械传动中,常需要用到齿数小于 17 的齿轮。为避免根切,将刀具位置远离轮坯中心一段距离 xm(为保证齿全高,轮坯的外径也相应加大),使刀具齿顶线不超过点 N(图 5-15a),这时与齿轮分度圆相切的不再是刀具的中线(也称分度线),而是刀具的加工节线。用这种方法加工的齿轮称为变位齿轮。以加工标准齿轮时的位置为基准,刀具的移动距离 xm 称为移距或变位,x 称为变位系数,m 为模数,并规定刀具远离轮坯中心的变位系数为正($x > 0$),称正变位,加工出的齿轮称为正变位齿轮,反之为负变位(在这种情况下,齿数应大于 17,否则将产生根切)。

无论是正变位还是负变位,刀具移距后其上总有一条加工节线与齿轮的分度圆相切,并保持纯滚动。因为刀具上平行于中线的任一条分度线的齿距 p、模数 m、压力角 α 均相等,故变位加工不会改变齿轮分度圆齿距、模数和压力角。由此可知,变位后,齿轮分度圆直径不变。又因 $d_b = d\sin \alpha$,故变位齿轮的基圆直径也不变。

刀具移距后,因其分度线上的齿厚和齿槽宽不相等,故与分度线作纯滚动的齿轮分度圆上的齿厚和齿槽宽不相等。变位齿轮分度圆齿厚和齿槽宽分别为

$$s = \frac{\pi m}{2} + 2xm\tan \alpha$$

$$e = \frac{\pi m}{2} - 2xm\tan\alpha$$

由上面分析可知,齿轮变位后,其分度圆、基圆、齿距 p、模数 m 和压力角 α 不变;齿顶圆、齿根圆、齿顶高、齿根高、齿厚和齿槽宽改变。简单说,变位齿轮是采用了同一渐开线(同一基圆)上的不同区段作为轮齿轮廓线,如图5-15b所示。

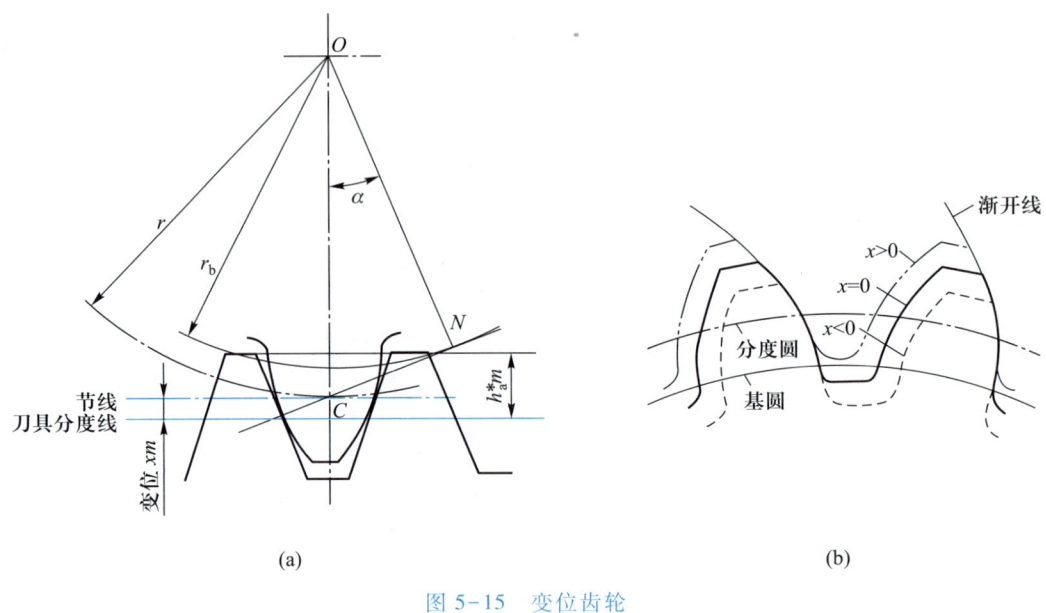

(a)   (b)

图 5-15   变位齿轮

利用变位齿轮,不仅可以避免根切现象,还可以实现非标准中心距的无侧隙传动,改善小齿轮的弯曲强度等,而切削变位齿轮又不需要改变机床和刀具,因此应用广泛。有关变位齿轮的理论和计算可参阅相关资料。

5.5   渐开线标准斜齿圆柱齿轮机构

5.5.1   斜齿圆柱齿轮齿廓的形成

若考虑齿轮的宽度,则前面直齿圆柱齿轮中提到的节点、发生线及节圆均变为空间的节线、发生面及节圆柱。直齿圆柱齿轮的齿廓曲面是发生面 S 沿基圆柱作纯滚动时,S 上一条与齿轮轴线平行的直线 KK 所展出的渐开面(图5-16a)。由此可见,直齿圆柱齿轮啮合时,齿面接触线与轴线平行(图5-16b)。齿轮传动时,整个齿宽同时进入或退出啮合,轮齿也随之突然加载或卸载,易引起冲击、振动和噪声,传动的平稳性差。

图5-16c表示相互啮合的一对渐开线斜齿轮齿廓曲面的形成。平面 S 为轴线平行的两基圆柱的内公切面,面上有一条与基圆柱母线 N_1N_1(或 N_2N_2)成 β_b 角的斜直线 KK。当平面 S 分别在两基圆柱上纯滚动时,直线 KK 的轨迹即为斜齿轮 1、2 的齿廓曲面。这样形成的两个齿廓曲面

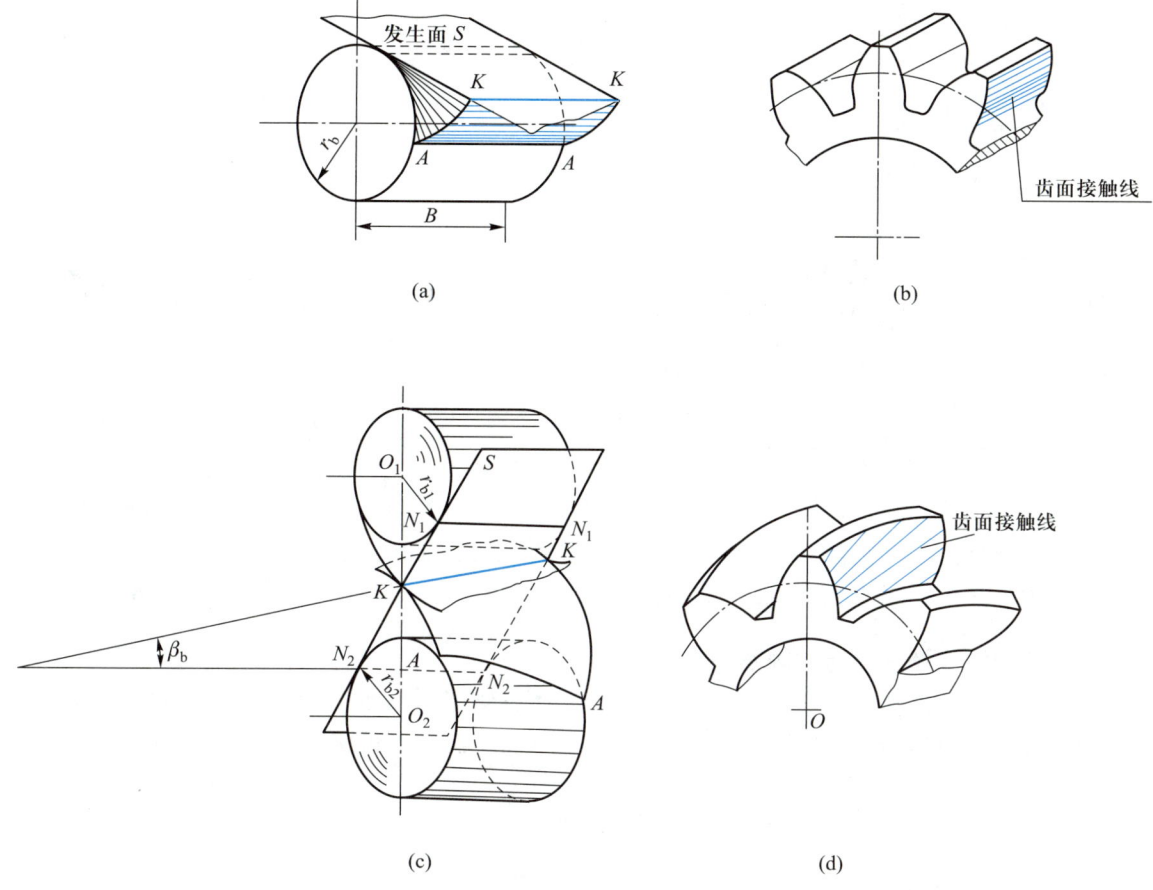

图 5-16　圆柱齿轮齿廓曲面和接触线

一定能沿直线 KK 接触,即两齿廓的接触线 KK 是与轴线夹角为 β_b 的斜直线。

因齿高有限,在两齿廓的啮合过程中,接触线长度由零逐渐增长,再由长变短直至脱离啮合(图 5-16d)。因此,斜齿轮是逐渐进入和退出啮合的,故传动平稳,冲击、振动和噪声小。

5.5.2　斜齿轮的基本参数和几何尺寸

斜齿轮由于齿向的倾斜,基本参数都可以分为端面(垂直其轴线的平面)参数和法面(垂直于分度圆螺旋线方向的平面)参数,分别用下角"t"和"n"来标记。

1. 法面模数 m_n 和端面模数 m_t

图 5-17 所示为斜齿轮分度圆柱的展开图,此时螺旋线展开为斜直线。倾斜角 β 为分度圆柱螺旋角,简称螺旋角。由此斜齿轮分左旋和右旋,图 5-1b 所示大齿轮为左旋齿轮,图 5-1b 所示小齿轮为右旋齿轮。由图可知,法面齿距 p_n 与端面齿距 p_t 的关系为 $p_n = p_t \cos\beta$。

因 $p_n = \pi m_n$,$p_t = \pi m_t$,则法面模数 m_n 与端面模数 m_t 的关系为 $m_n = m_t \cos\beta$。

2. 法面压力角 α_n 和端面压力角 α_t

以斜齿条为例分析更简便,由图 5-18 得

$$\tan \alpha_t = \frac{\overline{ac}}{\overline{ab}}, \tan \alpha_n = \frac{\overline{a'c}}{\overline{a'b'}}$$

因 $\overline{a'b'} = \overline{ab}$，$\overline{a'c} = \overline{ac}\cos\beta$，所以有

$$\tan \alpha_n = \tan \alpha_t \cos \beta$$

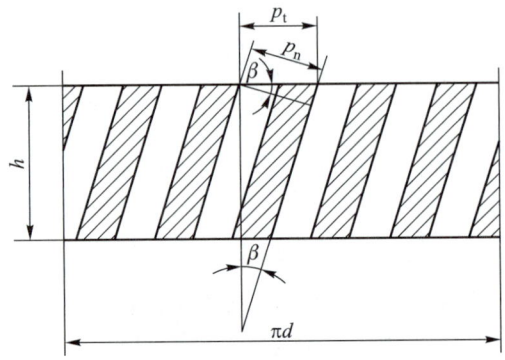

图 5-17　斜齿轮分度圆柱展开图及齿轮旋向

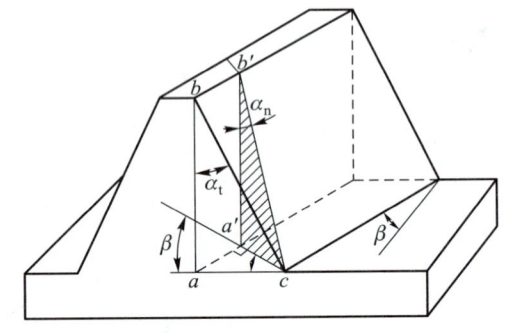

图 5-18　法面压力角 α_n 与端面压力角 α_t

3. 斜齿圆柱齿轮传动的正确啮合条件

一对斜齿轮的正确啮合条件，除了与直齿轮一样要保证模数和压力角相等外，它们的螺旋角也必须相匹配，即啮合处两齿轮的齿向应一致。因此，外啮合斜齿圆柱齿轮传动的正确啮合条件为

$$\begin{cases} m_{n1} = m_{n2} = m_n \\ \alpha_{n1} = \alpha_{n2} = 20° \\ \beta_1 = -\beta_2 (\text{旋向相反}) \end{cases} \tag{5-7}$$

4. 斜齿轮的几何尺寸

加工斜齿轮时，刀具都要沿齿槽方向运动，刀具参数应与斜齿轮法面参数相同，因此斜齿轮的法面参数（m_n、α_n、法面齿顶高系数 h_{an}^*、法面顶隙系数 c_n^*）应取标准值。渐开线标准斜齿圆柱齿轮几何尺寸计算公式列于表 5-3 中。

表 5-3　渐开线标准斜齿圆柱齿轮几何尺寸计算公式

名　　称	符号	计 算 公 式
螺 旋 角	β	设计时选定，一般取 8°~20°
端面模数	m_t	$m_t = m_n/\cos\beta$，m_n 为标准值
分度圆压力角	α_t	$\tan\alpha_t = \tan\alpha_n/\cos\beta$，$\alpha_n = 20°$
端面齿顶高系数	h_{at}^*	$h_{at}^* = h_{an}^*\cos\beta$
端面顶隙系数	c_t^*	$c_t^* = c_n^*\cos\beta$
分度圆直径	d	$d = m_t z = \dfrac{m_n z}{\cos\beta}$

名　　称	符号	计 算 公 式
齿顶高	h_a	$h_a = h_{an}^* m_n, h_{an}^* = 1$
齿根高	h_f	$h_f = (h_{an}^* + c_n^*) m_n, c_n^* = 0.25$
齿全高	h	$h = h_a + h_f$
顶隙	c	$c = c_n^* m_n$
齿顶圆直径	d_a	$d_a = d + 2h_a$
齿根圆直径	d_f	$d_f = d - 2h_f$
基圆直径	d_b	$d_b = d\cos \alpha_t$
中心距	a	$a = \dfrac{m_t}{2}(z_1 + z_2) = \dfrac{m_n}{2\cos \beta}(z_1 + z_2)$

5.5.3　斜齿轮传动的重合度

图 5-19 所示为端面尺寸相同的直齿轮和斜齿轮传动时各自的啮合平面。直齿轮轮齿在 $B_2 B_2$ 线处全齿宽 b 进入啮合,又在 $B_1 B_1$ 线处全齿宽脱离啮合,两线之间区域为实际啮合区。

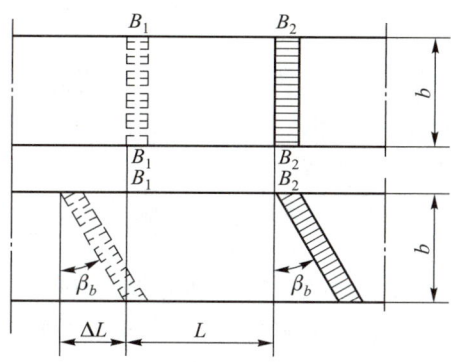

图 5-19　轮齿的啮合区域

对比分析,如斜齿轮轮齿也在 $B_2 B_2$ 开始啮合,但它只是轮齿一端进入啮合;在 $B_1 B_1$ 线脱离啮合时,也只是在一端先脱离接触,直至到虚线位置时,这对轮齿才完全脱离啮合。故斜齿轮传动的啮合区比直齿轮传动增大了 $\Delta L = b\tan \beta_b$ 一段,因此斜齿轮传动重合度为

$$\varepsilon = \frac{\overline{B_1 B_2} + b\tan \beta_b}{p_{bt}} = \frac{\overline{B_1 B_2}}{p_{bt}} + \frac{b\tan \beta_b}{p_{bt}} = \varepsilon_\alpha + \varepsilon_\beta$$

式中:ε_α 称端面重合度,即与斜齿轮端面齿廓相同的直齿轮传动的重合度;p_{bt} 是端面基圆齿

65

距;ε_β 称轴面重合度。因按任意圆柱展开时,其螺旋线的导程相同,可得 $\tan\beta_b = \tan\beta\cos\alpha_t$,则

$$\varepsilon_\beta = \frac{b\tan\beta_b}{p_{bt}} = \frac{b\tan\beta_b}{p_t\cos\alpha_t} = \frac{b\sin\beta}{\pi m_n} = 0.318\,\psi_d z_1\tan\beta \qquad (5-8)$$

式中,ψ_d 为齿宽系数,$\psi_d = \dfrac{b}{d}$。由此可见,斜齿轮传动的重合度随齿宽 b 和螺旋角 β 的增大而增加,这是斜齿轮传动运转平稳,承载能力高的主要原因之一。

5.5.4 斜齿圆柱齿轮的当量齿数

无论是进行齿轮的强度计算还是选择加工刀具型号,都需要掌握斜齿轮的法面齿形。

如图 5-20 所示,过斜齿轮分度圆柱上任意点 C 作轮齿螺旋线的法面 nn,它与分度圆柱的交线为一椭圆。以椭圆在点 C 的曲率半径为当量齿轮的分度圆半径,以斜齿轮的法面参数 $(m_n、\alpha_n、h_a^*、c_n^*)$ 为参数,作一个直齿圆柱齿轮,其齿形可认为近似于斜齿轮的法面齿形。该直齿圆柱齿轮称为斜齿圆柱齿轮的当量齿轮,其齿数用 z_v 表示,称当量齿数。求得出当量齿数,即可确定齿形。

由高等数学可知,椭圆在点 C 的曲率半径 ρ 为

$$\rho = \frac{a^2}{b} = \left(\frac{r}{\cos\beta}\right)^2\frac{1}{r} = \frac{r}{\cos^2\beta}$$

因此,当量齿数

$$z_v = \frac{2\pi\rho}{\pi m_n} = \frac{z}{\cos^3\beta} \qquad (5-9)$$

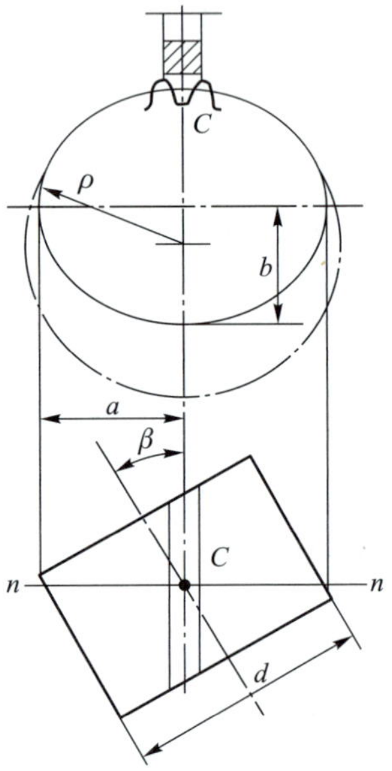

图 5-20　斜齿轮的当量齿轮

5.6　直齿锥齿轮机构

锥齿轮传动用来传递两相交轴之间的运动和动力,轴交角 Σ 可根据传动的需要确定,一般多采用轴交角 $\Sigma = 90°$ 的传动。锥齿轮也有直齿、斜齿及曲齿之分,本节只介绍直齿锥齿轮传动。

锥齿轮的轮齿分布在一个圆锥体上,与圆柱齿轮传动相似,一对锥齿轮的运动相当于一对节圆锥的纯滚动,对应圆柱齿轮中的"圆柱"在这里都改为圆锥,如分度圆锥、齿顶圆锥、齿根圆锥、基圆锥等。由于锥齿轮大端和小端参数不同,为计算和测量方便,取大端参数为标准值。图 5-21 展示了一对正确安装的标准锥齿轮,其节圆锥与分度圆锥重合。设 δ_1、δ_2 分别为两轮的分度圆锥角,R 为锥距,因

$$r_1 = R\sin\delta_1, \quad r_2 = R\sin\delta_2$$

故传动比为

$$i = \frac{\omega_1}{\omega_2} = \frac{z_2}{z_1} = \frac{r_2}{r_1} = \frac{\sin\delta_2}{\sin\delta_1}$$

当 $\Sigma = \delta_1 + \delta_2 = 90°$ 时，上式变为

$$i = \cot \delta_1 = \tan \delta_2$$

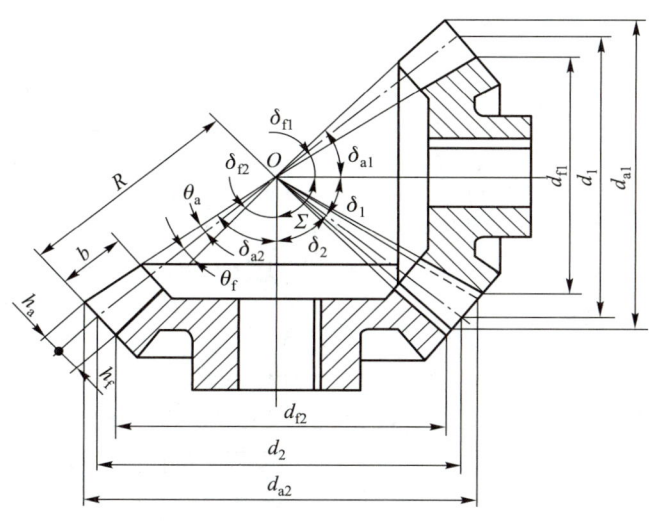

图 5-21　直齿锥齿轮传动

5.6.1　直齿锥齿轮的齿廓形成和当量齿轮

如图 5-22 所示，一扇形平面 S 在基圆锥上作纯滚动时，该平面上任一条过锥顶的直线 OK 在空间所展出的曲面即为锥齿轮的齿廓曲面。因点 K 至锥顶 O 的距离不变，所以渐开线 AK 在以 O 为圆心，OK 为半径的球面上，故直齿锥齿轮的理论齿廓曲线为球面渐开线。因球面不能展成平面，给设计和制造带来很多困难，所以借助当量齿轮进行分析。

如图 5-23 所示，$\triangle BO_1'C$、$\triangle AO_2'C$ 称为锥齿轮的背锥，将啮合的两锥齿轮按背锥展开后得到两个扇形齿轮，扇形齿轮分度圆半径 r_{v1}、r_{v2} 即各自背锥的锥距。背锥面上的齿高与球面上的齿高相差很小。因此，可以认为一对直齿锥齿轮的啮合近似于背锥面上的齿廓啮合。该扇形齿轮的模数 m、压力角 α、齿顶高 h_a、齿根高 h_f 及齿数 z_1、z_2 就是锥齿轮的相应参数。将两个扇形齿轮补为完整的圆柱齿轮，其齿数增至 z_{v1}、z_{v2}，该虚拟的圆柱齿轮称为锥齿轮的当量齿轮，z_v 称当量齿数。由图可知

$$r_v = \frac{r}{\cos \delta} = \frac{mz}{2\cos \delta}$$

而

$$r_v = \frac{mz_v}{2}$$

故得

$$z_v = \frac{z}{\cos \delta} \tag{5-10}$$

借助于当量齿轮，可以将直齿圆柱齿轮的原理近似地应用到锥齿轮上。如一对直齿锥齿轮的正确啮合条件应为两轮大端模数、压力角分别相等，且两轮的锥距相等。

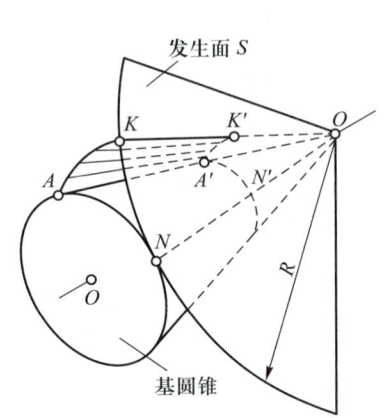

图 5-22 球面渐开线的形成

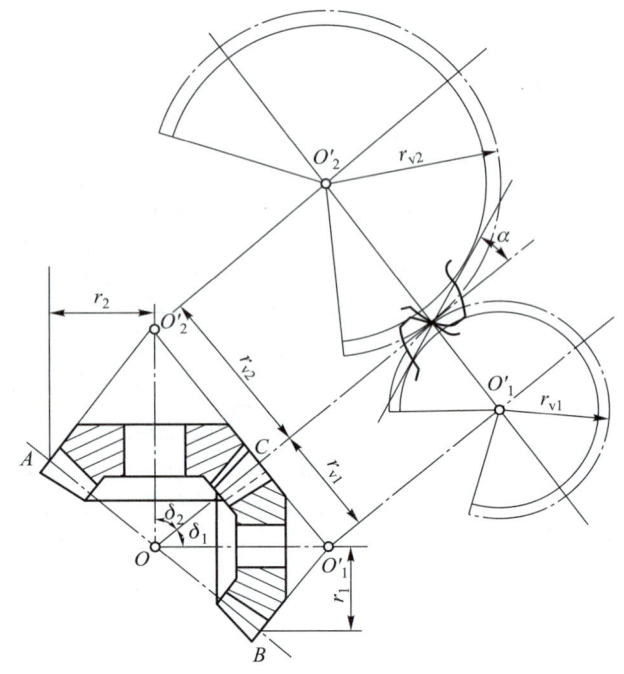

图 5-23 锥齿轮的背锥和当量齿轮

5.6.2 直齿锥齿轮的参数及几何尺寸计算

标准直齿锥齿轮传动的几何尺寸计算公式列于表 5-4。

表 5-4 标准直齿锥齿轮传动几何尺寸公式(Σ = 90°)

名　　称	符号	计 算 公 式
分度圆锥角(分锥角)	δ	$\tan\delta_1 = \dfrac{z_1}{z_2} = \dfrac{1}{u}$　　　$\delta_2 = 90° - \delta_1$
齿顶高	h_a	$h_a = h_a^* m, h_a^* = 1$
齿根高	h_f	$h_f = (h_a^* + c^*) m, c^* = 0.2$
顶隙	c	$c = c^* m$
分度圆直径	d	$d_1 = mz_1$　　　$d_2 = mz_2$
齿顶圆直径	d_a	$d_{a1} = d_1 + 2h_a\cos\delta_1$　　　$d_{a2} = d_2 + 2h_a\cos\delta_2$
齿根圆直径	d_f	$d_{f1} = d_1 - 2h_f\cos\delta_1$　　　$d_{f2} = d_2 - 2h_f\cos\delta_2$
锥距	R	$R = \dfrac{m}{2}\sqrt{z_1^2 + z_2^2}$

名　　称	符号	计　算　公　式
分度圆齿厚	s	$s = \dfrac{\pi m}{2}$
齿顶角	θ_a	$\theta_{a1} = \theta_{a2} = \arctan \dfrac{h_a}{R}$
齿根角	θ_f	$\theta_{f1} = \theta_{f2} = \arctan \dfrac{h_f}{R}$
顶锥角	δ_a	$\delta_{a1} = \delta_1 + \theta_{a1}$　　　$\delta_{a2} = \delta_2 + \theta_{a2}$
根锥角	δ_f	$\delta_{f1} = \delta_1 - \theta_{f1}$　　　$\delta_{f2} = \delta_2 - \theta_{f2}$
齿宽系数	ψ_R	$\psi_R = b/R \leqslant 1/3$，$b$ 为齿宽，一般取 $\psi_R = 0.25 \sim 0.3$

5.7 蜗 杆 传 动

5.7.1 蜗杆传动类型、特点

1. 蜗杆传动类型

蜗杆传动用于两交错轴间的传动,常用的轴交角为 90°。根据蜗杆外形不同,可分为圆柱蜗杆传动(图 5-24a)、环面蜗杆传动(图 5-24b)等。圆柱蜗杆按蜗杆齿廓形状,又有阿基米德蜗杆、渐开线蜗杆、法向直廓蜗杆等多种。阿基米德蜗杆加工及测量方便,应用广泛。本节仅介绍阿基米德蜗杆传动。

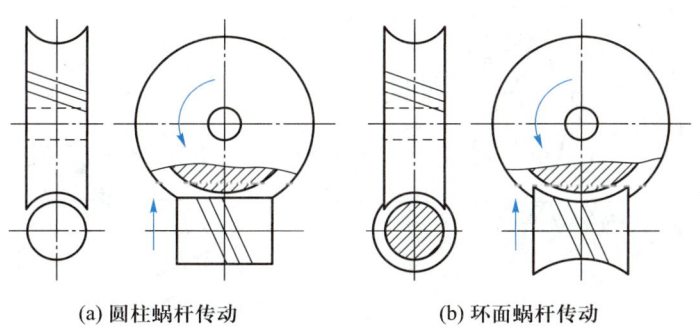

(a) 圆柱蜗杆传动　　　　(b) 环面蜗杆传动

图 5-24　蜗杆传动类型

2. 蜗杆传动特点

蜗杆传动的主要优点是可以获得较大的单级传动比。动力传动中,传动比一般范围为 5~

80;非动力传动中,传动比可达 1 000 或更大。蜗杆传动结构紧凑,传动平稳,噪声小。另外,蜗杆传动还可以实现自锁。

蜗杆传动的主要缺点是传动效率低,所以不适合在大功率连续运转的条件下工作。蜗轮一般需要用较贵重的减摩材料制造,成本较高。

5.7.2 蜗杆、蜗轮的形成

阿基米德蜗杆形成与螺纹相同,是用直线刀刃车削出来的。在切制时,刀刃平面通过蜗杆轴线,刀刃夹角 $2\alpha_0 = 40°$,因而蜗杆轴线剖面形状是直线齿廓的齿条,垂直其轴线剖面与齿廓的交线是阿基米德螺旋线(图 5-25),故称阿基米德蜗杆。若将此蜗杆沿轴线方向开槽,形成切削刃,则就变成了齿轮滚刀,如图 5-13 所示。根据齿廓展成原理,用此滚刀加工出的蜗轮,在中间平面(通过蜗杆轴线并垂直于蜗轮轴线的平面)内,齿形为渐开线。蜗轮与蜗杆在中间平面上相当于渐开线齿轮与齿条的啮合(图 5-26),故蜗杆传动以中间平面上的参数和尺寸为基准,几何尺寸关系大部分可沿用齿轮的公式。

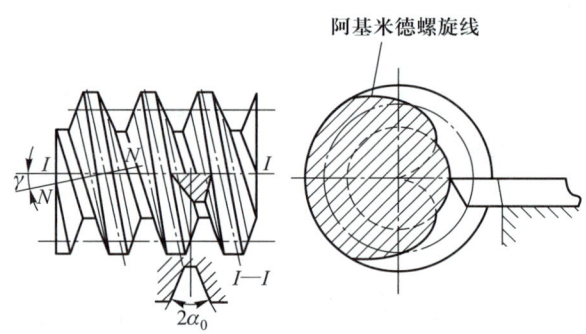

图 5-25 阿基米德蜗杆的切制

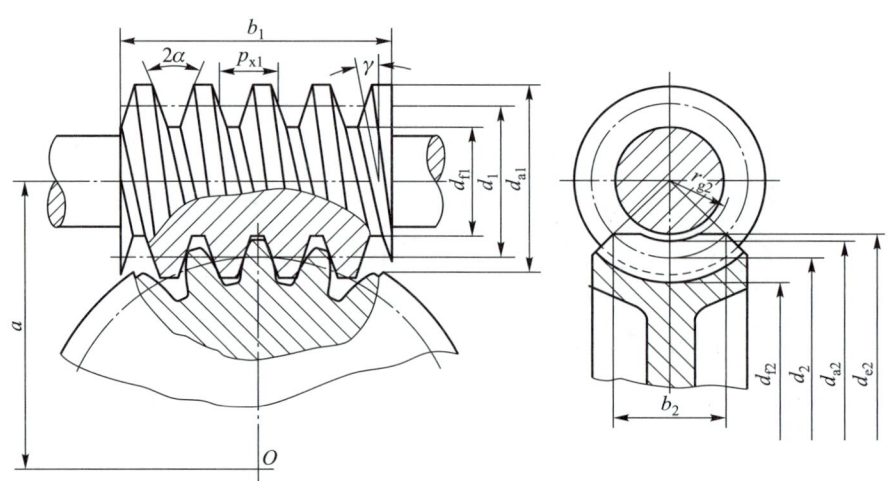

图 5-26 阿基米德蜗杆传动

70

5.7.3 蜗杆传动的主要参数及几何尺寸

1. 主要参数

（1）模数 m 和压力角 α

如图 5-26 所示，在中间平面上，蜗轮与蜗杆相当于齿轮与齿条的啮合，蜗杆轴向齿距 p_{x1} 与蜗轮分度圆齿距（即端面齿距 p_{t2}）相等，由此得出：

$$m_{x1} = m_{t2} = m$$

$$\alpha_{x1} = \alpha_{t2} = 20°$$

（2）蜗杆分度圆柱导程角 γ

蜗杆螺旋线形成原理与螺纹相同，分左旋和右旋，单头和多头。非特殊情况下，一般采用右旋蜗杆。由图 5-27 可知，蜗杆分度圆柱导程角 γ 与导程 p_z 的关系为

$$\tan \gamma = \frac{p_z}{\pi d_1} = \frac{z_1 p_{x1}}{\pi d_1} = \frac{z_1 m}{d_1} \tag{5-11}$$

式中：z_1——蜗杆螺旋线头数；

$\quad\quad d_1$——蜗杆分度圆直径。

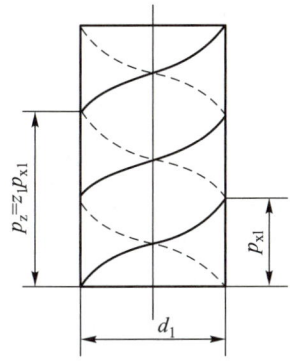 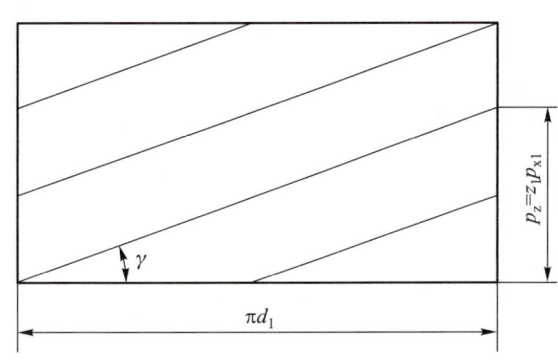

图 5-27 导程角 γ

当两轴交角为 90° 时，保证蜗杆与蜗轮正确啮合，蜗杆分度圆导程角 γ 应等于蜗轮分度圆螺旋角 β，且螺旋线方向相同。

（3）蜗杆分度圆直径 d_1

滚铣蜗轮的刀具，其几何参数必须和相应的蜗杆相同。因此，每有一种蜗杆直径，即要求配有相应的蜗轮滚刀。为有利于刀具标准化，制订了蜗杆分度圆直径的标准系列，同时对直径和模数的组合也加以限定，圆柱蜗杆传动的基本尺寸和参数见表 5-5。蜗杆分度圆直径 d_1 与模数的比值称蜗杆直径系数 q。

$$q = \frac{d_1}{m} \tag{5-12}$$

表 5-5　圆柱蜗杆传动的基本尺寸和参数

模数 m/mm	分度圆直径 d_1/mm	$m^2 d_1$/mm³	蜗杆头数 z_1	直径系数 q	分度圆导程角 γ
2.5	28	175	1	11.20	5°06′08″
			2		10°07′29″
			4		19°39′14″
			6		28°10′43″
	45	281.25	1	18.00	3°10′47″
3.15	35.5	52.25	1	11.27	5°04′15″
			2		10°03′48″
			4		19°32′29″
			6		28°01′50″
	56	555.66	1	17.778	3°13′10″
4	40	640	1	10.00	5°42′38″
			2		11°18′36″
			4		21°48′05″
			6		30°57′50″
	71	1 136	1	17.75	3°13′28″
5	50	1 250	1	10.00	5°42′38″
			2		11°18′36″
			4		21°48′05″
			6		30°57′50″
	90	2 250	1	18.00	3°10′47″
6.3	63	2 500.47	1	10.00	5°42′38″
			2		11°18′36″
			4		21°48′05″
			6		30°57′50″
	112	4 445.28	1	17.778	3°13′10″
8	80	5 120	1	10.00	5°42′38″
			2		11°18′36″
			4		21°48′05″
			6		30°57′50″

注：模数大于 8 mm 的圆柱蜗杆尺寸和参数见 GB/T 10085—2018。

（4）传动比 i、蜗杆头数 z_1、蜗轮齿数 z_2

蜗杆传动轴交角为 $90°$，运动关系如图 5-28 所示。由图可知，蜗杆圆周速度 v_1 与蜗轮圆周速度 v_2 的关系为 $v_2 = v_1 \tan \gamma$，v_s 为齿面滑动速度。

通常蜗杆传动都以蜗杆为主动件，其传动比

$$i = \frac{\omega_1}{\omega_2} = \frac{v_1/d_1}{v_2/d_2} = \frac{z_2}{z_1} \qquad (5-13)$$

常用的蜗杆头数 $z_1 = 1$、2、4、6，可根据传动比 i 选取。当传动比 $i = 5 \sim 8$、$7 \sim 16$、$15 \sim 32$、$30 \sim 83$ 时，对应蜗杆头数 $z_1 = 6$、4、2、1。蜗轮齿数 $z_2 = iz_1$，在动力传动中，蜗轮齿数一般不超过 80。

（5）蜗杆传动的中心距 a

标准蜗杆传动的中心距为

$$a = \frac{d_1 + d_2}{2} = \frac{m(q + z_2)}{2} \qquad (5-14)$$

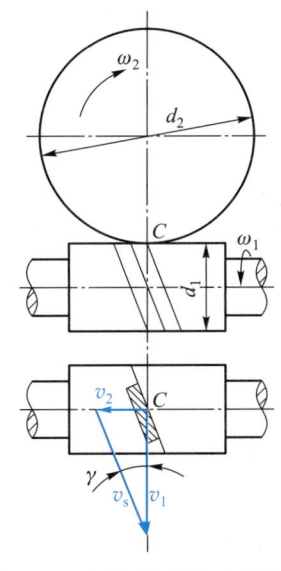

图 5-28　蜗杆传动的运动关系

2. 圆柱蜗杆传动的几何尺寸

圆柱蜗杆传动的几何尺寸及计算公式见图 5-27 和表 5-6。蜗杆、蜗轮的结构及其尺寸可查阅机械设计手册。

表 5-6　标准圆柱蜗杆传动的几何尺寸及计算公式

名　　称	代号	关 系 式	说　　明
模数	m	$m_{x1} = m_{t2} = m$	m 取标准值
压力角	α	$\alpha = \alpha_{x1} = \alpha_{t2} = 20°$	阿基米德蜗杆
蜗杆分度圆直径	d_1	$d_1 = mq$	
蜗杆齿顶高	h_{a1}	$h_{a1} = h_a^* m$	
蜗杆齿顶圆直径	d_{a1}	$d_{a1} = d_1 + 2h_{a1} = d_1 + 2h_a^* m$	齿顶高系数 $h_a^* = 1$（正常齿）
蜗杆齿根高	h_{f1}	$h_{f1} = (h_a^* + c^*) m$	顶隙系数 $c^* = 0.2$
蜗杆齿根圆直径	d_{f1}	$d_{f1} = d_1 - 2h_{f1}$ $= d_1 - 2(h_a^* + c^*) m$	
蜗杆轴向齿距	p_x	$p_x = \pi m$	
蜗杆导程	p_z	$p_z = \pi m z_1$	
蜗杆齿宽	b_1	$b_1 \approx 2.5 m \sqrt{z_2 + 1}$	由设计确定
蜗轮分度圆直径	d_2	$d_2 = m z_2$	
蜗轮齿顶高	h_{a2}	$h_{a2} = h_a^* m$	
蜗轮喉圆直径	d_{a2}	$d_{a2} = d_2 + 2h_{a2}$	
蜗轮齿根高	h_{f2}	$h_{f2} = (h_a^* + c^*) m$	
蜗轮齿根圆直径	d_{f2}	$d_{f2} = d_2 - 2h_{f2}$	
蜗轮齿顶圆弧半径	r_{g2}	$r_{g2} = a - d_{a2}/2$	
蜗轮齿宽	b_2	$b_2 = d_1 \sin \theta / 2$	由设计确定，应使 $\theta = 90° \sim 100°$

5.8 轮　　系

在一般机械中,通常采用一系列齿轮传动满足机器工作要求。如卷扬机要通过减速器将电动机的高转速降至生产要求的转速;机床要通过变速箱将电动机的单一转速变为多级转速;汽车要通过差速器将发动机的运动分解为两驱动轮的运动。这种由一系列齿轮组成的传动系统称为齿轮系,简称轮系。

5.8.1　轮系分类

1. 定轴轮系

当组成轮系的所有齿轮在轮系运转时,各齿轮的轴线都是固定不动的,则该轮系称为定轴轮系,如图 5-29 所示。

2. 周转轮系

当轮系运转时,若其中至少有一个齿轮的轴线可绕另一个齿轮的轴线转动,这样的轮系称为周转轮系。如图 5-30 所示,齿轮 2 既绕自身轴线 O_2 转动,又绕齿轮 1 和 3 的轴线 O_1 转动,如自然界的行星一样,既有自转又有公转,故称齿轮 2 为行星轮。支承行星轮的构件 H 称为行星架或系杆。与行星轮啮合且轴线固定的齿轮 1 和 3 称为中心轮。行星架与中心轮的轴线必须重合,否则轮系不能转动。

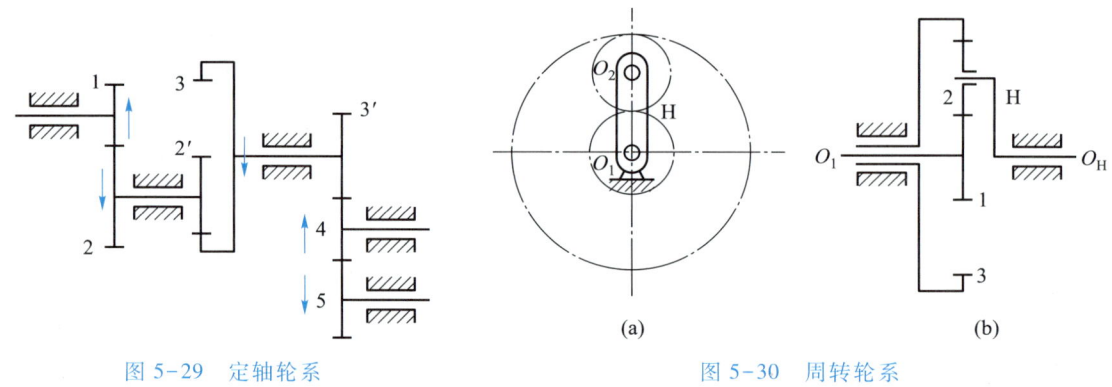

图 5-29　定轴轮系　　　　　　　　　　图 5-30　周转轮系

接下来从运动分析的角度讨论轮系传动比的计算方法和轮系在机械传动中的应用。

5.8.2　定轴轮系的传动比

轮系中,首、末两轮的角速度或转速之比,称为轮系的传动比。

图 5-31 所示的一对圆柱齿轮传动可视为最简单的定轴轮系,若齿轮 1 是主动轮(即首轮),齿轮 2 是从动轮(即末轮),其传动比为

$$i_{12} = \frac{\omega_1}{\omega_2} = \frac{n_1}{n_2} = \pm \frac{z_2}{z_1}$$

图 5-31a 所示为一对外啮合圆柱齿轮传动,两轮转向相反,取负号;图 5-31b 所示为一对内啮合圆柱齿轮传动,两轮转向相同,取正号。

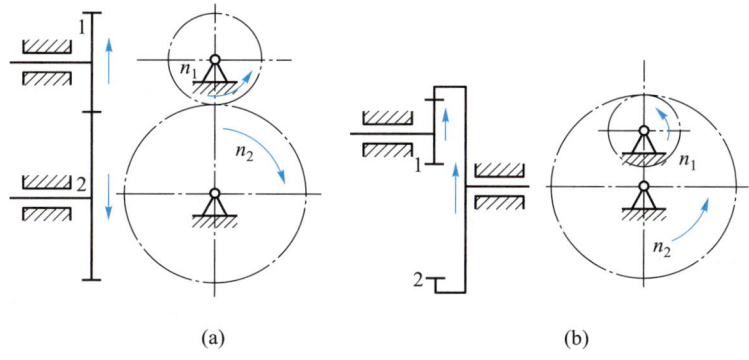

(a)   (b)

图 5-31　一对外啮合圆柱齿轮传动

在图 5-29 所示的定轴轮系中,若齿轮 1 是主动轮, z_1、z_2、$z_{2'}$、z_3、$z_{3'}$、z_4、z_5 分别表示各齿轮齿数, n_1、n_2、n_3、n_4、n_5 分别对应为各齿轮的转速。按上述表达方式,则各对啮合齿轮的传动比为

$$i_{12} = \frac{n_1}{n_2} = -\frac{z_2}{z_1}, \; i_{2'3} = \frac{n_{2'}}{n_3} = \frac{z_3}{z_{2'}}, \; i_{3'4} = \frac{n_{3'}}{n_4} = -\frac{z_4}{z_{3'}}, \; i_{45} = \frac{n_4}{n_5} = -\frac{z_5}{z_4}$$

该轮系的传动比可写为

$$i_{15} = \frac{n_1}{n_5} = \frac{n_1}{n_2} \frac{n_2}{n_3} \frac{n_3}{n_4} \frac{n_4}{n_5}$$

因为 $n_2 = n_{2'}$, $n_3 = n_{3'}$,所以有

$$i_{15} = \frac{n_1}{n_5} = \frac{n_1}{n_2} \frac{n_{2'}}{n_3} \frac{n_{3'}}{n_4} \frac{n_4}{n_5}$$
$$= i_{12} i_{2'3} i_{3'4} i_{45}$$
$$= \left(-\frac{z_2}{z_1} \right) \left(\frac{z_3}{z_{2'}} \right) \left(-\frac{z_4}{z_{3'}} \right) \left(-\frac{z_5}{z_4} \right)$$
$$= (-1)^3 \frac{z_2 z_3 z_5}{z_1 z_{2'} z_{3'}}$$

上述计算结果表明,定轴轮系的传动比等于组成该轮系的各对齿轮传动比的连乘积,也等于轮系中从动轮齿数的连乘积与主动轮齿数连乘积之比。首、末两轮的转向是否相同,取决于轮系中外啮合次数。此外,齿轮 4 同时与齿轮 3′ 和齿轮 5 啮合,作一次主动轮又作一次从动轮,其齿数 z_4 在计算中可消去,即齿轮 4 不影响轮系传动比的大小,但能改变从动轮的转向。这种齿轮称为惰轮。

对于轮系中首、末两轮的转向,也可以在传动图上,根据外啮合两轮转向相反,内啮合两轮转向相同的关系,依次画转向箭头来确定,如图 5-29 所示的转向箭头。

综上所述,若以 1 表示首轮,k 表示末轮,m 表示 1 至 k 轮之间外啮合次数,则定轴轮系的传动比

$$i_{1k}=\frac{n_1}{n_k}=(-1)^m\frac{\text{所有从动轮齿数的乘积}}{\text{所有主动轮齿数的乘积}} \tag{5-15}$$

例 5-2　图 5-32 所示某汽车变速箱,I 轴是输入轴,Ⅳ 轴是输出轴,A、B 是离合器,齿轮 3、齿轮 5 是滑移齿轮。各齿轮齿数 $z_1=20,z_2=35,z_3=25,z_4=30,z_5=19,z_6=36,z_7=18,z_8=18$。第一挡齿轮啮合顺序为 1—2—4—3,第二挡离合器 A、B 直接将 I 轴和 Ⅳ 轴相连,第三挡齿轮啮合顺序为 1—2—6—5,第四挡齿轮啮合顺序为 1—2—7—8—5,为倒车挡。求各挡传动比。

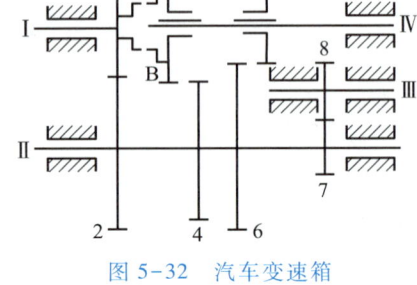

图 5-32　汽车变速箱

　　解　由式(5-15)得

第一挡传动比

$$i_{13}=\frac{n_1}{n_3}=(-1)^2\frac{z_2 z_3}{z_1 z_4}=\frac{35\times25}{20\times30}=1.458$$

第二挡传动比

$$i_{\text{I Ⅳ}}=1$$

第三挡传动比

$$i_{15}=\frac{n_1}{n_5}=(-1)^2\frac{z_2 z_5}{z_1 z_6}=\frac{35\times19}{20\times36}=0.923$$

第四挡传动比

$$i_{15}=\frac{n_1}{n_5}=(-1)^3\frac{z_2 z_8 z_5}{z_1 z_7 z_8}=-\frac{35\times19}{20\times18}=-1.847$$

　　式(5-15)只能用于轴线平行的圆柱齿轮传动,若计算出的传动比为负值,说明 1、k 两轮转向相反。对两轴线相交的锥齿轮传动和两轴线交错的蜗杆传动,两轮的转向没有相同或反的意义,所以传动比的大小仍可用式(5-15)计算,各轮的转向只能在图中用画箭头的方法表示。

例 5-3　在图 5-33a 所示的轮系中,锥齿轮 1 是主动件,转向如图示。各齿轮齿数 $z_1=20,z_2=30,z_{2'}=18,z_3=30,z_{3'}=2$(旋向见图示),$z_4=40$。若 $n_1=1\,000$ r/min,求蜗轮 4 的转速 n_1 及各轮的转向。

　　解　由式(5-15)得

$$i_{14}=\frac{n_1}{n_4}=\frac{z_2 z_3 z_4}{z_1 z_{2'} z_{3'}}=\frac{30\times30\times40}{20\times18\times2}=50$$

$$n_4=\frac{n_1}{i_{14}}=\frac{1\,000}{50}\ \text{r/min}=20\ \text{r/min}$$

各轮的转向如图 5-33b 所示的箭头。其中蜗轮 4 的转向,是通过对蜗杆应用右手定则,判定出蜗杆轴向力的方向,从而确定蜗轮 4 圆周力 F_{14} 方向(图 5-33b)。蜗轮 4 是从动件,啮合点处转向与圆周力方向相同。

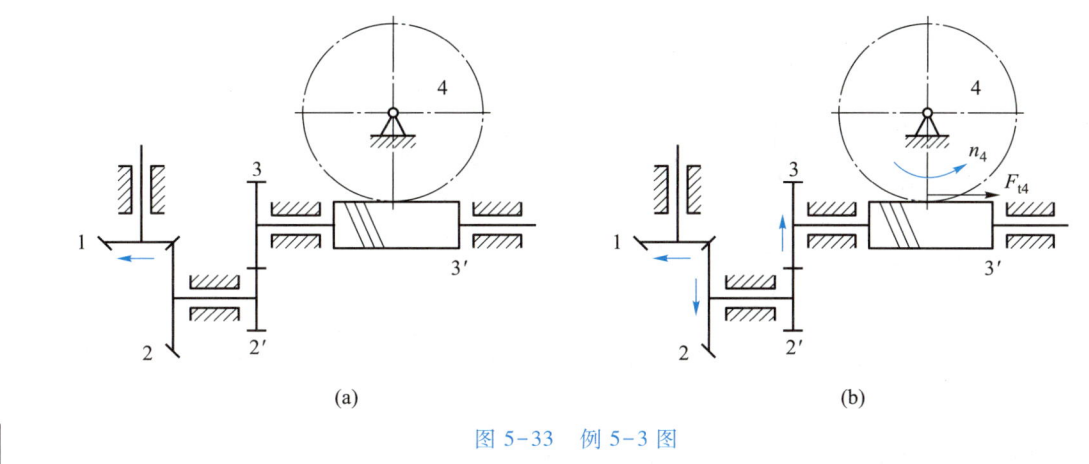

(a)　　　　　　　　　　　　　　　(b)

图 5-33　例 5-3 图

5.8.3　周转轮系的传动比

周转轮系与定轴轮系的区别在于周转轮系中有转动的轴线。图 5-34b 所示的周转轮系只有一个中心轮能转动,该机构活动构件数 $n=3$,$p_L=3$,$p_H=2$,机构的自由度 $F=1$,即只需一个主动件,这种轮系称之为行星轮系。图 5-34c 所示的周转轮系中,两个中心轮都能转动,该机构活动构件数 $n=4$,$p_L=4$,$p_H=2$,机构的自由度 $F=2$,这种轮系称为差动轮系。欲使差动轮系有确定的运动,需要两个主动件,也就是说,差动轮系可以将已知的两个转动合成为一个转动。

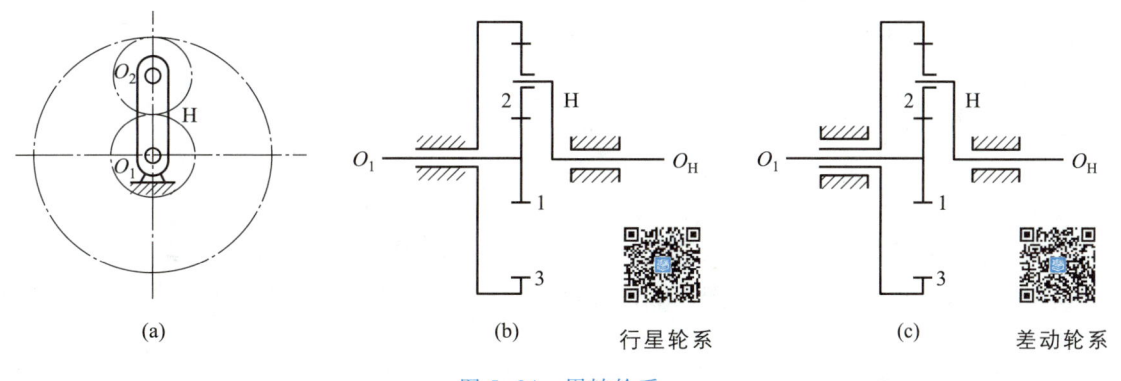

(a)　　　　　　　　　　　(b)　行星轮系　　　　　　　(c)　差动轮系

图 5-34　周转轮系

由于周转轮系中行星轮不是绕固定的轴线转动,所以其传动比不能直接用求解定轴轮系传动比的方法来计算。但是,根据相对运动原理,如果给整个周转轮系加上与行星架的转速 n_H 大小相等方向相反的转速 $-n_H$,则各构件间的相对运动关系不变,而行星架便相对固定。当行星架相对固定时,行星轮就是绕固定的轴线转动了,则周转轮系就转化成定轴轮系,如图 5-35 所示。这一定轴轮系称为原周转轮系的转化轮系。用式(5-15),可以建立转化轮系中各齿轮的转速和齿数的关系,从而找出周转轮系中任意两个构件的传动比。

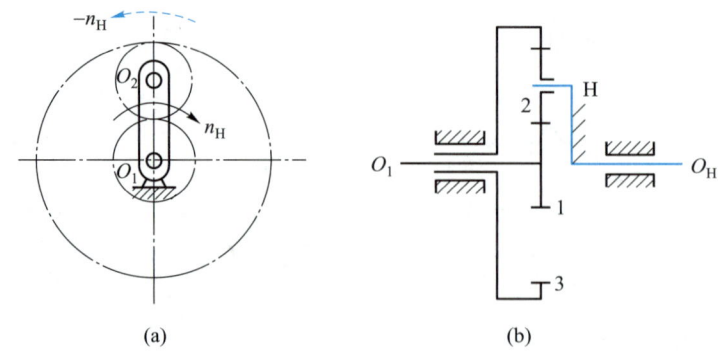

图 5-35 转化轮系

转化轮系中各构件的转速及传动比用带上角标 H 的符号表示。转化前后轮系中各构件的转速列于表 5-7 中。

表 5-7 转化前后轮系中各构件的转速

构 件	周转轮系中各构件的转速	转化轮系中各构件的转速
1	n_1	$n_1^{\mathrm{H}} = n_1 - n_{\mathrm{H}}$
2	n_2	$n_2^{\mathrm{H}} = n_2 - n_{\mathrm{H}}$
3	n_3	$n_3^{\mathrm{H}} = n_3 - n_{\mathrm{H}}$
H	n_{H}	$n_{\mathrm{H}}^{\mathrm{H}} = n_{\mathrm{H}} - n_{\mathrm{H}} = 0$

由式(5-15)可求出转化轮系传动比为

$$i_{13}^{\mathrm{H}} = \frac{n_1^{\mathrm{H}}}{n_3^{\mathrm{H}}} = \frac{n_1 - n_{\mathrm{H}}}{n_3 - n_{\mathrm{H}}} = (-1)^1 \frac{z_2 z_3}{z_1 z_2} = -\frac{z_3}{z_1}$$

得

$$\frac{n_1 - n_{\mathrm{H}}}{n_3 - n_{\mathrm{H}}} = -\frac{z_3}{z_1}$$

上式中包含了周转轮系中各构件的转速和齿数之间的关系。若已知各轮齿数和 n_1、n_3、n_{H} 中任意两个转速,便可求出另一个构件的转速,进而就可以求出三个构件中任意两个构件之间的传动比。

由上述分析,如果设 1、k 为周转轮系中的首、末两轮,由式(5-15),可得出转化轮系传动比的一般计算式

$$i_{1k}^{\mathrm{H}} = \frac{n_1^{\mathrm{H}}}{n_k^{\mathrm{H}}} = \frac{n_1 - n_{\mathrm{H}}}{n_k - n_{\mathrm{H}}} = (-1)^m \frac{\text{齿轮 1、}k \text{ 间所有从动轮齿数的乘积}}{\text{齿轮 1、}k \text{ 间所有主动轮齿数的乘积}} \tag{5-16}$$

式中,m 表示 1 至 k 轮之间外啮合次数。

应用式(5-16)时应注意以下两点:

(1) n_1、n_k、n_{H} 三个构件的轴线必须平行。

(2) n_1、n_k、n_{H} 带正负号。设定某一转向为正后,与之相反的转向即为负。

例 5-4 图 5-36 所示的行星轮系中，各齿轮齿数 $z_1 = 20, z_2 = 20, z_3 = 60$。若主动件齿轮 1 顺时针转动，$n_1 = 1\,000$ r/min。求行星架 H 和行星轮 2 的转速 n_H、n_2。

解

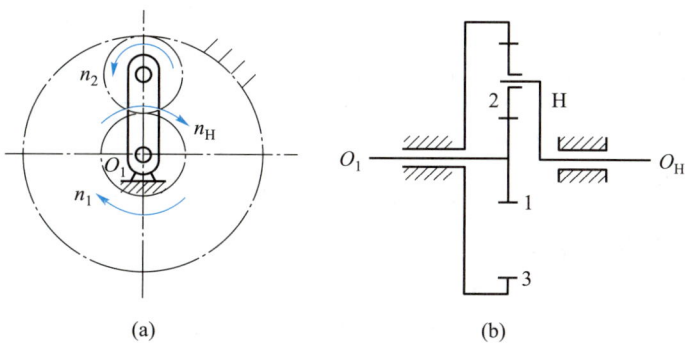

图 5-36　例 5-4 图

由式(5-16)得

$$i_{13}^H = \frac{n_1^H}{n_3^H} = \frac{n_1 - n_H}{n_3 - n_H} = (-1)^1 \frac{z_2 z_3}{z_1 z_2} = -\frac{z_3}{z_1} = -\frac{60}{20} = -3$$

因 $n_3 = 0$，得

$$\frac{n_1 - n_H}{0 - n_H} = -3$$

设齿轮 1 顺时针转动为正，有 $-\dfrac{n_1}{n_H} + 1 = -3$，即 $\dfrac{n_1}{n_H} = 3 + 1 = 4$。

则

$$n_H = \frac{n_1}{4} = \frac{1\,000}{4} \text{ r/min} = 250 \text{ r/min}$$

正号表示行星架与齿轮 1 转向相同，即顺时针转动。

又由式(5-16)得

$$i_{12}^H = \frac{n_1^H}{n_2^H} = \frac{n_1 - n_H}{n_2 - n_H} = (-1)^1 \frac{z_2}{z_1} = -\frac{z_2}{z_1} = -\frac{20}{20} = -1$$

得 $\dfrac{n_1 - n_H}{n_2 - n_H} = -1$，即 $n_2 = 2n_H - n_1 = (500 - 1\,000)$ r/min $= -500$ r/min。负号表示齿轮 2 与齿轮 1 转向相反，即逆时针转动。

各构件转向如图 5-36a 所示。

例 5-5 在图 5-37 所示的差动轮系中，各齿轮齿数 $z_1 = 60, z_2 = 22$，$z_{2'} = 30, z_3 = 20$。若主动件齿轮 1 的转速 $n_1 = 100$ r/min，另一主动件齿轮 3 的转速 $n_3 = 200$ r/min，两齿轮转向相反。求行星架 H 的转速 n_H。

解 由式(5-16)得

$$i_{13}^H = \frac{n_1^H}{n_3^H} = \frac{n_1 - n_H}{n_3 - n_H} = (-1)^1 \frac{z_2 z_3}{z_1 z_{2'}} = -\frac{22 \times 20}{60 \times 30} = -\frac{44}{180}$$

因 n_1、n_3 转向相反，设 n_1 为正，则

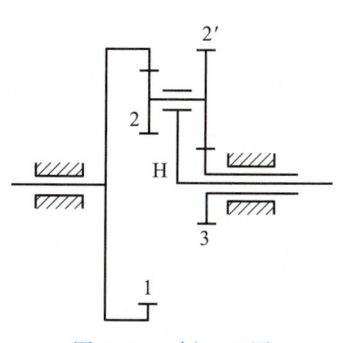

图 5-37　例 5-5 图

$$\frac{100 - n_\mathrm{H}}{-200 - n_\mathrm{H}} = -\frac{44}{180}$$

解得 $n_\mathrm{H} = 41.07$ r/min。

正号表示行星架与齿轮 1 转向相同。通过这一差动轮系，将齿轮 1、齿轮 3 两个独立的转速合成为行星架的转速输出。

如果想求行星轮 2 的转速 n_2，与例 5-4 的解法相同。

5.8.4 轮系的应用

轮系广泛应用于各种机械中，它的功用主要有以下几个方面：

1. 获得大的传动比

当传动比较大时，仅用一对齿轮传动，必将使两轮的直径相差悬殊，外廓尺寸庞大。若采用定轴轮系（图 5-38），可以避免上述缺点。但多级传动，结构略显复杂。采用周转轮系，可以用很少的齿轮，获得很大的传动比。例如图 5-39 所示的行星轮系，当 $z_1 = 100$，$z_2 = 101$，$z_{2'} = 100$，$z_3 = 99$ 时，其传动比由式（5-16）得

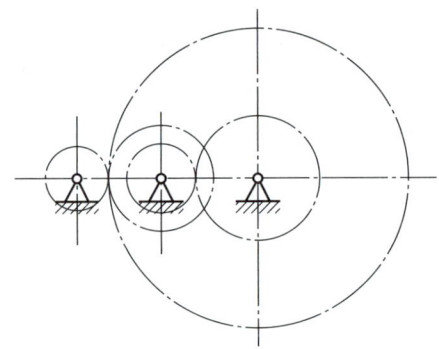

图 5-38　大传动比时单级和多级比较

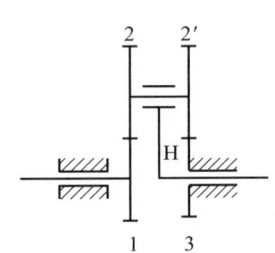

图 5-39　行星轮系

$$i_{13}^\mathrm{H} = \frac{n_1^\mathrm{H}}{n_3^\mathrm{H}} = \frac{n_1 - n_\mathrm{H}}{n_3 - n_\mathrm{H}} = (-1)^2 \frac{z_2 z_3}{z_1 z_{2'}} = \frac{101 \times 99}{100 \times 100}$$

因 $n_3 = 0$，有

$$\frac{n_1 - n_\mathrm{H}}{0 - n_\mathrm{H}} = \frac{101 \times 99}{100 \times 100}$$

得

$$i_{1\mathrm{H}} = \frac{n_1}{n_\mathrm{H}} = \frac{1}{10\ 000}$$

或

$$i_{\mathrm{H}1} = \frac{n_\mathrm{H}}{n_1} = 10\ 000$$

2. 实现变速传动

在主动轴转速不变的情况下，利用轮系可使从动轴获得多种转速和转向，如例 5-2 中的汽车变速箱，当输入轴转速一定时，通过不同的齿轮啮合，使输出轴获得四种转速。

3. 实现运动的合成和分解

利用差动轮系具有两个自由度的特性，将两个输入运动合成一个输出运动，也可以将一个输

入运动分解成两个输出运动。

例 5-5 就是利用差动轮系,将两个输入运动合成一个输出运动。

差动轮系也可作运动分解用,如图 5-40 所示的汽车后桥上的差动轮系(也称差速器)。左、右两个车轮分别和锥齿轮 1、3 固连,$z_1 = z_3$。发动机通过传动轴驱动锥齿轮 5,锥齿轮 4 空套在左轮轴上与齿轮 5 啮合。锥齿轮 4 上固连着行星架 H ($n_4 = n_H$),其上装有行星齿轮 2。由齿轮 1、2、3 及行星架 H 组成一差动轮系。为改善轮系受力,对称布置另一套差动轮系,从运动学分析,此差动轮系属于虚约束,只需按其中一套轮系计算传动比

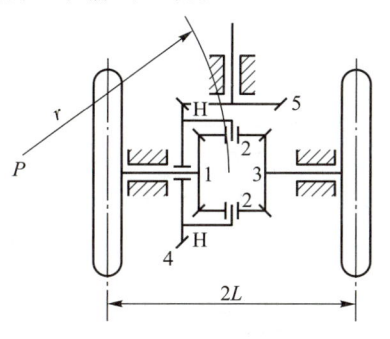

图 5-40　汽车后桥差速器

差动转向轮系

即可。由于齿轮 1、3 及行星架 H 轴线平行,可以应用式(5-16)得

$$i_{13}^H = \frac{n_1^H}{n_3^H} = \frac{n_1 - n_H}{n_3 - n_H} = -\frac{z_2 z_3}{z_1 z_2} = -\frac{z_3}{z_1} = -1$$

即
$$2n_H = n_1 + n_3$$

当汽车直行时,两轮转速相等,即 $n_1 = n_3$。此时,$n_1 = n_3 = n_H$,锥齿轮 2 无自转,整个差速器就像一个固连的整体,汽车在齿轮 5 的驱动下直行。

如图 5-40 所示,当汽车绕 P 点转弯时,两车轮走过的距离不相等,即 $n_1 \neq n_3$,其转速与转弯半径 r 成正比,由图可知

$$\frac{n_1}{n_3} = \frac{r - L}{r + L}$$

联立上两式,可求得

$$n_1 = \frac{r - L}{r} n_H, \quad n_3 = \frac{r + L}{r} n_H$$

在实际汽车运行中,只要两轮转速不等(如某车轮打滑),都是通过差速器来调整。此例说明,应用差动轮系可以将一个运动分解成两个运动。

由于行星轮轴线垂直于其他构件轴线,故不能用式(5-16)计算行星轮与各构件之间的传动比。

4. 减速器

通常原动机的转速都高于工作机的转速,在原动机与工作机之间需要用轮系减速。为方便使用,降低成本,将该轮系做成独立的部件,称减速器。由于减速器应用非常广泛,所以它的参数、结构都已标准化,由专门工厂生产。在设计时可根据传动比 i、输入转速 n_1、传递功率 P 从产品目录或有关手册中选用。当选择不到合适的标准减速器时,也可以自行设计。

减速器的种类很多,可分为定轴齿轮减速器和行星齿轮减速器。

定轴齿轮减速器按其减速齿轮的对数分为一级、二级、三级和多级等类型,按输入、输出轴的位置可分为展开式、同轴式和分流式。常用的定轴齿轮减速器的特点及应用见表 5-8。

表 5-8 常用定轴齿轮减速器的形式、特点及应用

名 称		简 图	传动比范围		特点及应用
			一般	最大值	
圆柱齿轮减速器	一级圆柱齿轮减速器		直齿 $i \leqslant 4$ 斜齿 $i \leqslant 5$	10	轮齿可以是直齿、斜齿、人字齿,其特点是轴承对称布置,轴的刚度好。在高速及大型卷扬机、抽油机中应用较多
	二级展开式圆柱齿轮减速器		8~40	60	齿轮相对于支承位置不对称,当轴产生弯扭变形时,载荷在齿宽上分布不均匀,要求轴应具有较大的刚度,并使齿轮远离输入或输出端
	二级分流式圆柱齿轮减速器		8~40	60	低速级齿轮相对于支承对称布置。高速级同轴上两齿轮旋向相反,使轴向力可以抵消。其特点是分流性能较好,但结构复杂,轴向尺寸较大。建议用于变载荷场合
	二级同轴式圆柱齿轮减速器		8~40	60	箱体长度减小,但轴向尺寸较大。由于两级中心距相等,高速级齿轮尺寸多数过大。用于原动机与工作机同轴布置的传动
	三级展开式圆柱齿轮减速器		40~200	400	传动比大,其余与二级展开式圆柱齿轮减速器相同
圆锥-圆柱齿轮减速器	一级直齿锥齿轮减速器		$i \leqslant 3$	10	用于原动机与工作机轴线相交的传动
	二级直齿圆锥-圆柱齿轮减速器		8~15	20	用于原动机与工作机轴线相交,且传动比较大的传动。锥齿轮放置在高速级,以减小锥齿轮尺寸

名　　称		简　　图	传动比范围		特点及应用
			一般	最大值	
蜗杆减速器	一级蜗杆减速器		8~40	80	传动比大,传动平稳,噪声小,但机械效率低。常用于中、小功率或不连续运转的场合

对行星轮系,也可以单独做成减速器部件,称行星齿轮减速器。工程中最常用的是几种特殊的行星齿轮减速器。

（1）渐开线少齿差行星齿轮减速器

图 5-41 所示为渐开线少齿差行星齿轮传动,由主动件中心轮 1、行星轮 2、行星架 H、等速比输出机构 W 和输出轴 V 组成。由式（5-16）得

少齿差行星
齿轮传动

$$i_{21}^{H} = \frac{n_2^{H}}{n_1^{H}} = \frac{n_2 - n_H}{n_1 - n_H} = \frac{z_1}{z_2}$$

将 $n_1 = 0$ 代入上式,则有 $\dfrac{n_2 - n_H}{0 - n_H} = \dfrac{z_1}{z_2}$,由此得 $i_{H2} = \dfrac{n_H}{n_2} = -\dfrac{z_2}{z_1 - z_2}$

由上式可知,中心轮 1 与行星轮 2 的齿轮差越小,传动比 i_{H2} 就越大。通常 $z_1 - z_2 = 1 \sim 4$,对应称一差齿、二差齿……。一差齿行星齿轮减速器的传动比 $i_{H2} = -z_2$。可见,这种行星轮系可以得到很大的传动比。

为了将行星轮 2 的转动传递给输出轴 V,需要利用等速比输出机构 W。可以采用双万向联轴器（图 5-41a、图 10-7）、十字滑块联轴器（图 10-4）、销孔式输出机构（图 5-41b）等。因销孔式输出机构结构紧凑、效率高而常被采用。其工作原理是:在行星轮 2 的辐板上开若干个圆孔,在输出轴的圆盘上装有相应的拔销,这些圆柱销对应地插入辐板上的圆孔内。在设计柱销直径、圆孔孔径和行星架的偏心距时,要保证轮系运转时柱销始终与孔壁接触,这样一来,输出轴就与行星轮 2 等角速度转动。

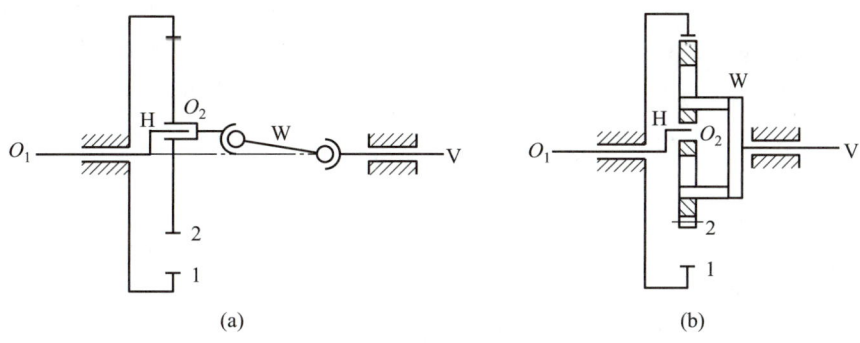

图 5-41　渐开线少齿差行星齿轮传动

（2）摆线针轮减速器

在少齿差行星齿轮减速器中，若行星轮 2 采用摆线齿廓，中心轮 1 的内齿用圆柱销代替，也称针轮，组成的轮系称摆线针轮行星传动，如图 5-42 所示。通常都是作减速用，也称摆线针轮减速器。

摆线针轮减速器 $z_1-z_2=1$，传动比 $i_{H2}=-z_2$，传动比大，结构紧凑。另外，齿廓之间为滚动摩擦，故效率高，使用寿命长。其缺点是制造工艺复杂，精度要求较高。

（3）谐波齿轮减速器

谐波齿轮减速器如图 5-43 所示，由波发生器 H（相当于行星架）、刚轮 1（相当于中心轮）、柔轮 2（相当于行星轮）组成。柔轮是一个可以产生较大弹性变形的薄壁筒外齿轮，比刚轮少一个或几个齿。波发生器为主动件，柔轮为输出构件。因为波发生器的长度大于柔轮的内孔直径，装入柔轮内孔后，使柔轮变成椭圆形，椭圆长轴处的轮齿与刚轮相啮合而短轴处的轮齿脱开，其他各处轮齿处于啮合与脱开的过渡阶段。当波发生器转动时，柔轮的长、短轴位置不断变化，使轮齿啮合和脱开位置不断变化，从而实现运动的传递。其传动比与上两种传动的相同，即

$$i_{H2}=\frac{n_H}{n_2}=-\frac{z_2}{z_1-z_2}$$

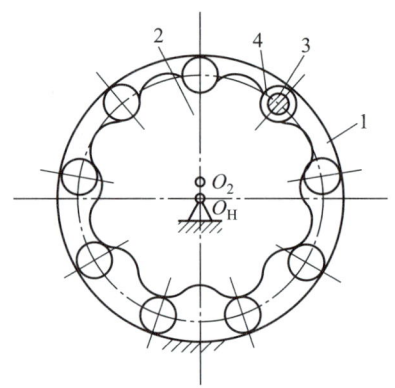

1—中心轮；2—行星轮(摆线齿廓)；3—针齿销；4—针齿套。

图 5-42　摆线针轮行星传动

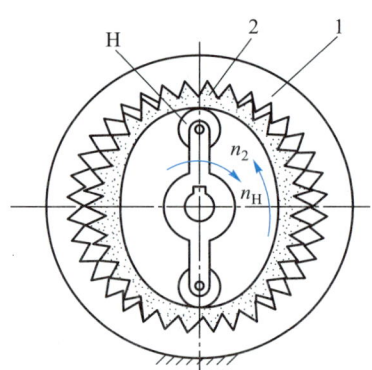

1—刚轮；2—柔轮；H—波发生器。

图 5-43　谐波齿轮传动

谐波齿轮传动除传动比大、重量轻和效率高外，因为不需要等速比输出机构，结构更为简单。谐波齿轮传动的主要缺点是柔轮的疲劳损伤会影响使用寿命。目前，谐波齿轮传动已广泛应用于空间技术、机床、仪表等各个方面。

习　题

5-1　齿轮传动与其他机械传动比较有什么特点？举出若干机械中应用齿轮传动的实例。

5-2　说明渐开线的性质。

5-3　说明直齿圆柱齿轮传动的正确啮合条件和连续传动条件。

5-4　节圆与分度圆，啮合角与压力角有什么区别？

5-5 何谓根切？有何危害？如何避免？

5-6 已知一正常齿制标准直齿圆柱齿轮，$m = 5$ mm，$z = 40$，试求齿轮分度圆、齿顶圆、齿根圆、基圆直径和齿顶圆压力角。

5-7 斜齿圆柱齿轮、直齿锥齿轮的标准模数各是指哪一个模数？

5-8 与齿轮传动比较，蜗杆传动有何特点？为什么大功率连续传动时不宜采用蜗杆传动？

5-9 蜗杆传动的正确啮合条件是什么？

5-10 选择蜗杆头数 z_1 时要考虑哪些问题？

5-11 为何将蜗杆分度圆直径 d_1 作为标准参数？

5-12 什么是定轴轮系？什么是周转轮系？

5-13 定轴轮系传动比如何计算？传动比的符号表示什么意思？

5-14 何谓惰轮？它在轮系中有何作用？

5-15 在周转轮系中是否可以用画箭头的方法来判断某轮转向？

5-16 行星轮系和差动轮系有何区别？

5-17 何为转化轮系？为什么要引入转化轮系？

5-18 在使用转化轮系传动比计算式时应注意什么？

5-19 图 5-44 所示的轮系中，各标准齿轮齿数为 $z_1 = z_2 = 20$，$z_{3'} = 26$，$z_4 = 30$，$z_{4'} = 22$，$z_5 = 34$，齿轮 1、3 同轴线。试计算齿轮 3 的齿数 z_3 及传动比 i_{15}，画出齿轮 5 的转向。

5-20 在图 5-45 所示钟表的传动机构，已知各齿轮齿数 $z_1 = 72$，$z_2 = 12$，$z_{2'} = 64$，$z_{2''} = z_3 = z_4 = 8$，$z_{3'} = 60$，$z_5 = z_6 = 24$，$z_{5'} = 6$。试计算分针 m 和秒针 s 之间的传动比 i_{ms}；计算时针 h 和分针 m 之间的传动比 i_{hm}。当各指针转向符合人的习惯时，画出齿轮 1 应有的转向。

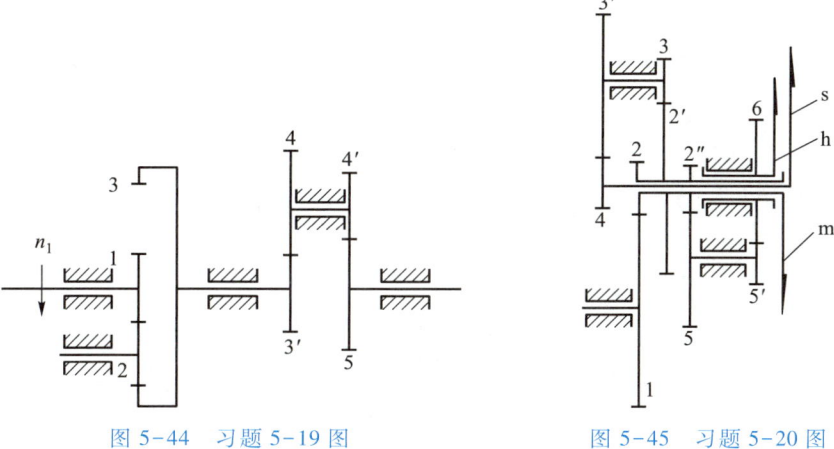

图 5-44　习题 5-19 图　　　　　图 5-45　习题 5-20 图

5-21 在图 5-46 所示的工作台进给机构中，转动手柄 H，经过轮系减速后，通过丝杠、螺母移动工作台。已知各齿轮齿数 $z_1 = 20$，$z_2 = 18$，$z_{2'} = z_3 = 19$。求传动比 i_{H1}。

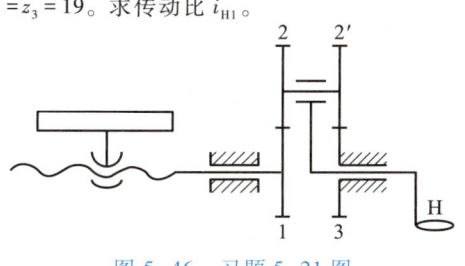

图 5-46　习题 5-21 图

5–22 在图 5-47 所示的轮系中,各齿轮齿数为 $z_1 = 20, z_2 = 28, z_{2'} = z_3 = 22, z_4 = 66$。试计算传动比 i_{1H}。

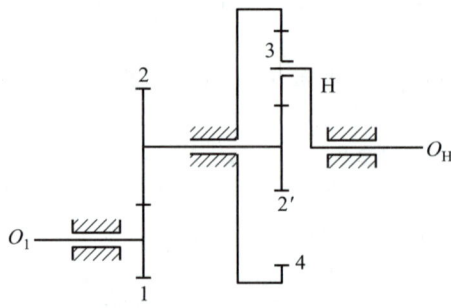

图 5-47 习题 5-22 图

第二篇 机 械 传 动

在机械系统中，当原动机输出的动力不能满足工作机要求时，需要增加能够实现动力转换的传动部分。传动方式可分为机械传动、液压传动、电磁传动等，每种传动都有各自特点与合适的应用场合。本篇介绍几种常见的机械传动，包括带传动、链传动、齿轮传动和蜗杆传动。将从结构设计、材料选择、失效形式、承载能力等方面分析每一种机械传动的特点，介绍其设计原理、方法和应用场景。

第6章

带传动和链传动

6.1 概　述

带传动、链传动都是通过挠性件实现运动和动力的传递的,其共同特点是适合大中心距传动,使机器大为简化,降低成本。

带传动分为摩擦型带传动和啮合型带传动。摩擦型带传动主要有平带、V带、圆带传动。

平带传动结构简单,带轮也容易制造(图6-1a)。平带传动可以形成交叉传动和角度传动,传动形式多样,传动中心距大,在农业机械(如脱粒机、磨粉机等)中应用较多。

在机械传动中,应用最广的是V带传动(图6-1b)。V带的横截面呈梯形,两侧面为工作面。根据槽面摩擦原理,在同样的张紧状态下,V带比平带传动能力高。

圆带传动(图6-1c)便于快速装拆,传递的功率较小,一般用于轻型机构,如缝纫机等。

上述几种带传动的主要优点是:结构简单;成本低廉;传动平稳;过载打滑。主要缺点是带与带轮之间有滑动,不能保证准确的传动比。

同步带传动(图6-1d)是啮合传动,传动比准确,效率高,在汽车、纺织机械、办公机械中应用较多。同步带传动的缺点是制造和安装精度要求较高。

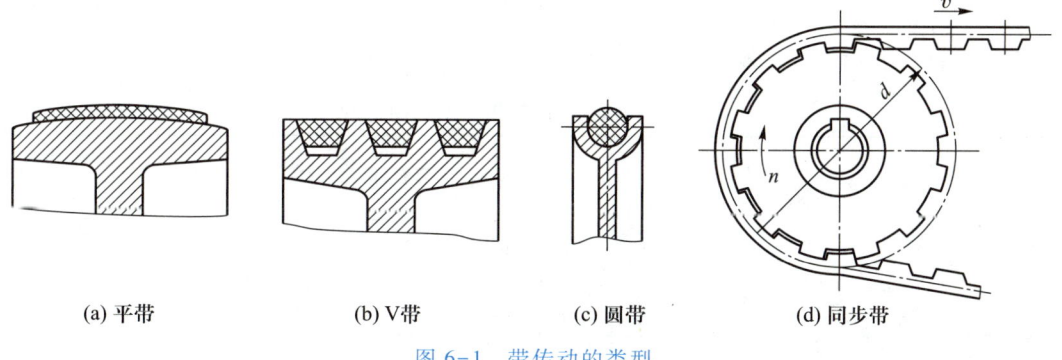

(a) 平带　　　　(b) V带　　　　(c) 圆带　　　　(d) 同步带

图6-1　带传动的类型

链传动是以链条为挠性件的啮合传动,如图6-2所示,链条有滚子链(图6-2a)和齿形链(6-2b)两种。与滚子链相比,齿形链传动平稳,噪声低(习惯称无声链),工作可靠。齿形链比滚子链结构复杂,价格较高。

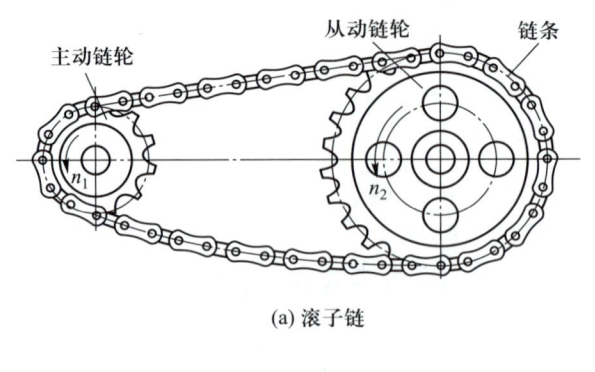

(a) 滚子链

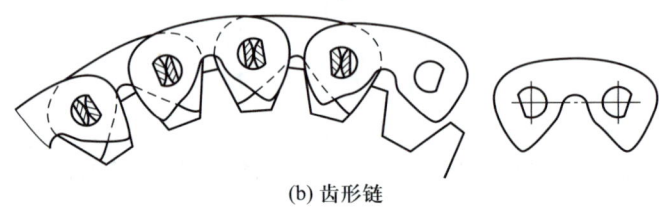

(b) 齿形链

图 6-2　链传动的类型

链传动兼有齿轮传动和带传动的特点。与带传动相比,链传动能保持准确的平均传动比,能在较高温度和低速重载条件下工作。与齿轮传动相比,链传动安装精度要求不高,结构简单,适于远距离传动。链传动的主要缺点是:不能保持恒定瞬时传动比;传动中有动载荷和啮合冲击;急速反向转动的性能较差。

本章主要介绍机械传动中常用的普通 V 带传动和滚子链传动的设计。

6.2　普通 V 带的型号和结构

普通 V 带制成环形,其结构由顶胶、底胶、承载层、包布层构成,承载层分帘布芯和绳芯两种。

普通 V 带的型号分为 Y、Z、A、B、C、D、E 七种,其截面尺寸见表 6-1。

表 6-1　普通 V 带的结构及截面尺寸　　　　　　　　　　　　　　　　　　　mm

带型	节宽 W_p	W	T	横截面积 A/mm^2	楔角 φ
Y	5.3	6.0	4.0	18	
Z	8.5	10.0	6.0	47	
A	11.0	13.0	8.0	81	
B	14.0	17.0	11.0	138	40°
C	19.0	22.0	14.0	230	
D	27.0	32.0	19.0	476	
E	32.0	38.0	25.0	692	

当 V 带围绕在带轮上受弯曲时,顶胶纵向受拉而伸长,底胶纵向受压而缩短,在两者之间的中性层长度不变,称为节面。带的节面宽度称为节宽 W_p(参见表 6-1),节面周线长度称带的基准长度 L_d(参见表 6-2),节面处的直径称为带轮基准直径 d_d。

表 6-2 普通 V 带的基准长度系列和带长修正系数 K_L

| | Z | | A | | B | | C | | D | | E |
L_d/mm	K_L	L_d/mm	K_L	L_d/mm	K_L	L_d/mm	K_L	L_d/mm	K_L	L_d/mm	K_L
405	0.87	630	0.81	930	0.83	1 565	0.82	2 740	0.82	4 660	0.91
475	0.90	700	0.83	1 000	0.84	1 760	0.85	3 100	0.86	5 040	0.92
530	0.93	790	0.85	1 100	0.86	1 950	0.87	3 330	0.87	5 420	0.94
625	0.96	890	0.87	1 210	0.87	2 195	0.90	3 730	0.90	6 100	0.96
700	0.99	990	0.89	1 370	0.90	2 420	0.92	4 080	0.91	6 850	0.99
780	1.00	1 100	0.91	1 560	0.92	2 715	0.94	4 620	0.94	7 650	1.01
920	1.04	1 250	0.93	1 760	0.94	2 880	0.95	5 400	0.97	9 150	1.05
1 080	1.07	1 430	0.96	1 950	0.97	3 080	0.97	6 100	0.99	12 230	1.11
1 330	1.13	1 550	0.98	2 180	0.99	3 520	0.99	6 840	1.02	13 750	1.15
1 420	1.14	1 640	0.99	2 300	1.01	4 060	1.02	7 620	1.05	15 280	1.17
1 540	1.54	1 750	1.00	2 500	1.03	4 600	1.05	9 140	1.08	16 800	1.19
		1 940	1.02	2 700	1.04	5 380	1.08	10 700	1.13		
		2 050	1.04	2 870	1.05	6 100	1.11	12 200	1.16		
		2 200	1.06	3 200	1.07	6 815	1.14	13 700	1.91		
		2 300	1.07	3 600	1.09	7 600	1.17	15 200	1.21		
		2 480	1.09	4 060	1.13	9 100	1.21				
		2 700	1.10	4 430	1.15	10 700	1.24				

注:超出表列范围时可另查机械设计手册。

6.3 带传动的受力及弹性滑动

6.3.1 带传动的受力及应力分析

安装带时,可通过调整中心距对带张紧,这时带两边拉力相等,称初拉力 F_0,如图 6-3a 所示。

工作时,主动轮(设轮 1 为主动轮)作用在带上摩擦力 F_f 的方向与带的运动方向相同,从动轮则相反,这一现象使带两边的拉力发生了变化。带绕上主动轮的一边被拉紧,称紧边,拉力由 F_0 增加至 F_1,F_1 称紧边拉力;带的另一边的拉力在减小,由 F_0 减至 F_2,F_2 称松边拉力,如图 6-3b 所示。两边拉力之差是带传动的有效拉力 F_e,也就是带轮作用在带上的摩擦力 F_f。

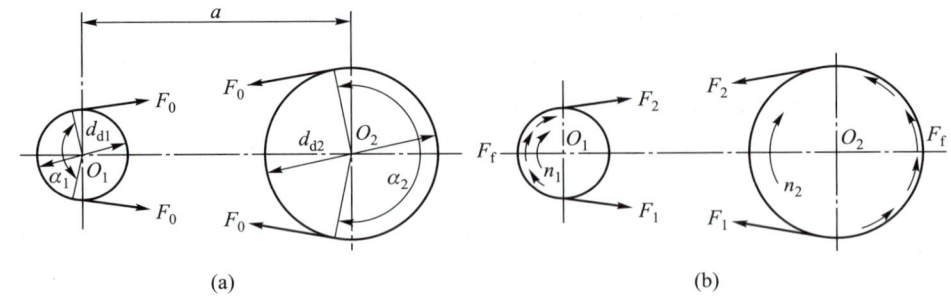

(a)　　　　　　　　　　　　　(b)

图 6-3　带传动的受力

$$F_e = F_f = F_1 - F_2 \tag{6-1}$$

带传动功率 P 为

$$P = \frac{F_e v}{1\ 000} \tag{6-2}$$

由于摩擦力有极限值,从而限定了带传动的功率。根据对包角内带体受力分析可得,带即将打滑(临界状态)时紧边拉力 F_1 与松边拉力 F_2 之间的关系为

$$F_1 = F_2 e^{f\alpha} \tag{6-3}$$

式中:f——摩擦因数;

α——带在带轮上的包角,rad。由图 6-3a 可知:

$$\alpha_1 \approx 180° - \frac{d_{d2} - d_{d1}}{a} \times 57.3°$$
$$\alpha_2 \approx 180° + \frac{d_{d2} - d_{d1}}{a} \times 57.3° \tag{6-4}$$

式(6-3)称柔韧体摩擦欧拉公式。

一般近似认为带在初始张紧和工作状态下长度不变,则紧边拉力增加量应等于松边拉力的减少量,即

$$F_1 - F_0 = F_0 - F_2 \tag{6-5}$$

由式(6-1)、式(6-3)和式(6-5)可得出带传动在临界状态时最大有效拉力 F_{ec} 为

$$F_{ec} = 2F_0 \frac{e^{f\alpha} - 1}{e^{f\alpha} + 1} \tag{6-6}$$

由式(6-6)可知,带传动最大有效拉力 F_{ec} 随包角 α 和摩擦因数 f 的增加而增大。为保证带传动具有足够的传动能力,一般应使小带轮包角 $\alpha_1 \geqslant 120°$。由于 V 带的工作面为两侧面,应该用当量摩擦因数 f_v 代替 f。因 $f_v > f$,所以 V 带比平带传动能力高。另外,加大初拉力 F_0,对提高带传动的传动能力也是非常有效的,但 F_0 过大,带会过早松弛,降低带的寿命。如 F_0 过小,带传动的工作能力得不到充分发挥,容易发生打滑。在带传动设计中,应按既定的设计参数,计算出所需的初拉力,并按此进行张紧。

当量摩擦因数

带传动工作时,带受拉力,截面会产生拉应力;带围绕在带轮上时要产生弯曲应力;另外,当带随带轮作圆周运动时,将产生离心力,带还要产生由此引发的离心

带应力分布图

拉应力。可见,带是处在变应力状态下工作,这将导致带的疲劳破坏。

6.3.2　带传动的弹性滑动和打滑

带的材质决定了带的弹性变形较大。工作时,带的两边拉力不相等,弹性变形不同。当紧边绕上主动轮时,带的速度和主动轮圆周速度 v_1 相等,所受拉力为 F_1。在由紧边转至松边的过程中,由于拉力逐渐减小,带的弹性变形量也随之减小,与带轮产生相对滑动,即带向松边绕转的同时在收缩,形成了松边带速 v_2,如图6-4所示。在从动轮包角弧上,也发生类似现象,不过这时是由于拉力逐渐增加,带将逐渐被拉长,即带与带轮之间也产生相对滑动。这种由于带的弹性变形引起的滑动称带传动的弹性滑动。

带传动工作时,松、紧边拉力不相等,带的弹性变形量必然要改变,故弹性滑动是带传动的固有特性。弹性滑动使从动轮圆周速度 v_2 小于主动轮圆周速度 v_1,影响传动比。

随着外载荷的增大,有效拉力 F_e 要增加,当有效拉力 F_e 达到传动所具有的最大有效拉力 F_{ec} 时,摩擦力达到极限值。若外载荷还继续增大,带与带轮将产生显著的滑动,这种现象称打滑。打滑使从动轮转速急剧下降,以致传动失效。

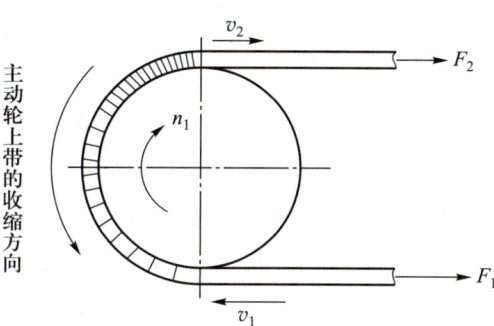

图6-4　带传动的弹性滑动

带传动中,从动轮圆周速度 v_2 的降低率称滑动率,用 ε 表示,即

$$\varepsilon = \frac{v_1 - v_2}{v_1} = 1 - \frac{d_{d2} n_2}{d_{d1} n_1} \tag{6-7}$$

弹性滑动

式中:n_1、n_2——主动轮、从动轮的转速,r/min;

d_{d1}、d_{d2}——主动轮、从动轮的基准直径,mm。

由式(6-7),可得带传动的传动比为

$$i = \frac{n_1}{n_2} = \frac{d_{d2}}{d_{d1}(1-\varepsilon)} \tag{6-8}$$

由弹性滑动引起的滑动率 ε 较小,一般 $\varepsilon = 0.01 \sim 0.02$,设计时,可取传动比为

$$i = \frac{n_1}{n_2} \approx \frac{d_{d2}}{d_{d1}} \tag{6-9}$$

6.4　V带传动的设计

6.4.1　设计准则和单根V带的额定功率

根据前面的分析可知,带传动的主要失效形式是打滑和V带的疲劳破坏。因此,带传动的

设计准则为:保证带传动不打滑,并使 V 带具有一定的疲劳强度和寿命。表 6-3 给出了满足设计准则条件下,单根 V 带的基本额定功率 P_0。

表 6-3　单根普通 V 带的基本额定功率 P_0　　　　　　　　　　kW

带型	小带轮基准直径 d_{d1}/mm	小带轮转速 n_1/(r/min)													
		200	400	700	800	950	1 200	1 450	1 600	2 000	2 400	2 800	3 600	4 000	5 000
Z	50	0.04	0.06	0.09	0.10	0.12	0.14	0.16	0.17	0.20	0.22	0.26	0.30	0.32	0.34
	63	0.05	0.08	0.13	0.15	0.18	0.22	0.25	0.27	0.32	0.37	0.41	0.47	0.49	0.50
	71	0.06	0.09	0.17	0.20	0.23	0.27	0.30	0.33	0.39	0.46	0.50	0.58	0.61	0.62
	80	0.10	0.14	0.20	0.22	0.26	0.30	0.35	0.39	0.44	0.50	0.56	0.64	0.67	0.66
A	75	0.22	0.38	0.58	0.64	0.73	0.86	0.98	1.05	1.21	1.35	1.47	1.65	1.72	1.79
	90	0.30	0.53	0.84	0.93	1.06	1.27	1.47	1.58	1.85	2.09	2.30	2.64	2.77	2.96
	100	0.36	0.64	1.01	1.12	1.28	1.54	1.78	1.92	2.26	2.56	2.83	3.26	3.42	3.66
	125	0.49	0.89	1.42	1.58	1.82	2.20	2.55	2.75	3.25	3.69	4.08	4.68	4.89	5.12
B	125	0.65	1.13	1.75	1.93	2.19	2.59	2.94	3.13	3.58	3.92	4.17	4.32	4.23	3.40
	140	0.79	1.40	2.18	2.41	2.75	3.27	3.73	3.99	4.58	5.05	5.38	5.62	5.50	4.42
	180	1.16	2.08	3.29	3.66	4.19	5.01	5.74	6.14	7.07	7.77	8.23	8.31	7.89	—
	224	1.55	2.81	4.48	4.99	5.71	6.82	7.80	8.33	9.49	10.26	10.61	9.79	8.52	—
C	200	1.94	3.39	5.19	5.72	6.46	7.53	8.41	8.85	9.67	9.93	9.60	—	—	—
	250	2.78	4.93	7.67	8.49	9.62	11.26	12.61	13.27	14.41	14.58	13.65	—	—	—
	280	3.27	5.84	9.12	10.09	11.43	13.37	14.93	15.66	16.80	16.62	14.94	—	—	—
	315	3.84	6.87	10.76	11.90	13.47	15.70	17.42	18.18	19.10	18.21	15.23	—	—	—
D	355	7.10	12.25	18.21	19.77	21.70	23.74	24.18	23.58	—	—	—	—	—	—
	400	8.64	15.03	22.46	24.39	26.75	29.11	29.27	28.18	—	—	—	—	—	—
	450	10.32	18.05	26.99	29.26	31.96	34.33	33.67	31.64	—	—	—	—	—	—
	560	13.93	24.45	36.16	38.89	41.73	42.67	38.09	32.30	—	—	—	—	—	—
E	500	10.86	18.55	26.21	27.57	28.32	25.53	16.82	—	—	—	—	—	—	—
	560	13.09	22.49	31.59	33.03	33.40	28.49	15.35	—	—	—	—	—	—	—
	630	15.65	26.95	37.26	28.52	37.92	29.17	8.85	—	—	—	—	—	—	—
	710	18.52	31.83	42.87	43.52	41.02	25.91	—	—	—	—	—	—	—	—

注:表内没有列出的小带轮基准直径 d_{d1},其基本额定功率 P_0 值可查阅 GB/T 13575.1—2022,也可用插值法确定。

6.4.2　设计计算

设计 V 带传动时给定的原始数据为:传递的功率 P,转速 n_1、n_2 或传动比 i,传动位置要求及工作条件等。一般设计步骤为如下。

1. 确定设计功率 P_d

$$P_d = K_A P$$

式中:K_A——工况系数,见表 6-4。

表 6-4 工况系数 K_A

工　况		K_A					
		空、轻载起动			重　载　起　动		
		每天工作小时数/h					
		<10	10~16	>16	<10	10~16	>16
载荷变动最小	液体搅拌机、通风机（≤7.5 kW）、离心式水泵和压缩机、轻载荷输送机	1.0	1.1	1.2	1.1	1.2	1.3
载荷变动小	带式输送机（不均匀载荷）、通风机（>7.5 kW）、旋转式水泵和压缩机（非离心式）、发电机、金属切削机床、印刷机、旋转筛、锯木机和木工机械	1.1	1.2	1.3	1.2	1.3	1.4
载荷变动较大	制砖机、斗式提升机、往复式水泵和压缩机、起重机、磨粉机、冲剪机床、橡胶机械、振动筛、纺织机械、重载输送机	1.2	1.3	1.4	1.4	1.5	1.6
载荷变动很大	破碎机（旋转式、颚式等）、磨碎机（球磨、棒磨、管磨）	1.3	1.4	1.5	1.5	1.6	1.8

注：① 空、轻载起动—电动机（交流起动、三角起动、直流并励）、四缸以上的内燃机、装有离心式离合、液力联轴器的动力机；

② 重载起动—电动机（联机交流起动、直流复励或串励）、四缸以下的内燃机。

2. 选定 V 带型号

根据设计功率 P_d 和小带轮转速 n_1，在图 6-5 上确定选型点，选型点所在区域（实线为界）即是所选 V 带型号。

3. 确定带轮的基准直径 d_{d1}、d_{d2}

带轮直径小，传动结构紧凑，但直径过小，带的弯曲应力过大而导致疲劳强度降低，所以应使小带轮直径 $d_{d1} \geq d_{dmin}$。各种型号 V 带的 d_{dmin} 见表 6-5。当结构允许时，采用较大的带轮直径，可提高带速，减小带的拉力，弯曲应力也随之下降。但随着带速的提高，离心应力增大，影响带的寿命。因此，当初选 d_{d1} 后，应验算带速 v，使

95

$$v = \frac{\pi D_1 n_1}{60 \times 1\,000} \leqslant 25 \sim 30 \text{ m/s}$$

一般应使带速 $v = 5 \sim 25$ m/s。

根据选定的 d_{d1}，计算大带轮直径 d_{d2}，并按带轮的基准直径系列（表 6-5）加以圆整。

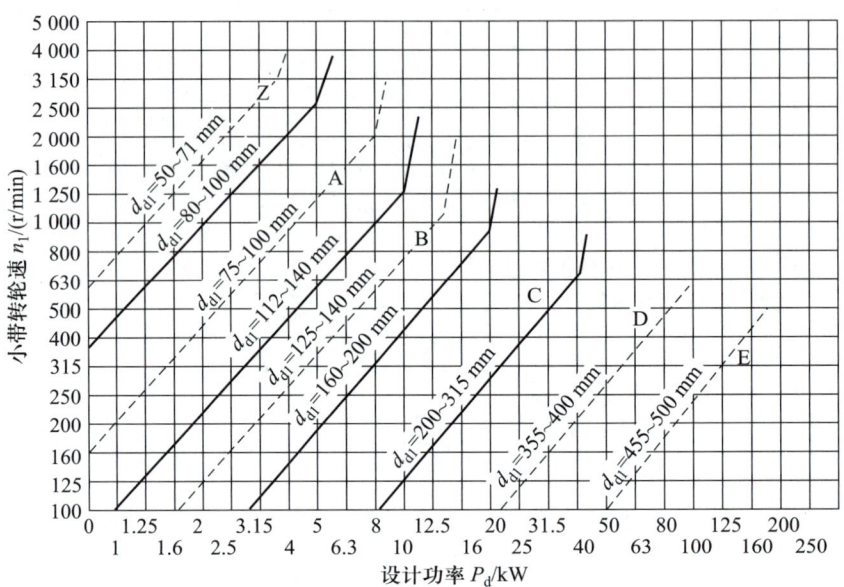

图 6-5 普通 V 带选型图

表 6-5 V 带轮的最小基准直径 d_{dmin} 和基准直径系列   mm

槽型	最小直径 d_{dmin}	基准直径系列
Y	20	20,22.4,25,28,31.5,35.5,40,45,50,56,80,90,100,112,125
Z	50	50,56,63.71,75,80,90,100,112,125,132,140,150,160,180,200,224,250,280,315,355,400,500,630
A	75	75,80,85,90,95,100,106,112,118,125,132,140,150,160,180,200,224,250,280,315,355,400,450,500,630,710,800
B	125	125,132,140,150,160,170,180,200,224,250,280,315,355,400,450,500,560,600,630,710,750,800,900,1 000,1 120
C	200	200,212,224,236,250,265,280,300,315,335,355,400,450,500,560,600,630,710,750,800,900,1 000,1 120,1 250,1 400,1 600,2 000
D	355	355,375,400,425,450,475,500,560,600,630,710,750,800,900,1 000,1 060,1 120,1 250,1 400,1 500,1 600,1 800,2 000
E	500	500,530,560,600,630,670,710,800,900,1 000,1 120,1 250,1 400,1 500,1 600,1 800,2 000,2 240,2 500

4. 确定中心距 a 和带长 L_d

如果空间尺寸无特别限制时,建议按以下范围初选中心距 a_0:

$$0.7(d_{d1}+d_{d2}) \leqslant a_0 \leqslant 2(d_{d1}+d_{d2}) \qquad (6-10)$$

a_0 取定后,按下式得到带的计算基准长度 L_d':

$$L_d' \approx 2a_0 + \frac{\pi}{2}(d_{d2}+d_{d1}) + \frac{(d_{d2}-d_{d1})^2}{4a_0} \qquad (6-11)$$

根据 L_d' 由表 6-2 中选取和 L_d' 相近的 V 带的基准长度 L_d。由于 V 带传动的中心距一般是可以调整的,故可采用下式作近似计算:

$$a \approx a_0 + \frac{L_d - L_d'}{2} \qquad (6-12)$$

5. 验算小带轮包角 α_1

按式(6-4)计算 α_1,通常应保证 $\alpha_1 \geqslant 120°$,如 α_1 过小,可适当增加中心距或加张紧轮。

6. 确定带的根数 z

$$z = \frac{P_d}{(P_0 + \Delta P_0) K_\alpha K_L} \qquad (6-13)$$

式中:P_0——单根 V 带的基本额定功率,查表 6-3;

ΔP_0——当 $i \neq 1$ 时,单根 V 带额定功率增量,查表 6-6。因 P_0 是按 $d_{d1} = d_{d2}$ 的条件确定的,当 $i \neq 1$ 时,带绕上大带轮时的弯曲应力较小,故传动功率有所提高;

K_α——包角修正系数,查表 6-7;

K_L——带长修正系数,查表 6-2。

表 6-6 单根普通 V 带额定功率的增量 ΔP_0 kW

带型	传动比 i	小带轮转速 $n_1/(\text{r/min})$									
		400	700	800	950	1 200	1 450	1 600	2 000	2 400	2 800
Z	1.00~1.01	0.00	0.00	0.00	0.00	0.00	0.00	0.00	0.00	0.00	0.00
	1.02~1.04	0.00	0.00	0.00	0.00	0.00	0.00	0.01	0.01	0.01	0.01
	1.05~1.08	0.00	0.00	0.00	0.00	0.01	0.01	0.01	0.01	0.02	0.02
	1.09~1.12	0.00	0.00	0.00	0.01	0.01	0.01	0.01	0.02	0.02	0.02
	1.13~1.18	0.00	0.00	0.01	0.01	0.01	0.01	0.01	0.02	0.02	0.03
	1.19~1.24	0.00	0.00	0.01	0.01	0.01	0.02	0.02	0.02	0.03	0.03
	1.25~1.34	0.00	0.01	0.01	0.01	0.02	0.02	0.02	0.02	0.03	0.03
	1.35~1.50	0.00	0.01	0.01	0.02	0.02	0.02	0.02	0.03	0.03	0.04
	1.51~1.99	0.01	0.01	0.02	0.02	0.02	0.02	0.03	0.03	0.04	0.04
	≥2.00	0.01	0.02	0.02	0.02	0.03	0.03	0.03	0.04	0.04	0.04

带型	传动比 i	小带轮转速 n_1/(r/min)									
		400	700	800	950	1 200	1 450	1 600	2 000	2 400	2 800
A	1.00~1.01	0.00	0.00	0.00	0.00	0.00	0.00	0.00	0.00	0.00	0.00
	1.02~1.04	0.00	0.00	0.00	0.00	0.00	0.00	0.00	0.00	0.00	0.00
	1.05~1.08	0.01	0.02	0.02	0.03	0.03	0.04	0.04	0.05	0.07	0.08
	1.09~1.12	0.02	0.03	0.03	0.04	0.05	0.06	0.06	0.08	0.10	0.11
	1.13~1.18	0.02	0.04	0.04	0.05	0.07	0.08	0.09	0.11	0.13	0.15
	1.19~1.24	0.03	0.05	0.05	0.06	0.08	0.10	0.11	0.14	0.16	0.19
	1.25~1.34	0.03	0.06	0.07	0.08	0.10	0.12	0.13	0.16	0.20	0.23
	1.35~1.51	0.04	0.07	0.08	0.09	0.11	0.14	0.15	0.19	0.23	0.27
	1.52~1.99	0.04	0.08	0.09	0.10	0.13	0.16	0.17	0.22	0.26	0.31
	≥2.00	0.05	0.09	0.10	0.12	0.15	0.18	0.20	0.25	0.29	0.34
B	1.00~1.01	0.00	0.00	0.00	0.00	0.00	0.00	0.00	0.00	0.00	0.00
	1.02~1.04	0.00	0.00	0.00	0.00	0.00	0.01	0.01	0.01	0.01	0.01
	1.05~1.08	0.03	0.05	0.06	0.07	0.09	0.10	0.12	0.14	0.17	0.20
	1.09~1.12	0.04	0.07	0.08	0.10	0.13	0.15	0.17	0.21	0.25	0.30
	1.13~1.18	0.06	0.10	0.12	0.14	0.17	0.21	0.23	0.29	0.35	0.40
	1.19~1.24	0.07	0.13	0.14	0.17	0.22	0.26	0.29	0.36	0.43	0.51
	1.25~1.34	0.09	0.15	0.17	0.21	0.26	0.31	0.35	0.43	0.52	0.61
	1.35~1.51	0.10	0.18	0.20	0.24	0.30	0.37	0.40	0.51	0.61	0.71
	1.52~1.99	0.12	0.20	0.23	0.27	0.35	0.42	0.46	0.58	0.69	0.81
	≥2.00	0.13	0.23	0.26	0.31	0.39	0.47	0.52	0.65	0.78	0.91
C	1.00~1.01	0.00	0.00	0.00	0.00	0.00	0.00	0.00	0.00	0.00	0.00
	1.02~1.04	0.00	0.01	0.01	0.01	0.01	0.02	0.02	0.02	0.03	0.03
	1.05~1.08	0.08	0.14	0.16	0.19	0.24	0.29	0.32	0.40	0.48	0.56
	1.09~1.12	0.12	0.20	0.23	0.28	0.35	0.42	0.47	0.58	0.70	0.81
	1.13~1.18	0.16	0.28	0.32	0.38	0.48	0.58	0.64	0.80	0.96	1.12
	1.19~1.24	0.20	0.35	0.40	0.47	0.60	0.72	0.80	1.00	1.20	1.40
	1.25~1.34	0.24	0.42	0.48	0.57	0.72	0.87	0.96	1.19	1.43	1.67
	1.35~1.51	0.28	0.49	0.56	0.66	0.84	1.01	1.12	1.39	1.67	1.95
	1.52~1.99	0.32	0.56	0.64	0.76	0.96	1.16	1.28	1.59	1.91	2.23
	≥2.00	0.36	0.63	0.72	0.85	1.08	1.30	1.43	1.79	2.15	2.51

带型	传动比 i	小带轮转速 n_1/(r/min)									
		400	700	800	950	1 200	1 450	1 600	2 000	2 400	2 800
D	1.00~1.01	0.00	0.00	0.00	0.00	0.00	0.00	0.00	—	—	—
	1.02~1.04	0.02	0.03	0.03	0.04	0.05	0.06	0.06	—	—	—
	1.05~1.08	0.28	0.50	0.57	0.68	0.85	1.03	1.14	—	—	—
	1.09~1.12	0.42	0.73	0.83	0.99	1.25	1.51	1.67	—	—	—
	1.13~1.18	0.57	1.00	1.14	1.35	1.71	2.07	2.28	—	—	—
	1.19~1.24	0.71	1.25	1.43	1.69	2.14	2.59	2.85	—	—	—
	1.25~1.34	0.86	1.50	1.71	2.03	2.57	3.10	3.42	—	—	—
	1.35~1.51	1.00	1.75	2.00	2.37	3.00	3.62	4.00	—	—	—
	1.52~1.99	1.14	2.00	2.28	2.71	3.43	4.14	4.57	—	—	—
	≥2.00	1.28	2.25	2.57	3.05	3.85	4.65	5.13	—	—	—

注:若表中没有要选取的小带轮的带型或小带轮转速 n_1,单根普通 V 带额定功率的增量 ΔP。可查 GB/T 13575.1—2022。

表 6-7　小带轮包角修正系数 K_α

小带轮包角/(°)	K_α	小带轮包角/(°)	K_α
180	1.00	139	0.89
174	0.99	133	0.87
169	0.97	127	0.85
163	0.96	120	0.82
157	0.94	113	0.80
151	0.93	106	0.77
145	0.91	99	0.73

7. 确定带的初拉力 F_0

$$F_0 = 500\frac{P_d}{zv}\left(\frac{2.5}{K_\alpha}-1\right)+qv^2 \tag{6-14}$$

式中:q 是 V 带单位长度的质量(表 6-8)。其他各符号的意义同前。

表 6-8　V 带单位长度的质量

带型	Y	Z	A	B	C	D	E
q/(kg/m)	0.023	0.060	0.105	0.170	0.300	0.630	0.970

8. 计算带传动作用在轴上的力 F_p

带传动作用在轴上的力 F_p 可以近似地按初拉力 F_0 的合力来计算,即

$$F_p = 2zF_0 \sin \frac{\alpha_1}{2} \tag{6-15}$$

6.4.3　带轮和张紧装置

带轮的材料主要采用铸铁,常用材料的牌号为 HT150 或 HT200,转速较高时宜采用钢,小功率时可用铸铝或塑料。

带轮的结构设计主要是根据带轮的基准直径选择结构形式,根据带的型号确定轮槽尺寸。

铸铁带轮的典型结构有实心式(图 6-6a)、腹板式(图 6-6b),当直径较大时可以在腹板上开孔,以减轻重量、便于搬运。当带轮基准直径 $d_d > 400$ mm 时,可采用轮辐式。V 带轮结构尺寸和轮槽尺寸可查阅机械设计手册。

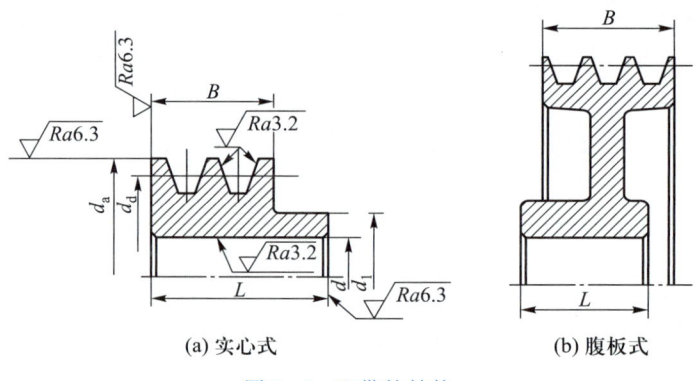

(a) 实心式　　　　(b) 腹板式

图 6-6　V 带轮结构

V 带必须要张紧,常用的张紧装置有以下几种。

1. 定期张紧装置

采用定期改变中心距的方法来调节带的初拉力(图 6-7a)。在垂直的或接近垂直的传动中,可用图 6-7b 的方法,将装有带轮的电动机安装在可调的摆动架上。

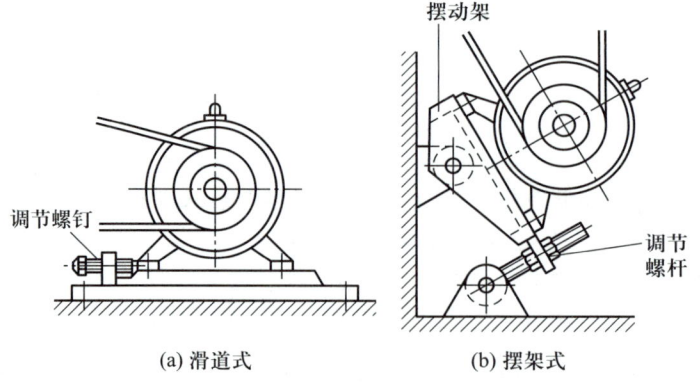

(a) 滑道式　　　　(b) 摆架式

图 6-7　定期张紧

2. 自动张紧装置

将装有带轮的电动机安装在浮动的摆动架上(图6-8),利用电动机的自重,使带轮随同电动机绕固定轴摆动,以自动保持初拉力。

3. 采用张紧轮的装置

当传动中心距不能调节时,可采用张紧轮张紧(图6-9)。张紧轮应放在松边,可设置在带的内侧,也可设置在带的外侧。如设置在外侧,可以增加小带轮包角,但是带因受反向弯曲而降低了寿命;若设置在内侧,张紧轮应靠近大带轮,以减少对小带轮包角的影响。

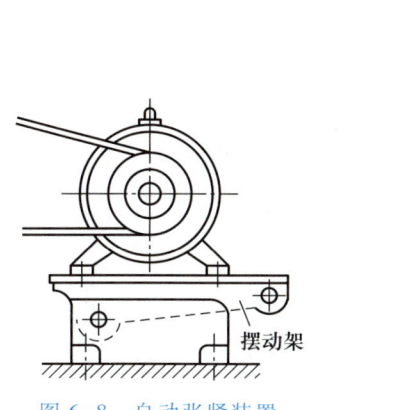

图6-8 自动张紧装置

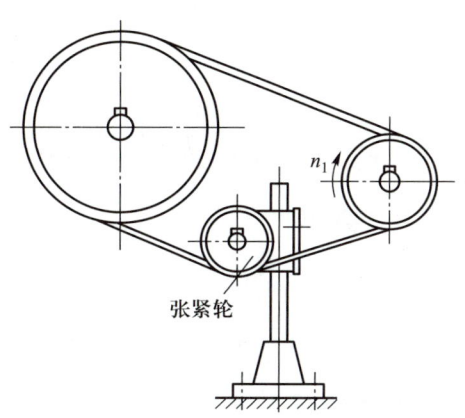

图6-9 张紧轮

例6-1 设计颚式矿石破碎机(图1-2)中电动机至飞轮轴之间的V带传动。已知电动机型号Y160M-6,额定功率 $P=7.5$ kW,转速 $n=950$ r/min,传动比 $i=2.3$,单班制工作。

设计 (1)确定设计功率 P_d

$$P_d = K_A P$$

由表6-4查 $K_A = 1.3$

$$P_d = 1.3 \times 7.5 \text{ kW} = 9.75 \text{ kW}$$

(2)选择V带型号

根据 P_d 和 n_1,在图6-5上确定选型点,选型点落在B区,选用B型V带。

(3)选择带轮直径 d_{d1}、d_{d2}

根据选型点位置,推荐 $d_{d1} = 125 \sim 140$ mm,考虑小带轮转速不是很高,结构尺寸又无特别限制,故选 $d_{d1} = 140$ mm。

验算带速 v

$$v = \frac{\pi d_{d1} n_1}{60 \times 1\,000} = 6.96 \text{ m/s}$$

带速在 $5 \sim 25$ m/s 之间,d_{d1} 选择合适。

确定大带轮直径 $d_{d2} = i d_{d1} = 322$ mm

(4)确定中心距 a 和带长 L_d

设计条件中没有限定中心距 a,故可初选中心距 a_0,由式(6-10)

$$0.7(d_{d1} + d_{d2}) \leq a_0 \leq 2(d_{d1} + d_{d2})$$

得

$$323 \text{ mm} \leqslant a_0 \leqslant 924 \text{ mm}$$

初选 $a_0 = 750 \text{ mm}$。

$$\text{带长 } L_d' \approx 2a_0 + \frac{\pi}{2}(d_{d2} + d_{d1}) + \frac{(d_{d2} - d_{d1})^2}{4a_0} = 2\ 247 \text{ mm}$$

查表 6-2,取 $L_d = 2\ 300 \text{ mm}$。

$$\text{中心距 } a \approx a_0 + \frac{L_d - L_d'}{2} = 776.5 \text{ mm}$$

(5)验算小带轮包角 α_1

由式(6-4)得

$$\alpha_1 \approx 180° - \frac{d_{d2} - d_{d1}}{a} \times 57.3° = 166° > 120°,\text{合适。}$$

(6)确定 V 带根数 z

按式(6-13)

$$z = \frac{P_d}{(P_0 + \Delta P_0)K_\alpha K_L}$$

由表 6-3 查得 $P_0 = 2.75 \text{ kW}$

由表 6-6 查得 $\Delta P_0 = 0.31 \text{ kW}$

由表 6-7 查得 $K_\alpha = 0.96$

由表 6-2 查得 $K_L = 1.01$

代入求根数公式,得

$$z = \frac{P_d}{(P_0 + \Delta P_0)K_\alpha K_L} = \frac{9.75}{(2.75 + 0.31) \times 0.96 \times 1.01} = 3.29$$

取 $z = 4$。

(7)确定初拉力 F_0

由式(6-14)

$$F_0 = 500\frac{P_d}{zv}\left(\frac{2.5}{K_\alpha} - 1\right) + qv^2$$

查表 6-8,$q = 0.17 \text{ kg/m}$

$$F_0 = \left[500 \times \frac{9.75}{4 \times 6.96} \times \left(\frac{2.5}{0.96} - 1\right) + 0.17 \times 6.96^2\right] \text{ N} = 289 \text{ N}$$

(8)计算作用在轴上的压力 F_p

$$F_p = 2zF_0\sin\frac{\alpha_1}{2} = 2 \times 4 \times 289 \sin\frac{166°}{2} \text{ N} = 2\ 295 \text{ N}$$

(9)带轮设计

参考机械设计手册,按标准中规定的轮槽尺寸和推荐的尺寸和几何公差要求,绘制带轮工作图。(略)

6.5 滚子链链条与链轮

6.5.1 链条

滚子链的结构如图 6-10 所示。它由内链板 1、外链板 2、销轴 3、套筒 4 和滚子 5 组成。内链板与套筒、外链板与销轴分别用过盈配合连接。套筒与销轴为间隙配合,形成铰链,可使内、外链板相对转动。滚子与套筒也为间隙配合,与链轮啮合时,滚子转动,以减轻齿廓的磨损。

当传递大功率时,可采用双排链(图 6-11)或多排链。

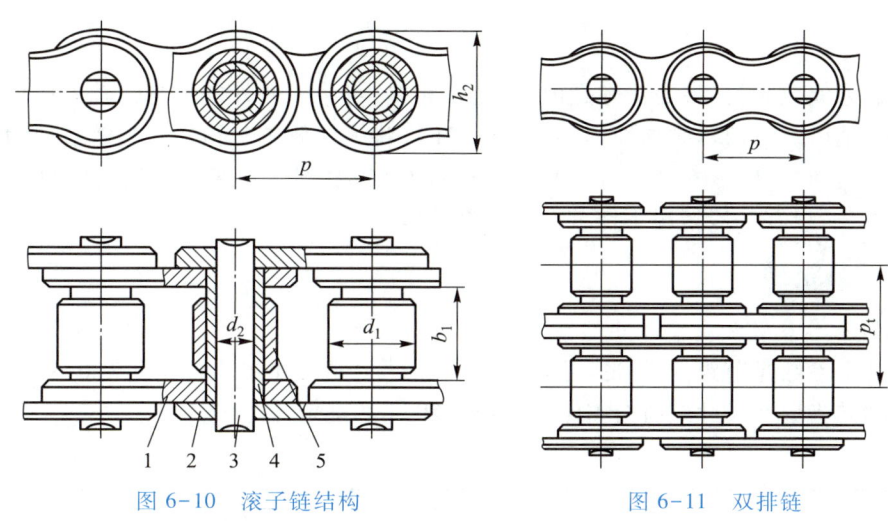

图 6-10　滚子链结构　　　　　　图 6-11　双排链

滚子链两相邻铰链副理论中心距称链条的基本节距 p(简称链节距)。链节距 p 是链条最主要的参数。节距越大,各元件的尺寸也相应增大,抗拉强度也越高。

链长用链节数表示。使用时将链的两端搭接,形成闭合链条。滚子链的接头形式有三种,如图 6-12、图 6-13 所示。

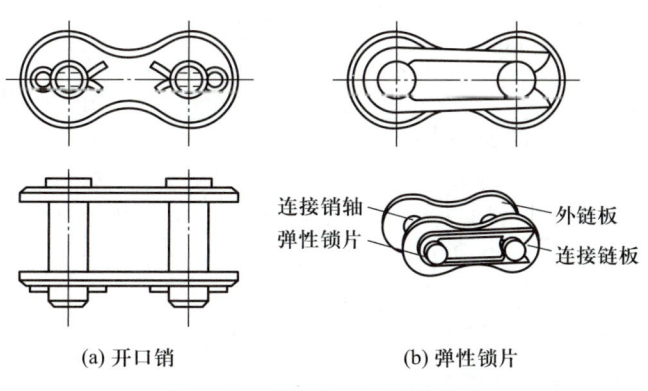

连接销轴
弹性锁片
外链板
连接链板

(a) 开口销　　　　　　(b) 弹性锁片

图 6-12　滚子链的可拆装链节

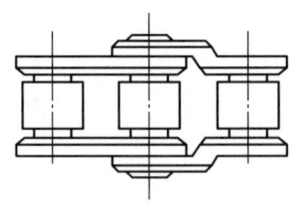

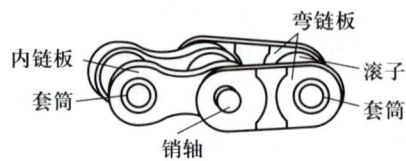

图 6-13　滚子链的过渡链节

当链节数为偶数时,接头处正好是内、外链板相接,可将一侧外链板与销轴做成固定的接头,装配后用开口销(图 6-12a)或弹性锁片(图 6-12b),将另一侧链板锁住。当链节数为奇数时,必须采用折曲的过渡链节(图 6-13)。由于过渡链节的链板受到附加弯矩作用,其强度仅为正常链节的 80% 左右,所以在一般情况下链节数取偶数为宜。

6.5.2　滚子链链轮

1. 链轮的基本参数和主要尺寸

链轮的基本参数是节距 p、齿数 z、排数 n。链轮的主要尺寸及计算式见表 6-9。

链轮的轴向齿廓及尺寸应符合 GB/T 1243—2024 的规定。

表 6-9　滚子链链轮主要尺寸　　　　　　　　　　　　　　　　　　　　　　　　　　mm

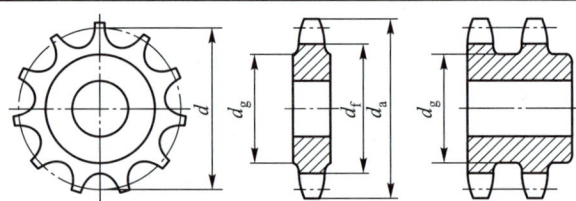

名　称	代号	计　算　公　式	备　注
分度圆直径	d	$d = p/\sin(180°/z)$	节距 p、齿数 z 由链传动设计定
滚子直径	d_1		根据链节距 p 查标准定
齿顶圆直径	d_a	$d_{a\max} = d + 1.25p - d_1$ $d_{a\min} = d + \left(1 - \dfrac{1.6}{z}\right)p - d_1$	可在 $d_{a\max}$、$d_{a\min}$ 范围内任意选取,但选用 $d_{a\max}$ 时,应考虑采用展成法加工时有发生顶切的可能性
齿根圆直径	d_f	$d_f = d - d_1$	
齿侧凸缘(或排间槽)直径	d_g	$d_g = p\cot\dfrac{180°}{z} - 1.04\,h_2 - 0.76$ h_2—内链板高度,根据链节距 p 查标准定	

注:d_a、d_g 值取整数,其他尺寸精确到 0.01 mm。

2. 链轮的结构和材料

小直径的链轮可制成整体式;中等尺寸的链轮可制成孔板式;大直径的链轮制成装配式,常采用可更换的齿圈。结构尺寸可参考齿轮结构。

链轮的材料应能保证轮齿具有足够的耐磨性和强度。由于小链轮轮齿比大链轮轮齿的啮合次数多,所受冲击也严重,故小链轮应采用较好的材料制造。链轮常用材料及应用范围可参照机械设计手册选取。

6.6 滚子链传动的设计计算

6.6.1 链传动的运动特性

由于链条是由多个链节组成,当与链轮啮合时,呈一正多边形分布在链轮上(图6-14)。链轮回转一周,链条就移动一正多边形周长 zp 的距离,所以以链的速度为

$$v = \frac{z_1 p n_1}{60 \times 1\ 000} = \frac{z_2 p n_2}{60 \times 1\ 000} \tag{6-16}$$

式中:z_1、z_2——主、从动链轮的齿数(设链轮 1 为主动轮);

n_1、n_2——主、从动链轮的转速,r/min;

p——链节距,mm。

链传动的传动比为

$$i = \frac{n_1}{n_2} = \frac{z_2}{z_1} \tag{6-17}$$

上两式求得的链速 v 和传动比 i 都是平均值。实际上,即使主动链轮以等角速度 ω_1 回转,链传动的瞬时链速和瞬时传动比都是变化的。

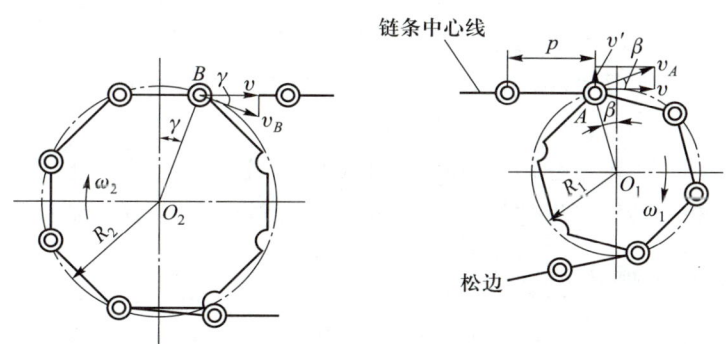

图 6-14 链传动的速度分析

链速的变化,可以通过啮入链节铰链 A 的运动来说明(图6-14)。如主动链轮的分度圆半径为 R_1,当链节进入啮合时,铰链 A 随链轮作等速圆周运动,其圆周速度为 $v_A = R_1 \omega_1$。v_A 可以分

解为链条中心线方向分速度 v 和与其垂直的分速度 v'，分速度 v 带动从动轮运动，其值为

$$v = R_1 \omega_1 \cos \beta$$

式中，β 是铰链 A 的圆周速度与链条中心线方向的夹角。角 β 随着铰链 A 的位置不同而变化。每一个链节在主动轮上的圆心角为 $\dfrac{360°}{z_1}$，则角 β 的变化范围是 $-\dfrac{180°}{z_1} \sim \dfrac{180°}{z_1}$。

同理，链条在从动轮上也围成一多边形，每一链节所对圆心角 $2\gamma = \dfrac{360°}{z_2}$，随着链轮的转动，$\gamma$ 角在 $-\dfrac{180°}{z_2} \sim \dfrac{180°}{z_2}$ 变化。设从动轮角速度为 ω_2，则瞬时链速可写成

$$v = R_1 \omega_1 \cos \beta = R_2 \omega_2 \cos \gamma$$

由此得链传动的瞬时传动比

$$i_s = \frac{\omega_1}{\omega_2} = \frac{R_2 \cos \gamma}{R_1 \cos \beta} \tag{6-18}$$

由上式可知，由于角 β 和角 γ 随着铰链的位置变化而变化，所以链传动的瞬时链速和瞬时传动比不准确。

由于链条与链轮啮合后形成多边形，使链速周期性变化，这一运动特性称链传动的多边形效应。

从上述分析过程可知，链速的不均匀性与角 β 的变化范围有关。齿数越少，角 β 的变化范围就越大，链速的变化幅度也越大，动载荷也越严重。

6.6.2　滚子链传动的主要失效形式

1. 铰链的磨损

链条工作时，销轴与套筒相对转动，引起铰链磨损。磨损使链节距变大，易引起跳齿或脱链，使传动失效。

2. 链条的疲劳破坏

链条处于变应力下工作，经过一定的循环次数后，链条将发生疲劳断裂。另外，链条与链轮啮入过程中，滚子和套筒将受到冲击，当转速较高时，易发生冲击疲劳破坏。

3. 铰链的胶合

链条向链轮啮入时，销轴与套筒相对转动，由于滚子链结构使得铰链润滑状况较差，随着链轮转速的提高，铰链相对转动速度加快，链节受的冲击能量也增大，使铰链产生胶合。

6.6.3　滚子链传动的额定功率曲线

链传动所能传递的功率受上述各种失效形式限定。图 6-15 所示是以磨损失效为基础并综合考虑其他失效形式而制订的滚子链额定功率曲线。额定功率曲线图是在下列条件下制订的：小链轮齿数 $z_1 = 19$，链长 $L_p = 120$，传动比从 1∶3 到 3∶1，无过渡链节的单排链，预期使用寿命为 15 000 h，载荷平稳且按推荐的润滑方式润滑（图 6-16）。如不按推荐的润滑方式润滑，链传动工作不可靠。

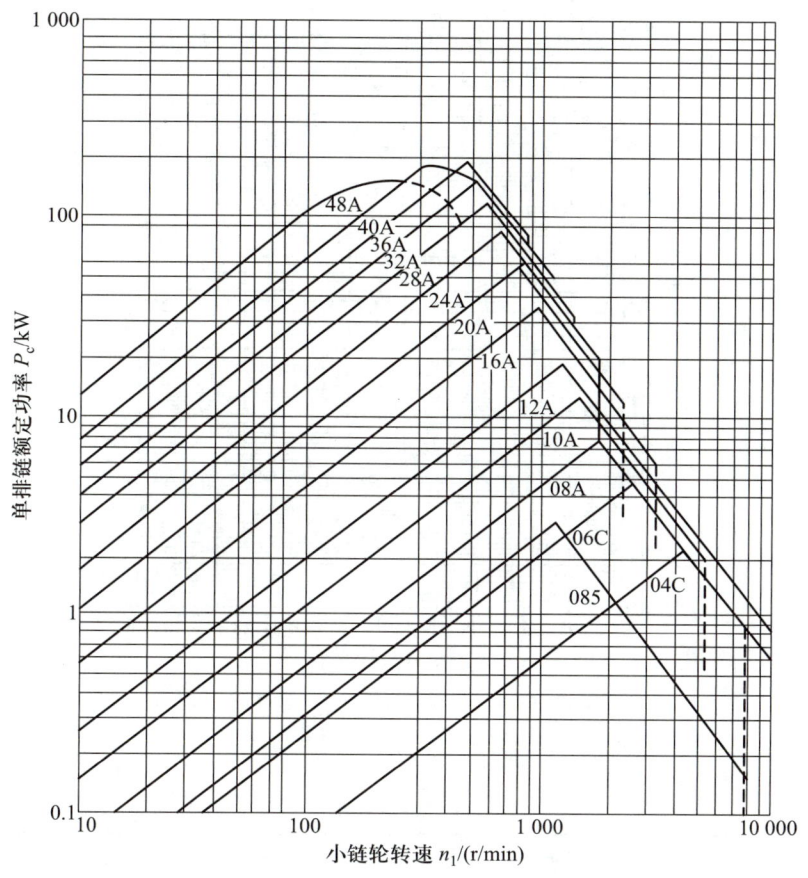

图 6-15　A 系列单排滚子链额定功率曲线

注:双排链的额定功率是单排链的 1.7 倍;三排链的额定功率是单排链的 2.5 倍。

6.6.4　滚子链传动的设计计算

设计滚子链传动时的原始数据为:传动的功率 P,小链轮和大链轮的转速 n_1、n_2(或传动比 i),原动机种类,载荷性质以及传动用途等。一般设计步骤为:

1. 选择链轮齿数 z_1、z_2

由前面分析可知,链轮齿数越少,运动的不均匀性和动载荷都增大,铰链的磨损也随之加剧。由此可见,适当增加小链轮齿数对传动是有利的。设计时,可按初估链速由表 6-10 选取 z_1,大链轮齿数 $z_2 = iz_1$,一般应使 $z_2 \leqslant 120$。

由于链节数 L_p 宜取偶数,为使磨损均匀,链轮齿数最好取奇数。

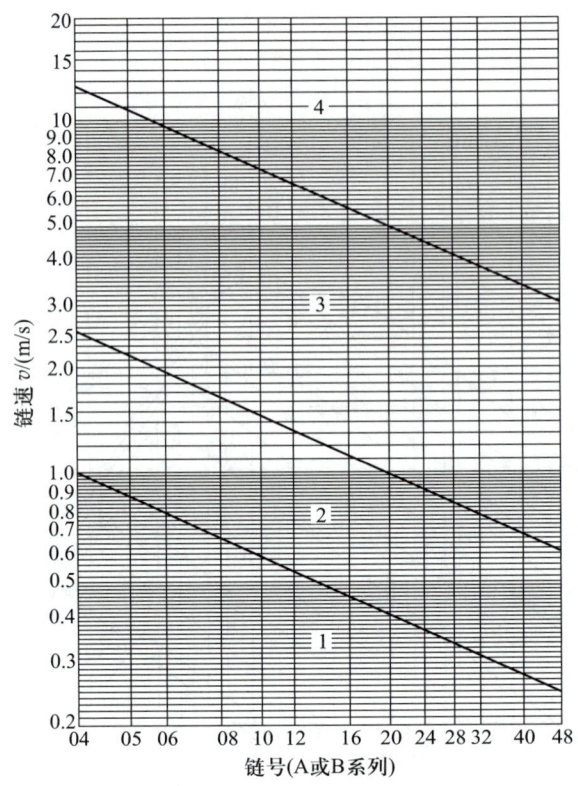

1—人工定期润滑；2—滴油润滑；3—油浴或飞溅润滑；4—压力喷油润滑。

图 6-16　推荐的润滑方式

表 6-10　小链轮齿数 z_1

链速 $v/(m/s)$	0.6～3	3～8	>8
z_1	≥17	≥21	≥25

2. 选定中心距 a_0 和链节数 L_p

一般初选中心距 $a_0 = (30 \sim 50)p$。根据链节数 L_p 与中心距 a_0 之间的关系，可计算出 L_p：

$$L_p = \frac{2a_0}{p} + \frac{z_1 + z_2}{2} + \left(\frac{z_2 - z_1}{2\pi}\right)^2 \frac{p}{a_0} \qquad (6-19)$$

链节数 L_p 为整数，最好取偶数。然后根据圆整后的链节数计算理论中心距

$$a = \frac{p}{4}\left[\left(L_p - \frac{z_1 + z_2}{2}\right) + \sqrt{\left(L_p - \frac{z_1 + z_2}{2}\right)^2 - 8\left(\frac{z_2 - z_1}{2\pi}\right)^2}\right] \qquad (6-20)$$

通过张紧装置或调整中心距使链条松边有一个合适的安装垂度。

3. 确定链节距 p

链节距越大，链的抗拉能力就越高，但传动的平稳性差，动载荷严重。为获得较平稳的传动，可以通过选用多排链提高链的抗拉能力，从而可以使用较小节距的链条。

根据传递的功率 P，考虑实际工作条件与标准实验条件不同，引入修正系数，得链传动的计算功率 P_{ca}

$$P_{ca}=K_A K_z P \tag{6-21}$$

式中：K_A——工作情况系数，由表 6-11 中查取；

K_z——主动链轮齿数系数，由图 6-17 查取。

表 6-11　工作情况系数 K_A

从动机械工作特性		主动机械工作特性		
		电动机、蒸汽机、燃气轮机、装有液力联轴器的内燃机	六缸或六缸以上的内燃机	六缸以下的内燃机
平稳运转	离心泵和压缩机、印刷机、均匀给料的带式输送机、压光机、自动电梯、液体搅拌机、风机	1.0	1.1	1.3
中等冲击	多缸泵和压缩机、水泥搅拌机、球磨机、压力机、载荷非恒定的输送机、固态搅拌机	1.4	1.5	1.7
严重冲击	电铲、轧机、橡胶加工机、单缸泵和压缩机、石油钻机、球磨机、压力机、剪床	1.8	1.9	2.1

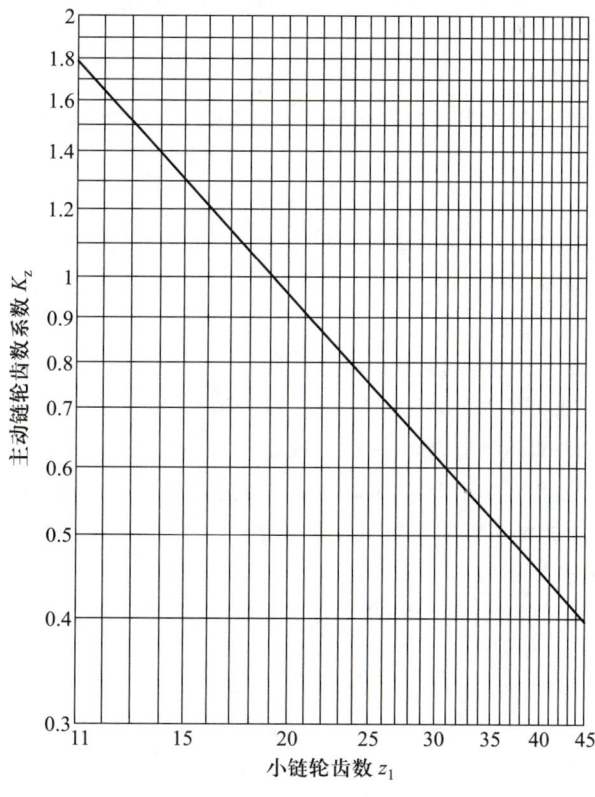

图 6-17　主动链轮齿数系数 K_z

根据计算功率 P_{ca} 和小链轮转速 n_1，结合排数的选择（见例 6-2），在图 6-15 中选出相应的链号，即链节距（链号数值×25.4/16 为链节距，mm）。

当确定了链节距、链轮齿数、排数等参数后，链传动的其他结构尺寸和参数随之而定。

4. 链传动的布置和张紧

链传动倾角一般不大于 60°，如果大于 60° 时，应设有张紧装置（图 6-18）。

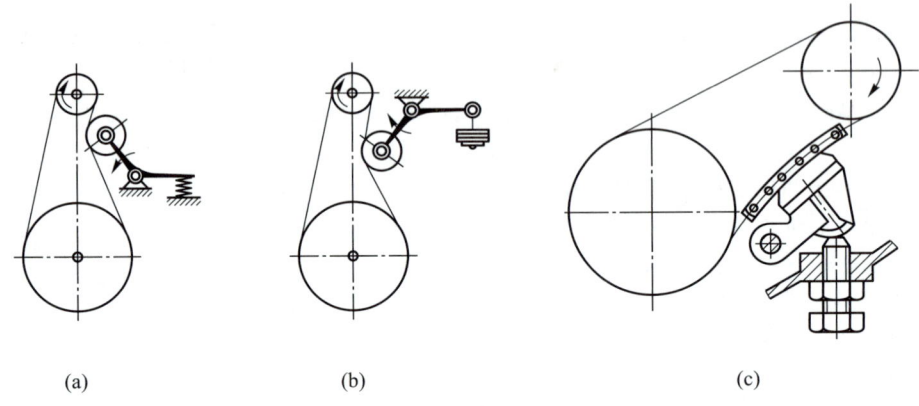

(a)   (b)   (c)

图 6-18　链传动的张紧装置

例 6-2　设计物料升降机械中的滚子链传动。传动系统由电动机驱动，运转平稳。小链轮输入功率 $P = 8.5$ kW，转速 $n_1 = 100$ r/min，传动比 $i = 2$。

设计　（1）选择链轮齿数 z_1、z_2

根据表 6-10，因转速 n_1 不高，估计链速在 0.6~3 m/s 之间，选 $z_1 = 25$，$z_2 = iz_1 = 50$。

（2）求计算功率 P_{ca}

$$P_{ca} = K_A K_z P$$

由表 6-11 查得 $K_A = 1$；由图 6-17 查得 $K_z = 0.75$。则

$$P_{ca} = 1 \times 0.75 \times 8.5 \text{ kW} = 6.4 \text{ kW}$$

（3）确定链节距 p

由 n_1 查图 6-15，有以下几种节距与排数的组合方案：

选用 20A 单排链，由图查得单排链 $P_c = 9$ kW $> P_{ca}$，满足传动条件；

选用 16A 双排链，由图查得单排链 $P_c = 4$ kW，双排链额定功率 $1.7 \times P_c = 6.8$ kW $> P_{ca}$，满足传动条件；

选用 12A 三排链，单排链额定功率 $P_c = 2$ kW，三排链额定功率 $2.5 \times P_c = 5$ kW $< P_{ca}$，不满足传动条件。

从减小运动不均匀性和动载荷考虑，采用 16A 双排滚子链，节距 $p = 25.40$ mm。

（4）确定链节数 L_p 和中心距 a

因原始条件中对中心距无限定，故可初选中心距 $a_0 = 40p$，则链节数 L_p 为

$$L_p = \frac{2a_0}{p} + \frac{z_1 + z_2}{2} + \left(\frac{z_2 - z_1}{2\pi}\right)^2 \frac{p}{a_0}$$

$$= \frac{2 \times 40p}{p} + \frac{25 + 50}{2} + \left(\frac{50 - 25}{2\pi}\right)^2 \frac{p}{40p} = 117.8$$

取 $L_p = 118$。

理论中心距

$$a = \frac{p}{4}\left[\left(L_p - \frac{z_1+z_2}{2}\right) + \sqrt{\left(L_p - \frac{z_1+z_2}{2}\right)^2 - 8\left(\frac{z_2-z_1}{2\pi}\right)^2}\right]$$

$$= \frac{25.4}{4}\left[\left(118 - \frac{25+50}{2}\right) + \sqrt{\left(118 - \frac{25+50}{2}\right)^2 - 8\left(\frac{50-25}{2\pi}\right)^2}\right] \text{ mm}$$

$$= 1\ 017.27 \text{ mm}$$

（5）确定润滑方式

$$\text{链速 } v = \frac{z_1 p n_1}{60\times 1\ 000} = \frac{25\times 25.4\times 100}{60\times 1\ 000} \text{ m/s} = 1.05 \text{ m/s}$$

根据链速和链号,查图 6-16,确定采用滴油润滑。

（6）链轮设计

链轮材料:因是较重要的传动,链轮材料选 45 钢,调质处理。

链轮尺寸:分度圆直径

$$d_1 = \frac{p}{\sin\frac{180°}{z_1}} = 202.659 \text{ mm}$$

$$d_2 = \frac{p}{\sin\frac{180°}{z_2}} = 404.519 \text{ mm}$$

其他尺寸计算略。链轮工作图参见设计手册。

习 题

6-1 带传动有哪些特点？工作原理是什么？

6-2 带传动最大有效拉力与哪些因素有关？

6-3 带传动为什么会产生弹性滑动现象？它对传动有什么影响？

6-4 带传动的主要失效形式有哪些？设计准则是什么？

6-5 可以采取什么措施增大小带轮包角 α_1？

6-6 试分析小带轮直径 d_{d1} 的选择对传动性能的影响。

6-7 与带传动比较,链传动有哪些特点？

6-8 链节数 L_p 为什么宜取偶数？链轮齿数为什么常取奇数？

6-9 链传动产生运动不均匀性的原因是什么？影响链速变化的主要参数是什么？

6-10 车床的床头箱输入轴与电动机之间用普通 V 带传动,传动布置如图 6-19 所示。已知电动机功率 $P = 5.5$ kW,转速 $n_1 = 1\ 440$ r/min,传动比 $i = 2.1$,传动中心距 $a \approx 800$ mm,两班制工作,试设计此带传动。

6-11 设计手扶拖拉机上的 V 带传动（图 6-20）。已知柴油发动机额定功率 $P = 5.96$ kW,额定转速 $n_1 = 1\ 600$ r/min,传动比 $i = 1.5$,结构上要求中心距 a 在 500~600 mm 之间,大带轮直径 $d_{d2} < 250$ mm,每天工作时间少于 10 h,载荷变动较大,允许转速误差±5%。

6-12 设计混凝土搅拌机传动装置中的滚子链传动。传动系统为电动机—齿轮减速器—链传动—搅拌机主轴。已知电动机功率 $P = 7.5$ kW,齿轮减速器效率 0.9,小链轮转速 $n = 200$ r/min,传动比 $i = 2$。

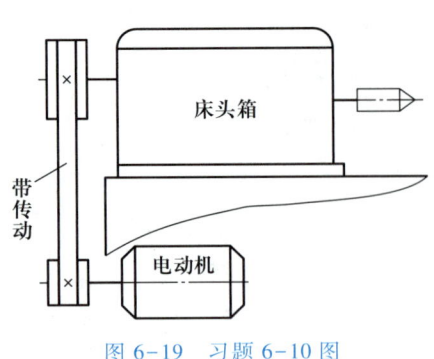

图 6-19　习题 6-10 图

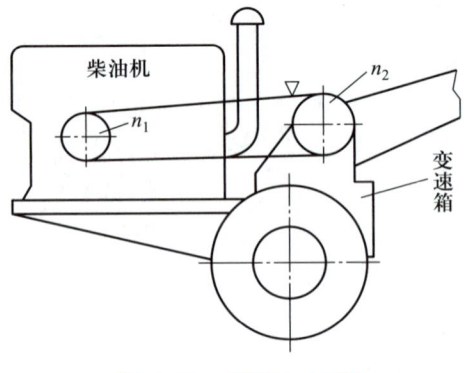

图 6-20　习题 6-11 图

第 7 章

齿 轮 传 动

齿轮传动装置是工程上应用最广泛的传动装置之一。齿轮传动优点是效率高,传动比准确,工作可靠,寿命长,传动功率可达几万千瓦,速度高达 200 m/s,应用范围广;主要缺点是对制造和安装精度要求较高,不适合大中心距传动。本章主要介绍标准直齿圆柱齿轮、斜齿圆柱齿轮、锥齿轮及蜗杆传动的基本设计原理和设计方法。

7.1 齿轮传动的失效形式及齿轮材料

齿轮作为传动零件,除保证运动的准确性外,还要有足够的承载能力。

7.1.1 齿轮传动的失效形式和设计准则

在农业机械、建筑机械以及简易的机械设备中,齿轮完全暴露在外面,称开式齿轮传动。这种传动不仅外界杂物极易侵入,而且润滑不良,轮齿容易磨损。汽车、机床等所用的齿轮,都是装在封闭的箱体内,称为闭式齿轮传动。另外,由于材料及热处理工艺的不同,当齿面硬度小于或等于 350 HBW 称软齿面齿轮传动,齿面硬度大于 350 HBW 称硬齿面齿轮传动。由于上述条件的不同,齿轮传动会出现多种失效形式。

1. 轮齿折断

齿轮运转中,齿根受变应力作用。另外,齿根部分截面突变及加工刀痕等又引起应力集中,在变应力作用下,齿根疲劳裂纹逐步扩展,致使轮齿疲劳折断(图 7-1)。当轮齿严重过载时,也会出现突然折断。

2. 齿面点蚀

点蚀是齿轮在交变的接触应力作用下,由于表面疲劳而产生金属脱落现象(图 7-2)。实践表明,点蚀总是首先出现在靠近节线的齿根面上,然后再向其他部位扩展。齿面点蚀使齿轮传动的振动和噪声增大,承载能力下降,导致传动失效。

闭式软齿面齿轮传动常因齿面点蚀而失效。开式齿轮传动由于齿面磨损较快,很少出现点蚀。

3. 齿面磨损

当轮齿在齿根或齿顶部位接触时,两啮合齿面间存在相对滑动,如图 5-3 所示,只有在节点接触时,才是纯滚动。所以,齿面磨损是必然现象。磨损使齿轮失去了正确的齿形,过大的磨损量将使传动失效。随着齿轮工作条件的不同,会出现多种磨损形式。例如当啮合齿面间落入磨料性物质(如砂粒、铁屑等)时产生的磨损称为磨粒磨损,它是开式齿轮传动的主要失效形式。

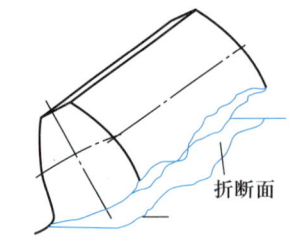
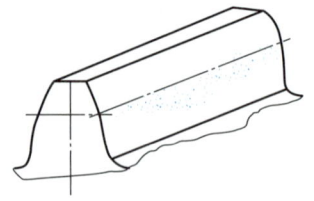

图 7-1　轮齿弯曲疲劳折断示意图　　　　图 7-2　齿面点蚀示意图

4. 齿面胶合

对于高速重载齿轮传动,由于摩擦功耗大,温升高,使相啮合的齿面发生黏焊在一起的现象,于是在齿面上沿相对滑动的方向形成伤痕,称为胶合,如图 7-3 所示。

5. 齿面塑性变形

若齿面硬度较低,则在过大的表面应力作用下,齿面材料因处于屈服状态而产生塑性流动,形成齿面塑性变形,从而失去正确的齿形(图 7-4)。这种失效形式常发在低速重载、频繁起动或过载传动中。

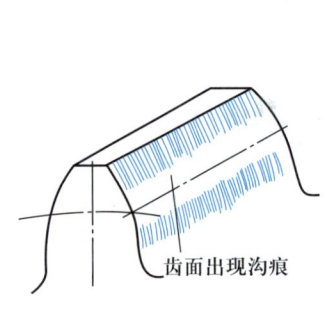
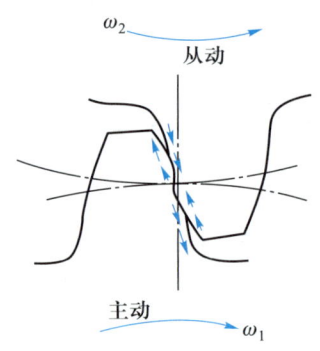

图 7-3　齿面胶合示意图　　　　图 7-4　齿面塑性变形示意图

对齿轮传动,齿面接触强度计算和轮齿弯曲强度计算目前已比较成熟,对于齿面磨损、塑性变形等,尚未建立起广为工程使用的计算方法及试验数据。所以,目前设计中低速($v < 15$ m/s)的齿轮传动时,通常只按齿面接触强度和轮齿弯曲强度两个准则计算。

实践得知,中低速闭式软齿面齿轮传动的主要失效形式是齿面点蚀和轮齿折断,所以一般是接触强度设计,验算其弯曲强度。对闭式硬齿面齿轮或材质较脆的闭式齿轮传动,常见的是轮齿折断,故按弯曲强度设计,验算其接触强度。对开式齿轮传动,主要失效形式是齿面磨损,由于对磨损尚无成熟的计算方法,故只能按弯曲强度进行设计,用增大模数来考虑磨损的影响。

7.1.2　齿轮材料

由轮齿的失效分析可知,比较理想的齿轮材料是齿面应具有较高的抗磨损、点蚀、胶合及塑性变形的能力,而齿根应具有较高的抗疲劳折断能力。因此,对齿轮材料的基本要求是:齿面要硬,齿心要韧。

软齿面齿轮(齿面硬度≤350 HBW)经调质或正火处理,制造工艺简便,成本低。在啮合过程中,小齿轮的啮合次数比大齿轮多,为了使大、小齿轮的寿命接近,应使小齿轮的齿面硬度比大齿轮高 30~50 HBW。

硬齿面齿轮切齿后经表面淬火、渗碳淬火、氮化等表面硬化处理,承载能力较强,但需要磨齿以消除热处理变形,常用于结构要求紧凑的齿轮。

常用的齿轮材料及其性能列于表 7-1。

表 7-1 常用的齿轮材料及其性能

材料牌号	热处理方法	强度极限 σ_b/MPa	屈服极限 σ_s/MPa	硬度/HBW	硬度/HRC(齿面)	接触疲劳极限 σ_{Hlim}/MPa	弯曲疲劳极限 σ_{FE}/MPa
45	正火	588	294	156~217		350~400	280~340
	调质	650	373	197~286		550~620	410~480
	表面淬火				40~50	1 120~1 150	680~700
35SiMn	调质	785	510	229~363		650~760	550~610
	表面淬火				40~50	1 130~1 150	690~700
40MnB	调质	735	490	241~286		680~760	580~610
40Cr	调质	735	539	217~286		670~750	560~620
	表面淬火				48~55	1 150~1 210	700~740
20Cr	渗碳淬火	637	392		56~62	1 500	850
20CrMnTi	渗碳淬火	1 100	850		56~62	1 500	850
ZG310-570	正火	580	320	163~197		280~330	210~250
HT300	时效	290		187~255		330~390	100~150
QT500-7	正火	500	320	170~230		450~540	260~300
QT600-3	正火	600	370	190~270		490~580	280~310

注:表中 σ_{Hlim},σ_{FE} 数值,适用于材料质量和热处理质量达到中等要求的情况。

7.2 标准直齿圆柱齿轮传动的强度计算

7.2.1 轮齿的受力分析和计算载荷

为了计算齿轮强度和设计轴、轴承等,都需要对齿轮受力进行分析。

图 7-5 所示为一对直齿圆柱齿轮传动,转矩 T_1 由主动轮 1 传给从动轮 2。若略去齿面间的摩擦力,轮齿上的法向力 F_n 在节点 C 沿啮合线方向作用于齿面。在分度圆上,将法向力 F_n 分解为两个相互垂直的分力:圆周力 F_t 和径向力 F_r。

$$F_t = \frac{2T_1}{d_1}$$

$$F_r = F_t \tan \alpha$$

(7-1)

$$F_n = \frac{F_t}{\cos \alpha} = \frac{2T_1}{d_1 \cos \alpha}$$

式中:T_1——小齿轮传递的名义转矩,

$$T_1 = 9.55 \times 10^6 \frac{P_1}{n_1} \text{ N} \cdot \text{mm};$$

P_1——小齿轮传递的名义功率,kW;

n_1——小齿轮转速,r/min;

d_1——小齿轮分度圆直径,mm;

α——分度圆压力角,$\alpha = 20°$。

作用在主动轮和从动轮上的各分力大小相等,方向相反。各分力方向的判定方法为:在主动轮上,F_t 是阻力,与主动轮回转方向相反;在从动轮上,F_t 是驱动力,与从动轮转向相同。两轮齿所受径向力 F_r 方向都是分别指向轮心。

上述的法向力 F_n 是齿轮传动理想状态下的载荷,也称名义载荷。在齿轮传动中,由于原动机与工作机的工作特性等因素的影响,使作用于轮齿上的实际载荷比名义载荷大,因此应按计算载荷进行齿轮的强度计算。

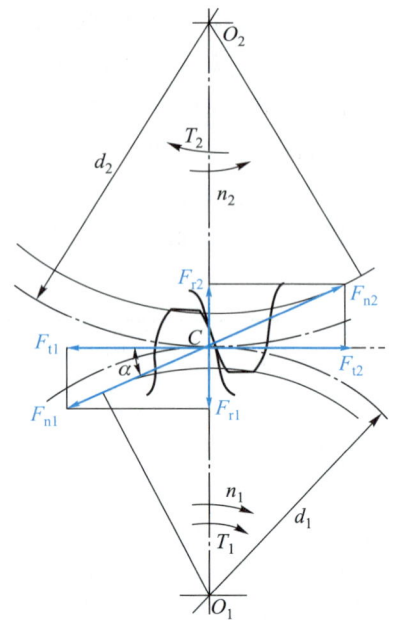

图 7-5 直齿圆柱齿轮
传动的受力分析

$$F_{ca} = KF_n \qquad\qquad (7-2)$$

式中:K——载荷系数,见表 7-2。

表 7-2 载荷系数 K

载荷状态	工 作 机 器	原 动 机		
		电动机、均匀运转的蒸汽机	多缸内燃机	单缸内燃机
均匀平稳	发电机、均匀传送的带式输送机或板式输送机、轻型升降机、包装机、机床进给机构、通风机等	1~1.2	1.2~1.5	1.5~1.8
中等冲击	橡胶挤压机、间断工作的橡胶或塑料搅拌机、木工机械、钢坯初轧机、提升装置、单缸活塞泵等	1.2~1.5	1.5~1.8	1.8~2.0
严重冲击	挖掘机、重型球磨机、橡胶揉合机、破碎机、旋转式钻探装置、压砖机、带材冷轧机、压坯机等	1.5~1.8	1.8~2.0	2.2~2.4

注:表中所列 K 值仅适用于减速传动,若为增速传动,K 约为表值的 1.1 倍。圆周速度低、齿宽系数小、齿轮精度高时取小值,反之取大值。齿轮相对于两轴承对称布置时取小值,反之取大值。

7.2.2 标准直齿圆柱齿轮传动的强度计算

1. 齿面接触疲劳强度

齿面疲劳点蚀与齿面接触应力有关,齿面接触应力计算基于弹性力学中的赫兹应力公式。由弹性力学的分析可知,当两个轴线平行的圆柱体接触时,受载后其接触面积呈窄矩形,最大接

116

触应力发生在接触区中线上(图 7-6),其值为

$$\sigma_H = \sqrt{\frac{F_n\left(\dfrac{1}{\rho_1} \pm \dfrac{1}{\rho_2}\right)}{L\pi\left(\dfrac{1-\mu_1^2}{E_1} + \dfrac{1-\mu_2^2}{E_2}\right)}}$$ 　　　　(7-3)

式中:σ_H——接触应力,MPa;

　　F_n——法向力,N;

　　L——接触线长度,mm;

ρ_1 和 ρ_2——分别为两圆柱体接触处的曲率半径,其中正号用于外接触,负号用于内接触;

μ_1 和 μ_2——两圆柱体材料的泊松比;

E_1 和 E_2——两圆柱体材料的弹性模量。

　　由渐开线性质可知,两齿轮在啮合线上的某点啮合时,相当于以 ρ_1、ρ_2 为半径的两个圆柱体在接触(图 7-7),因此可将两圆柱体接触时的赫兹应力公式用于计算齿轮齿面的接触应力。

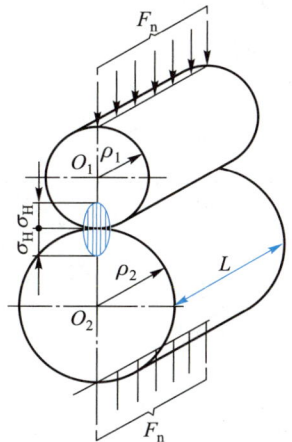

图 7-6　两圆柱体接触时的接触应力分布图

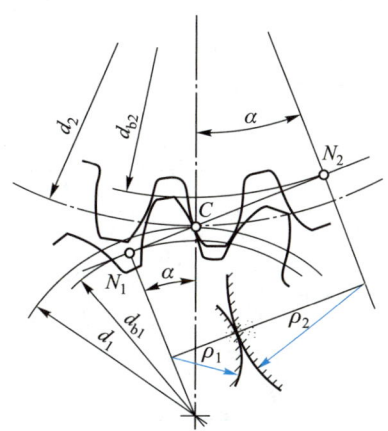

图 7-7　齿面接触应力

　　实践表明,点蚀总是首先出现在靠近节线的齿根面上,所以以节点作为齿面接触应力计算点。节点处的曲率半径

$$\rho = \frac{d\sin\alpha}{2}$$

取齿数比 $u = \dfrac{z_2}{z_1} \geqslant 1$,则式(7-3)中

$$\frac{1}{\rho_1} \pm \frac{1}{\rho_2} = \frac{\rho_2 \pm \rho_1}{\rho_2\rho_1} = \frac{\dfrac{\rho_2}{\rho_1} \pm 1}{\rho_1\dfrac{\rho_2}{\rho_1}} = \frac{\dfrac{d_2}{d_1} \pm 1}{\rho_1\dfrac{d_2}{d_1}} = \frac{u \pm 1}{\rho_1 u} = \frac{u \pm 1}{u}\frac{2}{d_1\sin\alpha}$$

将计算载荷 $F_{ca} = KF_n = \dfrac{KF_t}{\cos\alpha} = \dfrac{2KT_1}{d_1\cos\alpha}$ 代入式(7-3),并取接触线长度 L=轮齿接触宽度 b,得

标准直齿圆柱齿轮齿面接触疲劳强度校核公式

$$\sigma_{\mathrm{H}} = Z_{\mathrm{E}} Z_{\mathrm{H}} \sqrt{\frac{KF_{\mathrm{t}}}{bd_1} \frac{u \pm 1}{u}} = Z_{\mathrm{E}} Z_{\mathrm{H}} \sqrt{\frac{2KT_1}{bd_1^2} \frac{u \pm 1}{u}} \leqslant [\sigma_{\mathrm{H}}] \qquad (7\text{-}4)$$

式中：Z_{E}——弹性系数，$Z_{\mathrm{E}} = \sqrt{\dfrac{1}{\pi \left(\dfrac{1-\mu_1^2}{E_1} + \dfrac{1-\mu_2^2}{E_2} \right)}}$，见表 7-3；

$\qquad Z_{\mathrm{H}}$——节点区域系数，$Z_{\mathrm{H}} = \sqrt{\dfrac{2}{\sin\alpha\cos\alpha}}$，对标准直齿圆柱齿轮 $Z_{\mathrm{H}} = 2.5$；

$\qquad [\sigma_{\mathrm{H}}]$——许用接触应力，$[\sigma_{\mathrm{H}}] = \dfrac{\sigma_{\mathrm{Hlim}}}{S_{\mathrm{H}}}\mathrm{MPa}$，$\sigma_{\mathrm{Hlim}}$ 见表 7-1，S_{H} 为接触强度安全系数，$S_{\mathrm{H}} = 1.0 \sim 1.1$。

令齿宽系数 $\psi_{\mathrm{d}} = \dfrac{b}{d_1}$，将 $b = \psi_{\mathrm{d}} d_1$ 代入上式，得标准直齿圆柱齿轮齿面接触疲劳强度设计公式

$$d_1 \geqslant \sqrt[3]{\frac{2KT_1}{\psi_{\mathrm{d}}} \frac{u \pm 1}{u} \left(\frac{Z_{\mathrm{E}} Z_{\mathrm{H}}}{[\sigma_{\mathrm{H}}]} \right)^2} \qquad (7\text{-}5)$$

式中：正号用于外啮合齿轮，负号用于内啮合齿轮。

表 7-3　弹性系数 Z_{E} $\qquad\qquad\qquad \sqrt{\mathrm{MPa}}$

配对齿轮材料		灰铸铁	球墨铸铁	铸钢	锻钢	夹布塑胶
弹性模量 E/MPa		11.8×10^4	17.3×10^4	20.2×10^4	20.6×10^4	0.785×10^4
齿轮材料	锻钢	162.0	181.4	188.9	189.8	56.4
	铸钢	161.4	180.5	188.0		
	球墨铸铁	156.6	173.9			
	灰铸铁	143.7				

由上面分析过程可知，影响接触应力的主要几何参数是接触点曲率半径，对齿轮来说就是齿轮直径或中心距。增大 d_1 或中心距，接触点齿廓曲率半径增大，接触应力减小，接触强度提高。

因为相啮合的齿轮接触应力相等，而许用接触应力一般不相等，所以许用接触应力小的齿轮接触强度低。为使两齿轮都能满足接触强度，式(7-5)中的许用接触应力 $[\sigma]_{\mathrm{H}}$ 应是两者的较小值。

2. 齿根弯曲疲劳强度计算

进行轮齿的弯曲强度计算时，可将轮齿视为宽度为 b 的悬臂梁。齿根危险剖面位置通常用 30°切线法确定。如图 7-8 所示，作与轮齿对称线成 30°夹角的两直线，与齿根过渡曲线相切，连接两切点的截面即为齿根危险剖面。

将 F_{n} 在轮齿的对称线上分解成切向分力 $F_{\mathrm{n}}\cos\alpha_{\mathrm{F}}$ 和径向分力 $F_{\mathrm{n}}\sin\alpha_{\mathrm{F}}$。切向分力使齿根产生弯曲应力 σ_{F} 和切应力 τ，径向分力产生齿根压应力 σ_{c}。略去切应力和压应力，齿根弯曲应力为

$$\sigma_{\mathrm{F}} = \frac{M}{W} = \frac{F_{\mathrm{n}}\cos\alpha_{\mathrm{F}} h}{\dfrac{bs^2}{6}}$$

取 $h=K_h m$，$s=K_s m$，将 $F_n=\dfrac{F_t}{\cos\alpha}$ 代入上式，并计入载荷系数 K，得

$$\sigma_F=\frac{KF_t}{bm}\frac{6K_h\cos\alpha_F}{K_s^2\cos\alpha}$$

令 $Y_{Fa}=\dfrac{6K_h\cos\alpha_F}{K_s^2\cos\alpha}$，则 Y_{Fa} 是一个量纲为一的数，只与轮齿的齿廓形状有关，称齿形系数。对标准齿轮，Y_{Fa} 取决于齿数 z，其值见表7-4。

考虑齿根应力集中的影响，引入应力修正系数 Y_{Sa}。齿根应力集中程度取决于齿根过渡曲线形状，所以 Y_{Sa} 也与齿数有关，其值见表7-4。

计入应力修正系数 Y_{Sa} 后，得标准直齿圆柱齿轮齿根弯曲疲劳强度校核公式为

$$\sigma_F=\frac{KF_t}{bm}Y_{Fa}Y_{Sa}=\frac{2KT_1}{bm^2z_1}Y_{Fa}Y_{Sa}\leqslant[\sigma_F] \qquad (7-6)$$

式中：$[\sigma_F]$ 为许用弯曲应力，$[\sigma_F]=\dfrac{\sigma_{FE}}{S_F}$MPa，$\sigma_{FE}$ 见表7-1。

S_F 为弯曲强度安全系数，$S_F=1.25\sim1.5$。当齿轮受双向交变应力时，应将表中数值 σ_{FE} 乘以0.7。

将 $b=\psi_d d_1=\psi_d m z_1$ 代入上式，得齿根弯曲疲劳强度的设计公式

$$m\geqslant\sqrt[3]{\frac{2KT_1}{\psi_d z_1^2}\frac{Y_{Fa}Y_{Sa}}{[\sigma_F]}} \qquad (7-7)$$

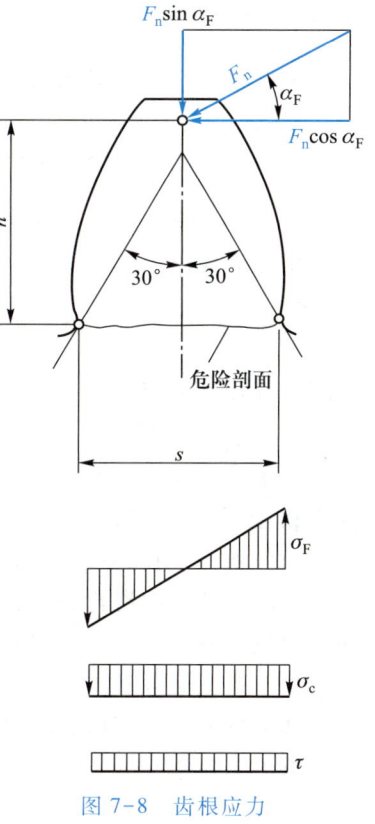

图 7-8 齿根应力

表 7-4 齿形系数 Y_{Fa} 和应力修正系数 Y_{Sa}

$z(z_v)$	17	18	19	20	21	22	23	24	25	26	27	28	29
Y_{Fa}	2.97	2.91	2.85	2.80	2.76	2.72	2.69	2.65	2.62	2.6	2.57	2.55	2.53
Y_{Sa}	1.52	1.53	1.54	1.55	1.56	1.57	1.575	1.58	1.59	1.595	1.60	1.61	1.62
$z(z_v)$	30	35	40	45	50	60	70	80	90	100	150	200	∞
Y_{Fa}	2.52	2.45	2.40	2.35	2.32	2.28	2.24	2.22	2.20	2.18	2.14	2.12	2.05
Y_{Sa}	1.625	1.65	1.67	1.68	1.70	1.73	1.75	1.77	1.78	1.79	1.83	1.86	1.97

由式(7-6)可知，影响齿根弯曲强度的主要参数是模数 m。若想提高轮齿抗弯能力，优先考虑的措施是增大齿轮模数。模数应圆整为标准值。对于传递动力的齿轮，为防止意外断齿，应使 $m\geqslant1.5\sim2$ mm。对开式齿轮传动，由于磨损较重，可将求得的模数增大 $10\%\sim15\%$。

相啮合的两齿轮，式(7-6)中的 $\dfrac{KF_t}{bm}$ 值相同，但如果 $z_1\neq z_2$，则 $Y_{Fa1}Y_{Sa1}\neq Y_{Fa2}Y_{Sa2}$，所以齿根弯曲应力不相等，即 $\sigma_{F1}\neq\sigma_{F2}$。另外，两齿轮材料的许用弯曲应力一般也不相同，因此弯曲强度校

核时,应分别计算。

既然相啮合的两齿轮只是 $\dfrac{[\sigma_F]}{Y_{Fa}Y_{Sa}}$ 值不同,所以 $\dfrac{[\sigma_F]}{Y_{Fa}Y_{Sa}}$ 值小的齿轮,齿根弯曲强度低。应用式(7-7)设计时,为使两齿轮都满足弯曲强度,应代入 $\dfrac{[\sigma_F]}{Y_{Fa}Y_{Sa}}$ 值小(或 $\dfrac{Y_{Fa}Y_{Sa}}{[\sigma_F]}$ 值大)者求齿轮模数 m。

3. 齿轮传动设计基本参数的选择

(1)齿数比 u

齿数比 $u=\dfrac{z_2}{z_1}\geqslant 1$。当给定传动比 i 时,如减速传动($i>1$),则 $u=i$;如增速传动($i<1$),则 $u=\dfrac{1}{i}$。常用的齿数比 $u\leqslant 5$,当需要传动比较大时,应采用多级齿轮传动或者采用其他传动形式。

(2)小齿轮齿数 z_1

对闭式软齿面齿轮传动,按接触强度条件设计出齿轮直径后,如果选择较多的齿数,即较小的模数,则重合度大,传动平稳,且小模数齿轮加工经济性也好。因此,一般都希望在保证弯曲强度的条件下,采用较多的齿数。对工业用齿轮传动,$z_1=20\sim 40$。

对闭式硬齿面齿轮、开式齿轮和铸铁齿轮,因齿根弯曲强度是薄弱环节,应适当减少齿数以保证有较大的模数。一般取 $z_1=17\sim 25$。

(3)齿宽系数 ψ_d

选取较大的 ψ_d 可以使齿轮的直径和中心距减小,但会增大齿宽和轴向尺寸,因此齿宽不能随意取值。对于一般工业用齿轮传动,ψ_d 值可按表 7-5 选取。

表 7-5　齿宽系数 ψ_d

齿轮相对轴承的位置	齿 面 硬 度	
	硬齿面	软齿面
对称布置	0.4～0.9	0.8～1.4
非对称布置	0.3～0.6	0.6～1.2
悬臂布置	0.2～0.5	0.3～0.6

注:斜齿轮与人字齿轮可取较大值。

载荷平稳,轴的刚度较大时可取大值;变载荷,轴的刚度小宜选小值。

例 7-1　设计井下采煤机械中的闭式单级直齿圆柱齿轮传动。小齿轮输入功率 $P=20$ kW,转速 $n_1=970$ r/min,传动比 $i=3.2$。采煤机由电动机驱动,载荷有严重冲击,单向转动,要求结构紧凑。

设计

(1)选择齿轮材料和热处理、精度等级、齿轮齿数

考虑到传递功率较大,并且是井下设备,要求结构紧凑,由表 7-1 选大、小齿轮材料用 45 钢,表面淬火,齿面硬度 45 HRC。

由表 7-1 查得:$\sigma_{Hlim1}=\sigma_{Hlim2}=1\,135$ MPa　　$\sigma_{FE1}=\sigma_{FE2}=690$ MPa

取安全系数 $S_H=1.0$　$S_F=1.4$　则 $[\sigma_{H1}]=[\sigma_{H2}]=1\,135$ MPa

$[\sigma_{F1}]=[\sigma_{F2}]=\dfrac{690}{1.4}=493$ MPa

煤矿机械齿轮传动,对齿轮精度无特别要求,选齿轮为 8 级精度。

选小齿轮齿数 $z_1 = 21$，$z_2 = i\,z_1 = 67.2$，取 $z_2 = 67$，传动比 $i = z_2/z_1 = 3.19$。

（2）按齿根弯曲疲劳强度设计

闭式硬齿面齿轮传动，按弯曲强度设计：

$$m \geqslant \sqrt[3]{\frac{2KT_1}{\psi_d z_1^2} \cdot \frac{Y_{Fa} Y_{Sa}}{[\sigma_F]}}$$

确定式中各项数值：

因载荷有较重冲击，由表 7-2 查 $K = 1.75$；

$$T_1 = 9.55 \times 10^6 \frac{P}{n_1} = 9.55 \times 10^6 \frac{20}{970}\ \text{N} \cdot \text{mm} = 1.97 \times 10^5\ \text{N} \cdot \text{mm}$$

由表 7-5，按对称布置、硬齿面齿轮，选取 $\psi_d = 0.7$；

由表 7-4 查得

$$Y_{Fa1} = 2.76, Y_{Sa1} = 1.56$$
$$Y_{Fa2} = 2.25, Y_{Sa2} = 1.74$$
$$Y_{Fa1} Y_{Sa1} = 2.76 \times 1.56 = 4.30$$
$$Y_{Fa2} Y_{Sa2} = 2.25 \times 1.74 = 3.91$$

因两齿轮许用弯曲应力相等，取 Y_{Fa} 与 Y_{Sa} 乘积较大的值设计，即按 $Y_{Fa1} Y_{Sa1} = 4.3$ 设计齿轮模数。

将确定后的各项数值代入设计公式，求得

$$m \geqslant \sqrt[3]{\frac{2KT_1}{\psi_d z_1^2} \cdot \frac{Y_{Fa} Y_{Sa}}{[\sigma_F]}} = \sqrt[3]{\frac{2 \times 1.75 \times 1.97 \times 10^5}{0.7 \times 21^2} \cdot \frac{4.3}{493}}\ \text{mm} = 2.69\ \text{mm}$$

由表 5-1 选取第一系列标准模数 $m = 3$ mm。

齿轮主要几何尺寸：

$$d_1 = mz_1 = 3\ \text{mm} \times 21 = 63\ \text{mm}$$
$$d_2 = mz_2 = 3\ \text{mm} \times 67 = 201\ \text{mm}$$
$$d_{a1} = d_1 + 2h_a = d_1 + 2h_a^* m = (63 + 2 \times 1 \times 3)\ \text{mm} = 69\ \text{mm}$$
$$d_{a2} = d_2 + 2h_a = d_2 + 2h_a^* m = (201 + 2 \times 1 \times 3)\ \text{mm} = 207\ \text{mm}$$
$$a = \frac{m}{2}(z_1 + z_2) = 132\ \text{mm}$$
$$b = \psi_d d_1 = 44.1\ \text{mm}，取\ B_2 = 45\ \text{mm}, B_1 = 50\ \text{mm}。$$

（3）校核齿面接触疲劳强度

$$\sigma_H = Z_E Z_H \sqrt{\frac{2KT_1}{b d_1^2} \frac{u \pm 1}{u}} \leqslant [\sigma_H]$$

由表 7-3 查得 $Z_E = 189.8 \sqrt{\text{MPa}}$；

标准齿轮，$Z_H = 2.5$；

将确定出的各项数值代入接触强度校核公式，得

$$\sigma_H = 189.8 \times 2.5 \sqrt{\frac{2 \times 1.75 \times 1.97 \times 10^5}{45 \times 63^2} \times \frac{4.19}{3.19}}\ \text{MPa} = 1\ 068\ \text{MPa} < [\sigma_H]$$

接触强度满足。

（4）齿轮结构设计

按 7.5.1 推荐，齿轮采用腹板式结构并计算各部分尺寸。

（5）绘制齿轮工作图

根据以上计算所求得的数据，绘制图 7-9 所示的齿轮工作图。

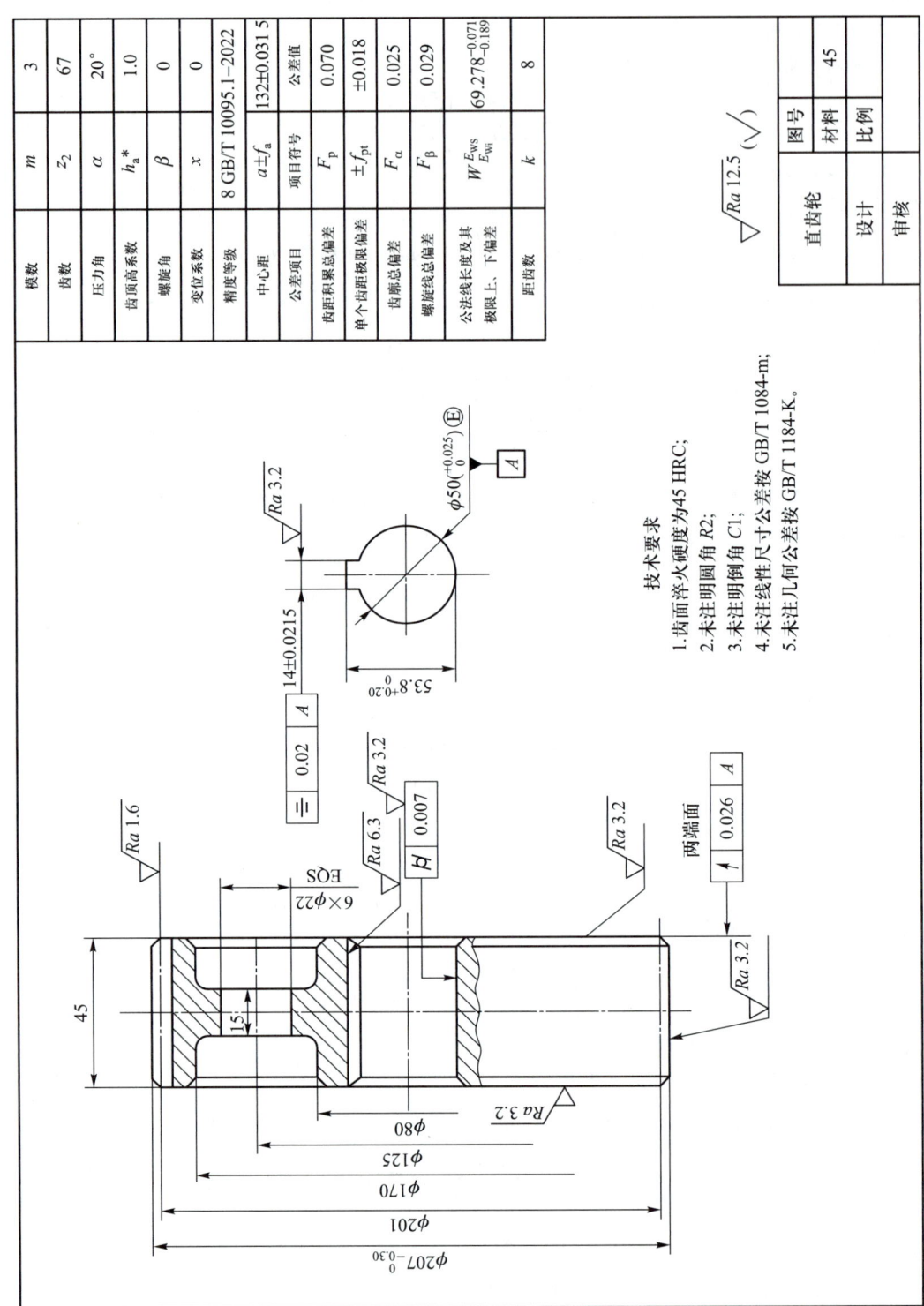

模数	m	3
齿数	z_2	67
压力角	α	20°
齿顶高系数	h_a^*	1.0
螺旋角	β	0
变位系数	x	0
精度等级	8 GB/T 10095.1-2022	
中心距	$a \pm f_a$	132±0.031 5
公差项目	项目符号	公差值
齿距积累总偏差	F_p	0.070
单个齿距极限偏差	$\pm f_{pt}$	±0.018
齿廓总偏差	F_α	0.025
螺旋线总偏差	F_β	0.029
公法线长度及其极限上、下偏差	$W \, {}^{E_{ws}}_{E_{wi}}$	$69.278{}^{-0.071}_{-0.189}$
距齿数	k	8

直齿轮	图号	
	材料	45
设计	比例	
审核		

$\sqrt{Ra\ 12.5}$ $(\sqrt{\ \ })$

技术要求

1. 齿面淬火硬度为45 HRC;
2. 未注明圆角 R2;
3. 未注明倒角 C1;
4. 未注线性尺寸公差按 GB/T 1084-m;
5. 未注几向公差按 GB/T 1184-K。

图7-9 例7-1齿轮工作图

7.3 标准斜齿圆柱齿轮传动的强度计算

7.3.1 斜齿圆柱齿轮的受力分析

斜齿轮传动中主动轮 1 的受力情况如图 7-10 所示。略去齿面摩擦力,将法向力 F_n 在分度圆上分解为相互垂直的三个分力:圆周力 F_t、径向力 F_r 和轴向力 F_a。各力的大小为

$$\begin{cases} F_t = \dfrac{2T_1}{d_1} \\[2mm] F_r = F_t \tan \alpha_t = \dfrac{F_t \tan \alpha_n}{\cos \beta} \\[2mm] F_a = F_t \tan \beta \end{cases} \tag{7-8}$$

作用在主动轮和从动轮上的各力大小相等,方向相反。各分力的方向判定:圆周力 F_t 和径向力 F_r 的方向判定方法与直齿轮相同;轴向力 F_a 的方向可以用"主动轮左、右手定则"来判定。当主动轮是右旋时,用右手四指弯曲方向表示主动轮的回转方向,拇指指向表示主动轮所受轴向力的方向,如图 7-10 所示;当主动轮是左旋时,则用左手来判断,方法同上。必须注意的是,"左、右手定则"判定轴向力的方向仅适用于主动轮,从动轮轴向力的方向与主动轮轴向力方向相反。

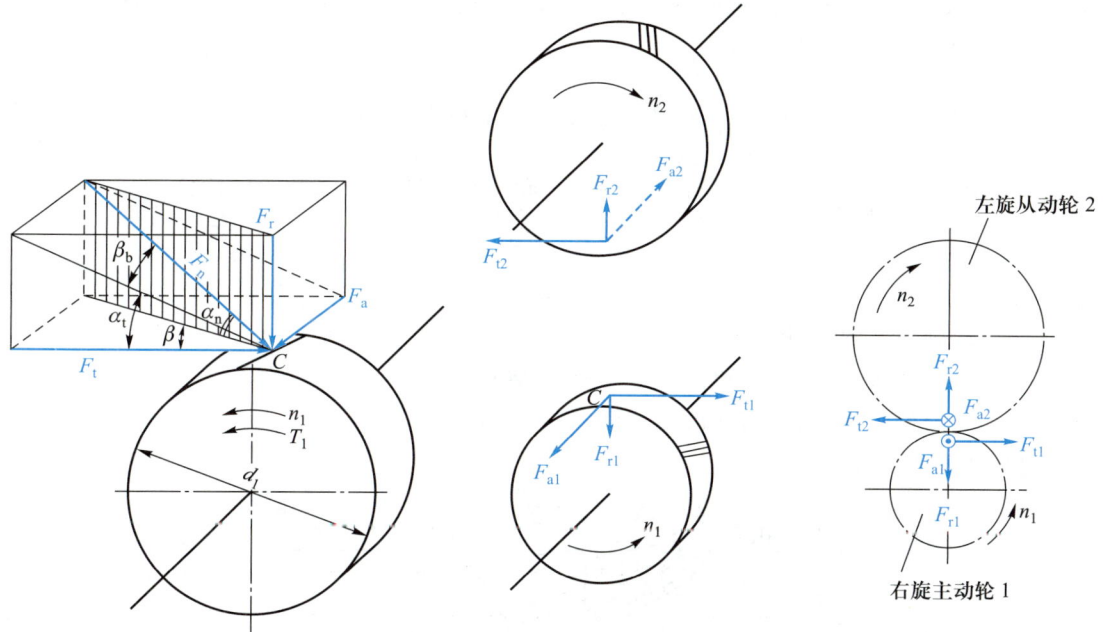

图 7-10　斜齿轮的轮齿受力分析

7.3.2 斜齿圆柱齿轮的强度计算

斜齿圆柱齿轮所受载荷作用在轮齿的法面上,其法面齿形和齿厚反映其强度,所以斜齿圆柱齿轮的强度是按轮齿的法面进行分析的,其基本原理与直齿轮相似。

1. 齿面接触疲劳强度

针对斜齿圆柱齿轮的当量齿轮,应用式(6-13),参照直齿轮的分析方法,可得标准斜齿圆柱齿轮齿面接触疲劳强度校核公式

$$\sigma_H = Z_E Z_H Z_\beta \sqrt{\frac{KF_t}{bd_1} \frac{u \pm 1}{u}} = Z_E Z_H Z_\beta \sqrt{\frac{2KT_1}{bd_1^2} \frac{u \pm 1}{u}} \leq [\sigma_H] \qquad (7-9)$$

式中:Z_H——标准斜齿圆柱齿轮节点区域系数,其值查图7-11;

Z_β——螺旋角系数,是考虑斜齿轮接触线倾斜(图5-16d)对接触强度带来的益处而引入的修正系数。

$$Z_\beta = \sqrt{\cos \beta} \qquad (7-10)$$

将 $b = \psi_d d_1$ 代入式(6-21),可得标准斜齿圆柱齿轮齿面接触疲劳强度设计公式

$$d_1 \geq \sqrt[3]{\frac{2KT_1}{\psi_d} \frac{u \pm 1}{u} \left(\frac{Z_E Z_H Z_\beta}{[\sigma_H]}\right)^2} \qquad (7-11)$$

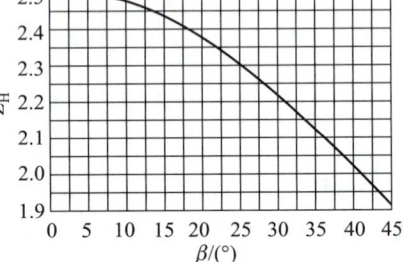

图 7-11　区域系数 Z_H

2. 齿根弯曲疲劳强度

在法面内,参照直齿轮弯曲强度公式的推导过程和处理方法,可得出与式(7-7)相同形式的斜齿圆柱齿轮弯曲强度计算式。由于斜齿轮接触线倾斜,故齿根弯曲应力比载荷全部作用于齿顶的直齿轮小,为此,用螺旋角系数 Y_β 加以修正。这样,斜齿圆柱齿轮齿根弯曲疲劳强度的校核公式为

$$\sigma_F = \frac{KF_t}{bm_n} Y_{Fa} Y_{Sa} Y_\beta = \frac{2KT_1}{bd_1 m_n} Y_{Fa} Y_{Sa} Y_\beta \leq [\sigma_F] \qquad (7-12)$$

将 $b = \psi_d d_1 = \psi_d \dfrac{m_n z_1}{\cos \beta}$ 代入上式,得斜齿圆柱齿轮齿根弯曲疲劳强度的设计公式

$$m_n \geq \sqrt[3]{\frac{2KT_1 \cos^2 \beta Y_\beta}{\psi_d z_1^2} \frac{Y_{Fa} Y_{Sa}}{[\sigma_F]}} \qquad (7-13)$$

式中:Y_β——螺旋角系数,由图7-12查取;

Y_{Fa}——齿形系数,按当量齿数 z_v 由表7-4查取;

Y_{Sa}——应力修正系数,按当量齿数 z_v 由表7-4查取;

其他符号意义同直齿轮。

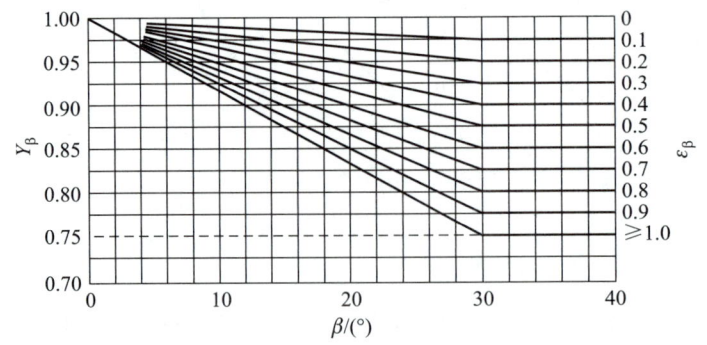

图 7-12　螺旋角系数 Y_β

124

设计斜齿圆柱齿轮传动时,基本参数的选择和许用应力的确定与直齿轮相同,除此之外,还需要选择螺旋角 β。从上述分析过程可知,螺旋角 β 选大些时,可增大重合度,从而提高了传动的平稳性和承载能力,但 β 过大时,导致轴向力剧增,故一般选 $\beta = 8° \sim 20°$。

例 7-2 设计提升机用双级斜齿圆柱齿轮减速器的低速级齿轮传动,机器传动简图如图 7-25 所示。小齿轮输入功率 $P_1 = 5.46$ kW,转速 $n_1 = 725$ r/min,单向转动,载荷平稳。要求齿轮传动比 $i = 3.1$。

设计

(1) 选择齿轮材料和热处理、精度等级

因是一般用途的齿轮传动,齿轮材料可选用 45 钢,传递功率不大,且对结构尺寸无严格要求,可选择软齿面齿轮传动,参考表 7-1 选小齿轮调质,小齿轮齿面硬度 220 HBW,大齿轮正火,齿面硬度 180 HBW,精度为 8 级。

由表 7-1 查得:

$\sigma_{Hlim1} = 570$ MPa,$\sigma_{Hlim2} = 380$ MPa,$\sigma_{FE1} = 440$ MPa,$\sigma_{FE2} = 310$ MPa

取 $S_H = 1.0$ $S_F = 1.25$,则:$[\sigma_{H1}] = 570$ MPa,$[\sigma_{H2}] = 380$ MPa

$$[\sigma_{F1}] = \frac{440}{1.25}\text{MPa} = 352 \text{ Mpa},[\sigma_{F2}] = \frac{310}{1.25}\text{MPa} = 248 \text{ MPa}$$

(2) 选取齿轮齿数和螺旋角

闭式软齿面齿轮传动,z_1 可以选多些,初选 $z_1 = 27$,$z_2 = i \cdot z_1 = 84$。初选 $\beta = 15°$。

(3) 按齿面接触疲劳强度设计

对闭式软齿面齿轮转动,按接触强度设计,校核齿根弯曲强度。

$$d_1 \geqslant \sqrt[3]{\frac{2KT_1}{\psi_d} \cdot \frac{u \pm 1}{u}\left(\frac{Z_E Z_H Z_\beta}{[\sigma_H]}\right)^2}$$

确定式中各项数值:

由表 7-2,按轻型升降机,载荷平稳,选取 $K = 1.1$;

$$T_1 = 9.55 \times 10^6 \frac{P_1}{n_1} = 9.55 \times 10^6 \frac{5.46}{725} \text{ N} \cdot \text{mm} = 71\,921 \text{ N} \cdot \text{mm}$$

由表 7-5,选取 $\psi_d = 0.9$;

由表 7-3,查得 $Z_E = 189.8 \sqrt{\text{MPa}}$;

由图 7-10,查得 $Z_H = 2.43$;

$Z_\beta = \sqrt{\cos\beta} = 0.98$

取 $[\sigma_{H2}] = 380$ MPa 设计齿轮参数。

将确定后的各项数值代入设计公式,求得

$$d \geqslant \sqrt[3]{\frac{2KT_1}{\psi_d} \cdot \frac{u+1}{u}\left(\frac{Z_E Z_H Z_\beta}{[\sigma_{H2}]}\right)^2}$$

$$= \sqrt[3]{\frac{2 \times 1.1 \times 719\,21}{0.9} \cdot \frac{3.1+1}{3.1}\left(\frac{189.8 \times 2.43 \times 0.98}{380}\right)^2} \text{ mm} = 69.03 \text{ mm}$$

确定齿轮参数:

$$m_n = \frac{d_1 \cos\beta}{z_1} = \frac{69.03 \times \cos 15°}{27} \text{mm} = 2.47 \text{ mm}$$

由表 5-1,选取第一系列标准模数 $m_n = 2.5$ mm。

齿轮主要几何尺寸:

$$a = \frac{m_n(z_1+z_2)}{2\cos\beta} = \frac{2.5\times(27+84)}{2\times\cos 15°}\text{mm} = 143.64 \text{ mm};$$

圆整中心距 $a = 145$ mm，则

$$\beta = \arccos\frac{m_n(z_1+z_2)}{2a} = \arccos\frac{2.5\times(27+84)}{2\times 145} = 16.883\ 6° = 16°53'1''$$

$$d_1 = \frac{m_n z_1}{\cos\beta} = \frac{2.5\times 27}{\cos 16°53'1''}\text{mm} = 70.541 \text{ mm}$$

$$d_2 = \frac{m_n z_2}{\cos\beta} = \frac{2.5\times 84}{\cos 16°53'1''}\text{mm} = 219.459 \text{ mm}$$

$$b = \psi_d d_1 = 0.9\times 70.541 = 63.5 \text{ mm}$$

取 $B_2 = 65$ mm, $B_1 = 70$ mm。

（4）校核齿根弯曲疲劳强度

$$\sigma_F = \frac{2KT_1 Y_\beta}{bd_1 m_n}Y_{Fa}Y_{Sa} \leqslant [\sigma]_F$$

由式（5-8）得

$$\varepsilon_\beta = \frac{B_2\sin\beta}{\pi m_n} = \frac{65\sin 16°53'1''}{2.5\pi} = 2.40$$

由图 7-11，按 $\varepsilon_\beta = 2.40 > 1$，查得 $Y_\beta = 0.86$。

$$z_{v1} = \frac{z_1}{\cos^3\beta} \approx 31$$

$$z_{v2} = \frac{z_2}{\cos^3\beta} \approx 92$$

由表 7-4，按 z_v 查得

$$Y_{Fa1} = 2.51, Y_{Fs1} = 1.63$$

$$Y_{Fa2} = 2.20, Y_{Fs2} = 1.78$$

将确定出的各项数值代入弯曲强度校核公式，得

$$\sigma_{F1} = \frac{2\times 1.1\times 71\ 921\times 0.86}{65\times 70.541\times 2.5}\times 2.51\times 1.63 = 48.56 \text{ MPa} < [\sigma]_{F1}$$

$$\sigma_{F2} = \sigma_{F1}\frac{Y_{Fa2}Y_{Sa2}}{Y_{Fa1}Y_{Sa1}} = 48.56\frac{2.20\times 1.78}{2.51\times 1.63} = 47.42 \text{ MPa} < [\sigma]_{F2}$$

齿根弯曲疲劳强度足够。

（5）齿轮几何尺寸

$$d_1 = 70.541 \text{ mm}$$

$$d_2 = 219.459 \text{ mm}$$

$$d_{a1} = d_1 + 2h_a = d_1 + 2h_{an}^* m_n = (70.541 + 2\times 1\times 2.5) \text{ mm} = 75.541 \text{ mm}$$

$$d_{a2} = d_2 + 2h_a = d_2 + 2h_{an}^* m_n = (219.459 + 2\times 1\times 2.5) \text{ mm} = 224.549 \text{ mm}$$

$$\beta = 16°53'1''$$

$$B_2 = 65 \text{ mm}, B_1 = 70 \text{ mm}$$

$$a = 145 \text{ mm}$$

（6）齿轮结构设计、精度设计（略）

7.4 直齿锥齿轮传动的强度计算

7.4.1 轮齿的受力分析

如图 7-13 所示,直齿锥齿轮齿面上的法向力 F_n 通常被视为集中作用在齿宽中点处的分度圆 d_m 上,忽略齿面间摩擦力,主动轮 1 的法向力 F_{n1} 可分解为圆周力 F_{t1}、径向力 F_{r1} 和轴向力 F_{a1} 三个互相垂直的分力。

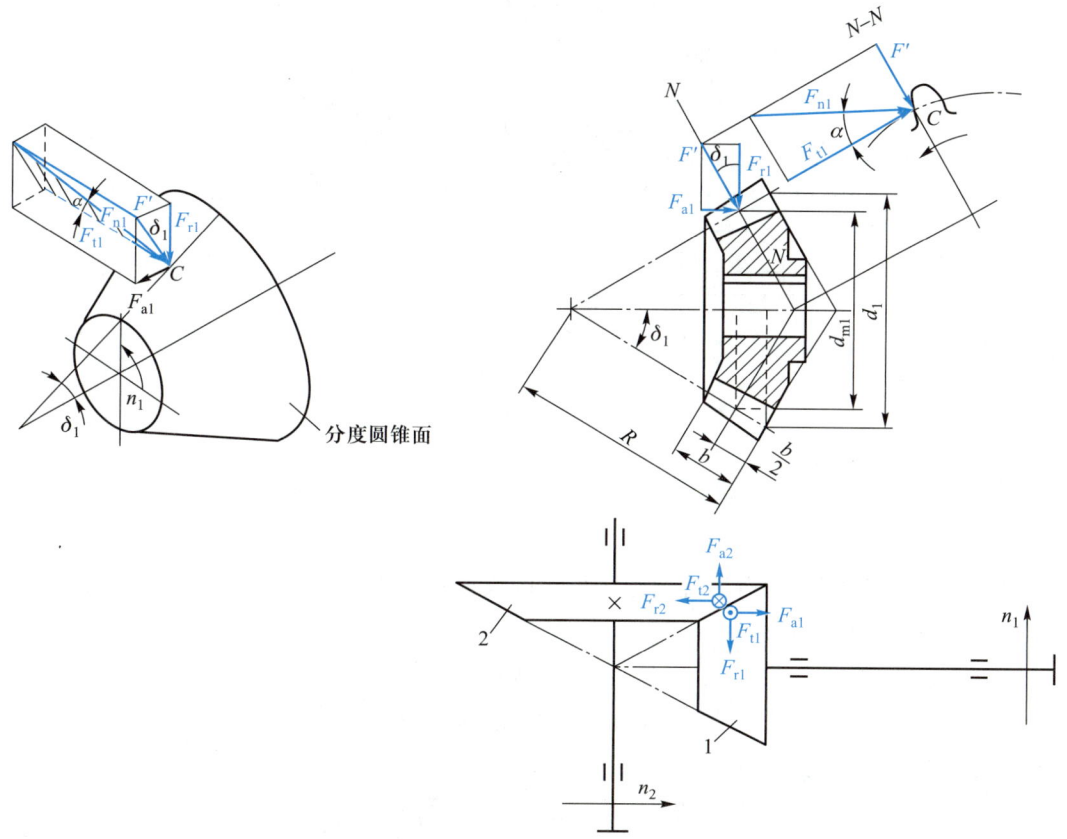

图 7-13 直齿锥齿轮受力分析

各力的大小为

$$\begin{cases} F_{t1} = \dfrac{2T_1}{d_{m1}} = \dfrac{2T_1}{d_1\left(1 - \dfrac{b}{2R}\right)} \\[4mm] F_{r1} = F_{t1}\tan\alpha\cos\delta_1 \\[2mm] F_{a1} = F_{t1}\tan\alpha\sin\delta_1 \end{cases} \tag{7-14}$$

由于轴交角 $\Sigma = 90°$,两齿轮各分力的对应关系是:$F_{t1} = F_{t2}$、$F_{r1} = F_{a2}$、$F_{a1} = F_{r2}$。

各分力方向的判定:圆周力 F_t 在主动轮上是阻力,与主动轮回转方向相反;在从动轮上是驱动力,与从动轮回转方向相同。径向力 F_r 分别指向轮心。轴向力 F_a 分别指向各自的大端。

7.4.2　直齿锥齿轮强度计算

1. 齿面接触疲劳强度计算

可以近似认为,一对直齿锥齿轮传动强度与其齿宽中点处的一对当量直齿圆柱齿轮(图7-14)相等。

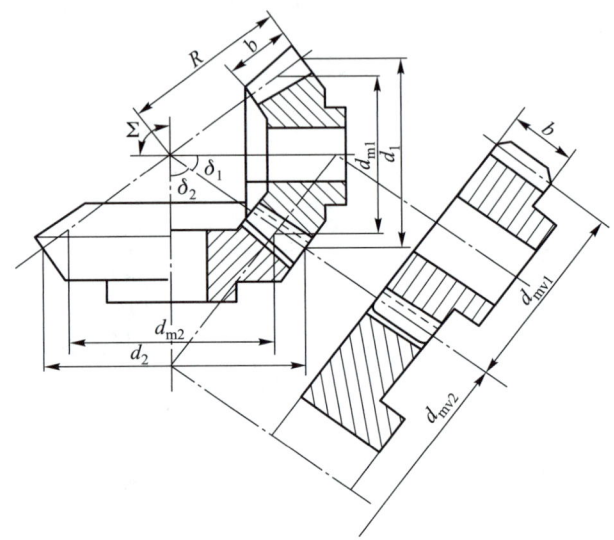

图 7-14　直齿锥齿轮传动齿宽中点处当量圆柱齿轮

根据图示几何尺寸关系,沿用直齿圆柱齿轮的齿面接触强度公式(7-4),得直齿锥齿轮传动齿面接触疲劳强度校核公式:

$$\sigma_H = Z_E Z_H \sqrt{\frac{4KT_1}{0.85\psi_R(1-0.5\psi_R)^2 d_1^3 u}} \leqslant [\sigma_H] \tag{7-15}$$

由上式得直齿锥齿轮传动齿面接触疲劳强度设计公式:

$$d_1 \geqslant \sqrt[3]{\frac{4KT_1}{0.85\psi_R(1-0.5\psi_R)^2 u}\left(\frac{Z_E Z_H}{[\sigma_H]}\right)^2} \tag{7-16}$$

按式(7-16)求得小齿轮直径 d_1 后,可根据选择的小齿轮齿数 z_1,求得锥齿轮模数 m 并圆整为标准值,然后求出锥齿轮传动尺寸。

2. 齿根弯曲疲劳强度计算

直齿锥齿轮齿根弯曲疲劳强度按齿宽中点处当量直齿圆柱齿轮计算,用直齿圆柱齿轮弯曲强度计算式(7-6),引入当量齿轮的参数,可推导出直齿锥齿轮齿根弯曲疲劳强度的校核公式:

$$\sigma_F = \frac{4KT_1 Y_{Fa} Y_{Sa}}{0.85\psi_R(1-0.5\psi_R)^2 z_1^2 m^3 \sqrt{1+u^2}} \leqslant [\sigma_F] \tag{7-17}$$

由上式得直齿锥齿轮传动齿根弯曲疲劳强度设计公式:

$$m \geq \sqrt[3]{\frac{4KT_1}{0.85\psi_R(1-0.5\psi_R)^2 z_1^2 \sqrt{1+u^2}}\left(\frac{Y_{Fa}Y_{Sa}}{[\sigma_F]}\right)} \qquad (7-18)$$

式中,齿形系数 Y_{Fa} 和齿根应力修正系数 Y_{Sa} 按当量齿数 z_v 查表7-4。

例题 7-3 设计物料升降机传动装置中的闭式直齿锥齿轮传动。已知传递功率 $P = 2.8$ kW,小锥齿轮转速 $n_1 = 540$ r/min,传动比 $i = 2.1$,载荷平稳,小齿轮悬臂布置。

设计

(1)选择齿轮材料和热处理、精度等级、齿数

齿轮材料、热处理和精度等级与例7-2相同。

选 $z_1 = 25$, $z_2 = i \cdot z_1 = 52.5$,选 $z_2 = 53$

(2)按齿面接触疲劳强度设计

$$d_1 \geq \sqrt[3]{\frac{4KT_1}{0.85\psi_R(1-0.5\psi_R)^2 u}\left(\frac{Z_E Z_H}{[\sigma_H]}\right)^2}$$

确定式中各项数值:

因载荷平稳,转速不高,按表7-2可选载荷系数 $K = 1.1$

$$T_1 = 9.55 \times 10^6 \frac{P}{n_1} = 9.55 \times 10^6 \frac{2.8}{540} = 49\ 518\ \text{N} \cdot \text{mm}$$

锥齿轮推荐齿宽系数 $\psi_R = 0.25 \sim 0.3$,因齿轮悬臂布置,取 $\psi_R = 0.3$。

由表7-3查得 $Z_E = 189.8\sqrt{\text{MPa}}$,标准直齿轮 $Z_H = 2.5$

将确定后的数值代入设计式,求得:

$$d_1 \geq \sqrt[3]{\frac{4KT_1}{0.85\psi_R(1-0.5\psi_R)^2 u}\left(\frac{Z_E Z_H}{[\sigma_H]}\right)^2}$$

$$= \sqrt[3]{\frac{4 \times 1.1 \times 49\ 518}{0.85 \times 0.3 \times (1-0.5 \times 0.3)^2 \times 2.1}\left(\frac{189.8 \times 2.5}{380}\right)^2} = 95.757\ \text{mm}$$

确定齿轮参数: $m = \dfrac{d_1}{z_1} = \dfrac{95.757}{25} = 3.83$ mm

由表5-1,取第一系列标准模数 $m = 4$ mm

$$d_1 = mz_1 = 4 \times 25 = 100\ \text{mm}$$

$$d_2 = mz_2 = 4 \times 53 = 212\ \text{mm}$$

$$R = \frac{m}{2}\sqrt{z_1^2+z_2^2} = \frac{4}{2}\sqrt{25^2+53^2} = 117.201\ \text{mm}$$

$$b = \psi_R \cdot R = 0.3 \times 117.201 - 35.16\ \text{mm}$$

取齿宽 $B_1 = B_2 = 36$ mm(锥齿轮齿宽 B 应相等)

(3)按齿根弯曲疲劳强度

$$\sigma_F = \frac{4KT_1 Y_{Fa} Y_{Sa}}{0.85\psi_R(1-0.5\psi_R)^2 z_1^2 m^3 \sqrt{1+u^2}} \leq [\sigma_F]$$

$$\cos\delta_1 = \frac{u}{\sqrt{1+u^2}} = \frac{53/25}{\sqrt{1+(53/25)^2}} = 0.904\ 4, \delta_1 = 25°15'11''$$

$$\cos\delta_2 = \frac{1}{\sqrt{1+u^2}} = \frac{1}{\sqrt{1+(53/25)^2}} = 0.426\ 6, \delta_2 = 64°44'49''$$

当量齿数:$z_{v1} = \dfrac{z_1}{\cos \delta_1} \approx 28$

$$z_{v2} = \dfrac{z_2}{\cos \delta_2} \approx 124$$

由表 7-4,按 z_{v1}、z_{v2} 查得

$$Y_{Fa1} = 2.55, \quad Y_{Sa1} = 1.61$$
$$Y_{Fa2} = 2.16, \quad Y_{Sa2} = 1.81$$

将确定后的数值代入设计式,求得:

$$\sigma_{F1} = \frac{4KT_1 Y_{Fa1} Y_{Sa1}}{0.85 \psi_R (1-0.5\psi_R)^2 z_1^2 m^3 \sqrt{1+u^2}}$$

$$= \frac{4 \times 1.1 \times 49\,518 \times 2.55 \times 1.61}{0.85 \times 0.3 \times (1-0.5 \times 0.3)^2 \times 25^2 \times 4^3 \times \sqrt{1+2.1^2}} = 52.18 \text{ MPa} < [\sigma_{F1}]$$

$$\sigma_{F2} = \sigma_{F1} \frac{Y_{Fa2} Y_{Sa2}}{Y_{Fa1} Y_{Sa1}} = 52.18 \times \frac{2.16 \times 1.81}{2.55 \times 1.61} = 49.69 \text{ MPa} < [\sigma_{F2}]$$

齿根弯曲疲劳强度足够。

(4)齿轮几何尺寸

$$d_1 = mz_1 = 4 \times 25 = 100 \text{ mm}$$
$$d_2 = mz_2 = 4 \times 53 = 212 \text{ mm}$$
$$d_{f1} = d_1 - 2h_f \cos \delta_1 = d_1 - 2 \times 1.2m \cos \delta_1 = 100 - 2 \times 1.2 \times 4 \times 0.904\,4 = 91.318 \text{ mm}$$
$$d_{f2} = d_2 - 2h_f \cos \delta_2 = d_2 - 2 \times 1.2m \cos \delta_2 = 212 - 2 \times 1.2 \times 4 \times 0.426\,6 = 207.905 \text{ mm}$$
$$d_{a1} = d_1 + 2h_a \cos \delta_1 = d_1 + 2m \cos \delta_1 = 107.235 \text{ mm}$$
$$d_{a2} = d_2 + 2h_a \cos \delta_2 = d_2 + 2m \cos \delta_2 = 215.413 \text{ mm}$$
$$B_1 = B_2 = 36 \text{ mm}$$

(5)齿轮结构设计、绘制零件工作图(略)。

7.5　齿轮结构和齿轮传动的润滑

7.5.1　齿轮结构

通过齿轮传动的强度计算,只能确定出齿轮的主要尺寸,如直径、模数、齿宽等,而齿圈、轮辐、轮毂的结构和尺寸,由结构设计定。

对于直径很小的钢制齿轮,若齿根圆到键槽底部的距离 $e < 2m$(图 7-15,m 为模数),应将齿轮和轴做成一体,如图 7-16 所示。若 e 值超过上述尺寸时,齿轮与轴应分开制造。

当齿顶圆直径 $d_a \leq 200$ mm 时,可以做成实心齿轮;当齿顶圆直径 $d_a \leq 500$ mm 时,可做成腹板式结构(图 7-17)。当齿顶圆直径 $d_a > 500$ mm 时,可做成轮辐式结构。具体结构尺寸可查阅设计手册。

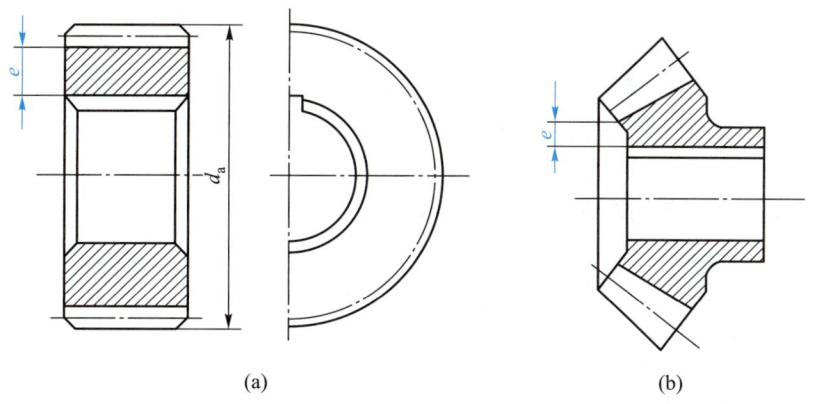

图 7-15　齿轮结构尺寸 e

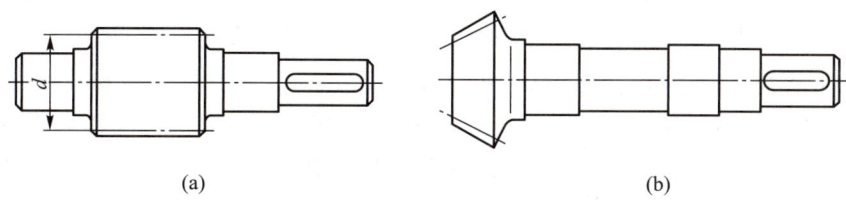

图 7-16　齿轮轴

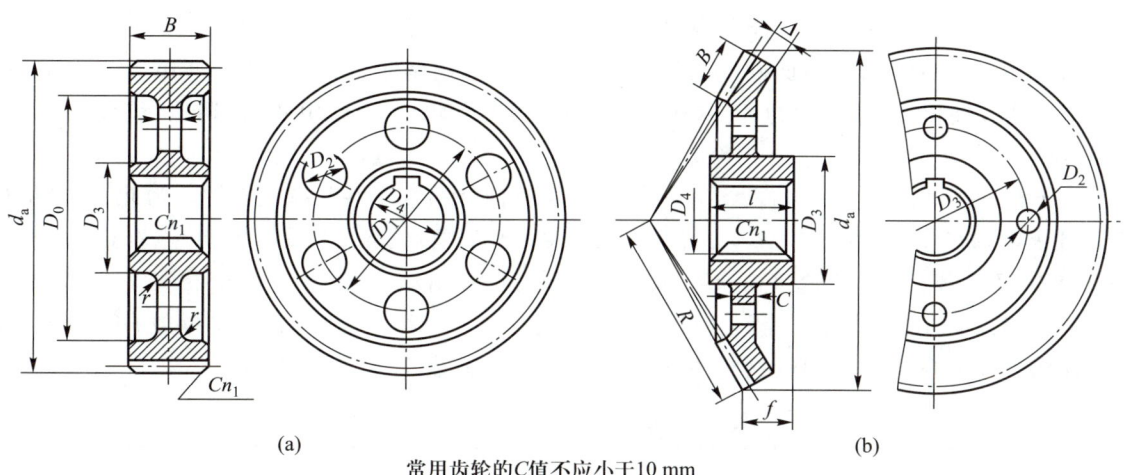

常用齿轮的C值不应小于10 mm

图 7-17　腹板式结构的齿轮

$D_1 \approx (D_0 + D_3)/2$; $D_2 \approx (0.25 \sim 0.35)(D_0 - D_3)$; $D_3 \approx 1.6D_4$ (钢材) ; $D_3 \approx 1.7D_4$ (铸铁) ;

$n_1 \approx 0.5m_n$; $r \approx 5$ mm ; 圆柱齿轮 ; $D_0 \approx d_a - (10 \sim 14)m_n$, $C \approx (0.2 \sim 0.3)B$;

锥齿轮 : $l \approx (1 \sim 1.2)D_4$, $C \approx (3 \sim 4)m$, 尺寸 J 由结构设计而定 ; $\Delta \approx (0.1 \sim 0.2)B$

7.5.2　齿轮传动的润滑

齿轮运转时,在轮齿啮合面间加注润滑剂,可以减少磨损,还有散热和防锈蚀作用。

开式齿轮传动或速度较低的闭式齿轮传动,通常用人工定期加油润滑,所用润滑剂为润滑油或润滑脂。

闭式齿轮传动,其润滑方法一般根据齿轮的圆周速度大小而定。当齿轮的圆周速度 $v<12$ m/s 时,常将大齿轮浸入油池中进行浸油润滑(图 7-18);当 $v>12$ m/s 时,应采用喷油润滑,即由油泵或中心供油站以一定的压力供油,借喷嘴将润滑油喷到轮齿的啮合面上。

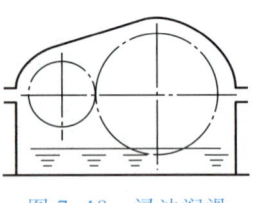

图 7-18　浸油润滑

7.6　蜗杆传动的设计

7.6.1　蜗杆传动的承载能力计算

1. 蜗杆传动的失效形式及设计准则

由于蜗杆传动齿面滑动速度 v_s 大,效率低,发热量大,容易发生胶合、磨损。在开式传动中,主要失效形式是磨损。由于目前缺乏可靠的蜗杆传动胶合、磨损计算方法和数据,对一般用途的闭式蜗杆传动,通常按齿面接触强度设计,必要时验算齿根弯曲强度,对连续工作的闭式传动还要进行热平衡计算;对开式传动,按齿根弯曲强度设计。此外,如果蜗杆直径过小或支承跨距过大时,可能会出现蜗杆刚度不足。因此,必要时需验算蜗杆刚度。

2. 蜗杆传动的材料

蜗杆一般用优质碳素钢或合金钢制造。功率较大时,选用渗碳钢,如 16CrMn、20Cr、20CrV、18CrMnTi 等,经渗碳硬化,表面硬度为 56~62 HRC;或选用调质钢,如 40Cr、40CrNi、42CrMo 等,经火焰或感应硬化,表面硬度为 45~50 HRC。对一般传动,也可选用 45 钢调质,硬度为 220~250 HBS。

由于蜗杆传动的滑动速度高,要求蜗轮材料要有良好的减摩性和抗胶合性。为此,蜗轮材料常采用青铜或铸铁制造。对滑动速度 $v_s > 3$ m/s 的重要传动,可采用锡青铜 ZCuSn10Pb1、ZCuSn5Pb5Zn5 等;对滑动速度 $v_s < 4$ m/s 的传动,可采用减摩性稍差但价格便宜的铝青铜 ZCuAl10Fe3、ZCuAl10Fe3Mn2 等。当滑动速度较低($v_s \leqslant 2$ m/s)或直径过大的蜗轮,可采用灰铸铁 HT150 或 HT200。常用蜗轮材料的许用应力见表 7-6、表 7-7、表 7-8。

表 7-6　锡青铜的许用接触应力 $[\sigma_H]$

蜗轮材料	铸造方法	适用的滑动速度/(m/s)	$[\sigma_H]$/MPa	
			蜗杆齿面硬度	
			≤350 HBW	>45 HRC
ZCuSn10Pb1	砂　模	≤12	180	200
	金属模	≤25	200	220
ZCuSn5Pb5Zn5	砂　模	≤10	110	125
	金属模	≤12	135	150

表 7-7　铝青铜或铸铁蜗轮的许用接触应力$[\sigma_H]$　　　　　　　　　　　　MPa

材料		相对滑动速度 $v_s/(\mathrm{m/s})$							
蜗轮	蜗杆	0.25	0.5	1	2	3	4	6	8
ZCuAl19Fe4 ZCuAl10Fe3	钢(淬火)*		250	230	210	180	160	120	90
ZCuAl10Fe3Mn2	钢(淬火)*		215	200	180	150	135	95	75
HT200 HT150 (120~150 HBS)	渗碳钢	160	130	115	90				
HT150 (120~150 HBS)	钢(调质或 正火)	140	110	90	70				

注：* 蜗杆未经淬火时，表中值需降低 20%。

表 7-8　蜗轮材料的许用弯曲应力$[\sigma_F]$　　　　　　　　　　　　MPa

蜗 轮 材 料	铸造方法	$[\sigma_F]$	
		单向转动	双向转动
ZCuSn10Pb1	砂　模 金属模	40 56	29 40
ZCuSn5Pb5Zn5	砂　模 金属模	26 32	22 26
ZCuAl10Fe3	砂　模 金属模	80 90	57 64
ZCuAl10Fe3Mn2	金属模	100	90
HT150	砂　模	40	28
HT200	砂　模	48	34

3. 蜗杆传动的受力分析

图 7-19a 所示是以右旋蜗杆为主动件,沿图示方向旋转时,蜗杆齿面上的受力情况(略去摩擦力)。设 F_n 为集中作用于节点 C 处的法向载荷。F_n 可分解为三个相互垂直的分力,即圆周力 F_t、径向力 F_r 和轴向力 F_a。由于轴交角为 90°,蜗杆、蜗轮各分力的对应关系是:$F_{t1}=F_{a2}$,$F_{r1}=F_{r2}$,$F_{a1}=F_{t2}$。各力的计算式为

$$\begin{cases} F_{t1}=\dfrac{2T_1}{d_1}=F_{a2} \\[2mm] F_{a1}=F_{t2}=\dfrac{2T_2}{d_2} \\[2mm] F_{r1}=F_{r2}\approx F_{t2}\tan\alpha \end{cases} \qquad (7-19)$$

式中:T_1——蜗杆上的名义转矩,N·mm;

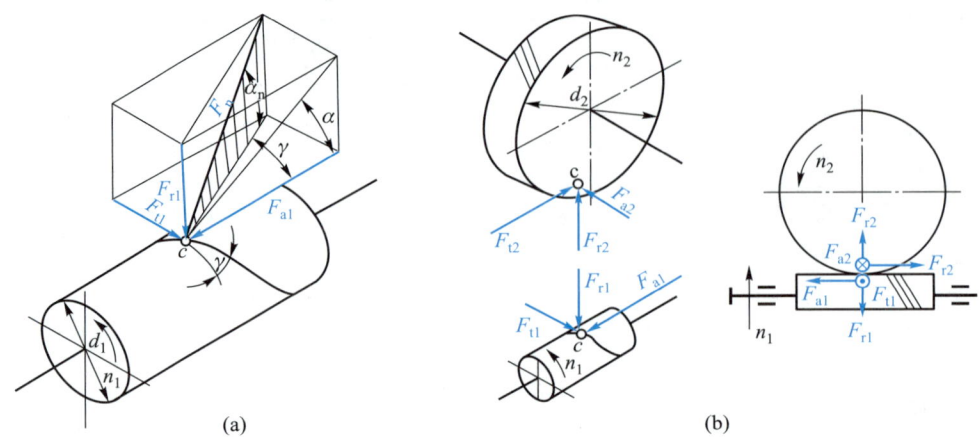

图 7-19　蜗杆传动的受力分析

T_2——蜗轮上的名义转矩,当蜗杆主动时,$T_2=T_1i\eta$,η 为蜗杆传动效率。
各力方向的判定:

当蜗杆主动时,F_{t1} 的方向与蜗杆回转方向相反;F_{r1} 方向是由啮合点指向轮心;F_{a1} 的方向由左(右)手定则判定。左(右)手定则判定轴向力方向的方法与斜齿轮相同。

蜗轮上各力方向根据力的相互作用原理判定。

4. 蜗轮齿面接触疲劳强度计算

蜗轮齿面接触疲劳强度计算与齿轮相似,也是用赫兹应力公式按节点处的几何参数来计算齿面接触应力。按蜗杆传动的齿形特点,经简化,得蜗杆传动齿面接触疲劳强度设计公式:

$$m^2 d_1 \geqslant 9KT_2\left(\frac{Z_E}{z_2[\sigma_H]}\right)^2 \qquad (7\text{-}20)$$

式中:Z_E——材料弹性系数,见表 7-9;

$\quad$ T_2——蜗轮轴上的名义转矩,N·mm;

$\quad$ z_2——蜗轮齿数;

$\quad$ K——载荷系数,可参考齿轮传动表 7-2 选取。

设计时,根据式(7-20),求出 $m^2 d_1$ 值,由表 5-5 查取相应的 m 和 d_1 值,从而计算出蜗杆传动的几何尺寸。

表 7-9　弹性系数 Z_E

配对材料		蜗 杆	
		钢	铸 铁
蜗轮	锡青铜	155	143.7
	铝青铜	156	
	铸 铁	162	

注:取泊松比 $\mu=0.3$;弹性模量 $E\times10^3$(MPa):钢 206,锡青铜 103,铝青铜 105,铸铁 118。

5. 蜗轮齿根弯曲疲劳强度计算

把蜗轮视为斜齿轮,用斜齿圆柱齿轮弯曲强度公式,经简化,得蜗轮齿根弯曲疲劳强度校核公式为

$$\sigma_F = \frac{1.8KT_2 Y_{Fa2} Y_\beta}{m^2 d_1 z_2} \leqslant [\sigma_F] \qquad (7-21)$$

根据上式,得蜗轮齿根弯曲疲劳强度的设计公式

$$m^2 d_1 \geqslant \frac{1.8KT_2 Y_{Fa2} Y_\beta}{z_2 [\sigma_F]} \qquad (7-22)$$

式中:Y_{Fa2}——蜗轮齿形系数,由蜗轮的当量齿数 z_{v2}($z_{v2} = z_2/\cos^3\gamma$)从表 7-4 中查得;

Y_β——螺旋角系数,$Y_\beta = 1 - \dfrac{\gamma}{120°}$。

对开式蜗杆传动,由弯曲强度的设计公式求出 $m^2 d_1$ 值后,可从表 5-5 中查出相应的蜗杆传动参数。

当蜗杆直径过小或支承跨距过大时,蜗杆可能出现过大的弹性变形,影响轮齿的啮合状态。因此,必要时需验算蜗杆刚度。具体计算见工程力学中简支梁的弯曲变形计算。

7.6.2 蜗杆传动的效率及热平衡计算

1. 蜗杆传动的效率

闭式蜗杆传动的功率损耗一般包括三部分,即啮合时摩擦损耗、轴承摩擦损耗及浸入油池中的零件搅油时溅油损耗。因此,总效率为

$$\eta = \eta_1 \eta_2 \eta_3 \qquad (7-23)$$

式中,η_1、η_2、η_3 分别为单独考虑啮合时摩擦损耗、轴承摩擦损耗及溅油损耗时的效率。

蜗杆传动的啮合效率可近似地按螺旋副效率(见 11.1.2 小节)计算。当蜗杆主动时,啮合效率为

$$\eta_1 = \frac{\tan\gamma}{\tan(\gamma + \rho_v)} \qquad (7-24)$$

式中,ρ_v 为当量摩擦角,与蜗轮副材料、滑动速度和润滑状态有关。采用浸油润滑时,青铜蜗轮 $\rho_v = 1° \sim 3°$,铸铁蜗轮 $\rho_v = 3° \sim 4°$,滑动速度高时取小值。

由于轴承摩擦及溅油这两项功率损耗不易精确计算,一般取 $\eta_2 \eta_3 = 0.95 \sim 0.96$,则总效率 η 为

$$\eta = (0.95 \sim 0.96) \frac{\tan\gamma}{\tan(\gamma + \rho_v)} \qquad (7-25)$$

蜗杆传动的效率主要取决于啮合效率。由式(5-10)、式(7-25)可知,如果增加 z_1,导程角 γ 变大,可以提高啮合效率。当 $\gamma > 30°$ 时,啮合效率的增加不显著且蜗杆加工也较困难,故 γ 一般小于 30°。γ 角小,效率低。如果 $\gamma < \rho_v$,机构自锁。

在传动尺寸未确定之前,蜗杆传动的效率可近似地取为:

当 $z_1 = 1$ 时,$\eta = 0.7 \sim 0.75$;

当 $z_1 = 2$ 时,$\eta = 0.83 \sim 0.87$;

当 $z_1 = 4$、6 时，$\eta = 0.89 \sim 0.92$。

2. 蜗杆传动的热平衡计算

蜗杆传动效率低，发热量大。对闭式蜗杆传动，热量将通过箱体散发到周围空气中去。热平衡计算的目的是使工作时减速箱内的油温稳定地处在所规定的使用范围内。

由摩擦损耗的功率转变的热流量 $H_1 = 1\,000P(1-\eta)$。

由箱体表面散逸的热流量 $H_2 = K_t A(t_1 - t_0)$。

当 $H_1 = H_2$ 时，达到热平衡状态，此时的油温为

$$t_1 = \frac{1\,000P(1-\eta)}{K_t A} + t_0 \tag{7-26}$$

式中：P——蜗杆轴输入功率，kW；

A——箱体散热面积，m^2；

K_t——散热系数，$\text{W}/(\text{m}^2 \cdot \text{℃})$，一般取 $K_t = 8 \sim 17$，箱体通风条件良好时取大值；

t_1——达到热平衡时，润滑油的温度，一般限制在 $60 \sim 70℃$，最高不超过 $80℃$；

t_0——环境温度，通常取 $t_0 = 20℃$。

如果 t_1 超出允许值，应采取散热措施，通常可采取的散热措施有：增加散热片；在蜗杆轴端装风扇（图 7-20a）；在箱体中设置循环冷却水管路（图 7-20b）。

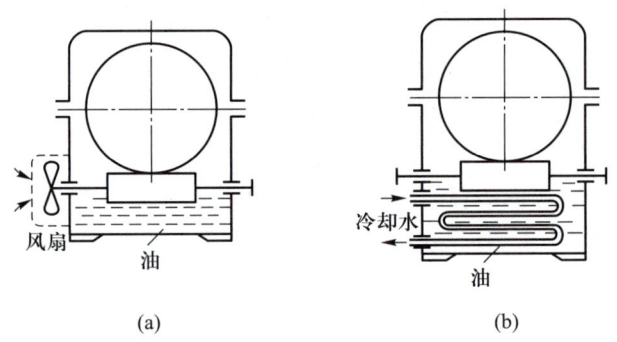

(a)   (b)

图 7-20   蜗杆减速箱的散热措施

例 7-4   图 7-21a 所示为斜齿圆柱齿轮-蜗杆传动减速器。当斜齿轮 1 按图示方向转动时，蜗轮逆时针转动。试：(1) 画出各传动件啮合点受力方向；

(2) 为使 Ⅱ 轴轴向力小，合理确定斜齿轮 2 和蜗杆 3 的旋向；

(3) 画出斜齿轮 1 的旋向，说明蜗轮 4 的旋向。

解   答案见图 7-21b，分析方法如下：

1）根据 n_1 方向，按圆柱齿轮啮合节点纯滚动关系，可画出 n_2 方向，向上。

2）斜齿轮 1 是主动轮，F_{t1} 方向与啮合点转向相反，垂直纸面向内，用 $\otimes$ 表示。

3）F_{r1} 方向垂直齿轮 1 轴线，通过轮心。

4）根据 n_4 方向，可画出 F_{t4} 方向。蜗轮是从动轮，F_{t4} 方向与蜗轮啮合点转向相同，向右。

5）根据力相互作用原理，蜗杆轴向力 F_{a3} 与 F_{t4} 方向相反，向左。

6）按设计要求，要使 Ⅱ 轴轴向力小，即应使斜齿轮 2 的轴向力 F_{a2} 与蜗杆 3 的轴向力 F_{a3} 方向相反，向右。

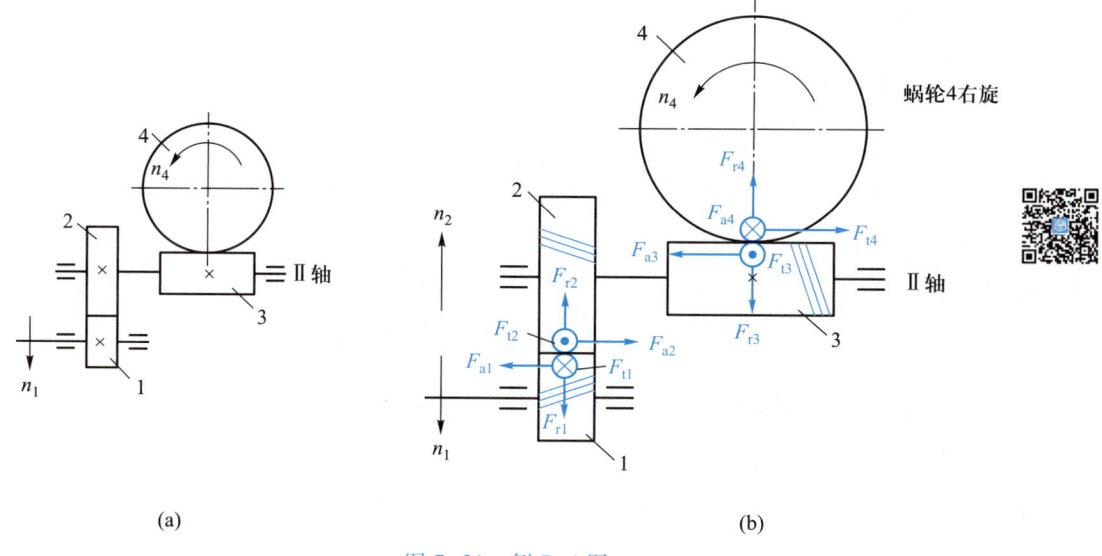

(a)　　　　　　　　　　　　　　　　(b)

图 7-21　例 7-4 图

7）根据力相互作用原理,斜齿轮 1 的轴向力 F_{a1} 与斜齿轮 2 的轴向力 F_{a2} 方向相反,向左。

8）斜齿轮 1 是主动轮,已知转向和轴向力方向,可根据左、右手定则判定旋向。因转向和轴向力方向符合左手定则,故斜齿轮 1 应是左旋。根据斜齿圆柱齿轮正确啮合条件,斜齿轮 2 应是右旋。在图上画出旋向。

9）根据力相互作用原理, F_{t2} 与 F_{t1} 方向相反,垂直纸面向外,用 ⊙ 表示。也可以按齿轮 2 转向判定 F_{t2} 方向,结果一致。

10）F_{r2}、F_{r3}、F_{r4} 方向各自垂直轴线,通过轮心。

11）根据已知的蜗杆转向和轴向力方向,按左、右手定则判定其旋向。因转向和轴向力方向符合右手定则,故蜗杆应是右旋。根据蜗杆传动正确啮合条件,蜗轮也应是右旋。在图上画出蜗杆旋向,说明蜗轮旋向。

12）蜗杆圆周力 F_{t3} 方向与啮合点转向相反,垂直纸面向外,用 ⊙ 表示。

13）根据力相互作用原理,蜗轮轴向力 F_{a4} 与蜗杆圆周力 F_{t3} 方向相反,垂直纸面向内,用 ⊗ 表示。

例 7-5　设计起重机行走机构中的闭式蜗杆传动。电动机驱动,蜗杆轴输入功率 $P = 5.5$ kW,转速 $n_1 = 1\ 440$ r/min,要求蜗轮轴输出转速 $n_2 = 72$ r/min,载荷平稳,双向运转。

设计　（1）选择蜗杆、蜗轮材料,确定许用应力

起重机械的传动,较为重要,选蜗杆材料 40Cr,表面淬火,硬度为 45 HRC;蜗轮齿圈材料为锡青铜 ZCuSn10Pb1,金属模铸造。

由表 7-6 查得 $[\sigma_H] = 220$ MPa;查表 7-8,双向运转,轮齿两侧受载,$[\sigma_F] = 40$ MPa。

（2）选择 z_1、z_2

根据传动比 $i = n_1/n_2 = 1\ 440/72 = 20$,参考 5.7.1 推荐,取 $z_1 = 2$,$z_2 = iz_1 = 40$。

（3）按齿面接触疲劳强度设计

因采用闭式蜗杆传动,按齿面接触疲劳强度设计:

$$m^2 d_1 \geqslant 9KT_2\left(\frac{Z_E}{z_2[\sigma_H]}\right)^2$$

确定设计公式中的各项值：

由表 7-2，选取 $K = 1.1$；

当 $z_1 = 2$ 时，估计 $\eta = 0.83 \sim 0.87$，取 $\eta = 0.85$。

$$T_2 = T_1 i \eta = 9.55 \times 10^6 \frac{P_1}{n_1} i \eta = 9.55 \times 10^6 \times \frac{5.5}{1\,440} \times 20 \times 0.85 \ \text{N} \cdot \text{mm} = 620\,086 \ \text{N} \cdot \text{mm}$$

由表 7-9 查得 $Z_E = 155 \sqrt{\text{MPa}}$。

将以上数值代入接触强度设计公式，得

$$m^2 d_1 \geqslant 9KT_2 \left(\frac{Z_E}{z_2 [\sigma]_H} \right)^2 = 9 \times 1.1 \times 620\,086 \times \left(\frac{155}{40 \times 220} \right)^2 \ \text{mm}^3 = 1\,904 \ \text{mm}^3$$

按接触强度要求，$m^2 d_1 \geqslant 1\,904 \ \text{mm}^3$，查表 5-5，选出 $m = 6.3 \ \text{mm}$，$d_1 = 63 \ \text{mm}$，$q = 10$，$\gamma = 11°18'36''$。

则 $a = \frac{m}{2}(q + z_2) = 157.5 \ \text{mm}$，$d_2 = m z_2 = 252 \ \text{mm}$。

（4）检验初设参数

蜗轮圆周速度 $v_2 = \frac{\pi d_2 n_2}{60 \times 1\,000} = 0.95 \ \text{m/s}$，滑动速度 $v_s = \frac{v_2}{\sin \gamma} = 4.93 \ \text{m/s}$。由于 v_s 较大，选用锡青铜为蜗轮材料合适。取 $\rho_v = 1°30'$。

$$\eta_1 = \frac{\tan \gamma}{\tan(\gamma + \rho_v)} = 0.9$$

蜗杆传动效率 $\eta = (0.95 \sim 0.96) \eta_1 = 0.85 \sim 0.86$，初选 $\eta = 0.85$ 与之相符。

（5）验算齿根弯曲疲劳强度

$$\sigma_F = \frac{1.8 K T_2 Y_{Fa2} Y_\beta}{m^2 d_1 z_2} \leqslant [\sigma_F]$$

蜗轮当量齿数 $z_{v2} = z_2 / \sin^3 \gamma \approx 43$，由表 7-4 查得 $z_{v2} = 43$ 时的齿形系数 $Y_{Fa} = 2.38$。

$$Y_\beta = 1 - \frac{\gamma}{120°} = 0.9$$

$$\sigma_F = \frac{1.8 K T_2 Y_{Fa2} Y_\beta}{m^2 d_1 z_2} = \frac{1.8 \times 1.1 \times 620\,086 \times 2.38 \times 0.9}{6.3^2 \times 63 \times 40} \text{MPa} = 26.29 \ \text{MPa}$$

$\sigma_F < [\sigma_F]$，满足弯曲强度。

（6）热平衡计算

计算所需箱体散热面积 A：

取环境温度 $t_0 = 20℃$，润滑油工作温度 $t_1 = 65℃$，散热系数 $K_t = 15 \ \text{W/(m}^2 \cdot ℃)$（通风条件好）。

所需箱体散热面积 $A = \dfrac{1\,000 P (1 - \eta)}{K_t (t_1 - t_0)} = \dfrac{1\,000 \times 5.5 \times (1 - 0.85)}{15 \times (65 - 20)} \text{m}^2 = 1.2 \ \text{m}^2$

根据箱体草图，计算箱体面积，如不满足散热要求，应采取散热措施。

（7）蜗杆、蜗轮几何尺寸计算（表 5-6 中公式）

蜗杆齿顶圆直径 $d_{a1} = d_1 + 2 h_{a1} = d_1 + 2 h_a^* m = (63 + 2 \times 1 \times 6.3) \ \text{mm} = 75.6 \ \text{mm}$（$h_a^* = 1$）

蜗杆齿根圆直径 $d_{f1} = d_1 - 2 h_{f1} = d_1 - 2(h_a^* + c^*) m = (63 - 2 \times 1.2 \times 6.3) \ \text{mm} = 47.88 \ \text{mm}$（$c^* = 0.2$）

蜗杆齿宽 $b_1 = 2.5 m \sqrt{z_2 + 1} = 2.5 \times 6.3 \sqrt{40 + 1} \ \text{mm} = 100.8 \ \text{mm}$

取 $b_1 = 100 \ \text{mm}$。

蜗轮喉圆直径 $d_{a2} = d_2 + 2 h_{a2} = d_2 + 2 h_a^* m = (252 + 2 \times 1 \times 6.3) \text{mm} = 264.6 \ \text{mm}$

138

蜗轮齿根圆直径 $d_{f2}=d_2-2h_{f2}=d_2-2(h_a^*+c^*)m=[252-2(1+0.2)\times6.3]\,\text{mm}=236.88\,\text{mm}$

蜗轮齿顶圆弧半径 $r_{g2}=a-d_{a2}/2=(157.5-264.6/2)\,\text{mm}=25.2\,\text{mm}$

蜗轮齿宽 $b_2=d_1\sin\dfrac{\theta}{2}=63\sin50°\,\text{mm}=48.26\,\text{mm}(\text{取}\;\theta=100°)$

为不损伤蜗轮齿宽 b_2，蜗轮外径

$$
\begin{aligned}
d_{e2}&>d_{a2}+2\left(r_{g2}-\frac{b_2}{2\tan\dfrac{\theta}{2}}\right)\\
&=264.6\,\text{mm}+2\times\left(25.2-\frac{48.26}{2\times\tan50°}\right)\,\text{mm}\\
&=274.5\,\text{mm}
\end{aligned}
$$

取 $d_{e2}=276\,\text{mm}$。

（8）精度设计、结构设计、绘制工作图（参考设计手册）

习　题

7-1 齿轮传动的失效形式有哪些？开式、闭式齿轮传动的主要失效形式有何区别？

7-2 相啮合的齿轮，大、小齿轮齿面接触应力 σ_H 是否相等？如何比较两齿轮齿面接触强度的高低？

7-3 对闭式软齿面、闭式硬齿面或开式齿轮传动，设计时应如何选取小齿轮齿数 z_1？

7-4 图 7-22 所示为两级斜齿圆柱齿轮减速器。已知齿轮 2 的模数 $m_{n2}=3\,\text{mm}$，$z_2=51$，$\beta_2=15°$，左旋；齿轮 3 的模数 $m_{n3}=5\,\text{mm}$，$z_3=17$。若主动轴 I 转向如图示，试问：

（1）为使中间轴 II 上的两个斜齿轮的轴向力方向相反，齿轮 3 应是什么旋向？

（2）画出各齿轮受力方向。

（3）齿轮 3 的螺旋角 β_3 应取多大值时，II 轴的轴向力为零？

（4）若主动轴 I 转向相反，II 轴的轴向力还是否为零？

7-5 图 7-23 所示为直齿锥齿轮—斜齿圆柱齿轮减速器，输出轴 III 转向如图示。试求：

（1）画出各轴转向及各齿轮受力方向；

（2）为使 II 轴轴向力小，合理确定斜齿轮 3 和 4 的旋向。

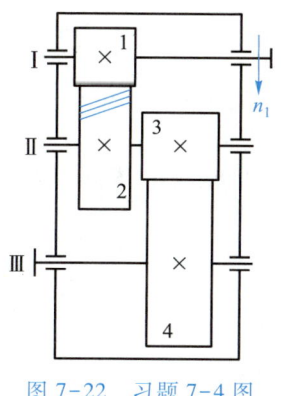

图 7-22　习题 7-4 图

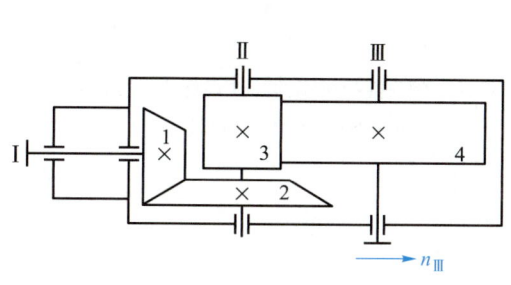

图 7-23　习题 7-5 图

7-6 设计图 7-24 所示的带式输送机中单级闭式直齿圆柱齿轮传动。已知电动机额定功率 $P = 7.5$ kW，$n = 960$ r/min，传动比 $i = 3.8$，单向转动，载荷平稳。

7-7 设计图 7-25 所示提升机用闭式双级斜齿圆柱齿轮减速器中的高速级齿轮传动。已知电动机额定功率 $P = 5.5$ kW，电动机转速 $n = 2\,900$ r/min，高速级传动比 $i = 3.9$，载荷平稳。

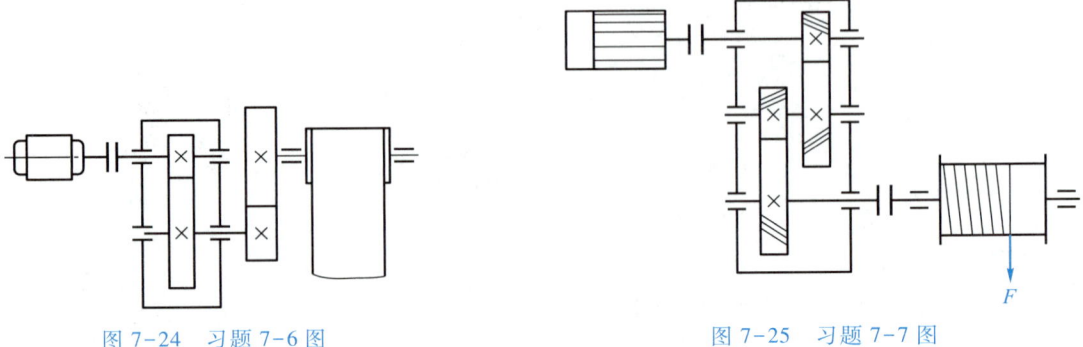

图 7-24　习题 7-6 图　　　　　　　　图 7-25　习题 7-7 图

7-8 蜗杆传动的主要失效形式是什么？常用的蜗轮材料有哪几类？

7-9 为什么对闭式蜗杆传动需进行热平衡计算？可以采取哪些措施改善散热条件？

7-10 图 7-26 所示为蜗杆—斜齿圆柱齿轮传动。蜗杆转向如图示，试画出各件受力方向和各轴转向。

7-11 图 7-27 所示为手动蜗杆传动起重器。已知蜗杆模数 $m = 5$ mm，$d_1 = 90$ mm，$z_1 = 1$，蜗轮齿数 $z_2 = 62$，蜗杆传动效率 $\eta = 0.45$，鼓轮直径 $D = 200$ mm，起重量 $G = 1\,500$ N，试：

（1）画出升起重物时蜗杆转向；

（2）求升起重物时蜗杆受各分力的大小，画出其方向。

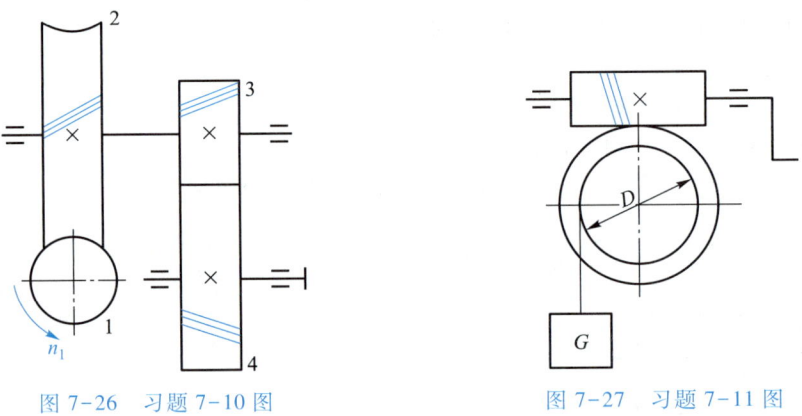

图 7-26　习题 7-10 图　　　　　　图 7-27　习题 7-11 图

7-12 设计一物料搅拌机用的圆柱蜗杆传动。蜗杆轴由电动机驱动。电动机功率 $P = 7.5$ kW，$n = 1\,460$ r/min，蜗轮轴转速 $n_2 = 50$ r/min，载荷平稳，单向转动。

第三篇　支承与连接

　　支承与连接是机器的重要组成部分，直接关系到机器的稳定性、可靠性等性能及成本。本篇将对轴、轴毂连接、轴承、螺纹连接以及联轴器等常见支撑连接件的基础知识、设计方法及应用进行介绍。旨在了解各零部件结构及功用，掌握轴承、阶梯轴和螺纹连接的设计方法，了解联轴器的应用。

第 8 章

轴及轴毂连接

8.1　概　　述

8.1.1　轴的分类

轴是组成机器的重要零件之一,它支承转动或摆动构件,如凸轮、带轮、齿轮、摇杆等,并传递运动及动力。

按受载情况,轴可分为转轴、心轴和传动轴三种。

转轴在工作中既传递转矩又受弯矩,如齿轮减速器中的轴(图 8-1),这类轴在各种机械设备中最为常见。心轴只承受弯矩而不受转矩,心轴又分为转动心轴(如图 8-2 所示的行星齿轮轴)和固定心轴(如图 8-3 所示的自行车的前轮轴)。传动轴只传递转矩,而不承受弯矩(或弯矩很小可不计),如汽车变速器与后桥间的传动轴(图 8-4)。

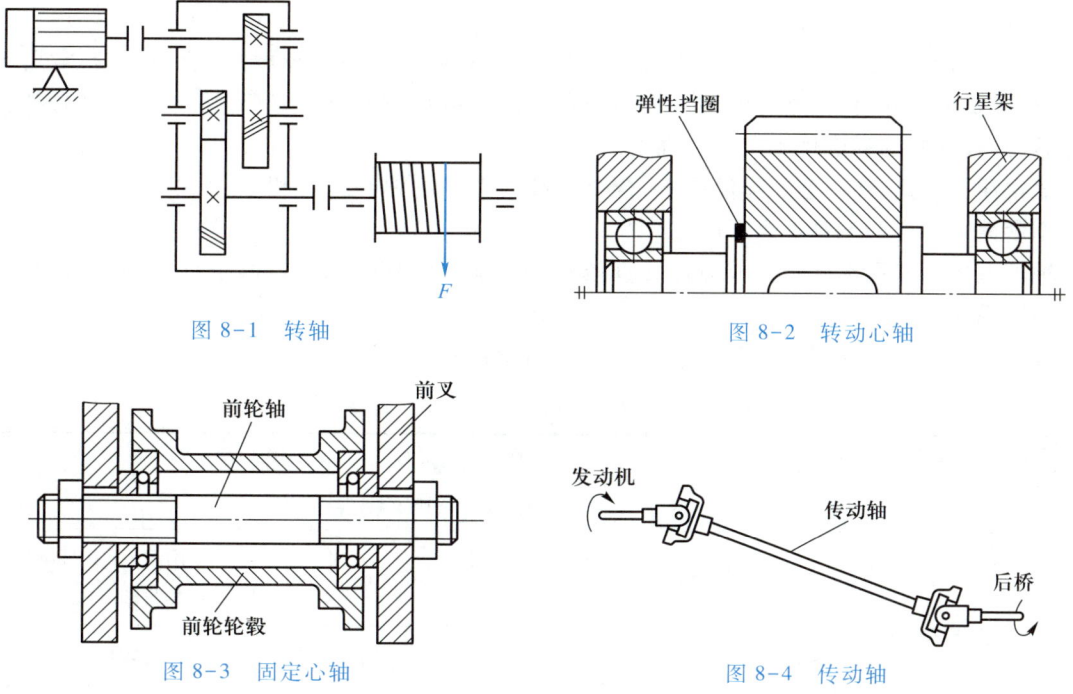

图 8-1　转轴

图 8-2　转动心轴

图 8-3　固定心轴

图 8-4　传动轴

根据轴线的形状,轴还可分为直轴(图8-1至图8-4)、曲轴(图8-5)及软轴(图8-6)。

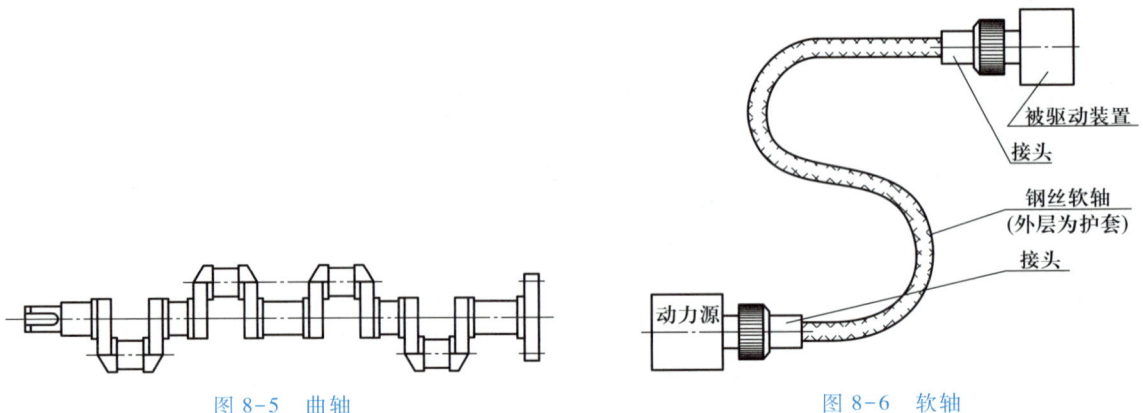

图 8-5　曲轴　　　　　　　　　　　　图 8-6　软轴

曲轴是往复式机械中的专用零件,用于内燃机、曲柄压力机等机械中。

软轴可以自由弯曲,两轴线几乎可以处于任意位置。常用于混凝土振动器、管路清洗机、医疗器械的动力传动中,也可以用在里程表、遥控仪等操纵系统的非动力传动中。软轴的尺寸规格已标准化,可根据使用要求直接选用。

8.1.2　轴的材料

轴的常用材料有碳素钢和合金钢。

优质碳素结构钢对应力集中的敏感性较低,价格低廉,其强度、刚度、韧性等均较好,故应用最广,最常用的是40、45钢。通常经调质或正火处理,改善其力学性能。对于低速、轻载或不重要的轴,可采用 Q235A 等碳素结构钢。

合金钢的力学性能和热处理性能均高于碳钢,但对应力集中比较敏感,价格较贵,常用于高速、重载或要求尺寸小、重量轻的轴。常用的合金钢有 40Cr、35CrMo、20Cr 等,通过热处理或化学处理后,具有良好的耐磨性和抗疲劳强度。

值得注意的是,在一般工作温度下,合金钢和碳素钢的弹性模量相近,所以如果只为了提高轴的刚度而采用合金钢是不合适的。

轴的毛坯一般用热轧圆钢或锻件。直径较小的轴,可用圆钢制造;对于重要的大直径的轴,采用锻造毛坯。

表8-1列出了几种轴的常用材料及其主要力学性能。

表 8-1　轴的常用材料及其主要力学性能　　　　　　　　　　　　　MPa

材料牌号	热处理	毛坯直径/mm	硬度/HBS	抗拉强度 σ_b	屈服极限 σ_s	许用弯曲应力 $[\sigma_{-1}]$	备　　注
Q235				440	235	40	用于不重要或载荷不大的轴
35	正火	≤100	149~187	530	315	45	应用较广泛

材料牌号	热处理	毛坯直径/mm	硬度/HBS	抗拉强度 σ_b	屈服极限 σ_s	许用弯曲应力 $[\sigma_{-1}]$	备 注
45	正火	≤100	170~217	600	300	55	应用最广泛
	调质	≤200	217~255	650	360	60	
40Cr	调质	≤100	241~286	735	540	70	用于载荷较大,而无很大冲击的重要轴
		>100~300	241~266	690	500		
35CrMo	调质	≤100	207~269	735	590	75	用于重载荷的轴
20Cr	渗碳淬火回火	≤60	表面 56~62 HRC	640	390	60	用于要求强度及韧性均较高的轴

8.2　轴的结构设计

由于轴上零件的数量、尺寸、装配方案、固定方法等多方面因素影响,轴的结构是多种多样,没有统一的样式。但轴的结构应满足以下几方面要求:轴上零件装拆方便,定位可靠;具有良好的制造工艺性;受力合理,形状接近于等强度。

8.2.1　轴上零件的装配方案

图 8-7a 所示的装配方案是两个齿轮分别从轴的两端装配,用套筒、轴承、端盖实现轴向固定,图 8-7b 所示的装配方案是两个齿轮都从轴的一端装配。两种方案所需的固定零件数

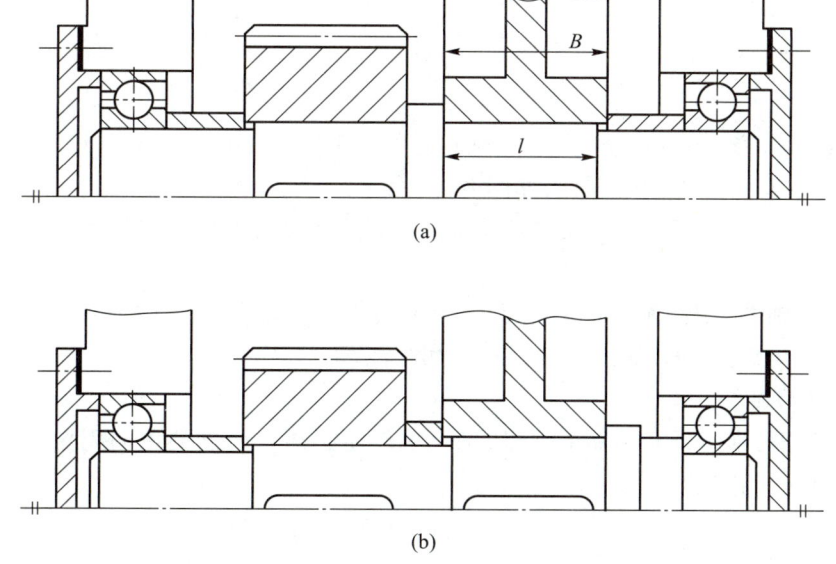

(a)

(b)

图 8-7　装配方案对轴的结构的影响

量相同,在零件拆装方便性、定位可靠性和制造工艺性方面差别不大,但 a 方案轴的外形接近于等强度,结构更简单。如果减速器不是剖分箱体,轴只能从箱体孔装入,这时,b 方案就是可行方案了。可见,轴上零件的装配方案要综合考虑各方面因素影响。不同的装配方案可以设计出不同的结构形式,设计时可以拟定几种不同的装配方案,通过综合评价,选定较优的方案。

8.2.2 轴上零件的固定方法

为确保轴上零件在载荷作用下能正常工作,轴上零件与轴必须有可靠的轴向及周向的固定。选用不同的固定方法,轴的结构也有变化。

1. 零件的轴向固定

零件在轴上的轴向固定方法,主要取决于它所受轴向力的大小,常用的方式有轴肩、套筒、轴端挡圈、圆螺母、弹性挡圈等形式。

如图 8-7a 所示,两齿轮都是一侧用轴环、另一侧用套筒来固定,通过套筒、轴承、端盖实现轴向固定。

轴肩或轴环结构简单,定位可靠,可承受较大的轴向力。为了使零件能紧靠轴肩而得到可靠的定位,轴肩处的过渡圆角半径 r 必须小于与之相配零件的圆角半径 R 或倒角尺寸 C_1,如图 8-8 所示。为方便拆卸轴承,固定轴承的轴肩高度或套筒厚度必须低于轴承内圈的厚度,如图 8-7b 所示。

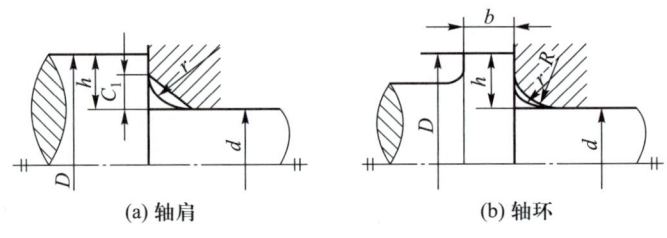

(a) 轴肩　　　　　　　　(b) 轴环

图 8-8　轴肩和轴环

套筒定位结构简单,装拆方便,多用于轴上两个零件距离较小的场合。

轴端挡圈主要用于固定轴端零件,如图 8-9a 所示。

采用圆螺母、弹性挡圈固定时,轴的应力集中较大,一般用于轴端零件的固定,如图 8-9b、c 所示。

当采用套筒、轴端挡圈、圆螺母固定时,为保证定位可靠,应使零件的轮毂宽度 B 大于轴段长度 l,一般取 $B-l=2\sim3$ mm,如图 8-7a、图 8-9b 所示。

2. 零件的周向固定

为了满足机器传递运动和转矩的要求,轴上零件还必须有可靠的周向固定。常用的周向固定零件有键、花键等,详见 8.4 节。

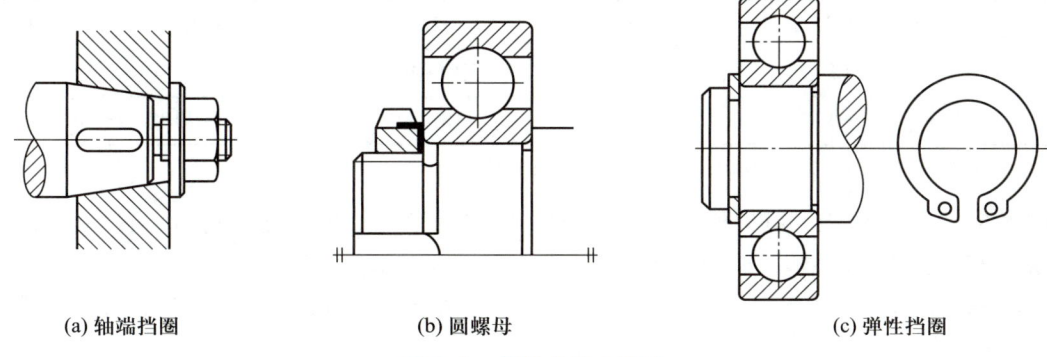

| (a) 轴端挡圈 | (b) 圆螺母 | (c) 弹性挡圈 |

图 8-9　零件的轴向固定

8.2.3　轴的直径和长度

当轴上零件的装配方案和固定方法选定后,轴的外观形状就基本确定了。轴的各段直径和长度即具体尺寸涉及轴的承载能力。通常是按扭转强度条件求出轴的最小轴径,在此基础上,按既定的轴上零件装配方案和固定方法进行轴的结构设计。当确定了轴的各段直径和长度后,再进行承载能力验算。

轴的扭转强度条件为

$$\tau = \frac{T}{W_T} \approx \frac{9.55 \times 10^6 \dfrac{P}{n}}{0.2d^3} \leqslant [\tau] \tag{8-1}$$

式中:τ——扭转切应力,MPa;

　T——轴所受的转矩,N·mm;

　W_T——轴的抗扭截面系数,mm^3;

　n——轴的转速,r/min;

　P——轴传递的功率,kW;

　d——轴的直径,mm;

　$[\tau]$——许用扭转切应力,MPa(见表8-2)。

由上式可得轴的直径

$$d \geqslant \sqrt[3]{\frac{9.55 \times 10^6}{0.2[\tau]}} \cdot \sqrt[3]{\frac{P}{n}}$$

简写为

$$d \geqslant A\sqrt[3]{\frac{P}{n}} \tag{8-2}$$

式中:系数 A 根据轴的材料查表8-2。

表 8-2　几种常用轴材料的 $[\tau]$ 及 A 值

轴的材料	Q235、20	35	45	40Cr、35SiMn、38SiMnMo、2Cr13
$[\tau]$/MPa	12~20	20~30	30~40	40~52
A	160~135	135~118	118~107	107~98

注:当弯矩相对转矩很小或只受转矩时,A 取较小值;反之 A 取较大值。

　　应当注意,当轴段上开有键槽时,应增大轴径以考虑键槽对轴强度的削弱。有一个键槽时,轴径增大 3%;有两个键槽时,应增大 7%。

　　式(8-2)求出的直径作为转轴的最小直径 d_{min},应是轴端直径。以图 8-1 中二级齿轮减速器的输出轴结构为例,如图 8-10 所示,说明设计原则。

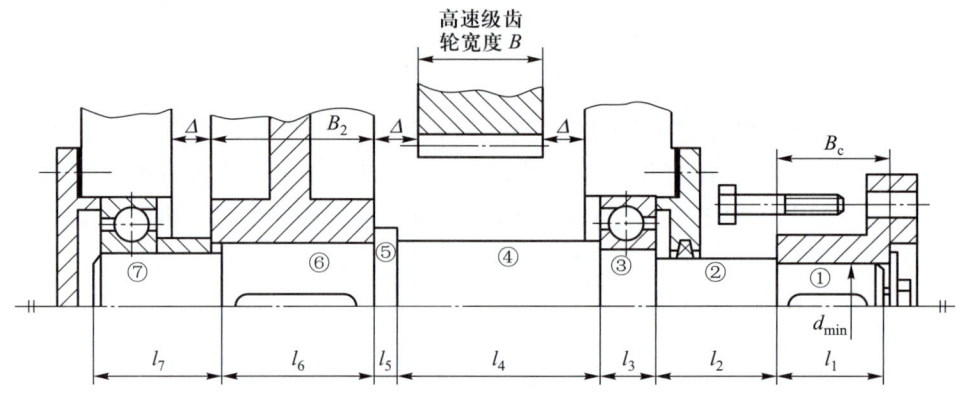

图 8-10　二级齿轮减速器的输出轴

　　各段直径的设计原则:
　　(1)与标准件配合处应取标准件直径,如①、②、③、⑦处直径。
　　(2)与非标准件配合处尽量取标准尺寸,如⑥处直径,这样,如齿轮孔用定形刀具(如拉刀)加工时,工艺性好。
　　(3)自由表面直径应满足定位轴肩高度要求,使轴上零件装拆方便,定位可靠,如④、⑤处直径。
　　各段长度的设计原则:
　　(1)与传动件配合段长度 l 小于轮毂宽度 B,使轴上零件定位可靠,如①、⑥处轴段长度。
　　(2)其他各段长度要保证零件所需的装配空间和相邻零件的轴向运转空间 Δ,如②、④、⑤处轴段长度。
　　轴的结构设计应在满足以上几方面要求的条件下,力求结构简单、尺寸紧凑。

8.2.4　轴的结构工艺性

　　轴的结构工艺性是指轴具有良好的加工和装配性能。
　　轴的结构工艺性通常要注意以下几个方面:为了便于轴上零件的装配和避免划伤,应加工出倒角;需磨削加工的轴段,应留有砂轮越程槽(图 8-11a);需车制螺纹的轴段,应留有螺纹退刀槽

148

（图 8-11b）；为了减少加工刀具种类和换刀时间，多个键槽应布置在轴的同一母线上，以便一次装夹加工；同一根轴上的键槽宽度、圆角半径、倒角尺寸等尽可能统一。

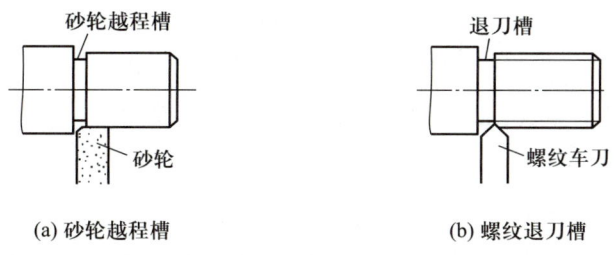

（a）砂轮越程槽　　　　　　　（b）螺纹退刀槽

图 8-11　越程槽与退刀槽

8.3　轴 的 计 算

在初步完成轴的结构设计后，需要进行轴的强度校核。此外，对某些轴（如机床主轴）还需进行刚度校核。

8.3.1　轴的强度计算

轴的强度计算应根据轴的受载情况采用相应的计算方法，对于传动轴，按扭转强度条件计算轴的直径；对于转轴，通常是先根据扭转强度计算轴的最小直径，结构设计完成后，再校核轴的弯扭合成强度。

1. 按扭转强度条件计算

式（8-2）是按扭转强度条件建立的轴径计算式，适用于传动轴的精确计算。对于转轴，可根据式（8-2）确定轴的最小直径，并用降低许用切应力（A 取较大值）的方法考虑弯矩的影响。

2. 按弯扭合成强度条件计算

当完成转轴的结构设计后，轴上载荷和支点的位置均已确定，可按弯扭合成强度条件对转轴进行强度校核，计算步骤如下：

（1）作出轴的受力简图，将外载荷分解为水平面和垂直面的分力，并求出水平面支反力和垂直面支反力。

（2）绘制水平面弯矩 M_H 与垂直面弯矩 M_V 图。

（3）计算合成弯矩 $M = \sqrt{M_H^2 + M_V^2}$，绘制合成弯矩图。

（4）计算转矩 $T = 9.55 \times 10^6 P/n$，绘制扭矩图。

（5）求计算弯矩 $M_{ca} = \sqrt{M^2 + (\alpha T)^2}$，绘制计算弯矩图，判断轴危险截面。

上式中 α 是考虑弯曲应力与扭转切应力的循环特性不同的折合系数。当扭转切应力 τ 是静应力（轴单向连续转动）时，取 $\alpha \approx 0.3$；当 τ 是脉动循环变化（轴单向不连续转动）时，取 $\alpha \approx 0.6$；对于频繁正反转的轴，τ 可视为对称循环变应力，取 $\alpha = 1$。若转矩的变化规律不清楚，一般按脉动循环处理。

（6）校核轴的强度。

对轴的危险截面进行强度校核

$$\sigma_{ca} = \frac{M_{ca}}{W} = \frac{\sqrt{M^2 + (\alpha T)^2}}{0.1d^3} \leqslant [\sigma_{-1}] \qquad (8-3)$$

式中：W——轴的抗弯截面系数，mm^3，对于圆形截面的实心轴 $W = \frac{\pi d^3}{32} \approx 0.1d^3$，$d$ 为选定的危险

截面轴径；

$[\sigma_{-1}]$——轴的许用弯曲应力，MPa，其值按表 8-1 选用。

式（8-3）也适用于心轴。当计算心轴时，$T = 0$。对固定心轴，σ 按脉动循环处理，许用弯曲应力按表 8-1 取 $[\sigma_0]$。

8.3.2 轴的刚度计算

轴受载后会产生弹性变形，弹性变形过大将影响轴的正常工作，导致机器工作性能下降，甚至失效。例如，机床主轴弹性变形过大则影响加工零件的精度，电动机轴的弹性变形过大则影响电动机的性能等。对这些刚度要求较高的轴，必须进行刚度校核，其计算方法可查阅机械设计手册。

例 8-1 设计例 7-2 中的提升机用二级斜齿圆柱齿轮减速器的输出轴，机器传动简图见图 8-1。低速级斜齿轮尺寸已由例 7-2 设计出。按例 7-2 的条件：小齿轮输入功率 $P_1 = 5.46$ kW，转速 $n_1 = 725$ r/min，单向转动，传动比 $i = 3.1$。设计出的齿轮尺寸：$d_1 = 70.541$ mm，$B_1 = 70$ mm，$d_2 = 219.459$ mm，$B_2 = 65$ mm，$\beta = 16°53'1''$。

设计

（1）选择轴的材料

一般用途的减速器，轴的材料常用 45 钢，调质处理。由表 8-1 查得，许用弯曲应力 $[\sigma_{-1}] = 60$ MPa。根据表 8-2，取 $A = 110$。

（2）拟定轴上零件的装配方案

按机器传动简图（图 8-1），输出轴上装有低速级斜齿轮 2、定位套筒、轴承和联轴器。为减小套筒长度，齿轮 2 从轴的左端装入，装配方案如图 8-12 所示。现说明图 8-12 中轴的结构尺寸设计过程。

（3）轴的结构尺寸设计

输出轴转速 $n = n_1/i = 725/3.1$ r/min = 233.9 r/min，输出轴功率 $P = P_1 = 5.46$ kW（近似按输入轴功率算）。

由式（8-2），轴的最小直径为

$$d_{min} \geqslant A\sqrt[3]{\frac{P}{n}} = 110\sqrt[3]{\frac{5.46}{233.9}} \text{ mm} = 31.44 \text{ mm}$$

考虑键槽的影响，轴径增加 3%，$d_{min} \geqslant 1.03 \times 31.44$ mm = 32.38 mm。

按图 8-1 所示的机器传动方案，输出轴的轴端处安装联轴器。联轴器是标准件，最小直径应圆整为联轴器的孔径。初选弹性柱销联轴器，从设计手册上查得，联轴器轴孔直径 $d = 35$ mm，轴孔长度 $B_c = 60$ mm。为使联轴器轴向定位可靠，取 $l_1 = 58$ mm。

① 轴段处公称尺寸 $d_1 \times l_1 = 35$ mm$\times 58$ mm。

② 轴段处安装密封圈，直径取标准密封圈孔径，同时兼顾定位轴肩高度，取 $d = 40$ mm。考虑联轴器安装的轴向空间，取 $l_2 = 60$ mm。②处轴段公称尺寸 $d_2 \times l_2 = 40$ mm$\times 60$ mm。

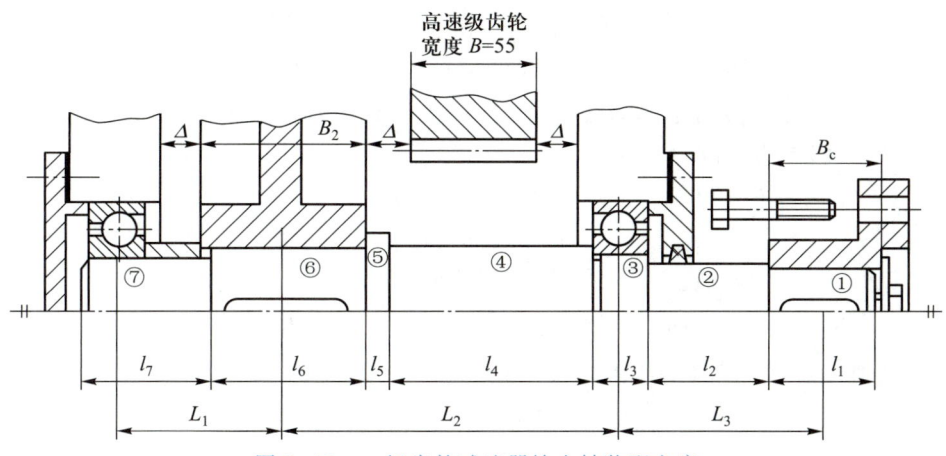

图 8-12　二级齿轮减速器输出轴装配方案

③ 轴段处安装轴承,为方便轴承安装,直径应大于 40 mm,并取轴承的孔径。由附表 2,初选轴承 7209AC,轴承的孔径 $d=45$ mm,宽度 $B=19$ mm。③处轴段公称尺寸 $d_3 \times l_3 = 45$ mm×19 mm。

④ 轴段处为自由表面,但需要给轴承提供定位轴肩,故轴的直径应保证轴承定位可靠、拆装方便。查 7209AC 轴承安装尺寸 $d=52$ mm。取各零件之间的轴向空间 $\Delta=15$ mm、轴承缩进箱体 5 mm,高速级齿轮宽度 $B=55$ mm,则 $l_4+l_5=90$ mm。取 $l_5=10$ mm,$l_4=80$ mm。④处轴段公称尺寸 $d_4 \times l_4=52$ mm×80 mm。

⑤ 轴段处为自由表面,但需要给齿轮提供定位轴肩,取 $d=60$ mm。⑤处轴段公称尺寸 $d_5 \times l_5=60$ mm×10 mm。

⑥ 轴段处安装齿轮,为方便安装,直径应大轴承孔径,取 $d=50$ mm,也是标准尺寸。为使齿轮轴向定位可靠,取 $l_6=62$ mm$<B_2=65$ mm。⑥处轴段公称尺寸 $d_6 \times l_6=50$ mm×62 mm。

⑦ 轴段处安装套筒与轴承,取 $\Delta=15$ mm,轴承缩进箱体 5 mm,轴承宽度 $B=19$ mm,计入倒角宽和 l_6 段的缩进 3 mm,取 $l_7=43$ mm。⑦处轴段公称尺寸 $d_7 \times l_7=45$ mm×43 mm。

至此,轴各段直径和长度已初步确定。

（4）轴的结构工艺性

齿轮、联轴器的周向定位采用 A 型普通平键连接,由附表 16,查得安装齿轮处平键尺寸 $b \times h=14 \times 9$,键长 $L=56$ mm;安装联轴器处平键尺寸 $b \times h \times L=10 \times 9 \times 50$,将两个键槽布置在轴的同一母线上,键连接强度验算略。

③轴段应留有砂轮越程槽。在零件图上标出轴上圆角和倒角尺寸。

（5）校核弯扭合成强度条件

由轴的结构设计确定了轴承的位置和支点距离,近似按轴承宽度中点确定出 $L_1=62$ mm,$L_2=132$ mm,$L_3=98$ mm。

① 轴上斜齿轮受力分析:

$$T_1 = 9.55 \times 10^6 \frac{P_1}{n_1} = 9.55 \times 10^6 \frac{5.46}{725} \text{ N} \cdot \text{mm} = 71\,921 \text{ N} \cdot \text{mm}$$

$$F_t = \frac{2T_1}{d_1} = \frac{2 \times 71\,921}{70.541} \text{ N} = 2\,039 \text{ N}$$

$$F_r = \frac{F_t \tan \alpha_n}{\cos \beta} = \frac{2\,039 \tan 20°}{\cos 16°53'1''} \text{ N} = 776 \text{ N}$$

$$F_a = F_t \tan \beta = 2\,039 \tan 16°53'1'' \text{ N} = 619 \text{ N}$$

② 画轴的受力简图(图 8-13a),根据斜齿轮受力分析,各分力方向如图 8-13a 所示。

③ 求水平面内支反力(图 8-13b):

$$\because F_t L_2 = F_{RH1}(L_1 + L_2)$$

$$\therefore F_{RH1} = \frac{F_t L_2}{L_1 + L_2} = \frac{2\,039 \times 132}{62 + 132} \text{ N} = 1\,387.4 \text{ N}$$

$$F_{RH2} = F_t - F_{RH1} = (2\,039 - 1\,387.4) \text{ N} = 651.6 \text{ N}$$

④ 求水平面弯矩并画水平面弯矩图(图 8-13c)。

$$M_H = F_{RH1} L_1 = 1\,387.4 \times 62 \text{ N} \cdot \text{mm} = 86\,019 \text{ N} \cdot \text{mm}$$

⑤ 求垂直面内支反力(图 8-13d):

$$\because F_{RV1}(L_1 + L_2) + M_a = F_r L_2$$

$$\therefore F_{RV1} = \frac{F_r L_2 - F_a \dfrac{d_2}{2}}{L_1 + L_2} = \frac{776 \times 132 - 619 \times \dfrac{219.459}{2}}{194} \text{ N} = 178 \text{ N}$$

$$F_{RV2} = F_r - F_{RV1} = (776 - 178) \text{ N} = 598 \text{ N}$$

⑥ 求垂直面弯矩并画垂直面弯矩图(图 8-13e)。

$$M_{V1} = F_{RV1} L_1 = 178 \times 62 \text{ N} \cdot \text{mm} = 11\,036 \text{ N} \cdot \text{mm}$$

$$M_{V2} = M_{V1} + M_a = (11\,036 + 67\,923) \text{ N} \cdot \text{mm} = 78\,959 \text{ N} \cdot \text{mm}$$

⑦ 求合成弯矩并画合成弯矩图(图 8-13f)。

$$M_1 = \sqrt{M_H^2 + M_{V1}^2} = \sqrt{86\,019^2 + 11\,036^2} \text{ N} \cdot \text{mm} = 86\,724 \text{ N} \cdot \text{mm}$$

$$M_2 = \sqrt{M_H^2 + M_{V2}^2} = \sqrt{86\,019^2 + 78\,959^2} \text{ N} \cdot \text{mm} = 116\,764 \text{ N} \cdot \text{mm}$$

⑧ 求转矩并画转矩图(图 8-13g)。

$$T = F_t \times \frac{d}{2} = 2\,039 \times \frac{219.459}{2} \text{ N} \cdot \text{mm} = 223\,738 \text{ N} \cdot \text{mm}$$

⑨ 求计算弯矩并画计算弯矩图(图 8-13h)。

因是单向运转,考虑起动、停车因素,转矩按脉动循环变化计算,取 $\alpha = 0.6$。

$$M_{ca1} = M_1 = 86\,724 \text{ N} \cdot \text{mm}$$

$$M_{ca2} = \sqrt{M_2^2 + (\alpha T)^2} = \sqrt{(116\,764)^2 + (0.6 \times 223\,738)^2} \text{ N} \cdot \text{mm} \approx 177\,918 \text{ N} \cdot \text{mm}$$

⑩ 强度校核:最大计算弯矩处轴径 $d = 50$ mm,由式(8-3)得

$$\sigma_{ca} = \frac{M_{ca2}}{W} = \frac{177\,918}{0.1 \times 50^3} \text{ MPa} = 14.23 \text{ MPa} < [\sigma_{-1}]$$

强度足够。

(6)绘制工作图

参考设计手册,按设计出的基本尺寸,选定尺寸和几何公差,绘制轴工作图,如图 8-14 所示。

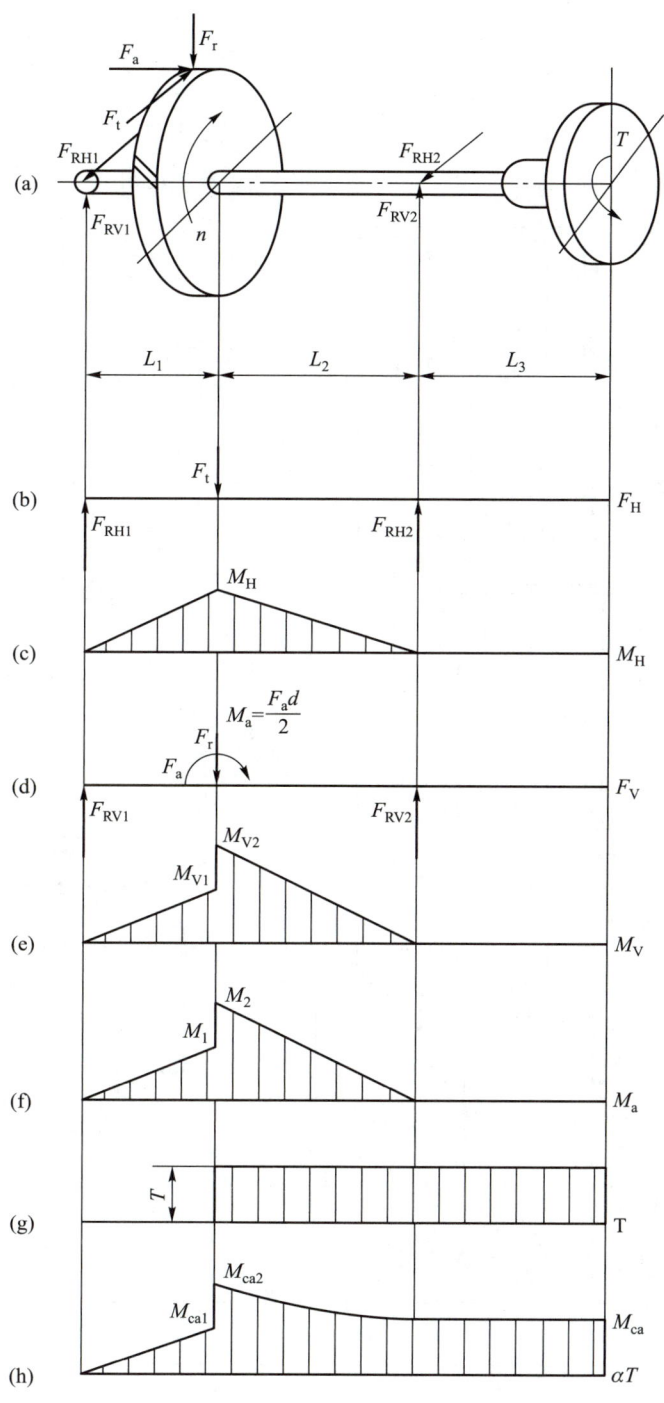

图 8-13　例 8-1 轴的弯扭合成强度计算

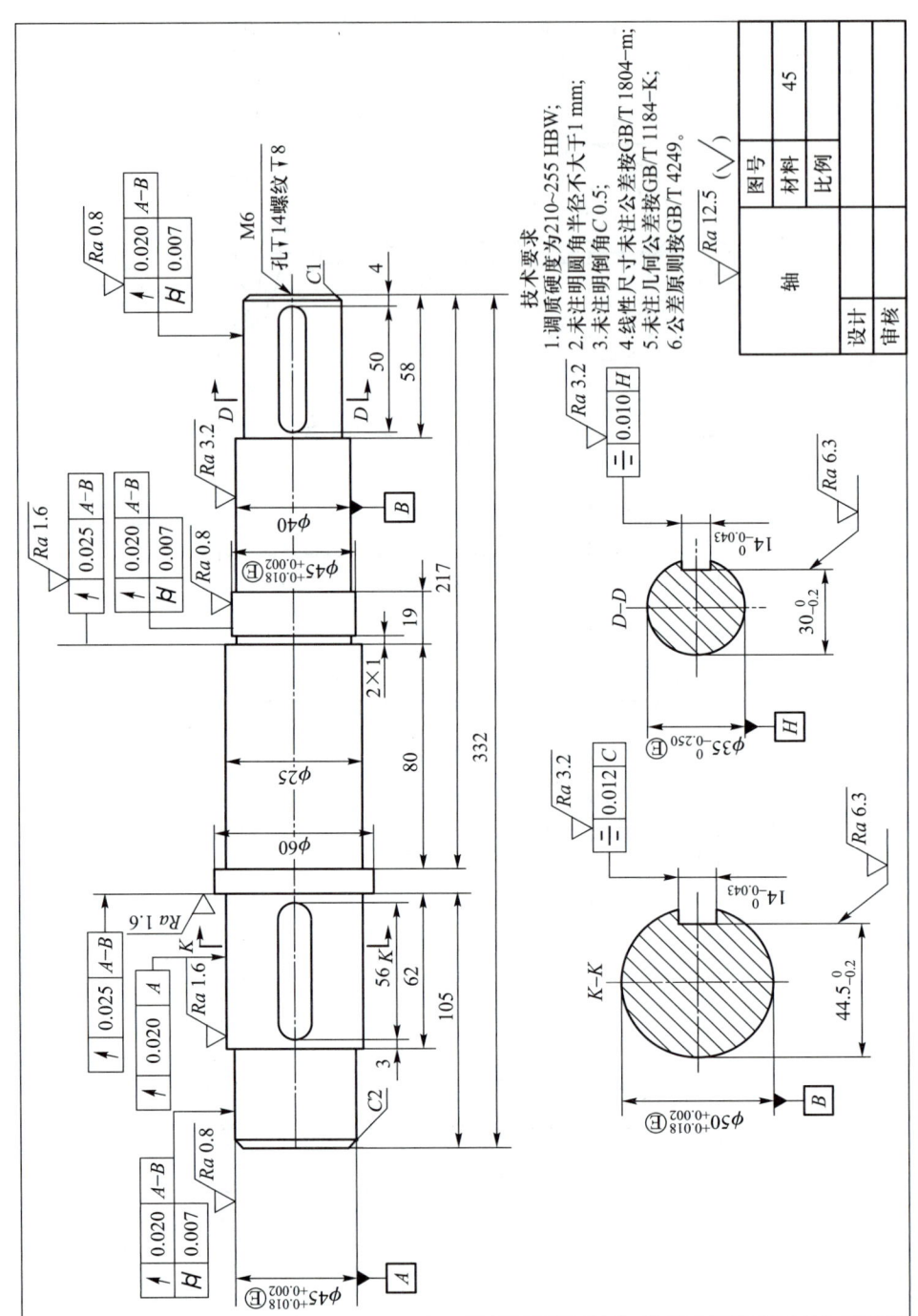

图 8-14 例 8-1 轴的工作图

154

8.4 轴毂连接

为了传递运动和转矩,轴和轴上零件必须可靠地沿周向连接(固定),周向连接可采用键连接、花键连接、销连接、过盈配合等,统称为轴毂连接。

8.4.1 键连接的类型及其结构形式

键连接已经标准化,可分为平键连接、半圆键连接、楔键连接和切向键连接。

1. 平键连接

平键的两侧面为工作面,键的上表面与轮毂上的键槽底部之间留有间隙(图8-15a),靠键和键槽的侧面挤压传递转矩。平键连接对中性好、装拆方便,因而应用广泛。平键按用途分有三种:普通平键、导向平键和滑键。

普通平键用于轮毂与轴间无相对滑动的静连接,按端部形状不同分为圆头(A型)、方头(B型)、单圆头(C型)三种。A型平键(图8-15b)的轴上键槽用指状铣刀铣出,槽的形状与键相同,键在槽中固定良好,但轴上键槽端部应力集中较大;B型平键(图8-15c)键槽是用盘状铣刀加工,轴的应力集中较小;C型平键(图8-15d)常用于轴端的连接。

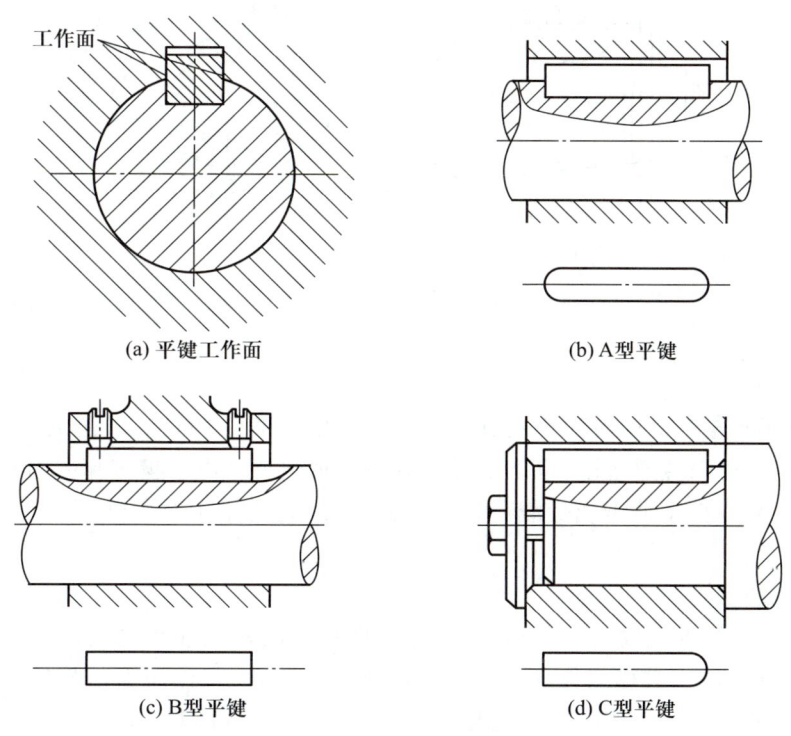

(a) 平键工作面   (b) A型平键

(c) B型平键   (d) C型平键

图8-15　普通平键连接

导向平键和滑键均用于轮毂与轴间需要有相对滑动的动连接。导向平键(图8-16)用螺钉固定在轴上的键槽中,轮毂沿轴作轴向移动。导向平键适用于轮毂沿轴向移动距离较小的场合。

滑键（图 8-17）则是将键固定在轮毂上，随轮毂一起沿键槽移动，它适用于轮毂轴向移动距离较大的场合。

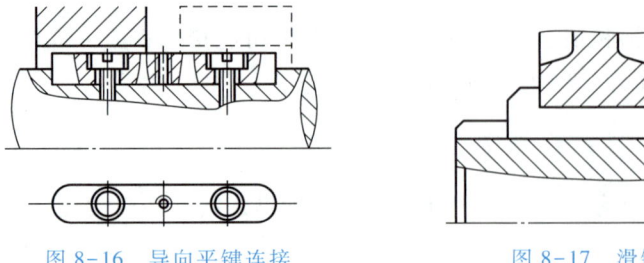

图 8-16　导向平键连接　　　　　　　图 8-17　滑键连接

2. 半圆键连接

半圆键连接的工作原理与平键连接相同（图 8-18），两侧面为工作面。半圆键在槽中可绕其几何中心摆动以适应轮毂键槽的斜度，定心较好，装配方便。但由于轴上键槽较深，对轴的强度削弱较大，故一般多用于轻载连接，尤其是锥形轴端与轮毂的连接中。

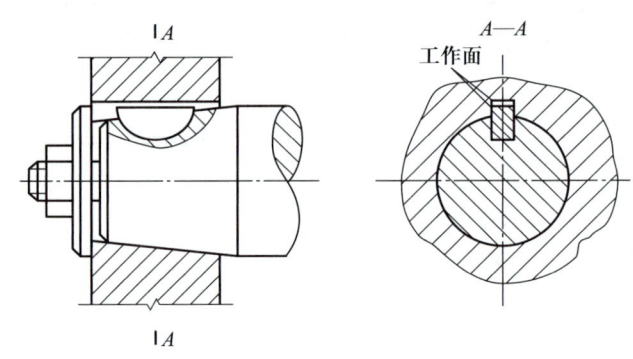

图 8-18　半圆键连接

3. 楔键连接

楔键的上表面和轮毂键槽底面均具有 1:100 的斜度（图 8-19a）。装配后，键楔紧于轴槽和轮毂槽之间，靠摩擦力来传递扭矩，也能承受单方向的轴向力。由于楔键打入时造成轴与轮毂的偏心（图 8-19b），且在振动冲击或变载荷下容易松动，因此适用于对中性要求不高、载荷平稳和低速的连接。

4. 切向键连接

切向键是由一对楔键组成（图 8-20a），装配时将两键楔紧在轴与轮毂的键槽内，其上、下两面（窄面）为工作面。轴上键槽工作面在通过轴心线的平面内，工作面上的挤压力沿轴的切线作用，能传递很大的转矩。一个切向键只能传递单向转矩，若要传递双向转矩，必须用两个切向键，并错开 120°～130° 反向安装（图 8-20b）。切向键连接主要用于轴径大于 100 mm、对中性要求不高且载荷较大的重型机械中。

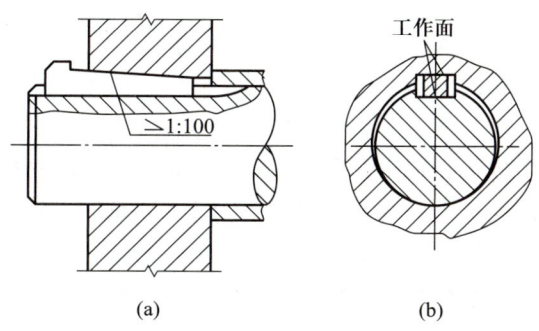

图 8-19　楔键连接

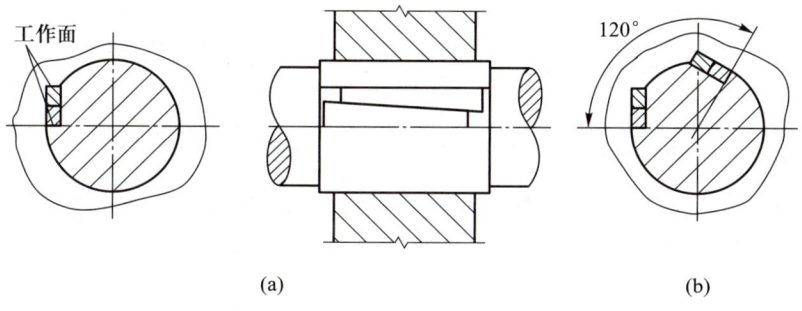

图 8-20　切向键连接

8.4.2　平键连接的选择及强度计算

1. 平键的尺寸选择

平键的基本尺寸(键宽 b、键高 h、键长 L)已标准化。键的截面尺寸(键宽 b 和键高 h)参考轴的直径 d 选定,键的长度 L 要略小于轮毂的宽度,并符合标准规定的长度系列。

2. 平键连接的强度校核

平键连接的受力情况如图 8-21 所示,主要失效形式是工作面被压溃(静连接)或磨损(动连接),一般不会出现键的剪断。因此,对于普通平键连接只需进行挤压强度计算,对于导向平键或滑键连接需进行耐磨性计算。

普通平键连接的挤压强度条件为

$$\sigma_P = \frac{2T}{kld} \leqslant [\sigma_P] \qquad (8-4)$$

导向平键和滑键的耐磨性条件为

$$p = \frac{2T}{kld} \leqslant [p] \qquad (8-5)$$

式中：T——转矩,N·mm;

　　　d——轴径,mm;

　　　k——键与轮毂接触高度,$k = 0.4h$,mm;

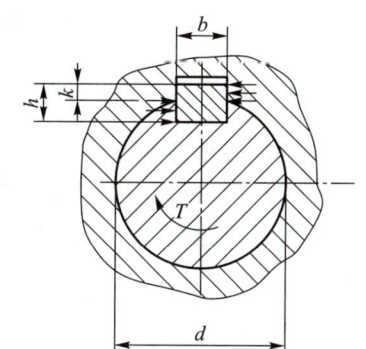

图 8-21　平键连接的受力情况

157

l——键的工作长度,mm,A 型键 $l=L-b$,B 型键 $l=L$,C 型键 $l=L-\dfrac{b}{2}$;

L——键的公称长度,mm;

b——键宽,mm;

$[\sigma_P]$——普通平键连接中较弱材料的许用挤压应力,MPa,见表 8-3;

$[p]$——导向平键和滑键连接中较弱材料的许用比压,MPa,见表 8-3。

表 8-3　键连接的许用应力　　　　　　　　　　　　　　　　　　MPa

许用应力	零件材料	载 荷 性 质		
		静载荷	轻微冲击	冲击
$[\sigma_P]$	钢	120~150	100~120	60~90
	铸铁	70~80	50~60	30~45
$[p]$	钢	50	40	30

注:如果与键有相对滑动的键槽经表面硬化处理,则 $[p]$ 值可提高 2~3 倍。

当强度不足时,可采取下列措施:采用两个平键,相隔 180° 布置,按 1.5 倍单键键长计算连接的强度;若轮毂允许加宽,可增加键长,但不宜超过 $(1.6\sim1.8)d$。

8.4.3　花键连接

花键连接是由轴和轮毂孔上的多个键齿和键槽组成,如图 8-22 所示,键的齿侧是工作面。由于多齿传递载荷,故花键连接比平键连接的承载能力高,定心性和导向性好。

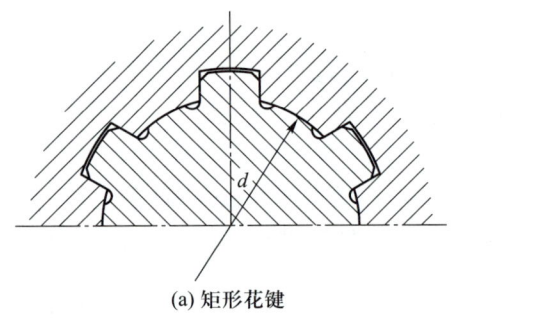

(a) 矩形花键　　　　　　　　　　　(b) 渐开线花键

图 8-22　花键连接

花键按齿形不同,分为矩形花键和渐开线花键。矩形花键连接靠小径 d 的配合定心(图 8-22a),配合表面可磨削,定心精度高,应用广泛。

渐开线花键(图 8-22b)的分度圆压力角 α 规定了 30° 和 45° 两种,定心方式为齿形定心,具有自动定心的作用。

习　题

8-1 轴按受载情况分为哪几种类型？

8-2 自行车的前轴、中轴和后轴是受弯矩还是既受弯矩又受转矩？是心轴还是转轴？

8-3 轴的常用材料有哪些？为提高轴的刚度将轴的材料由45钢改为40Cr合金钢是否合适？为什么？

8-4 轴上零件的轴向及周向固定方式有哪些？各适用于什么场合？

8-5 公式 $d \geqslant A\sqrt[3]{\dfrac{P}{n}}$ 中，A 值取决于什么？

8-6 已知一传动轴传递的功率 $P = 40$ kW，转速 $n = 960$ r/min，若该轴的许用扭转切应力 $[\tau] = 40$ MPa，试求该轴的直径。

8-7 平键与楔键的工作原理有何差异？

8-8 平键连接有哪些失效形式，平键的尺寸 $b \times h \times L$ 如何确定？

8-9 矩形花键和渐开线花键采用的定心方式各是什么？

8-10 某单级圆柱齿轮减速器的从动轴，传递的功率 $P = 20$ kW，转速 $n = 600$ r/min，轴的材料为45钢，试估算该轴的最小直径。

8-11 已知带式运输机中一单级直齿圆柱齿轮减速器（参见表5-12中图示），齿轮的模数 $m = 4$ mm，$z_1 = 18$，$z_2 = 82$，小齿轮输入功率 $P_1 = 22$ kW，转速 $n_1 = 1\,470$ r/min。若轴承支点跨距 $l = 180$ mm，齿轮相对支点对称布置，轴的材料采用45钢，调质处理。试计算减速器输出轴危险截面处的直径（输入、输出均采用联轴器）。

8-12 设计双级斜齿圆柱齿轮减速器的输入轴，机器传动简图如图8-1所示。已知输入轴工作功率 $P = 5.7$ kW，转速 $n = 2\,900$ r/min，单向转动。输入轴上的齿轮尺寸：$m_n = 3$ mm，$z_1 = 17$，$\beta = 16°20'18''$，$B_1 = 45$ mm。中间轴上低速级齿轮宽度 $B = 70$ mm。

8-13 某铸铁V带轮采用普通平键与轴连接。已知传递转矩 $T = 900$ N·m，轴径 $d = 60$ mm，带轮轮毂宽度 $B = 80$ mm，轴的材料为45钢，载荷有轻微冲击。试确定键的尺寸，并校核键连接强度。

第9章

轴　　承

轴承是用来支承轴及其他旋转构件的重要基础件,按轴承工作时的摩擦性质,可分为滚动轴承和滑动轴承两大类。

9.1　滚动轴承的类型、代号及其选择

滚动轴承具有摩擦阻力小、效率高、润滑和维护方便等特点,在机械中得到广泛应用。

滚动轴承已经标准化,在机械设计中,主要是根据工作条件选择轴承的类型和型号,设计出合理的支承结构,即轴承组合设计,并根据轴承的受载及工况,进行寿命、静载荷等计算。

9.1.1　滚动轴承的结构和类型

1. 滚动轴承的基本结构

滚动轴承的基本结构如图9-1所示,由内圈1、外圈2、滚动体3和保持架4等部分组成。滚动体形状有球、圆柱滚子、圆锥滚子、球面滚子(图9-2)等。保持架的作用是将滚动体均匀地隔开,避免相邻滚动体接触产生磨损。

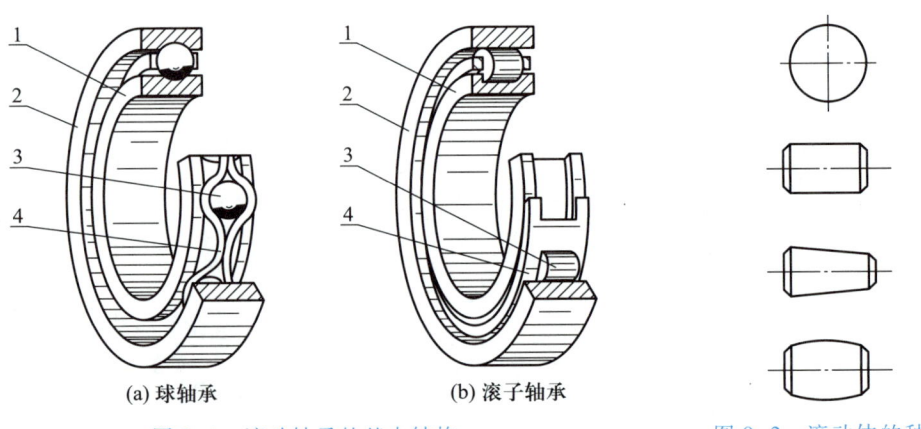

(a) 球轴承　　　　　　　(b) 滚子轴承

图 9-1　滚动轴承的基本结构　　　　　图 9-2　滚动体的种类

滚动体与套圈接触处的法线和垂直于轴承轴线平面之间的夹角称为公称接触角 α。公称接触角越大,轴承承受轴向载荷的能力越强。根据 α 的不同,可分为向心轴承和推力轴承,见表9-1。

160

表 9-1　滚动轴承的公称接触角

轴承类型	向 心 轴 承		推 力 轴 承	
	径向接触轴承	向心角接触轴承	推力角接触轴承	轴向接触轴承
公称接触角 α	$\alpha = 0°$	$0° < \alpha \leqslant 45°$	$45° < \alpha < 90°$	$\alpha = 90°$
图例	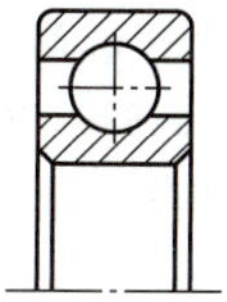	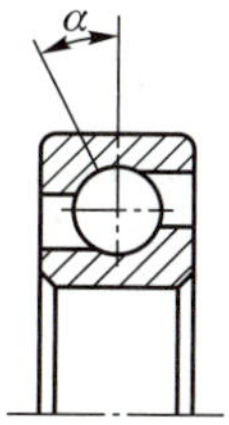	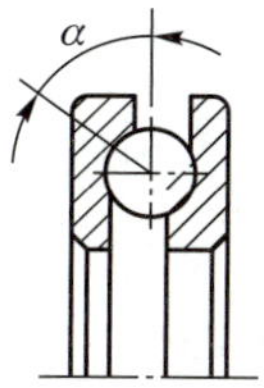	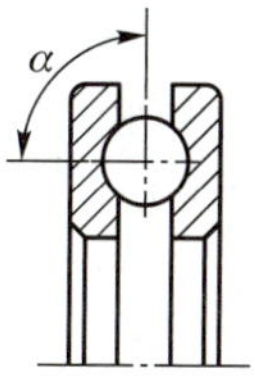

2. 滚动轴承的主要类型

滚动轴承的类型很多,表 9-2 列出了常用滚动轴承的类型及主要性能。

表 9-2　常用滚动轴承类型、类型代号及主要性能

轴承名称及类型代号	结构简图	极限转速比	内外圈轴线允许的相对偏斜角	主 要 性 能
调心球轴承 1	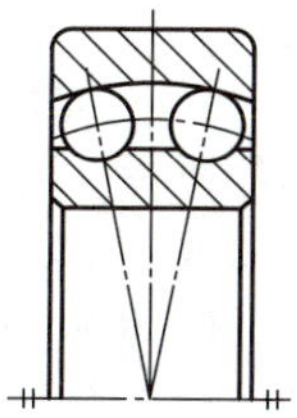	中	1.5°~3°	承载能力小,主要承受径向载荷,也可同时承受少量的双向轴向载荷。外圈滚道为球面,具有很好的调心性能。适用于多支点轴、弯曲刚度小的轴以及难于精确对中的支承
圆锥滚子轴承 3	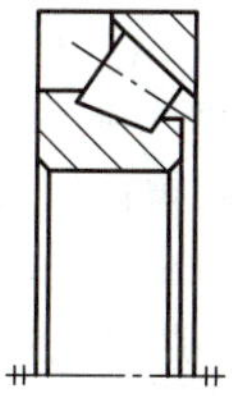	中	<2′	承受较大的径向载荷和单向轴向载荷,极限转速较低,内、外圈可分离,故轴承游隙可在安装时调整。通常成对使用,对称安装。适用于转速不太高、轴刚性较好的场合
推力球轴承 5	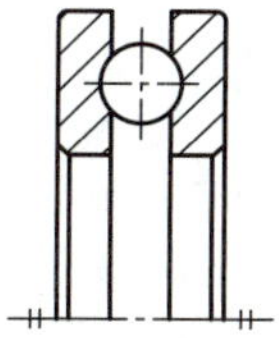	低	0°	$\alpha = 90°$。只能承受轴向载荷,而且载荷作用线必须与轴线相重合,不允许有角偏差。 在高速时,由于离心力大,球与保持架因摩擦而发热严重,寿命较低。常用于轴向载荷大、转速不高的场合

轴承名称及类型代号	结构简图	极限转速比	内外圈轴线允许的相对偏斜角	主 要 性 能
深沟球轴承 6		高	8′~16′	主要承受径向载荷,也可同时承受少量双向轴向载荷。摩擦阻力小,极限转速高,结构简单,价格便宜,应用最广泛,但承受冲击载荷能力较差。适用于高速场合,在高速时,可用来代替推力球轴承
角接触球轴承 7 (α=15°) 70000C (α=25°) 70000AC (α=40°) 70000B		高	2′~10′	能同时承受径向载荷与单向轴向载荷,公称接触角 α 有 15°、25°、40° 三种。α 越大,轴向承载能力也越大。通常成对使用,对称安装。其极限转速较高。适用于转速较高、同时承受径向和轴向载荷的场合
圆柱滚子轴承 N		较高	2′~4′	只能承受径向载荷,不能承受轴向载荷。内、外圈可以分离,对轴的偏斜敏感,故只能用于刚性较大的轴上,并要求支承座孔很好地对中
滚针 轴承 NA		低	不允许	只能承受径向载荷,承载能力大,径向尺寸特小,带内圈或不带内圈。一般无保持架,因而滚针间有摩擦,轴承极限转速低,内外圈轴线不允许相对偏斜

注:极限转速比是指同一系列各种类型轴承的极限转速与深沟球轴承的极限转速相比。高—相当于 100%~90%;中—相当于 90%~60%;低—相当于 60% 以下。

9.1.2 滚动轴承的代号

滚动轴承类型很多,每种类型又有不同的结构、尺寸、公差等级,为便于组织生产和选用,GB/T 272—2017 规定了滚动轴承代号的表示方法,轴承代号的排列构成见表 9-3。

表 9-3　滚动轴承代号的构成

前 置 代 号	基 本 代 号			后 置 代 号							
		尺寸系列代号									
	类型代号	宽度（或高度）系列代号	直径系列代号	内径代号	内部结构代号	密封与防尘结构代号	保持架及其材料代号	特殊轴承材料代号	公差等级代号	游隙代号	多轴承配置代号	振动及噪声代号	其他代号
轴承分部件代号											
字母	×	×	×	××	字母、数字组合						

1. 基本代号

基本代号是表示轴承的类型和尺寸,是轴承代号的核心。从右向左占五位,分别表示内径、尺寸系列和类型。

（1）内径代号

内径代号用基本代号右起第 1、2 位数字表示。在 20 mm ≤ d < 500 mm 范围内,两位数值乘 5 等于轴承内径 d。不在此范围内或特殊轴承内径的表示方法可查阅 GB/T 272—2017。

（2）尺寸系列代号

尺寸系列代号由直径系列代号和宽度（对推力轴承为高度）系列代号组成。

基本代号右起第 3 位数字表示直径系列代号,指内径相同的轴承可取不同的外径和宽度。直径系列代号是 7、8、9、0、1、2、3、4、5,表示外径尺寸依次递增,部分直径系列尺寸对比如图 9-3a 所示。基本代号右起第 4 位数字表示宽度系列代号,它表示内径、外径相同的轴承,宽度可以不同（图 9-3b）。向心轴承宽度系列代号是 8、0、1、2、3、4、5、6。宽度系列代号为 0 时,除圆锥滚子轴承外,可以省略不标。

尺寸系列代号反映的是轴承在外径、宽度方面尺寸的变化,对应有不同的工作能力。

（3）类型代号

用基本代号右起第 5 位数字或字母表示轴承的类型,常用滚动轴承类型及类型代号见表 9-2。

2. 前置代号

前置代号表示成套轴承的分部件,用字母表示。如 L 表示可分离轴承的可分离的内圈或外圈;K 表示滚子和保持架组件等。对成套购买或使用的可分离轴承,如圆锥滚子轴承、圆柱滚子轴承,不用标注前置代号。

3. 后置代号

后置代号是轴承在结构、材料、精度等方面有特殊技术要求时才使用,除下面几个常用的后置代号外,一般情况下可部分或全部省略。

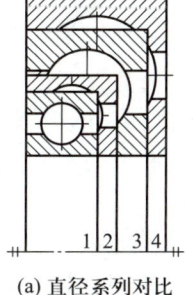 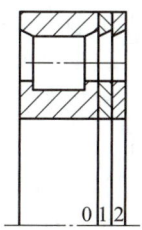

(a) 直径系列对比　　(b) 宽度系列对比

图 9-3　直径系列和宽度系列

（1）内部结构代号　表示同一类型轴承的不同内部结构,用字母表示。如公称接触角为15°、25°和40°的角接触球轴承,分别用 C、AC 和 B 表示内部结构的不同。

（2）公差等级代号　轴承的公差等级分为六级,依次由高级到低级,分别用/P2、/P4、/P5、/P6x、/P6 和/PN 表示,公差等级符合标准规定的普通级代号为/PN,在轴承代号中省略不表示。

（3）游隙代号　轴承游隙是指一个套圈固定,另一个套圈的最大活动量。为适应不同的温度变化和轴的挠曲变形等,轴承游隙分 2、N、3、4、5 共五个组别,游隙依次由小到大,常用"N 组"游隙,代号中不标出,其余分别用/C1、/ C2、/ C3、/ C4 和/ C5 表示。

例 9-1　试说明轴承代号 72311C/P6、6104/C3、N2310 的含义。

解　轴承 72311C/P6 中各代号表示:7—角接触球轴承;2—宽系列;3—中系列;11—内径 $d = 11 \times 5 = 55$ mm;C—接触角 $\alpha = 15°$;/P6—公差等级 6 级;"N 组"游隙不标出。

轴承 6104/C3 中各代号表示:6—深沟球轴承;宽度系列 0 省略;1—特轻系列;04—内径 $d = 04 \times 5 = 20$ mm;无特殊结构;公差等级 N 级,/PN 省略;/C3—"3 组"游隙。

轴承 N2310 中各代号表示:N—圆柱滚子轴承;2—宽系列;3—中系列;10—内径 $d = 10 \times 5 = 50$ mm ;无特殊结构;公差等级 N 级,/PN 省略;"N 组"游隙不标出。

9.1.3　滚动轴承类型的选择

国家标准列出了十几种类型的轴承,其目的就是要尽可能地满足各类机械产品对轴承的使用要求。所以,在选择滚动轴承的类型时,首先要了解机械设备的工况,再根据各类轴承的技术特性,进行轴承类型的选择。选择时可参考以下几个方面。

1. 轴承的载荷

载荷的大小及其性质、方向是选择轴承类型的主要依据。

在同样的外廓尺寸下,滚子轴承比球轴承承载能力大,适用于载荷大或有冲击的场合。载荷小时,优先选用球轴承。球轴承的价格一般低于滚子轴承。

当受纯径向载荷时,可选用深沟球轴承（60000 型）或圆柱滚子轴承（N0000 型）。

当受纯轴向载荷时,可选用推力球轴承（50000 型）或推力圆柱滚子轴承（80000 型,结构见GB/T 272—2017）。

当支点既有径向载荷又有轴向载荷时,可选用角接触球轴承（70000 型）或圆锥滚子轴承（30000 型）,若轴向载荷较大,可选用大接触角轴承。如轴向载荷超过径向载荷甚多,应采用推力轴承与向心轴承组合,分别承担轴向和径向载荷（图 9-13b）。

2. 轴承的转速

球轴承比滚子轴承具有更高的极限转速,所以转速高时应优先选用球轴承。在高转速的情况下,为减少滚动体离心惯性力的影响,宜选用轻系列、特轻系列轴承。

3. 轴承的调心性能

由于两轴承孔的同轴度误差或轴受载后的变形等,轴承的内、外圈轴线会发生偏斜,如图 9-4 所示,这就要求轴承有一定的调心性能。在此情况下,调心球轴承或调心滚子轴承即是优选的类型。

4. 轴承的安装和拆卸

对整体式箱体或套杯,轴承孔没有剖分面,必须沿轴向装拆轴系部件,此时,选用内、外圈可分离的圆锥滚子轴承、圆柱滚子轴承,会给装配带来很大的方便。图9-5所示为内、外圈不可分离轴承(下)与可分离轴承(上)装配时的比较。

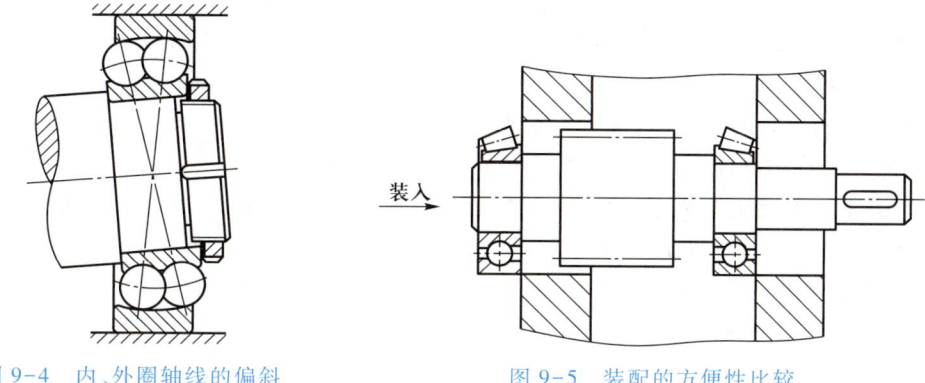

图9-4　内、外圈轴线的偏斜　　　　　图9-5　装配的方便性比较

9.2　滚动轴承的计算

9.2.1　滚动轴承的失效形式及计算准则

滚动轴承的主要失效形式有:

(1)疲劳点蚀　随着轴承的运转,滚动体与滚道接触表面间都产生交变的接触应力,在长期的变应力作用下,表面发生疲劳点蚀。此时,会产生强烈的振动、噪声和发热,使轴承失效。

(2)塑性变形　在过大的静载荷或冲击载荷作用下,滚动体与滚道接触处将出现塑性凹坑,影响轴承运转精度和灵活性。

实践证明,在设计合理、安装和维护正常的情况下,对于回转的轴承,主要的失效形式是疲劳点蚀,因此应进行疲劳强度即寿命计算;对于低速($n<10$ r/min)、重载或受冲击载荷的轴承,应控制塑性变形,进行静载荷计算。

9.2.2　滚动轴承的寿命计算

1. 滚动轴承基本额定寿命

滚动轴承的寿命是指轴承的一个套圈,垫圈或滚动体材料上出现第一个疲劳扩展迹象之前,轴承的一个套圈或垫圈相对另一个套圈或垫圈旋转的转数。也可用某一给定的恒定转速下运转的小时数表示。

大量试验证明,滚动轴承的寿命是相当离散的,即使同一批轴承,在相同的条件下工作由于材料、热处理、加工、装配等不可能完全相同,寿命相差也很大。因此,为表征某种轴承的寿命,必须用数理统计方法,计算在一定使用概率下的寿命。标准规定:一批相同的轴承在同样的条件下运转,90%的轴承在出现点蚀前能运转的转数或在一定转速下工作小时数为轴承的基本额定寿命,用 L_{10}(以 10^6 转为单位)或 L_{10h}(以 h 为单位)表示。这样一来,按基本额定寿命计算而选择出的轴承中,有 90% 的轴承能达到或超出这一寿命,有 10% 的轴承会发生提前破坏。对于单个轴承来说,意味着能够达到基本额定寿命的概率为 90%。

2. 滚动轴承的基本额定动载荷

滚动轴承的额定寿命与所受载荷大小有关。载荷大,寿命就短,反之寿命就长。当轴承的基本额定寿命为 10^6 转时,轴承所能承受的载荷值称轴承的基本额定动载荷,用 C 表示。轴承标准中给出了各种型号、尺寸轴承的 C 值。既然是载荷,就涉及方向,对向心轴承,额定动载荷是径向载荷,用 C_r 表示;对推力轴承,额定动载荷是轴向载荷,用 C_a 表示,统一表示为 C。

3. 滚动轴承的寿命计算

滚动轴承载荷与额定寿命之间的关系反映出的是疲劳曲线的性质,如图 9-6 所示。曲线方程为

$$P^\varepsilon L_{10} = 常数$$

式中: P——当量动载荷,N;

L_{10}——基本额定寿命, 10^6 r;

ε——寿命指数,球轴承 $\varepsilon = 3$,滚子轴承 $\varepsilon = \dfrac{10}{3}$。

由轴承基本额定动载荷的定义可知,曲线上对应于基本额定寿命 $L_{10} = 1 \times 10^6$ 的载荷即为轴承的基本额定动载荷 C,于是可得,当轴承作用载荷为 P 时,轴承的基本额定寿命为

$$L_{10} = \left(\frac{C}{P}\right)^\varepsilon \qquad (9-1)$$

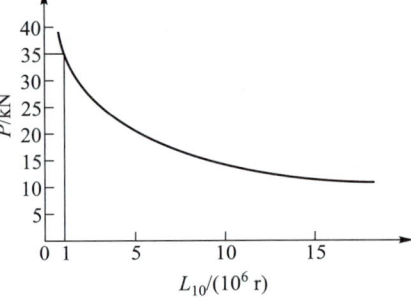

图 9-6　轴承的载荷-寿命曲线

实际使用中,用工作小时数表示轴承寿命较为直观,故式(9-1)改写为

$$L_{10h} = \frac{10^6}{60n}\left(\frac{C}{P}\right)^\varepsilon \qquad (9-2)$$

式中: n 是轴承转速,r/min。

标准中给出的是常温条件下的基本额定动载荷,当轴承工作温度高于 120℃ 时,轴承的承载能力有所降低,故引进温度系数 f_t 对 C 值进行修正, f_t 可查表 9-4。因此,轴承寿命计算的基本公式可写为

$$L_{10} = \left(\frac{f_t C}{P}\right)^\varepsilon \qquad (9-3)$$

$$L_{10h} = \frac{10^6}{60n}\left(\frac{f_t C}{P}\right)^\varepsilon \qquad (9-4)$$

表 9-4　温度系数 f_t

轴承工作温度/℃	≤120	125	150	175	200	225	250	300	350
温度系数 f_t	1	0.95	0.90	0.85	0.80	0.75	0.70	0.60	0.50

轴承基本额定寿命应满足的条件是 $L_{10h} \geqslant L'_{10h}$, L'_{10h} 是轴承的预期寿命。如果按机器设计要求的预期寿命 L'_{10h},也可以由式(9-4)求出轴承应具有的基本额定动载荷

$$C' = \frac{P}{f_t} \sqrt[\varepsilon]{\frac{60nL'_{10h}}{10^6}} \tag{9-5}$$

根据式(9-5)计算出的 C' 值,按选定的轴承类型,从设计手册中选择轴承尺寸,使所选轴承的 $C \geqslant C'$。

4. 滚动轴承的当量动载荷

滚动轴承的基本额定动载荷 C 是径向或轴向载荷,而实际上,轴承在许多场合都是同时承受径向和轴向力。载荷方向不同,直接影响轴承内部的载荷分布以及寿命。因此,在计算轴承寿命时,需将实际工作载荷换算成与基本额定动载荷条件一致的载荷后,才能与其比较。换算后的载荷是一种假定的载荷,称为当量动载荷,用 P 表示。在当量动载荷作用下,轴承的寿命与在实际载荷作用下的寿命相等。

当量动载荷的计算公式为

$$P = f_P(XF_r + YF_a) \tag{9-6}$$

式中:X、Y——分别是动载荷计算的径向系数和轴向系数,其值见表9-5;

F_r、F_a——分别是轴承所承受的径向载荷和轴向载荷,N;

f_P——载荷系数,考虑机器的运转情况对轴承载荷的影响,查表9-6。

对只能承受径向载荷 F_r 的向心轴承(如圆柱滚子轴承),外载荷方向与额定动载荷 C 一致,故 $P = f_P F_r$。同理,对只能承受轴向载荷 F_a 的推力轴承,$P = f_P F_a$。

表 9-5 径向系数 X 和轴向系数 Y

轴 承 类 型	F_a/C_{0r}	e	$F_a/F_r > e$		$F_a/F_r \leqslant e$	
			X	Y	X	Y
调心球轴承 (10000 型)	—	$1.5\tan\alpha$	0.65	$0.65\cot\alpha$	1	$0.42\cot\alpha$
圆锥滚子轴承 (30000 型)	—	$1.5\tan\alpha$	0.40	$0.4\cot\alpha$	1	0
深沟球轴承 (60000 型)	0.014 0.028 0.056 0.084 0.11 0.17 0.28 0.42 0.56	0.19 0.22 0.26 0.28 0.30 0.34 0.38 0.42 0.44	0.56	2.30 1.99 1.71 1.55 1.45 1.31 1.15 1.04 1.00	1	0

轴承类型		F_a/C_{0r}	e	$F_a/F_r>e$		$F_a/F_r\leqslant e$	
				X	Y	X	Y
角接触球轴承	$\alpha=15°$ （70000C 型）	0.015 0.029 0.058 0.087 0.12 0.17 0.29 0.44 0.58	0.38 0.40 0.43 0.46 0.47 0.50 0.55 0.56 0.56	0.44	1.47 1.40 1.30 1.23 1.19 1.12 1.02 1.00 1.00	1	0
	$\alpha=25°$ （70000AC 型）	—	0.68	0.41	0.87	1	0
	$\alpha=40°$ （70000B 型）	—	1.14	0.35	0.57	1	0

表 9-6　载荷系数 f_P

载荷性质	f_P	举　例
无冲击或轻微冲击	1.0~1.2	电动机、汽轮机、通风机、水泵等
中等冲击	1.2~1.8	车辆、机床、起重机、冶金设备、内燃机等
强大冲击	1.8~3.0	破碎机、轧钢机、石油钻井、振动筛等

5. 角接触轴承轴向载荷 F_a 的计算

对角接触球轴承和圆锥滚子，由于有接触角，当承受径向载荷 F_r 时，作用在承载区内第 i 个滚动体的法向反力 F_i 可分解为径向分力 F_{ri} 和轴向分力 F_{si}，如图 9-7a、b 所示。各径向分力 F_{ri} 的矢量和与径向载荷 F_r 平衡，各轴向分力 F_{si} 之和，称轴承的内部轴向力 F_s。很明显，F_s 大小取决于 F_r、接触角 α 及承载区内滚动体个数，约半圈滚动体受载时 F_s 的计算式见表 9-7；F_s 方向是使轴承内圈与外圈脱离的方向。取滚动体、内圈和轴为分离体，可以将力 F_s 画在轴线上，如图 9-7c 所示。

角接触轴承一般都成对使用，有两种安装形式，即正装和反装。正装又称"面对面"安装，两轴承的内部轴向力 F_s 相对（图 9-8a、b）；反装又称"背对背"安装，两轴承的内部轴向力相背离（图 9-8c）。

根据每个轴承的径向载荷 F_{r1}、F_{r2}，可求得内部轴向力 F_{s1} 和 F_{s2}。为避免混淆，用 F_A 表示轴上的轴向载荷（如斜齿轮轴向力），则分离体上 F_A、F_{s1}、F_{s2} 大小方向均已知，但不一定平衡。

对任一轴承来说，除自身的 F_s 以外的轴力都是外力。当 F_s 大于外力时，分离体会沿力大的方向即 F_s 方向移动，该轴承所受的轴向载荷 F_a 只是其自身的内部轴向力 F_s；当 F_s 小于外力

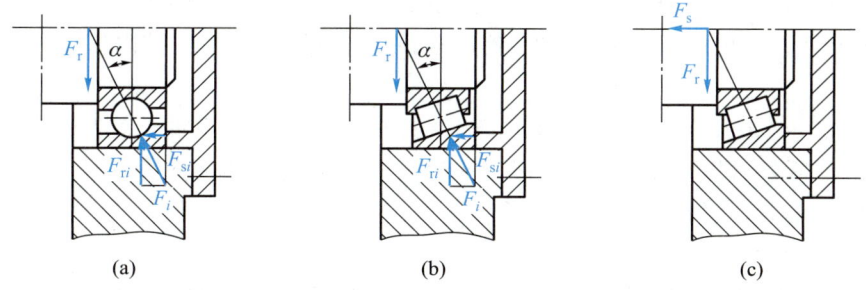

图 9-7 角接触轴承的内部轴向力 F_s

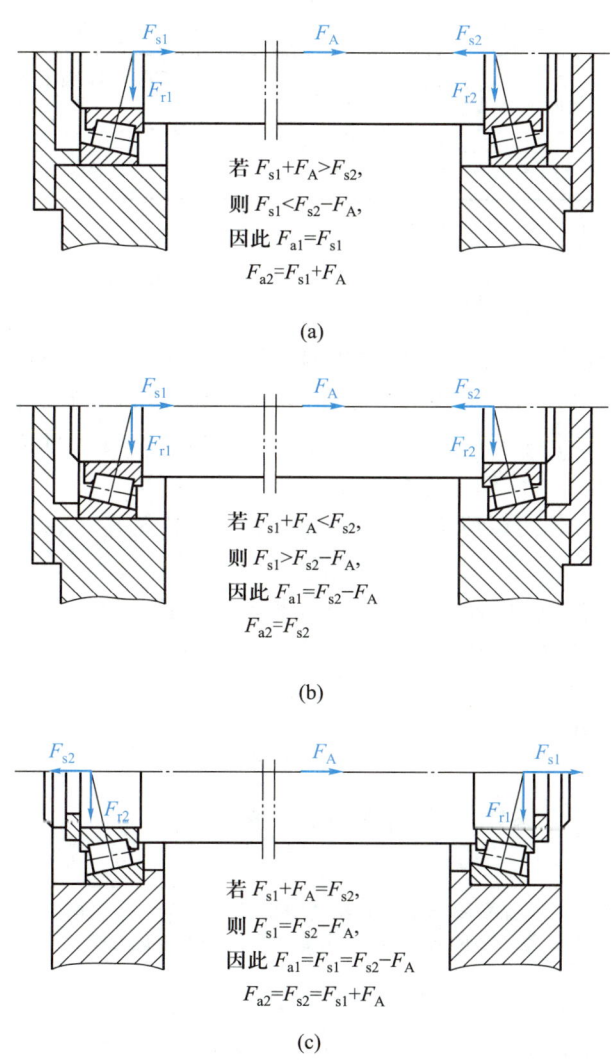

若 $F_{s1}+F_A>F_{s2}$,
则 $F_{s1}<F_{s2}-F_A$,
因此 $F_{a1}=F_{s1}$
$F_{a2}=F_{s1}+F_A$

(a)

若 $F_{s1}+F_A<F_{s2}$,
则 $F_{s1}>F_{s2}-F_A$,
因此 $F_{a1}=F_{s2}-F_A$
$F_{a2}=F_{s2}$

(b)

若 $F_{s1}+F_A=F_{s2}$,
则 $F_{s1}=F_{s2}-F_A$,
因此 $F_{a1}=F_{s1}=F_{s2}-F_A$
$F_{a2}=F_{s2}=F_{s1}+F_A$

(c)

图 9-8 角接触轴承的轴向载荷

时,在外力作用下,该轴承将逐渐被压紧,直至分离体达到平衡,此时,该轴承的轴向载荷 F_a 与外力平衡,即轴承所受的轴向载荷 F_a 等于外力,角接触轴承内部轴向力 F_s 的计算公式如表 9-7 所示。

从上面分析可以得出一个简单的结论:角接触轴承的轴向载荷应是其内部轴向力和外力两者其中的大值。

因为无论是正装或反装,一个轴承的内部轴向力 F_s 对另外一个轴承就是外力,而且定为正值(压紧方向)。所以,根据 F_A、F_{s1}、F_{s2},即可比较任一轴承的内部轴向力和外力哪个大,从而可得该轴承的轴向载荷 F_a,如图 9-8a、b 所示。

若分离体上 F_A、F_{s1}、F_{s2} 初始就平衡(尽管出现这种偶然现象的概率极低),分离体没有移动趋势,每个轴承都没有进一步被压紧,各轴承的轴向载荷就等于各自的内部轴向力 F_s,也等于外力,因为此时任一轴承的内部轴向力都与外力平衡,如图 9-8c 所示。

表 9-7　角接触轴承内部轴向力 F_s 的计算公式(约半圈滚动体受载)

轴承类型	圆锥滚子轴承	角接触球轴承		
		70000C($\alpha = 15°$)	70000AC($\alpha = 25°$)	70000B($\alpha = 40°$)
F_s	$F_s = F_r/(2Y)$	$F_s = eF_r$	$F_s = 0.68F_r$	$F_s = 1.14F_r$

注:表中 Y 是 $F_a/F_r > e$ 时的轴向系数。Y、e 值可查表 9-5。

9.2.3　滚动轴承的静载荷计算

为防止在过大的静载荷或冲击载荷作用下轴承产生塑性变形,应对轴承作静载荷计算。标准中规定,受载最大的滚动体与滚道接触中心处的接触应力达到一定数值时的静载荷,称基本额定静载荷,用 C_0 表示。对于向心轴承是指径向静载荷(C_{0r});对于推力轴承是指轴向静载荷(C_{0a})。

轴承的径向载荷 F_r 和轴向载荷 F_a 应折合成一个当量静载荷 P_0,即

$$P_0 = X_0 F_r + Y_0 F_a \tag{9-7}$$

式中:X_0 及 Y_0 分别为计算当量静载荷的径向系数和轴向系数,其值可查轴承手册。

轴承的静载荷校核应满足下式:

$$C_0 \geqslant S_0 P_0 \tag{9-8}$$

式中:C_0——基本额定静载荷,N;

　　　P_0——当量静载荷,N;

　　　S_0——静载荷计算安全系数,其值可查轴承手册。

例 9-2　计算例 8-1 双级斜齿圆柱齿轮减速器的输出轴轴承寿命。按例 8-1 轴的结构设计,已初选一对 7209AC 轴承,正安装。轴的转速 $n = 241.6$ r/min。常温下工作,载荷平稳。图 9-9a、b 分别所示为轴系结构图和简图。

解　(1)计算轴承径向载荷

根据例 8-1 轴的强度计算可知:

轴承的径向载荷 $F_{r1} = \sqrt{F_{RH1}^2 + F_{RV1}^2} = \sqrt{1\,397.5^2 + 222^2}$ N $= 1\,415$ N

$$F_{r2} = \sqrt{F_{RH2}^2 + F_{RV2}^2} = \sqrt{656.5^2 + 553^2} \text{ N} = 858 \text{ N}$$

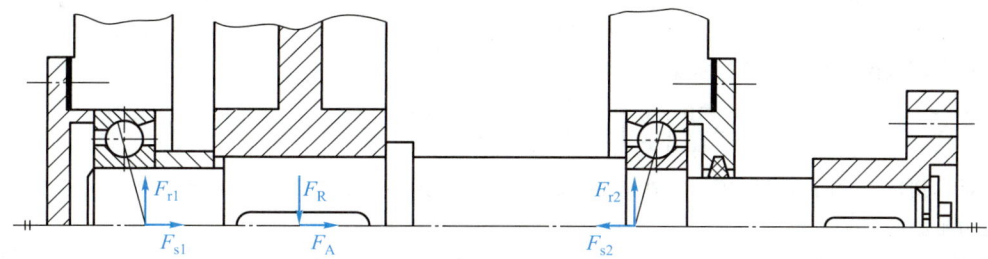

(a) 轴系结构图

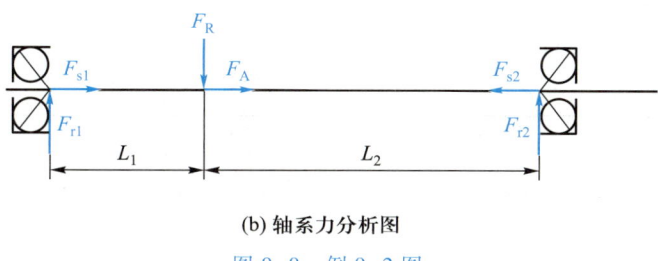

(b) 轴系力分析图

图 9-9　例 9-2 图

轴上的轴向载荷(斜齿轮轴向力)$F_A = 564$ N,方向如图 9-9 所示。

(2) 计算轴承轴向载荷

1) 计算轴承内部轴向力 F_{s1}、F_{s2}

由表 9-7 查得 70000AC 轴承内部轴向力的计算式为 $F_s = 0.68F_r$,

$$F_{s1} = 0.68F_{r1} = 0.68 \times 1\,415 \text{ N} = 962 \text{ N}, F_{s2} = 0.68F_{r2} = 0.68 \times 858 \text{ N} = 583 \text{ N}$$

画出内部轴向力的方向,如图 9-9 所示。

2) 计算轴承轴向载荷

∵ $\quad F_{s1} + F_A = (962 + 564) \text{ N} = 1\,526 \text{ N} > F_{s2} = 583 \text{ N}$,即对轴承 2,外力大于内部轴向力,

∴ $\quad F_{a2} = F_{s1} + F_A = 1\,526 \text{ N}$

又∵ $\quad F_{s1} + F_A > F_{s2}$,∴ $F_{s1} > F_{s2} - F_A$,即轴承 1 内部轴向力大于外力,

∴ $\quad F_{a1} = F_{s1} = 962 \text{ N}$

(3) 计算轴承的当量动载荷

由表 9-5 查得 70000AC 轴承,$e = 0.68$。

∴ $\qquad \dfrac{F_{a1}}{F_{r1}} = \dfrac{962}{1\,415} = 0.68 = e$

由表 9-5 查得 $X_1 = 1, Y_1 = 0$。

由表 9-6,按载荷平稳,取载荷系数 $f_p = 1.1$,

$$P_1 = f_p(X_1 F_{r1} + Y_1 F_{a1}) = 1.1 \times 1\,415 \text{ N} = 1\,556 \text{ N}$$

∴ $\qquad \dfrac{F_{a2}}{F_{r2}} = \dfrac{1\,526}{858} = 1.7 > e$

由表 9-5 查得 $X_2 = 0.41, Y_2 = 0.87$,

$$P_2 = f_p(X_2 F_{r2} + Y_2 F_{a2}) = 1.1 \times (0.41 \times 858 + 0.87 \times 1\,526) \text{ N} = 1\,847 \text{ N}$$

（4）计算轴承的寿命

一对轴承取当量动载荷大的来计算轴承的寿命。角接触球轴承 $\varepsilon=3$。由附录中附表 2 查出 7209AC 轴承基本额定动载荷 $C=36.8$ kN。常温下工作，取 $f_t=1$，则

$$L_{10h}=\frac{10^6}{60n}\left(\frac{C}{P_2}\right)^{\varepsilon}=\frac{10^6}{60\times241.6}\left(\frac{36\ 800}{1\ 847}\right)^3 \text{h}=545\ 625\ \text{h}$$

轴承达到该寿命的概率是 90%。轴承寿命较长，但是受到轴的结构设计限制，不能减小轴承直径，可选承载能力更小的尺寸系列。

例 9-3　图 9-10a 所示的轴系拟选定一对 30210 圆锥滚子轴承支承，反安装。轴的转速 $n=860$ r/min。轴上径向载荷 $F_R=12\ 000$ N，轴向载荷 $F_{A1}=3\ 000$ N，$F_{A2}=2\ 500$ N，中等冲击，常温下工作。试计算轴承的寿命。

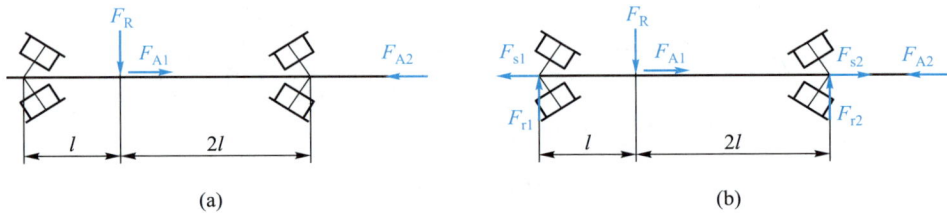

（a）　　　　　　　　　　　　　　（b）

图 9-10　例 9-3 图

解　（1）计算轴承径向载荷

轴承受力如图 9-10b，根据力平衡条件，求得轴承的径向载荷

$$F_{r1}=\frac{2F_R}{3}=\frac{2\times12\ 000}{3}\ \text{N}=8\ 000\ \text{N},\quad F_{r2}=\frac{F_R}{3}=\frac{12\ 000}{3}\ \text{N}=4\ 000\ \text{N}$$

（2）计算轴承轴向载荷

1）计算轴承内部轴向力 F_{s1}、F_{s2}

由表 9-7 查得圆锥滚子轴承内部轴向力的计算公式为 $F_s=F_r/(2Y)$；由附表 3 查出 30210 轴承 $Y=1.4$，$e=0.42$，则

$$F_{s1}=\frac{F_{r1}}{2Y}=\frac{8\ 000}{2\times1.4}\ \text{N}=2\ 857\ \text{N},\quad F_{s2}=\frac{F_{r2}}{2Y}=\frac{4\ 000}{2\times1.4}\ \text{N}=1\ 428.5\ \text{N}，在图上画出内部轴向力方向，如$$

图 9-10b 所示。

2）计算轴承轴向载荷

因为

$$F_{s1}+F_{A2}=(2\ 857+2\ 500)\ \text{N}=5\ 357\ \text{N}>F_{s2}+F_{A1}=(1\ 428.5+3\ 000)\ \text{N}=4\ 428.5\ \text{N}$$

得 $F_{s1}>F_{s2}+F_{A1}-F_{A2}$，即轴承 1 的内部轴向力大于外力，所以轴承 1 的轴向载荷等于自身的内部轴向力，$F_{a1}=F_{s1}=2\ 857$ N。

又因为 $F_{s1}+F_{A2}>F_{s2}+F_{A1}$

得 $F_{s1}+F_{A2}-F_{A1}>F_{s2}$，即轴承 2 内部轴向力小于外力，所以轴承 2 的轴向载荷等于外力，

$$F_{a2}=F_{s1}+F_{A2}-F_{A1}=(2\ 857+2\ 500-3\ 000)\ \text{N}=2\ 357\ \text{N}$$

（3）计算当量动载荷

$$\therefore \frac{F_{a1}}{F_{r1}}=\frac{2\ 857}{8\ 000}=0.35<e$$

由表 9-5 可得 $X_1=1$，$Y_1=0$。由表 9-6，按中等冲击，取载荷系数 $f_p=1.4$。

$$P_1=f_p(X_1F_{r1}+Y_1F_{a1})=1.4\times8\ 000\ \text{N}=11\ 200\ \text{N}$$

$$\because\frac{F_{a2}}{F_{r2}}=\frac{2\ 357}{4\ 000}=0.58>e$$

由表 9-5 可得 $X_2=0.4$，$Y_2=1.4$，

$$P_2=f_p(X_2F_{r2}+Y_2F_{a2})=1.4\times(0.4\times4\ 000+1.4\times2\ 357)\ \text{N}=6\ 859\ \text{N}$$

（4）计算轴承的寿命

一对轴承取当量动载荷大的计算轴承的寿命。圆锥滚子轴承 $\varepsilon=10/3$。由附表 3 查出 30210 轴承基本额定动载荷 $C=73.2\ \text{kN}$。常温下工作，取 $f_t=1$，则

$$L_{10h}=\frac{10^6}{60n}\left(\frac{C}{P_1}\right)^{\varepsilon}=\frac{10^6}{60\times860}\left(\frac{73\ 200}{11\ 200}\right)^{\frac{10}{3}}=10\ 109\ \text{h}$$

9.3　滚动轴承的组合设计

轴承不是孤立地运转，它要实现对轴系的轴向定位，还要涉及轴承的装拆、调整、预紧、配合、润滑与密封等问题，这些统称为滚动轴承的组合设计。

9.3.1　轴系的轴向固定方式及滚动轴承的轴向固定

1. 轴系的轴向固定方式

为了使轴系相对于箱体或机座有确定的位置，轴必须通过轴承实现轴向固定。常用的两个支点的静定轴系，每个支点习惯称一端，常见的轴系轴向固定方式有如下两种。

（1）两端固定式

如图 9-11 所示，轴承内圈靠在轴肩上，外圈用端盖轴向固定，使每一端的轴承只限制轴的单方向移动，两端合起来限制轴的双向移动，这种固定方式称为两端固定式，适用于工作温度变化不大的短轴。考虑到轴的热伸长，在轴承端盖与外圈之间，需通过垫片调整，预留出 0.2~0.3 mm 的轴向间隙。

因两端固定式每一端的轴承只限制轴的单方向移动，故能承受径向力和单方向轴向力的轴承都可以选用，常为成对使用，如深沟球轴承（图 9-11 所示的上半部结构）、角接触轴承（图 9-11 所示的下半部结构）或调心轴承。轴承内圈、外圈只需沿传力的对角分别与轴和箱体轴向固定，见图示箭头指向。

（2）一端固定一端游动式

这种固定方式有两个支点，其中的一个支点限制轴的双向移动，称固定端；按静定轴系要求，另一个支点的轴承就不再限制轴的移动，即允许轴向游动，故称游动端。如图 9-12 所示，左端的轴承内、外圈分别与轴、箱体双向固定，从而限制了轴的双向移动，是固定端；右支点应设计为游动端。游动端若采用深沟球轴承，只需固定内圈，其外圈在座孔内可以轴向游动，如图 9-12 上半部结构所示；若使用圆柱滚子轴承，则内、外圈都要固定，滚子与外圈之间实现游

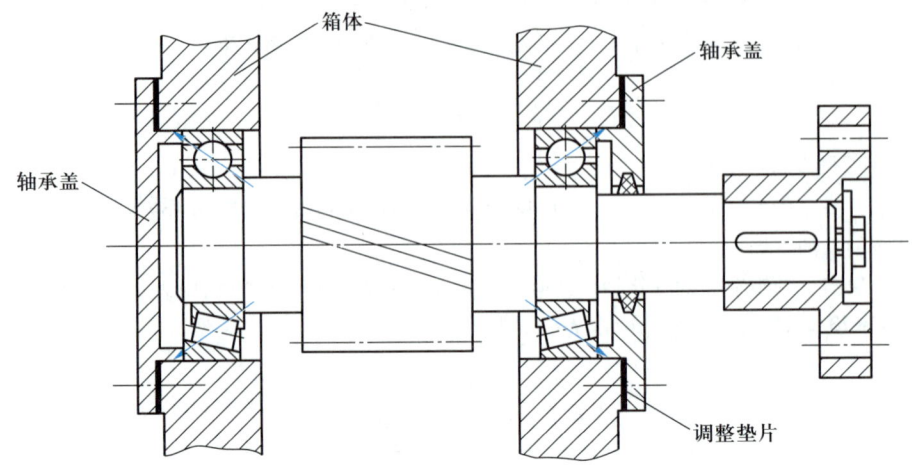

图 9-11　两端固定式

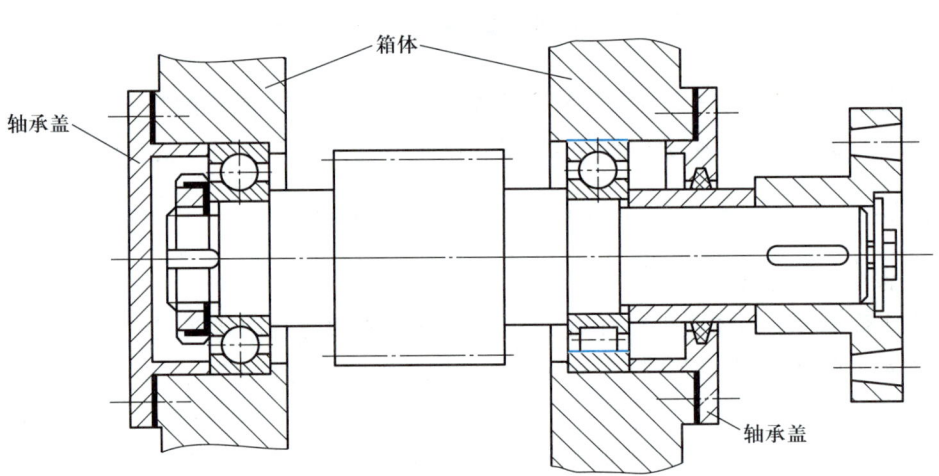

图 9-12　一端固定一端游动式

动,如图 9-12 下半部结构所示。从结构可以看出,这种轴系的轴向固定方式适用于轴的热伸长大的场合。

当轴向载荷大时,固定端可以选用如图 9-13 所示的结构。上半部是采用一对角接触球轴承,下半部采用一对圆锥滚子轴承,都能承受支点径向力和双向轴向力。

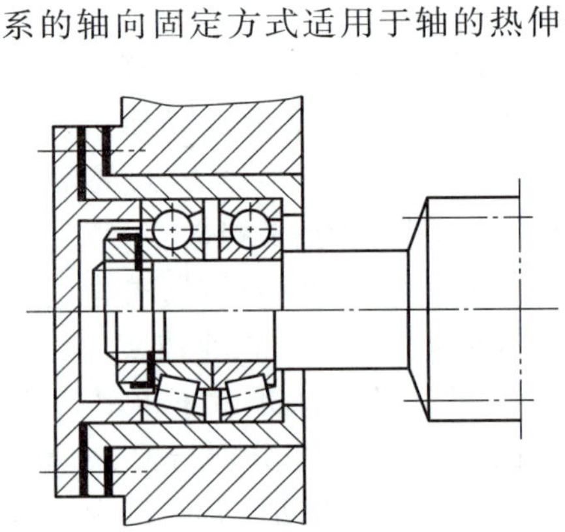

2. 滚动轴承的轴向固定

轴系的轴向固定方式是通过轴承内、外圈相对轴、箱体孔的轴向固定来实现的。轴承内、外圈共四个轴向端面,是否需要固定,取决于上述的轴系轴向固定方式和轴承类型。若确定需要固定,常用的轴向固定方法如下。

（图 9-13 所示的轴承结构图）

图 9-13　固定端结构

（1）内圈在轴上的轴向固定

图 9-14 所示为轴承内圈轴向固定的常用方法：图 9-14a 右侧是轴肩固定，结构简单，可承受大轴向载荷；左侧是弹性挡圈固定，用于转速较低，轴向载荷较小的场合。图 9-14b 左侧是轴端挡圈固定，可承受中等轴向载荷。图 9-14c 左侧是圆螺母固定，主要用于转速高、较大轴向载荷的场合。

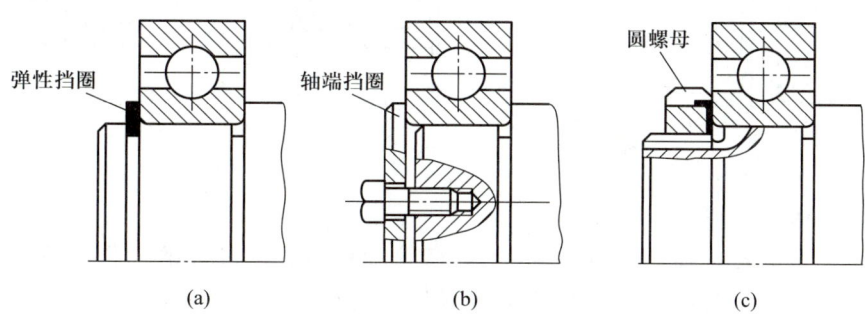

(a)   (b)   (c)

图 9-14　内圈轴向固定方法

（2）外圈在箱体孔上的轴向固定

图 9-15 所示为轴承外圈轴向固定的常用方法。图 9-15a 所示为用轴承端盖固定，结构简单，可承受大的轴向载荷。图 9-15b 所示为轴承外圈右侧用轴承孔挡肩固定，也可承受大的轴向载荷，但孔的加工工艺性较差；左侧用孔用弹性挡圈固定，只能承受较小的轴向载荷。

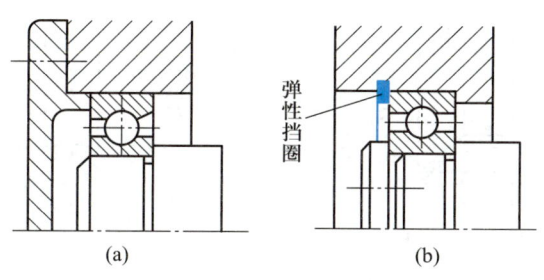

(a)   (b)

图 9-15　外圈轴向固定方法

在设计轴系轴向固定方式和确定轴承轴向固定方法时，最容易出现的结构设计错误是出现轴向缺定位或过定位。在完成轴系结构设计后，应检查轴向载荷的力流方向是否按预定的轴系轴向固定方式传到箱体或机座上。

9.3.2　滚动轴承组合的调整

1. 轴承间隙的调整和轴承的预紧

对两端固定式，为避免轴的热伸长将轴承挤住，安装时留有轴承间隙。轴承间隙是通过调整实现的，常用的调整方法有：改变轴承端盖与机座间的垫片厚度，如图 9-11 所示；用螺钉调节压盖位置，如图 9-16 所示。

提高支承刚度和旋转精度可以通过轴承预紧实现。对一端固定一端游动式支承，如固定端是成对使用的圆锥滚子轴承或角接触球轴承,通常都是利用内、外圈的宽度差(图9-17),或通过调整垫片厚度实现预紧。

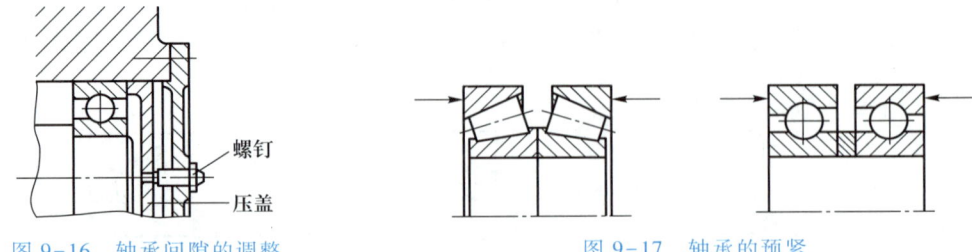

图 9-16　轴承间隙的调整　　　　　　　　图 9-17　轴承的预紧

2. 轴承组合的位置调整

轴系支承的目的是使轴上的传动零件(如齿轮、蜗轮)具有准确的工作位置。如锥齿轮传动,要求两个分度圆锥顶点重合;蜗杆传动要求蜗轮对称平面要通过蜗杆轴平面。因此,只有使轴承组合的位置能够调整,才能最为经济地实现这些安装位置要求。如图9-18a中,通过改变轴承端盖与机座之间的垫片厚度,调整轴承组合(大、小锥齿轮)的轴向位置,使两锥顶点重合。同理,如图9-18b所示,改变垫片厚度,调整蜗轮轴向位置,使蜗轮对称平面通过蜗杆轴平面。

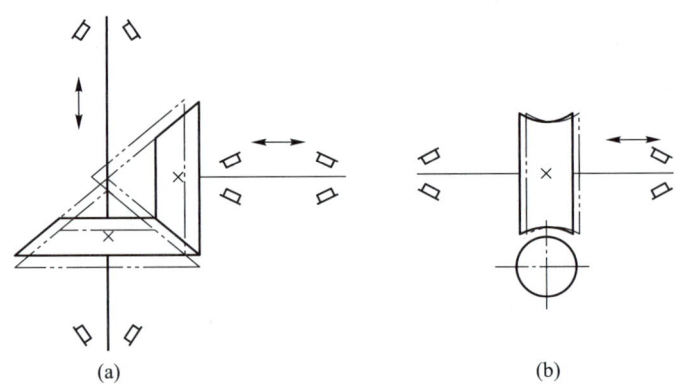

(a)　　　　　　　　　(b)

图 9-18　轴承组合位置的调整

9.3.3　滚动轴承的安装与拆卸

滚动轴承是精密的部件,工作时通常要求与轴或座孔的配合较紧,因而装拆方法必须规范,保证装配质量,防止损坏轴承和其他零部件。

安装轴承时,对于尺寸小轴承,可用铜锤轻而均匀地敲击配合套圈装入;大轴承可用压力机压入。对于尺寸大且配合紧的轴承,可将轴承放入温度为80~90 ℃的油中加热,然后套到轴颈上。需注意的是,力应施加在被装配的套圈上,如图9-19所示,否则会损伤轴承。拆卸轴承时,可采用专用工具,如图9-20所示。为便于拆卸,轴承的定位轴肩高度应低于内圈高度。

滚动轴承的安装与拆卸均应保证滚动体不受力,装拆力必须均匀地作用在套圈上。

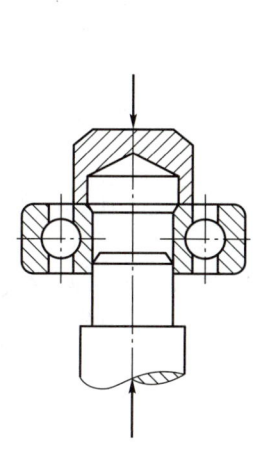

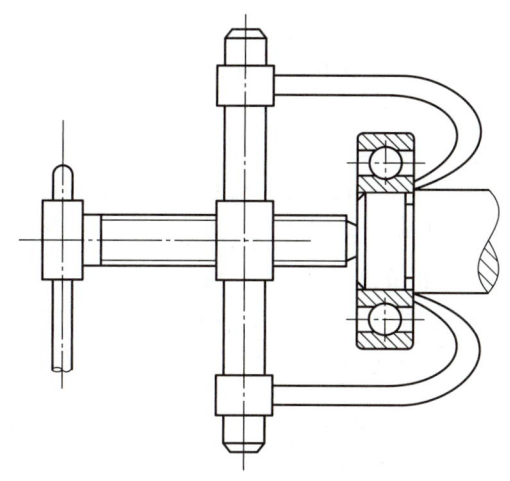

图 9-19 滚动轴承的安装   图 9-20 利用拆卸器拆卸轴承

9.3.4 滚动轴承的润滑与密封

滚动轴承各元件在工作中相互摩擦会引起轴承磨损、温升,因此良好的润滑是确保轴承正常工作的必要条件,同时,润滑还有吸振、防锈等功能。为了防止润滑剂流失和灰尘及其他杂物侵入轴承,还要考虑轴承的密封。

1. 滚动轴承的润滑

滚动轴承常用的润滑方式有油润滑和脂润滑,一般根据滚动轴承速度因数 dn 值(d 为滚动轴承内径,mm; n 为轴承转速,r/min)选定,见表 9-8。

表 9-8 各种润滑方式下轴承的允许 dn 值界限(表值×10⁴)   mm · r/min

轴承类型	脂润滑	油 润 滑			
		油浴润滑	滴油润滑	循环油润滑	喷雾润滑
深沟球轴承	16	25	40	60	>60
调心球轴承	16	25	40	60	—
角接触球轴承	16	25	40	60	>60
圆柱滚子轴承	12	25	40	60	>60
圆锥滚子轴承	10	16	23	30	—
推力球轴承	4	6	12	15	—

按轴承 dn 值及工作温度由图 9-21 选出润滑油的运动黏度,从润滑油产品中选出相应的牌号。

油润滑优点是摩擦阻力小,散热效果好,主要用于速度较高的轴承。

脂润滑主要用于速度较低的轴承。脂润滑不需供油装置,结构简单,润滑脂不易流失,便于密封和维护,且一次填充可运转较长时间。承受冲击载荷或供油困难的场合,特别适宜选用脂润滑。

2. 滚动轴承的密封

滚动轴承的密封是为了防止润滑剂流失和灰尘及其他杂物污染轴承。密封方式分为接触式和非接触式两大类。

（1）接触式密封

常用的接触式密封有毡圈密封和唇形密封圈密封。

毡圈密封如图 9-22a 所示。这种密封结构简单，但摩擦较严重。主要用于脂润滑的轴承密封，接触处圆周速度不超过 4~5 m/s。

密封圈密封如图 9-22b 所示，在轴承盖中放置一个密封圈，它是由耐油橡胶制成，可用于脂润滑或油润滑。一般适用于接触处圆周速度不超过 7 m/s，温度不大于 100 ℃ 的场合。

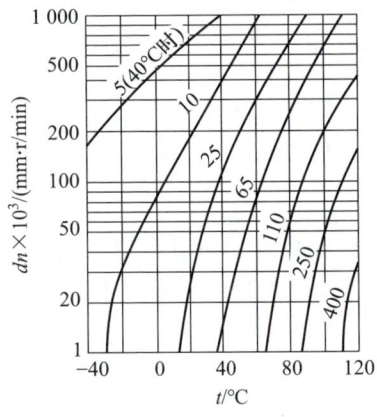

图 9-21　润滑油选择线图

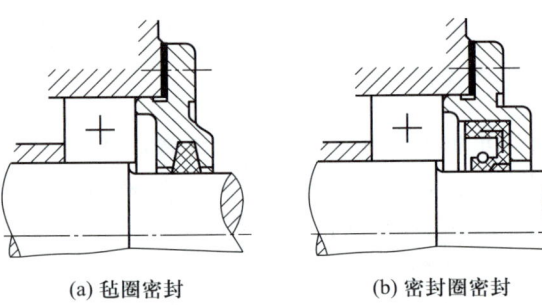

(a) 毡圈密封　　　　　　(b) 密封圈密封

图 9-22　接触式密封

（2）非接触式密封

这类密封装置不与轴直接接触，可用于速度较高的场合。

图 9-23a 所示为沟槽式密封，轴与端盖配合面间留有 0.1~0.3 mm 的间隙，并在端盖孔内开有沟槽，槽内充满润滑脂，以提高密封效果。间隙越小或配合面越大则密封效果越好。这种密封结构简单，适用于工作环境比较清洁的脂润滑密封。

图 9-23b 所示为迷宫式密封，将旋转和固定零件间的间隙做成迷宫（曲路）形状，并在间隙内填入润滑脂以加强密封效果。这种密封结构较复杂，但密封效果好。

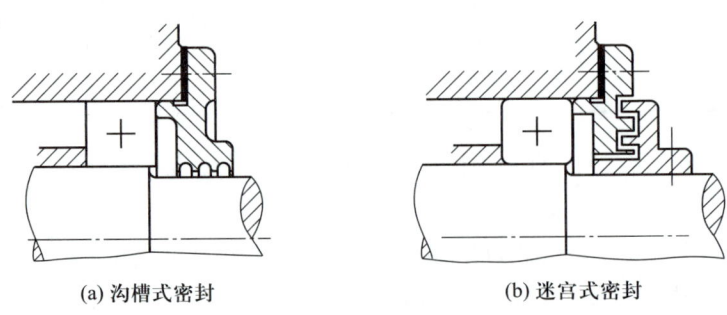

(a) 沟槽式密封　　　　　　(b) 迷宫式密封

图 9-23　非接触式密封

例 9-4 指出图 9-24a 所示的轴系结构不合理之处,画出正确结构。

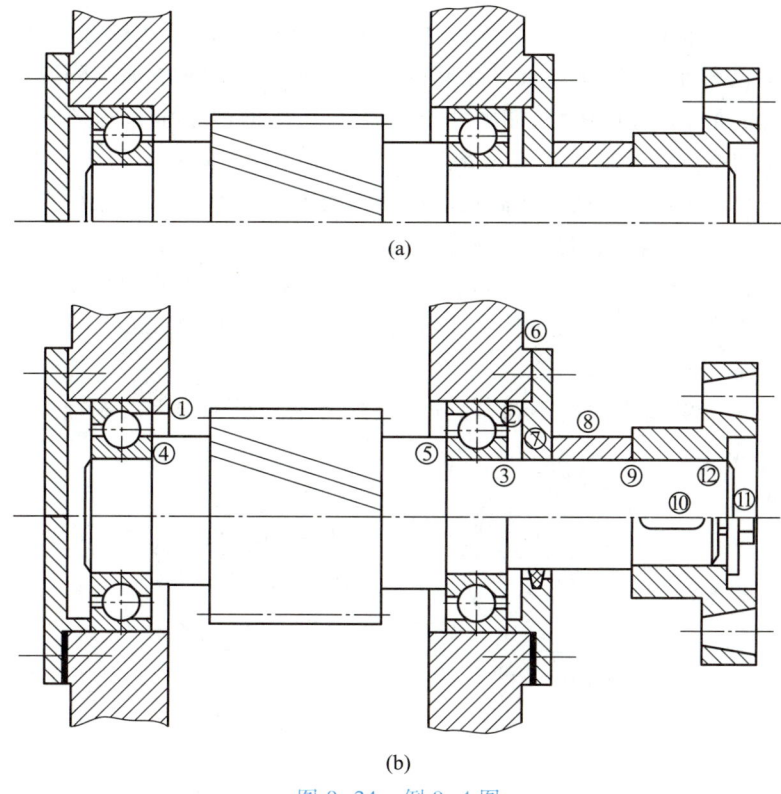

(a)

(b)

图 9-24　例 9-4 图

图 9-24b 上半部分为指出的结构不合理之处,下半部分为改正后的结构。

对结构不合理的说明:

①处是多余的固定。　　　　　　　　②处是轴承外圈缺固定。

③处是缺装配轴肩。　　　　　　　　④处是定位轴肩过高。

⑤处是定位轴肩过高。　　　　　　　⑥处是缺少调整垫片(两侧)。

⑦处是缺少密封件,轴与端盖接触。　⑧处套筒使用不当。

⑨处是缺少定位轴肩。　　　　　　　⑩处是缺少键连接。

⑪处是缺少轴端固定。　　　　　　　⑫处轴段长度要小于轮毂宽度。

9.4　滑　动　轴　承

　　滚动轴承应用广泛,但在某些工况下,如高速、高精度、重载冲击、结构上需要剖分等场合,滑动轴承则显示出其优异的性能。因而在磨床、汽轮机、内燃机、破碎机等机械中常用滑动轴承。本节介绍滑动轴承的类型、结构、材料和润滑。

9.4.1 滑动轴承的类型

滑动轴承按工作表面的摩擦状态分为液体摩擦滑动轴承和非液体摩擦滑动轴承。

在液体摩擦滑动轴承中,轴颈和轴承之间的工作表面完全被润滑油膜隔开,靠油膜压力平衡外载荷,两个零件表面没有直接接触,如图9-25a所示。根据油膜压力的形成原理,分为液体摩擦静压轴承和动压轴承。静压轴承是靠外部供油系统提供与载荷匹配的压力油,形成压力油膜。动压轴承是轴承参数与运转条件的匹配满足形成液体动压润滑条件后,运动中自然形成压力油膜。

当轴承不满足形成液体动压润滑条件时,尽管两个表面间的润滑油可能有一定的压力,但不足以将两表面完全隔开,靠润滑油在金属表面形成的吸附油膜(也称边界油膜)润滑,仍有部分凸起的金属表面直接接触,摩擦因数较大,一般为0.1~0.3,如图9-25b所示。处于这种摩擦状态的滑动轴承称为非液体摩擦滑动轴承。

滑动轴承按其承受载荷方向的不同,也分为径向滑动轴承和推力滑动轴承。

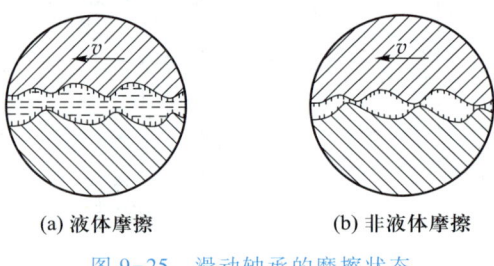

(a) 液体摩擦　　　　　(b) 非液体摩擦

图9-25　滑动轴承的摩擦状态

动压轴承

9.4.2 滑动轴承的典型结构

1. 径向滑动轴承

(1)整体式轴承

图9-26所示是一种常见的整体式径向滑动轴承,轴承座3用螺栓与机座连接,顶部有安装油杯的螺纹孔1,轴承座孔内压入用减摩材料制成的轴套4(又称轴瓦),轴套上开有油孔2,并在内表面上开油沟以输送润滑油。

这种轴承结构简单、制造方便、成本低廉,缺点是轴瓦磨损后间隙无法调整。因此,它适用于低速轻载或间歇工作的机器中。

(2)剖分式轴承

剖分式径向滑动轴承的典型结构如图9-27a所示,由轴承座4、轴承盖3、剖分轴瓦2和双头螺柱1等组成。轴承盖和轴承座的剖分面做成阶梯形,以便对中和防止错动。当径向载荷向下或略有倾斜时,可选用水平剖分面轴承;若载荷倾斜较大时,可选用倾斜剖分面轴承,使剖分面尽量垂直于径向载荷,如图9-27b所示。

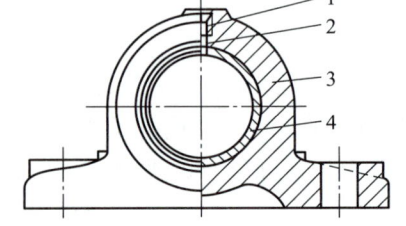

图9-26　整体式径向滑动轴承

这种轴承装拆方便,当轴瓦磨损后,可适当减少剖分面垫片厚度,并进行轴瓦刮研,就可以调整轴承间隙。所以,剖分式滑动轴承应用广泛。

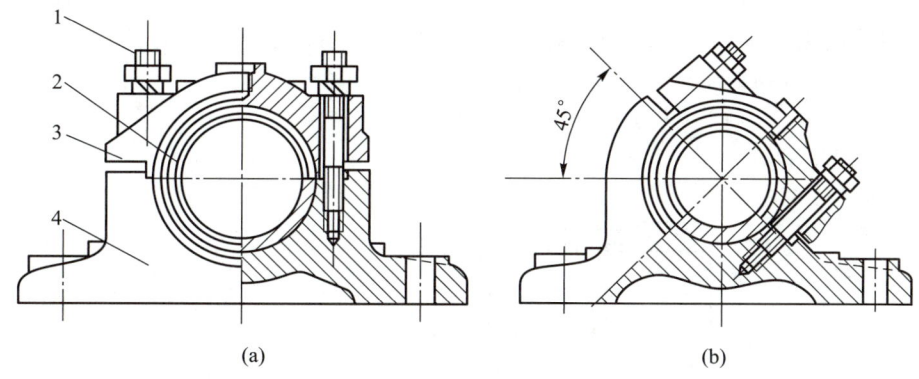

(a)　　　　　　　　　　　(b)

图 9-27　剖分式径向滑动轴承

径向滑动轴承的结构形式很多,如还有自动调心式、间隙可调式等,可参阅有关手册。

2. 推力滑动轴承

轴上的轴向载荷应该由推力轴承承受。最简单的推力滑动轴承如图 9-28 所示。轴颈端部的止推面为圆环面,为防止偏载,轴瓦的下表面做成球面与轴承座配合。销钉用来防止轴瓦转动。

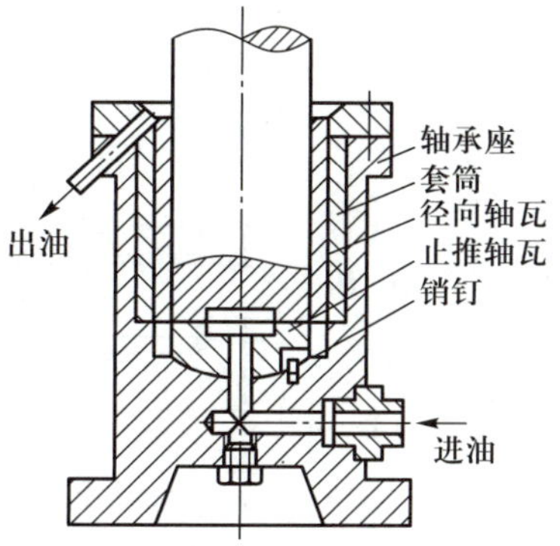

9.4.3　轴瓦材料与结构

1. 轴瓦材料

轴瓦和轴承衬的材料统称轴瓦材料,应具有摩擦因数小、导热性好、热膨胀系数小、耐蚀、耐磨、抗胶合能力强、具有足够的机械强度和可塑性,常用的轴瓦材料有以下几种:

(1) 轴承合金(又称巴氏合金或白合金)

轴承合金分为锡基轴承合金和铅基轴承合金两类。锡基轴承合金的摩擦因数小,抗胶合能力好,对油的吸附性强,耐腐蚀性好,易跑合,常用于高速、重载的场合。但这种材料价格较贵且力学性能差,因此只能作为轴承衬材料浇注在钢、铸铁或青铜轴瓦上。

铅基轴承合金的性能与锡基轴承合金相近,但较前者脆,不宜承受冲击载荷,适用于中速、中载的场合。这两类轴承合金的机械强度和熔点都较低,仅适用于温度小于 150 ℃ 的工况。

(2) 青铜

青铜的强度高,承载能力大,耐磨性和导热性都优于轴承合金,可以在较高温度下工作。但可塑性差,不易跑合,与之相配的轴颈必须淬硬。用作轴瓦的青铜,主要有锡青铜、铅青铜和铝青铜三种。

在不重要或低速轻载的轴承中,也常用灰铸铁作为轴瓦材料。

2. 轴瓦结构

常用的径向滑动轴承轴瓦分为整体式和剖分式两种结构。图 9-29a 所示为整体式轴瓦,又称轴套,常用青铜制作。

图 9-28　推力滑动轴承

轴承座
套筒
径向轴瓦
止推轴瓦
销钉

出油

进油

图 9-29b 所示为剖分式轴瓦,分为上瓦和下瓦,若载荷向下时,则下瓦为承载区,上瓦为非承载区。润滑油应由非承载区引入,所以在上瓦开进油孔。以进油孔为中心沿轴向、斜向或圆周方向开设油沟(图 9-29c),将润滑油迅速、均匀地分布在整个轴颈上。

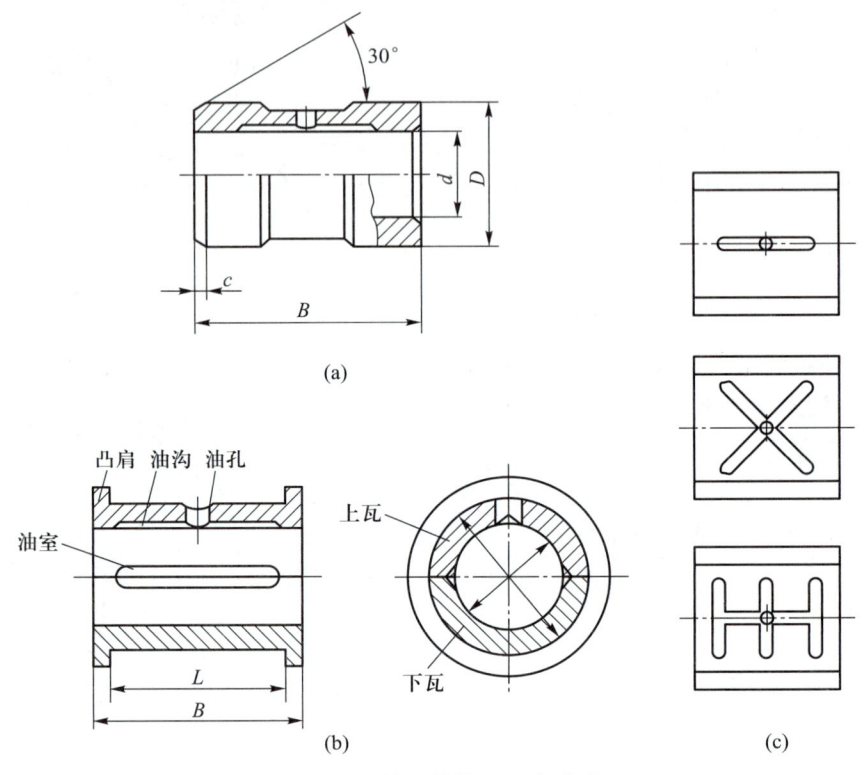

图 9-29 轴瓦结构和油沟形式

9.4.4 滑动轴承的润滑

滑动轴承润滑的目的在于降低摩擦和减少磨损,同时起到冷却、吸振、防锈等作用。常用的润滑剂分为润滑油、润滑脂。

1. 润滑油

润滑油是滑动轴承中应用最广的润滑剂。润滑油中最重要的物理性能指标为黏度,它标志着液体流动时内摩擦阻力的大小,黏度越大,内摩擦阻力越大,液体流动性越差。

黏度的大小可用动力黏度 η 或运动黏度 ν 来表示。

动力黏度的定义是长、宽、高各 1 m 的液体,上、下表面发生 1 m/s 相对速度需要的力为 1 N 时,该液体具有一个单位的动力黏度,其单位为 1 N·s/m^2。

运动黏度 ν 是动力黏度 η(N·s/m^2)与同温度下该液体密度 ρ(kg/m^3)的比值,即

$$\nu = \frac{\eta}{\rho} \tag{9-9}$$

运动黏度的物理单位是 cm^2/s,用 St 表示。而实际应用中由于这一单位过大,故常用 cSt(mm^2/s)

表示,1 St = 100 cSt。

润滑油的黏度随温度升高而降低,GB/T 3141—1994 规定采用润滑油在 40 ℃时的运动黏度 ν_{40} 作为润滑油的黏度等级,如牌号 L-AN15 润滑油在 40 ℃时运动黏度为 15 mm^2/s。

选择润滑油的黏度应考虑速度、载荷、温度和工作情况等因素,原则上是低速、重载、高温的轴承宜用黏度大的润滑油,反之选用黏度小的润滑油。

2. 润滑脂

润滑脂是润滑油和各种稠化剂(如钙、钠、锂等)混合稠化而成。润滑脂稠度大,不易流失,密封简单,不需经常添加,对载荷和速度的变化有较大的适应范围,但摩擦损耗大,故不宜用于高速。

目前使用最多的是钙基润滑脂,它有耐水性,常用于 60 ℃以下的各种机械设备中轴承的润滑。钠基润滑脂有较高的耐热性,工作温度可达 120 ℃,但不耐水。锂基润滑脂性能优良,耐水,可在-20 ~ 150 ℃范围内使用。

习　题

9-1 选择滚动轴承类型应考虑哪些因素?

9-2 试说明下列各轴承代号的意义。

7210C　　30310/P6　　N2208　　6215/P5/C2

9-3 滚动轴承的主要失效形式是什么?

9-4 试述滚动轴承的基本额定寿命、基本额定动载荷的定义。

9-5 常用轴系轴向固定方式有哪几种? 各在什么条件下应用?

9-6 为便于轴承装配,轴的结构设计时要注意什么问题?

9-7 滚动轴承的润滑和密封各有哪几种? 各在什么条件下应用?

9-8 采用深沟球轴承支承的水泵轴,轴颈 $d = 35$ mm,转速 $n = 2\ 900$ r/min,轴承径向载荷 $F_r = 2\ 300$ N,轴向载荷 $F_a = 540$ N,要求使用寿命 $L_h = 5\ 000$ h,试选择轴承型号。

9-9 图 9-30 所示的轴系采用一对 7209AC 轴承支承,轴上载荷 $F_R = 7\ 000$ N,$F_A = 890$ N,转速 $n = 970$ r/min,载荷系数 $f_p = 1.2$,试计算轴承的基本额定寿命。

9-10 图 9-31 所示的轴系采用一对 30207 轴承支承,轴上载荷 $F_R = 12\ 000$ N,$F_A = 780$ N,转速 $n = 1\ 470$ r/min,载荷系数 $f_p = 1.3$,试计算轴承的基本额定寿命。

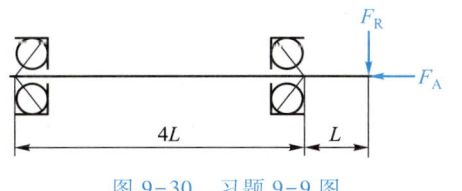

图 9-30　习题 9-9 图

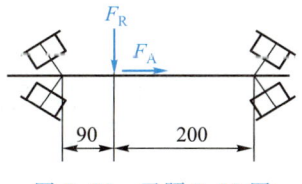

图 9-31　习题 9-10 图

9-11 指出图 9-32 所示的轴系结构不合理之处,画出正确结构。

9-12 按摩擦性质,滑动轴承分为哪几种?

9-13 径向滑动轴承的主要结构有哪几种? 各有什么特点?

9-14 常用的轴瓦材料有哪些? 为什么有的只能作轴承衬?

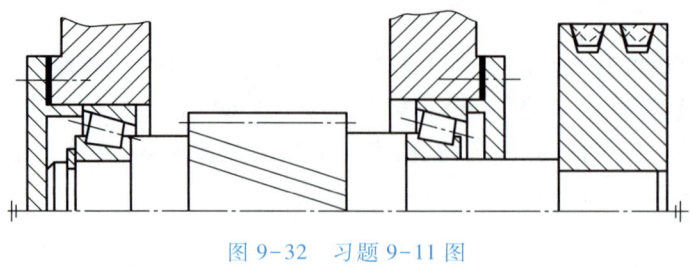

图 9-32　习题 9-11 图

9-15　滑动轴承为什么要开设油孔及油沟？油孔及油沟应设在什么位置？

第 10 章

联轴器、离合器和制动器

由于制造、装配或使用上的要求,往往要将机器分成几个独立的部件或零件,各零、部件之间的轴通过联轴器或离合器连接,用以传递运动和转矩。有些机器需要控制运转速度或强制运动,还需用到制动器。如载重汽车传动系统,内燃机的转动通过离合器输入变速箱,变速后,再经过万向联轴器连接传动轴和差速器,驱动车轮转动。车轮轮毂内装有制动器。

联轴器只能在机器停车时,经拆卸才能将两轴分离。用离合器连接的两个轴,可以在机器运转时方便地使它们分离或接合。

10.1 联 轴 器

由于制造、安装误差或轴的变形等原因,联轴器所连接的两轴会产生相对位移,如图 10-1 所示。如果这些位移得不到补偿,将会在轴、轴承及轴承座上引起附加的载荷,这就要求联轴器应具有一定的补偿相对位移的能力。

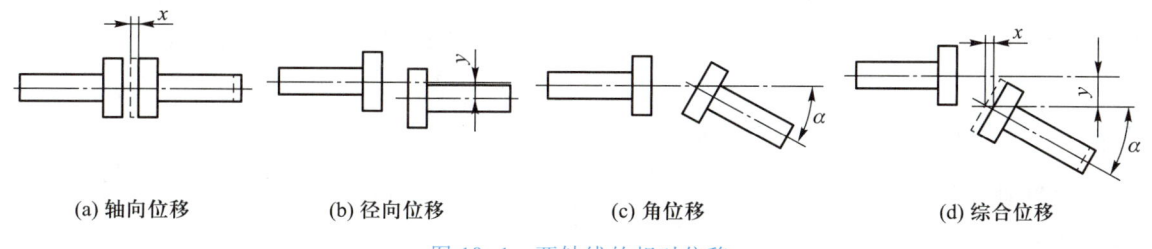

(a) 轴向位移　　　　(b) 径向位移　　　　(c) 角位移　　　　(d) 综合位移

图 10-1　两轴线的相对位移

根据是否具有补偿位移的能力,联轴器可分为刚性联轴器(无补偿位移能力)和挠性联轴器(有补偿位移能力)两大类,其中挠性联轴器又分为无弹性元件挠性联轴器和有弹性元件挠性联轴器。

10.1.1 刚性联轴器

1. 凸缘联轴器

如图 10-2 所示,凸缘联轴器是两个带有凸缘的半联轴器通过螺栓连接,以传递运动和转矩。图 10-2a 所示的两个半联轴器靠端面的凸肩和凹槽对中,用普通螺栓连接,靠接合面产生的摩擦力来传递转矩。图 10-2b 所示凸缘联轴器用铰制孔螺栓对中和连接,靠螺栓的剪切和挤压来传递转矩。

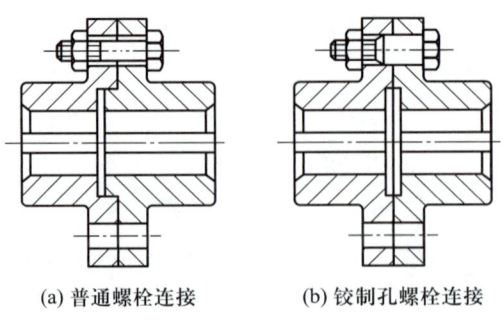

(a) 普通螺栓连接　　　　　(b) 铰制孔螺栓连接

图 10-2　凸缘联轴器

凸缘联轴器结构简单,价格低廉,传递转矩较大,但不能缓冲减振且要求两轴严格对中。适用于载荷平稳、轴的刚度大、两轴对中精度高的连接。

2. 套筒联轴器

如图 10-3 所示,两轴端从轴向装入套筒,套筒采用销(图 10-3a)或键(图 10-3b)与轴连接。这种联轴器径向尺寸小,结构简单。装拆时,相连的部件需作轴向移动,不方便。适用于低速、轻载、无冲击且安装精度高的连接。在机床、仪器中应用较多,如车床光杠、丝杠与变速箱轴的连接。

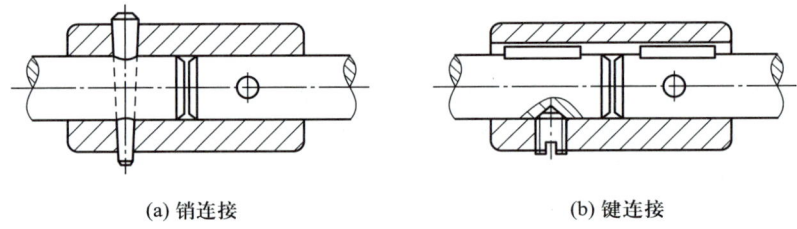

(a) 销连接　　　　　　　　(b) 键连接

图 10-3　套筒联轴器

10.1.2　无弹性元件的挠性联轴器

这类联轴器具有挠性,故可补偿两轴的相对位移。因无弹性元件,不能缓冲减振。常用的有以下几种:

1. 滑块联轴器

图 10-4 所示为十字滑块联轴器,它由两个端面带槽的半联轴器 1、3 和一个两侧面带凸牙的浮动盘 2 所组成。浮动盘两侧的凸牙互相垂直成十字形,分别嵌装在两半联轴器的凹槽中。由于浮动盘的凸牙可在凹槽中滑动,因此可补偿两轴的相对位移。

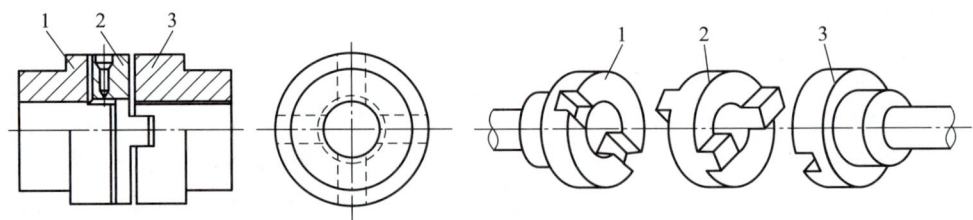

图 10-4　十字滑块联轴器

十字滑块联轴器结构简单,价格低廉,安装方便。因浮动盘作偏心转动,当转速较高时,产生的离心力较大,加剧零件磨损。这种联轴器一般适用于径向位移较大、低速、无冲击的场合。

2. 齿式联轴器

齿式联轴器由两个有内齿的外壳和两个有外齿的套筒所组成,如图 10-5a 所示。两外壳凸缘用螺栓连接,两套筒用键与轴连接,内、外齿廓均为渐开线。为补偿两轴的相对位移,外齿做成球面鼓形齿(图 10-5b)。为减轻工作轮齿的磨损,在外壳注入润滑油,并在外壳和套筒之间设有密封圈。

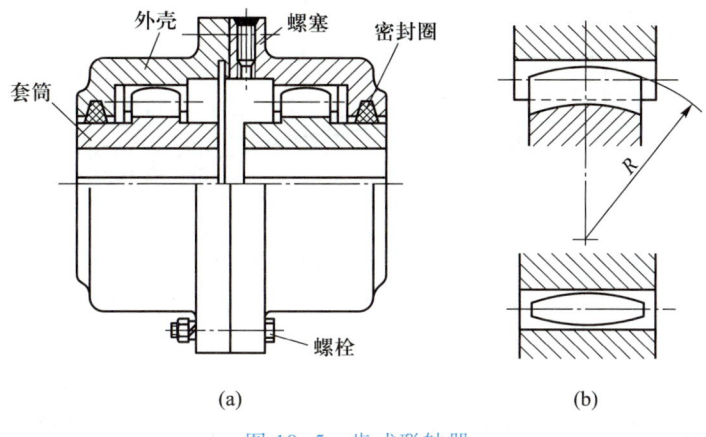

(a)　　　　　　　　　　(b)

图 10-5　齿式联轴器

齿式联轴器能传递很大的转矩,具有良好的补偿综合位移能力,安装精度要求不高,但结构复杂,质量较大,主要用于低速、重型机械。

3. 万向联轴器

万向联轴器由两个叉形零件 1、2 和一个十字轴组成(图 10-6),十字轴与两个叉形接头分别组成活动铰链,当一轴的位置固定后,另一轴可以在任意方向偏斜 α 角,故称十字轴万向联轴器。夹角 α 可达 35°～45°。

可以分析出,单个十字轴万向联轴器从动轴角速度 ω_2 在 $\omega_1 \cos \alpha \leqslant \omega_2 \leqslant \omega_1 / \cos \alpha$ 之间周期性变化,从而引起附加动载荷。为避免这种现象,可成对使用万向联轴器,安装时将中间传动轴 S 两端的叉平面位于同一平面内,并且使主、从动轴与中间轴之间的夹角相等,即 $\alpha_1 = \alpha_2 = \alpha$(图 10-7a、b)。这样,可以使两个联轴器产生的角速度波动,因相位差而相互抵消,从而使输入轴和输出轴同步转动。

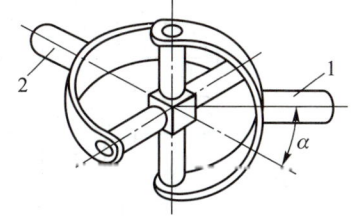

图 10-6　十字轴万向联轴器示意图

万向联轴器结构紧凑,维护方便,广泛用于汽车、机床等机器中,如图 10-7c 所示。

10.1.3　有弹性元件的挠性联轴器

这类联轴器是通过弹性元件的变形,补偿两轴的相对位移,并且起到缓冲和消振的作用。弹性元件的材料有金属和非金属两种。非金属材料有尼龙、橡胶和塑料等,其特点是重量轻,价格便宜,有较好的缓冲和消振功能,但寿命较短。金属弹性元件主要是各种弹簧,这种联轴器结构、类型繁多,使用性能差异很大,可参考设计手册中推荐的性能选用。这里仅介绍几种已标准化的

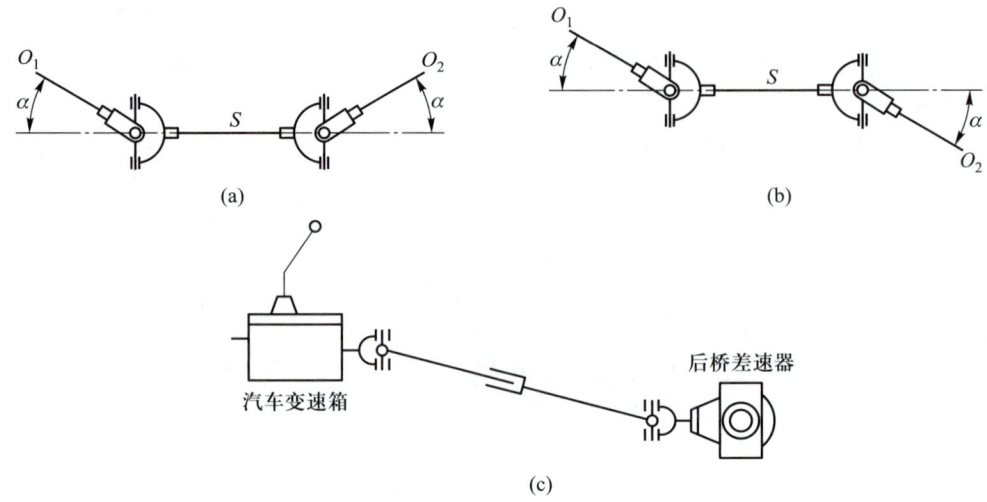

(a)   (b)

(c)

图 10-7　双万向联轴器及应用

非金属弹性元件联轴器。

1. 弹性套柱销联轴器

弹性套柱销联轴器如图 10-8 所示,在结构上与凸缘联轴器相似,只是用弹性套柱销代替了连接螺栓。

这种联轴器适用于起动频繁、经常反转、载荷平稳和高速运转的传动中。如电动机与减速器、水泵或鼓风机的连接。

2. 弹性柱销联轴器

弹性柱销联轴器是用若干个尼龙柱销实现两个半联轴器的周向连接(图 10-9),为防止柱销滑出,在柱销两端配置挡圈。为了增加补偿量,常将柱销的一端制成鼓形。

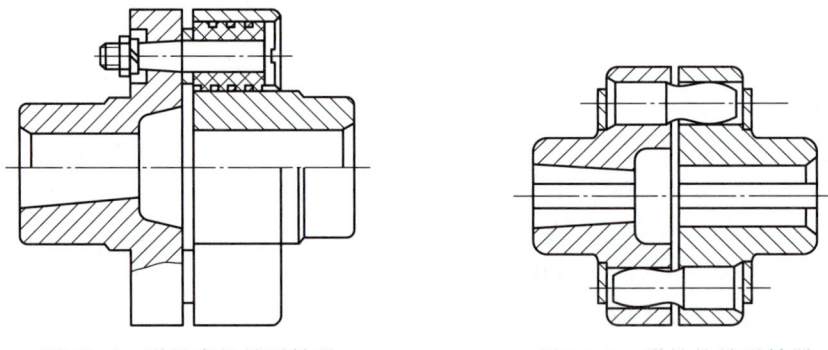

图 10-8　弹性套柱销联轴器　　　　　图 10-9　弹性柱销联轴器

弹性柱销联轴器结构简单,更换柱销方便,尼龙柱销的弹性不如橡胶,但强度高,耐磨性好,更适用于冲击不大,经常正反转的中、低速场合。

10.1.4　联轴器的选择

常用的联轴器大多数已经标准化,设计时只需合理地选择联轴器的类型和型号。

选择类型的原则是使机器工作条件、使用要求与联轴器的特性相吻合。通常,对中低速、刚度和对中性较好的轴,可选用刚性联轴器;对中低速、刚度和安装精度较低的轴,可选用无弹性元件的挠性联轴器;对大功率重型机械,选用齿式联轴器;对轴线相交的两轴,选用万向联轴器。

因机器种类繁多,工作条件各异,使联轴器的结构和类型多样化,使用性能上有很大差别,设计时可参考以往使用经验和产品手册中推荐的性能选用。

当选定联轴器的类型后,再根据被连接轴的直径、计算转矩和转速确定联轴器的型号。应满足以下几点:

(1)计算转矩 T_c 不超过联轴器的许用转矩 $[T]$,即 $T_c = K_A T \leqslant [T]$,$T$ 为轴传递的公称转矩,K_A 为工作情况系数,见表 10-1;

(2)轴的直径应符合联轴器的孔径范围;

(3)轴的转速不超过联轴器的许用转速。

表 10-1　工作情况系数 K_A

工　作　机	K_A			
	原　动　机			
工作情况及举例	电动机、汽轮机	四缸和四缸以上内燃机	双缸内燃机	单缸内燃机
转矩变化很小,如发电机、小型通风机、小型离心泵	1.3	1.5	1.8	2.2
转矩变化小,如透平压缩机、木工机床、运输机	1.5	1.7	2.0	2.4
转矩变化中等,如搅拌机、增压泵、有飞轮的压缩机、冲床	1.7	1.9	2.2	2.6
转矩变化和冲击载荷中等,如织布机、水泥搅拌机、拖拉机	1.9	2.1	2.4	2.8
转矩变化和冲击载荷大,如造纸机、挖掘机、起重机、碎石机	2.3	2.5	2.8	3.2
转矩变化大,并有极强烈的冲击载荷,如压延机、重型轧机	3.1	3.3	3.6	4.0

10.2　离合器和制动器

10.2.1　离合器

离合器按工作原理可分为嵌合式和摩擦式两种基本类型,控制离合的方式可以有操纵式和自动式。

1. 牙嵌离合器

牙嵌离合器的结构如图 10-10 所示,它由两个端面带牙的半离合器组成,其中半离合器 1 用平键与主动轴连接;半离合器 2 用导向键 3 与从动轴连接,操纵机构通过拨叉 4 使其作轴向移动,实现接合或分离。半离合器 1 中用螺钉将对中环 5 固定,以保证两轴的对中。

牙嵌离合器的牙型有矩形、梯形和锯齿形(图 10-11a、b、c)。矩形牙用于小转矩,静止状态下接合。梯形牙强度高,可传递较大的转矩,能自动补偿磨损后的牙侧间隙,应用广泛。锯齿形牙强度高,但只能单向工作,用于特定的工作条件。梯形和锯齿形牙只能在低转速差或静止状态下接合。

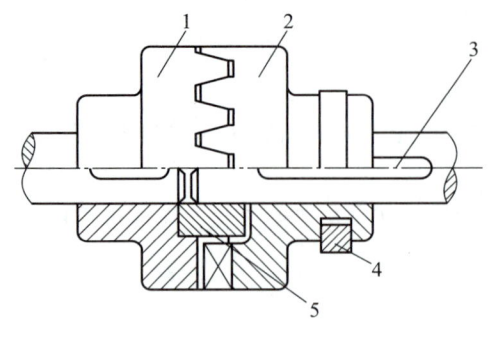

图 10-10　牙嵌离合器

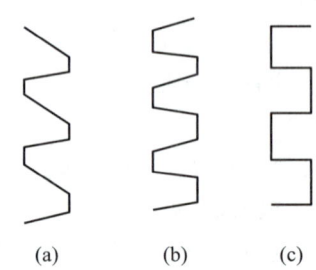

图 10-11　牙嵌离合器的牙型

牙嵌离合器承载能力主要取决于牙根处的弯曲强度,对于操作频繁的离合器,需验算牙面压强,具体设计计算可参考机械设计手册。

2. 圆盘摩擦离合器

圆盘摩擦离合器有单盘式和多盘式两种。

图 10-12 所示为最简单的单盘式摩擦离合器。主动盘、从动盘通过平键、导向键分别与轴连接,操纵机构控制拨叉使从动盘作轴向移动,实现接合或分离。工作时,轴向压力 F_A 使两圆盘的接合面间产生摩擦力,以传递转矩。为了增大摩擦因数,在一个盘的表面装有摩擦片。

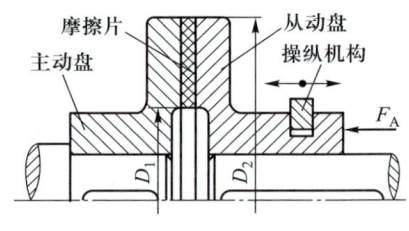

图 10-12　单盘式摩擦离合器

单盘摩擦离合器结构简单,但传递转矩能力受结构尺寸的限制,常用于转矩在 2 000 N·m 以下的轻型机械。

当传递转矩较大时,常采用多盘式摩擦离合器。如图 10-13 所示,外壳 2、套筒 4 通过平键、导向键分别与轴 1、3 连接,外壳 2 通过花键与一组外摩擦片 5(图 10-13b)连接,套筒 4 也通过花键与一组内摩擦片 6(图 10-13c)连接。工作时,向左移动滑环 7,通过杠杆 8、压板 9 使两组摩擦片压紧,离合器便处于接合状态。若向右移动滑环时,摩擦片被松开,离合器即分离。螺母 10 可调节摩擦盘之间的压力。由于有多个摩擦片接合,所以传递转矩大。

可以通过机械、电磁、液力或气动等方式,控制上述操纵式离合器的离合。

摩擦离合器与牙嵌离合器比较,其优点是两轴能在不同速度下离合,离合过程平稳,过载时将产生打滑,避免其他零件受损;缺点是产生滑动时不能保证两轴同步传动。

3. 超越离合器

超越离合器是一种单向离合器,主要用于单向驱动、防止逆转或间歇运动等场合。

图 10-14 所示是滚柱超越离合器,滚柱受弹簧力的作用,始终与外环和星轮接触。当星轮主动顺时针转动或外环主动逆时针转动时,摩擦力使滚柱进一步楔紧星轮和外环,离合器接合。有时从动件可能从另一渠道获得超过主动件的转速,如自行车下坡时,车轮的转速超过驱动链轮的转速,这时离合器处于分离状态。由于这种离合器的接合、分离与主、从动件的转速差有关,只有当主动件转速超过从动件转速时,离合器才接合,故称超越离合器。

4. 安全离合器

当转矩超载时,安全离合器将切断动力的传递或使传动打滑,从而对原动机和传动系统起保护作用。

图 10-15 所示为钢珠安全离合器,通过钢珠的嵌合传递转矩。旋转圆螺母,调整弹簧预压量,改变钢珠之间的压力,设置额定转矩。当转矩超载时,钢珠之间错动,起到保护作用。

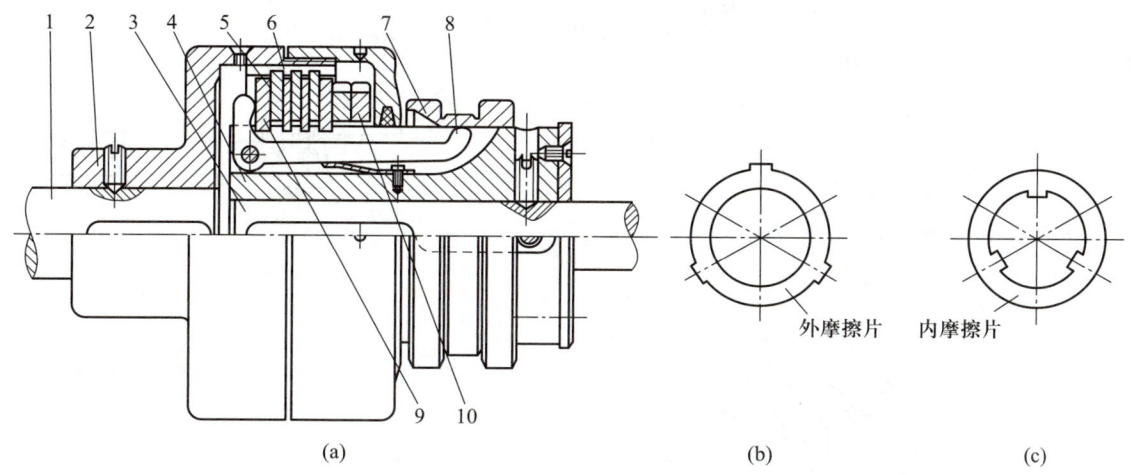

外摩擦片　　内摩擦片

(a) (b) (c)

图 10-13　多盘式摩擦离合器

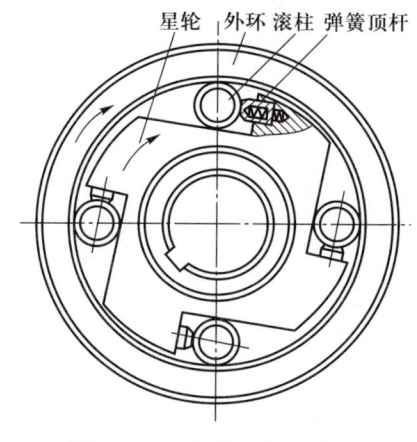

星轮　外环　滚柱　弹簧顶杆

图 10-14　滚柱超越离合器

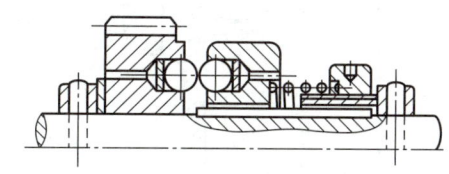

图 10-15　钢珠安全离合器

10.2.2　制动器

制动器用来减低机械的运转速度或迫使机器停止运动,在车辆、机床和起重机等机械中广泛应用。常用的制动器多采用摩擦制动器,以下介绍几种已经标准化的摩擦制动器。

1. 带式制动器

图 10-16 所示为带式制动器原理图。当制动力 F_0 作用在制动杠杆上时,通过杠杆作用,制动带便抱住制动轮,靠带与轮之间的摩擦力矩实现制动。为了增加制动效果,制动带材料一般为钢带上覆以石棉或夹铁砂帆布。这类制动器适合于中、小载荷的机械及人力操纵的场合。制动力矩可按柔韧体摩擦欧拉公式计算。

191

2. 盘式制动器

图 10-17 所示为用于汽车中的钳盘式制动器,制动盘 4 与车轮连接,活塞 3 布置在制动盘两侧的制动钳支架 1 中,活塞端部粘有摩擦片 2,制动钳支架与车架固定。制动时,活塞在油压的作用下夹紧制动盘,对车轮制动。解除制动后,活塞在密封圈 5 的弹力作用下回位。

盘式制动器中,制动钳的结构和控制方式很多,适用的范围也非常广泛,在车辆、起重运输、冶金、矿山等机械中都有应用。

离合器和制动器的选择及有关设计计算可参考设计手册。

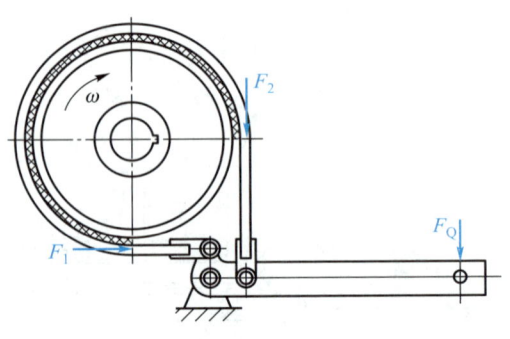

图 10-16　带式制动器

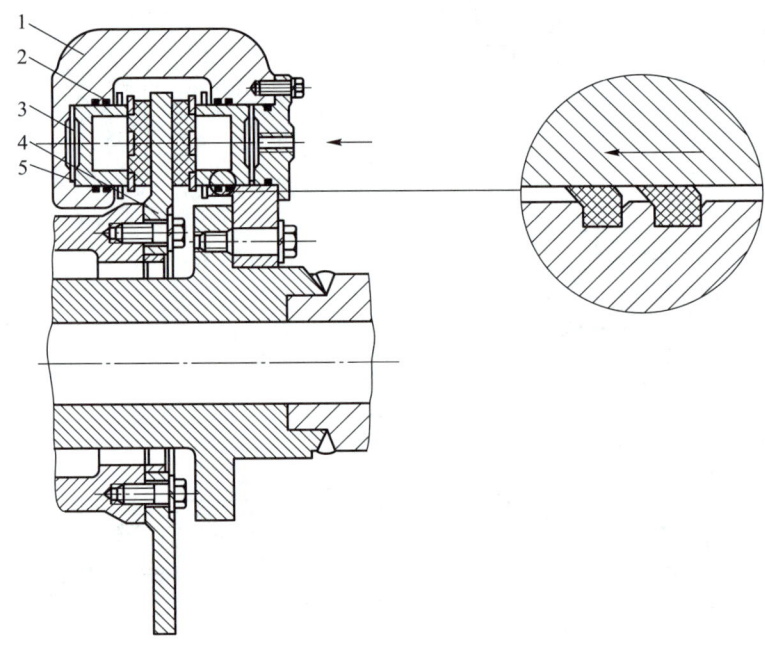

图 10-17　钳盘式制动器

习　题

10-1　试述联轴器、离合器和制动器三者功用上的差别。

10-2　联轴器所连的两轴轴线的位移形式有哪些?

10-3　图 10-2 所示的两种凸缘联轴器,哪种联轴器传递的转矩更大些?

10-4　采用双万向联轴器时,如何安装才能使两轴瞬时角速度相同?

10-5　无弹性元件挠性联轴器和有弹性元件挠性联轴器两者的主要性能差别是什么?

10-6 当选定联轴器的类型后,再根据哪些条件确定联轴器的型号?

10-7 按工作原理,离合器可分哪两种基本类型? 各自的特点是什么?

10-8 电动机与离心泵之间用联轴器连接,已知电动机功率 11 kW,转速 960 r/min,电动机外伸轴的轴径 42 mm,离心泵轴的直径 38 mm,试选择联轴器类型和型号。

10-9 若图 10-16 所示的带式制动器中,各制动带边拉力 F_1、F_2 到支点距离为 30 mm,制动力 F_Q 到支点距离为 200 mm,制动力 $F_Q = 600$ N,制动带与制动毂之间摩擦因数为 0.3,制动毂直径 $D = 200$ mm。试求制动力矩 T。

第 11 章

螺 纹 连 接

任何一部机器都是由若干零件连接而成,这里所说的连接包括动连接(即各种运动副)和静连接(即各种零部件的组装)。在机械零件设计中,"连接"通常指静连接。静连接又分为可拆连接和不可拆连接。可拆连接允许多次拆装而不损坏连接中的任一零件,如螺纹连接、键连接等。不可拆连接必须损坏其中的零件才能拆卸,如铆接、焊接等。本章主要介绍应用最广泛的螺纹连接。

11.1 螺 纹

11.1.1 螺纹的类型和主要参数

螺纹通常是用车床加工,随着工件的转动和车刀的移动,在毛坯工件上加工出螺纹来。按螺纹牙轴面形状,螺纹可分为三角形、梯形、锯齿形和矩形螺纹(图 11-1)。

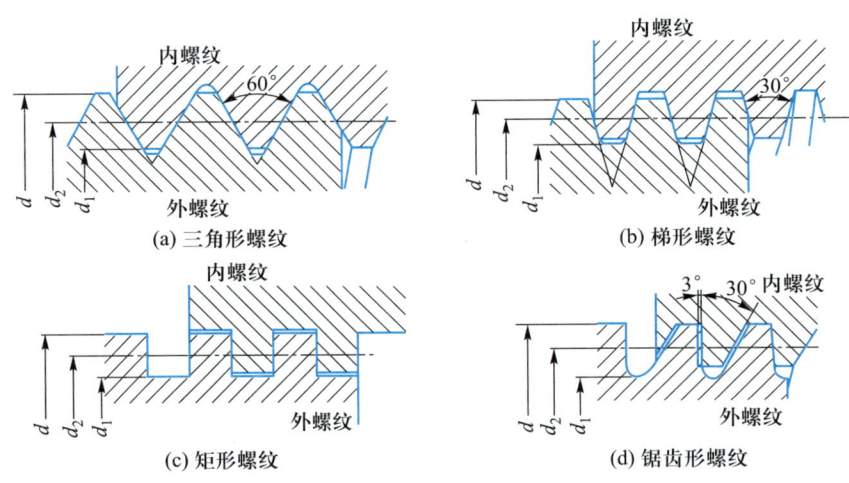

图 11-1 螺纹的类型

螺纹有外螺纹和内螺纹之分,两者组成螺纹副。

螺纹分左旋和右旋,常用右旋螺纹。根据螺旋线数目,螺纹还分单线螺纹和多线螺纹,如图 11-2 所示。为了便于制造,一般线数 $n \leq 4$。

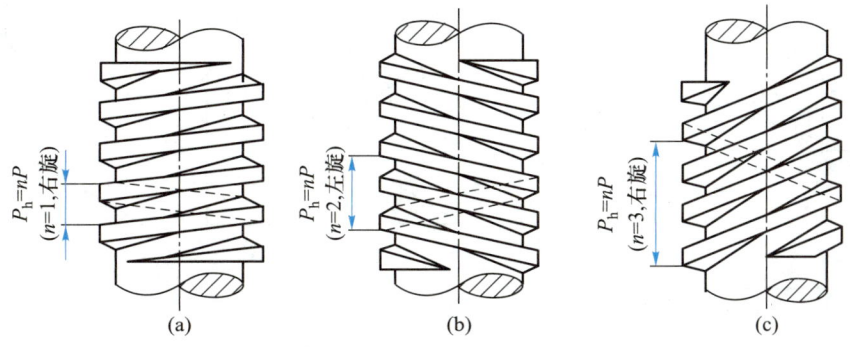

图 11-2　螺纹旋向和线数

现以圆柱外螺纹(图 11-3)为例,说明螺纹的主要参数。

大径 d　螺纹的最大直径,在标准中定为公称直径。

小径 d_1　螺纹的最小直径,在强度计算中作为螺栓危险截面的计算直径。

中径 d_2　螺纹牙形上的牙厚和沟槽的宽度相等处假想圆柱面的直径。

螺距 P　在中径线上相邻两牙的轴向距离。

导程 P_h　一条螺旋线在中径线上相邻两牙的轴向距离。单线螺纹 $P_h = P$;多线螺纹 $P_h = nP$。

螺纹升角 φ　螺旋线的切线与垂直于螺纹轴线的平面的夹角,也称导程角。在螺纹的不同直径处,螺纹升角各不相同,通常按螺纹中径 d_2 处计算,即

$$\varphi = \arctan \frac{P_h}{\pi d_2} = \arctan \frac{nP}{\pi d_2} \qquad (11-1)$$

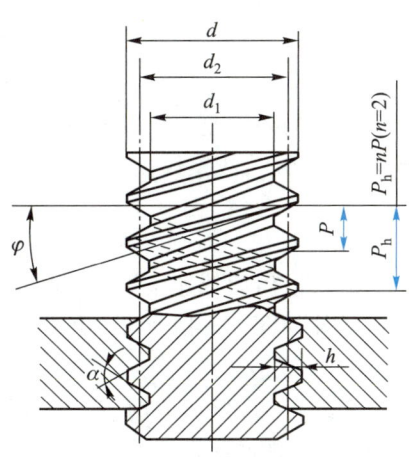

图 11-3　螺纹的主要参数

牙型角 α　螺纹轴向截面内,螺纹牙型两侧边的夹角。螺纹牙型的侧边与螺纹轴线的垂线间的夹角称为牙侧角 β,对称牙型的牙侧角 $\beta = \alpha/2$,如三角形、梯形螺纹。锯齿形螺纹是非对称牙型,两侧牙侧角分别为 $\beta = 3°$ 和 $\beta' = 30°$,$\beta = 3°$ 的一侧用来承受载荷。

11.1.2　螺纹副的受力分析、效率和自锁

1. 矩形螺纹

图 11-4a 所示为一矩形螺纹螺旋千斤顶。螺杆 4 不动,螺母 2 上装有手柄 3,当转动手柄使螺母上移时,升起托盘 1 上的重物 G。由于矩形螺纹的牙侧角 $\beta = 0°$,展开后为斜平面,螺纹副的相对运动相当于滑块沿斜面等速向上移动(图 11-4c)。设 G 为轴向载荷,F_t 为作用于中径处的水平推力,F_n 为法向力,$F_n f$ 为摩擦力,f 为摩擦因数,ρ 为摩擦角。由图 11-4 可知:

$$F_t = F \tan(\varphi + \rho)$$

转动螺母所需的力矩 T 为

$$T = F_t \frac{d_2}{2} = F \tan(\varphi + \rho) \frac{d_2}{2}$$

195

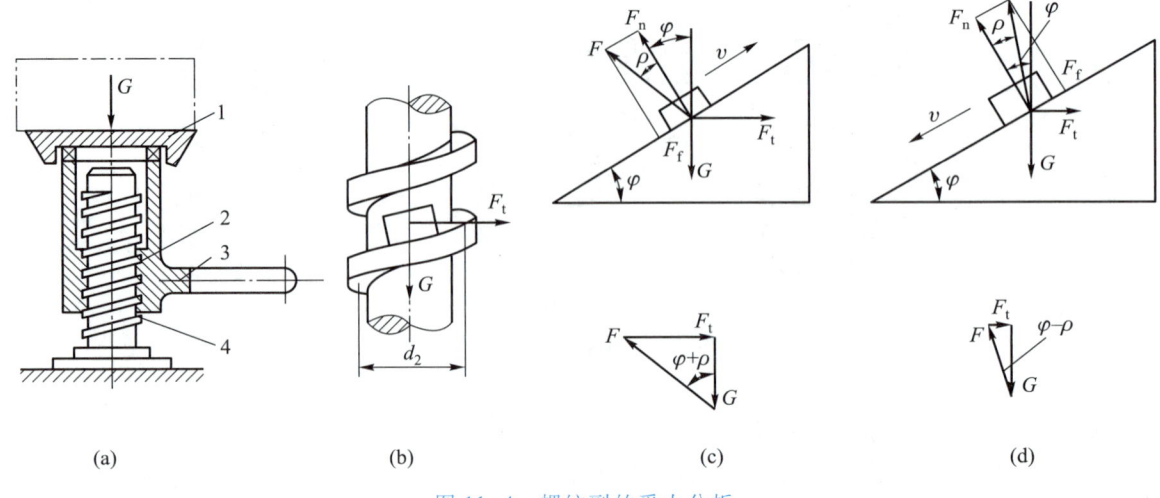

(a)   (b)   (c)   (d)

图 11-4   螺纹副的受力分析

螺纹副的效率是有效功与输入功之比。螺母旋转一周,输入功为 $2\pi T$,此时升起重物 G 所作的有效功为 GP_h,故螺纹副效率为

$$\eta = \frac{GP_h}{2\pi T} = \frac{\tan \varphi}{\tan(\varphi + \rho)} \tag{11-2}$$

当滑块沿斜面等速下滑时,轴向载荷 G 变为驱动力,F_t 变为保持等速下滑的支持力,滑块受力平衡条件如图 11-4d 所示,由图可知:

$$F_t = G\tan(\varphi - \rho)$$

由上式可知,当 $\varphi < \rho$ 时,F_t 为负值,表明要使滑块下滑必须改变 F_t 的方向,即必须施加推动力,否则单凭轴向载荷 G 的作用,无论 G 多大,滑块都不会下滑。这种现象称为螺纹副的自锁。考虑到极限情况,自锁条件为

$$\varphi \leqslant \rho \tag{11-3}$$

2. 非矩形螺纹

非矩形螺纹指牙侧角 $\beta \neq 0°$ 的三角形、梯形和锯齿形螺纹。

对比图 11-5a 和 b 可知,在轴向载荷 G 的作用下,非矩形螺纹的法向力 F_n 比矩形螺纹大,$F_n = G/\cos \beta$。若把法向力的增加看作摩擦因数的增加,则非矩形螺纹的摩擦阻力可表示为

$$F_n f = \frac{Gf}{\cos \beta} = Gf_v$$

式中:f_v 为当量摩擦因数,$f_v = \dfrac{f}{\cos \beta} = \tan \rho_v$,$\rho_v$ 为当量摩擦角。

由上面分析可知,非矩形螺纹与矩形螺纹受力上的区别仅表现在摩擦阻力上,因此将当量摩擦因数 f_v 和当量摩擦角 ρ_v 代替矩形螺纹受力分析式中的 f 和 ρ,即可得出非矩形螺纹副的效率和自锁条件:

$$\eta = \frac{\tan \varphi}{\tan(\varphi + \rho_v)} \tag{11-4}$$

$$\varphi \leqslant \rho_v \tag{11-5}$$

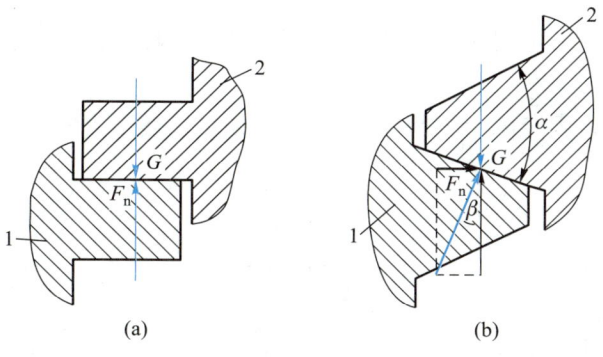

图 11-5 矩形螺纹与非矩形螺纹的法向力

11.1.3 螺纹副的应用

如前所述,按螺纹牙轴面形状,螺纹可分为三角形、梯形、锯齿形和矩形螺纹。内、外螺纹组成螺纹副,用于连接或传动。

连接要求螺纹副的自锁性好。三角形螺纹牙侧角 β 大,即当量摩擦角 ρ_v 大,自锁性好,故用于连接。

传动要求螺纹副的效率尽量高,故常用梯形(阿基米德蜗杆传动啮合效率就属于梯形螺纹副的效率)、锯齿形和矩形螺纹。梯形螺纹的牙侧角 $\beta = 15°$,比矩形螺纹易切制,当采用剖分螺母时还可以消除因磨损产生的间隙,因此应用广泛。锯齿形螺纹工作面牙侧角 $\beta = 3°$,效率比梯形螺纹高,但只适用于承受单方向的轴向载荷。

11.2 螺纹连接的类型及应用

11.2.1 螺纹连接的基本类型

1. 螺栓连接

普通螺栓连接如图 11-6a 所示。这种连接的结构特点是不需要在被连接件上加工螺纹,使用不受被连接件材料限制;被连接件通孔和螺栓杆间留有间隙,孔的加工精度要求低;结构简单,装拆方便,因此应用广泛。图 11-6b 所示是铰制孔螺栓连接,孔和螺栓杆多采用基孔制过渡配合(H7/m6,H7/n6)。这种连接能精确固定被连接件的相对位置,并能承受大的横向载荷,但孔的加工精度要求较高。

2. 螺钉连接

如图 11-7 所示,这种连接适用于结构上不能采用螺栓连接的场合,螺钉直接拧入被连接件的螺纹孔中。这种连接不宜经常装拆,否则,螺纹孔磨损后很难修复。

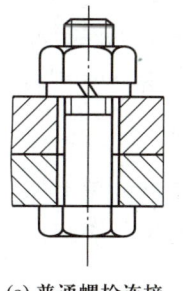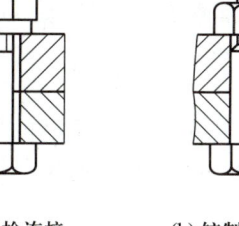

(a) 普通螺栓连接　　(b) 铰制孔螺栓连接

图 11-6　螺栓连接

3. 双头螺柱连接

当需要经常装拆且又不能用螺栓连接时,可以用双头螺柱连接,如图11-8所示。

4. 紧定螺钉连接

紧定螺钉连接常用来固定两个零件的相对位置,并可传递不大的力或转矩(图11-9)。

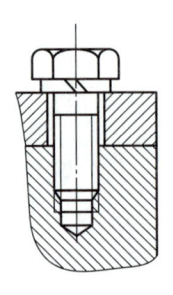 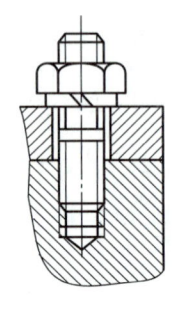 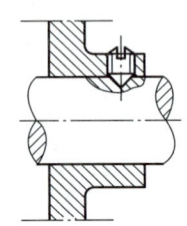

图 11-7 螺钉连接　　　　　图 11-8 双头螺柱连接　　　　　图 11-9 紧定螺钉连接

除上述四种基本连接形式外,还有一些特殊结构的连接。例如将机座固定在地基上的地脚螺栓连接;装在机器或大型零、部件的顶盖或外壳上的吊环螺钉连接等。

11.2.2 螺纹连接件

螺纹连接件的品种很多,有螺栓、螺钉、双头螺柱、紧定螺钉和与之配用的螺母、垫圈等。这些零件的结构和尺寸都已标准化。根据螺纹连接设计,确定其规格、型号后,可直接购买。

11.3 螺纹连接的设计

11.3.1 螺纹连接的预紧和防松

1. 拧紧力矩

在实用中,绝大多数螺纹连接在装配时都需要拧紧。拧紧螺母时沿螺栓轴线方向产生的力称为预紧力 F_p。预紧力的大小对连接的可靠性、紧密性、强度均有较大影响。因此,对重要的螺纹连接,在装配时要控制预紧力。预紧力值应根据螺纹连接工作要求确定(见螺纹连接强度计算),一般是通过控制拧紧力矩 T_p 来保证预紧力 F_p。

拧紧螺母时,要克服螺纹副摩擦阻力矩 T(见螺纹副受力分析)和螺母环形端面与被连接件支承面间的摩擦阻力矩 T_f(图11-10),即拧紧力矩

$$T_p = T + T_f \tag{11-6}$$

因 T 和 T_f 都与摩擦面间的压力即预紧力 F_p 有关,也与螺纹直径 d 和螺母支承面直径 D_1 有关,对于 M10～M68 的普通粗牙螺纹,式(11-6)可简化为

$$T_p \approx 0.2 F_p d \tag{11-7}$$

控制预紧力的方法很多,通常采用测力矩扳手(图11-11)或定力矩扳手(图11-12)。

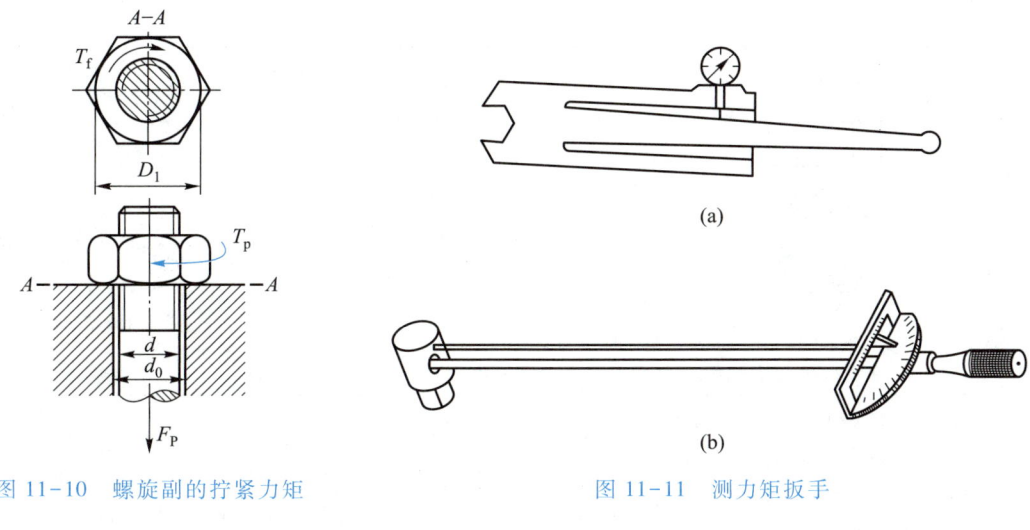

图 11-10　螺旋副的拧紧力矩　　　　　图 11-11　测力矩扳手

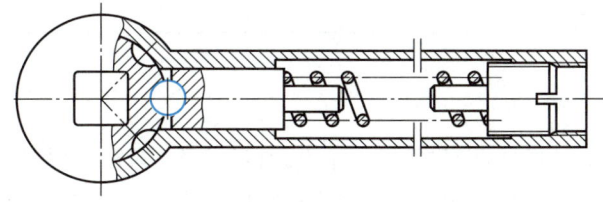

图 11-12　定力矩扳手

2. 螺纹连接的防松

连接用的普通螺纹都能满足自锁条件。在静载荷和工作温度变化不大时,螺栓不会自动松脱,但在冲击、振动或变载荷的作用下,预紧力可能减小或瞬间消失,连接仍有可能松脱。因此,设计时应采取有效的防松措施。

防松的根本问题在于防止螺旋副的相对转动,常用的防松方法列于表 11-1。

表 11-1　常用的防松方法

利用附加摩擦力防松	弹簧垫圈	对顶螺母	尼龙圈锁紧螺母
	靠垫圈压平而产生的反弹力使旋合螺纹间保持压紧力	两螺母对顶拧紧后,使旋合螺纹间始终受到对顶力的作用,工作载荷有变动时,摩擦力仍然存在	螺纹旋入处嵌入尼龙圈来增加摩擦力

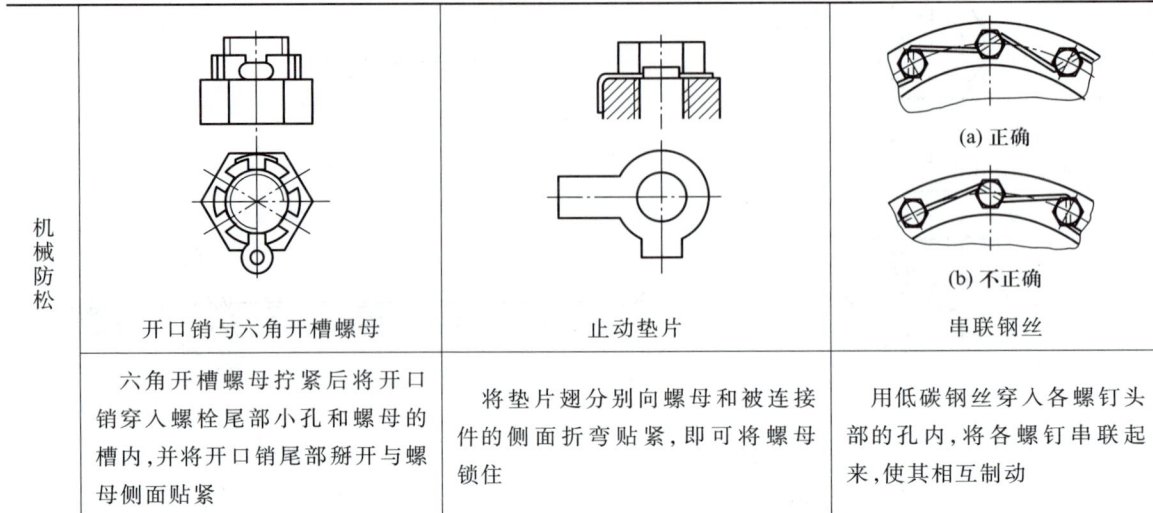

		(a) 正确
		(b) 不正确
开口销与六角开槽螺母	止动垫片	串联钢丝
六角开槽螺母拧紧后将开口销穿入螺栓尾部小孔和螺母的槽内,并将开口销尾部掰开与螺母侧面贴紧	将垫片翅分别向螺母和被连接件的侧面折弯贴紧,即可将螺母锁住	用低碳钢丝穿入各螺钉头部的孔内,将各螺钉串联起来,使其相互制动

机械防松

11.3.2　螺栓连接的强度计算

螺栓连接的强度计算主要是针对螺栓进行的,通过计算,确定螺栓螺纹公称直径。由于螺栓上的螺纹牙及螺母的尺寸等都是采用等强度原则制订的,所以一般不进行强度验算。螺母、垫圈等其他螺纹连接件则以螺纹的公称直径为依据,查取相应的标准。

根据螺纹连接的基本类型及其工作原理可知,从受力角度看,普通螺栓、螺钉和双头螺柱受轴向拉力,铰制孔螺栓受剪和挤压。所以以螺栓连接(普通螺栓和铰制孔螺栓)为例,说明强度计算方法。

1. 普通螺栓连接的强度计算

实践得知,普通螺栓的主要失效是螺栓的断裂。所以,强度计算主要是确定螺栓的小径 d_1,然后按标准选定螺栓的公称直径(大径)d 和与其相配用的其他螺纹连接件。

普通螺栓连接根据在工作前是否预紧分为松螺栓连接和紧螺栓连接。最典型的松螺栓连接是起重机吊钩尾部的螺栓连接。若不计吊钩自重,在不起吊时吊钩处于自由转动状态,螺栓连接不受力,起吊时螺栓受起吊重力。所以,松螺栓连接只需按工作拉力进行抗拉强度计算。工程中,应用最多的是紧螺栓连接。

(1) 仅承受预紧力 F_p 的紧螺栓连接的强度计算

图 11-13 所示为螺栓组连接,被连接件上作用着垂直于螺栓轴线的横向工作载荷 F_{Σ}。由于螺栓与孔之间留有间隙,只有接合面上有足够大的摩擦力,被连接件之间才不会发生位置的错动。不滑移条件为

$$fF_p zi \geq K_s F_{\Sigma} \tag{11-8}$$

式中:f——接合面摩擦因数,见表 11-2;

　i——接合面数目,图 11-13 所示的结构 $i=2$;

　K_s——防滑系数,$K_s = 1.1 \sim 1.3$;

　z——螺栓个数。

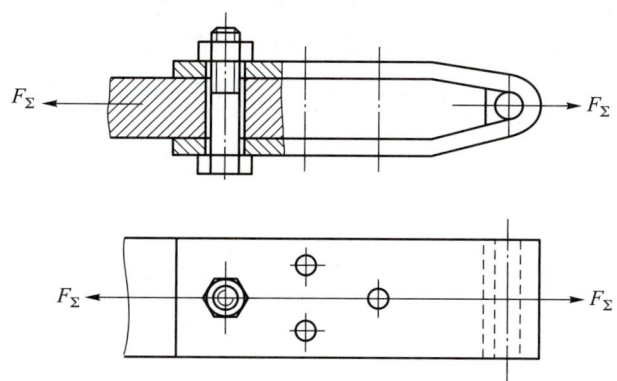

图 11-13　受横向工作载荷的螺栓组连接

因此,螺栓所需的预紧力应为

$$F_p \geqslant \frac{K_s F_\Sigma}{fzi}$$

(11-9)

由于被连接件上没有其他载荷作用,螺栓仅承受预紧力,只要保证装配时螺栓不断裂,即能满足连接要求。

表 11-2　连接接合面间的摩擦因数 f

被连接件	接合面的表面状态	摩擦因数 f
钢或铸铁零件	干燥的加工表面	0.10~0.16
	有油的加工表面	0.06~0.10
钢结构件	轧制表面,钢丝刷清理浮锈	0.30~0.35
	涂富锌漆	0.35~0.40
	喷砂处理	0.45~0.55
铸铁对砖料、混凝土或木材	干燥表面	0.40~0.45

装配时,在拧紧力矩作用下,螺栓受预紧力 F_p 作用产生拉应力,同时还受螺纹副摩擦阻力矩 T 作用,产生扭转剪应力。

螺栓危险截面的拉应力为

$$\sigma = \frac{F_p}{\frac{\pi}{4}d_1^2}$$

(11-10)

螺栓危险截面的扭转切应力为

$$\tau = \frac{T}{\frac{\pi}{16}d_1^3}$$

(11-11)

对于 M10～M64 普通螺纹的螺栓,式(11-11)可简化为 $\tau \approx 0.5\sigma$。

根据工程力学知识,在 σ 和 τ 双向应力作用下的计算应力为

$$\sigma_{ca} = \sqrt{\sigma^2 + 3\tau^2} = \sqrt{\sigma^2 + 3(0.5\sigma)^2} \approx 1.3\sigma \tag{11-12}$$

螺栓危险截面的强度条件为

$$\sigma_{ca} = \frac{1.3F_p}{\frac{\pi}{4}d_1^2} \leqslant [\sigma] \tag{11-13}$$

或

$$d_1 \geqslant \sqrt{\frac{4 \times 1.3F_p}{\pi[\sigma]}} \tag{11-14}$$

式中:$[\sigma]$ 为螺栓材料的许用应力,见表 11-4。

这种靠摩擦力来承担横向工作载荷时,要求保持较大的预紧力,结果必然使螺栓的尺寸增加。此外,有振动、冲击时,由于摩擦力的不稳定,有可能出现松脱。为了避免上述缺陷,可以用各种减载装置来承担横向工作载荷(图 11-14)。

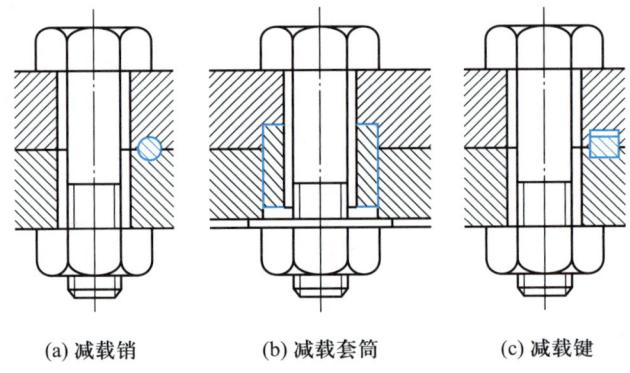

(a) 减载销   (b) 减载套筒   (c) 减载键

图 11-14　承受横向载荷的减载装置

(2) 承受预紧力 F_p 和工作拉力 F 的紧螺栓连接强度计算

图 11-15 所示的压力容器盖螺栓组连接,是螺栓既受预紧力又受工作拉力的典型结构。为保证容器的密封性,螺栓首先要预紧,即受预紧力 F_p 作用。设容器工作压力为 p,直径为 D,螺栓个数为 z,则每个螺栓承受的工作拉力为 $F = \dfrac{p\pi D^2/4}{z}$。

这种紧螺栓连接承受工作拉力 F 后,螺栓所受的总拉力 F_Q 并不等于预紧力 F_p 与工作拉力 F 之和。现取其中一个螺栓分析总拉力 F_Q 的大小。

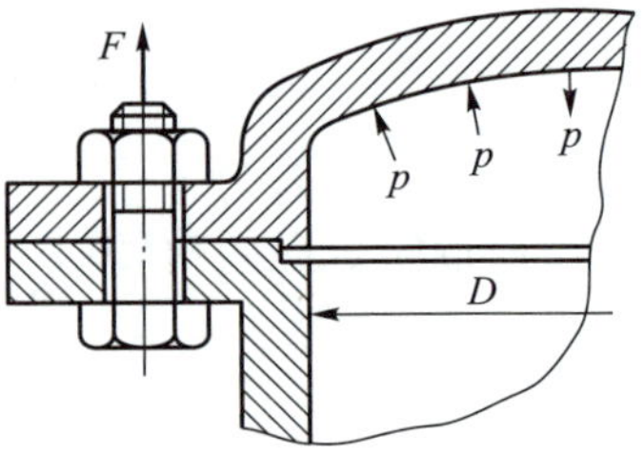

图 11-16 所示为单个螺栓连接在承受工作拉力前后的受力及变形情况。图 11-16a 所示是螺母刚好拧到和被连接件接触,此时,螺栓和被连接件都不受力,没有变形。图 11-16b 所示是

图 11-15　压力容器盖螺栓组连接

202

按规定的预紧力 F_p 安装,但尚未承受工作拉力。此时,螺栓受预紧力 F_p 作用,其伸长量为 λ_b。相反,被连接件在 F_p 的压缩作用下,其压缩量为 λ_m。图 11-16c 所示是承受工作拉力后的情况。当螺栓受工作拉力后,其伸长量增加 $\Delta\lambda$,则总伸长量为 $\lambda_b+\Delta\lambda$,相应的拉力就是螺栓所受的总拉力 F_Q。与此同时,被连接件因螺栓伸长而被放松,其压缩量随之减少 $\Delta\lambda$,成为 $\lambda'_m=\lambda_m-\Delta\lambda$ 称为残余压缩变形,则与此相应的压力称为残余预紧力 F'_p。由于力的相互作用,残余预紧力 F'_p 和工作拉力 F 一起作用在螺栓上,所以螺栓所受的总拉力 F_Q 为

$$F_Q = F'_p + F \tag{11-15}$$

从上述分析可知,在这种受载状态下,压力容器的密封性或连接的紧密性取决于残余预紧力 F'_p。推荐采用的 F'_p 为:对于有密封性要求的连接,$F'_p=(1.5\sim1.8)F$;对于一般连接,工作载荷稳定时,$F'_p=(0.2\sim0.6)F$;工作载荷不稳定时,$F'_p=(0.6\sim1.0)F$;对于地脚螺栓连接,$F'_p \geqslant F$。

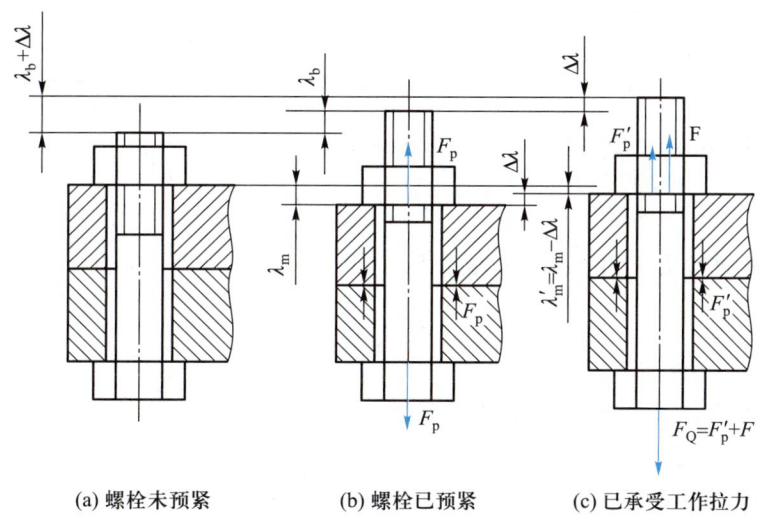

(a) 螺栓未预紧　　　　(b) 螺栓已预紧　　　　(c) 已承受工作拉力

图 11-16　单个紧螺栓连接受力变形图

设计计算时,可先根据连接的工作要求选定残余预紧力 F'_p,然后按式(11-15)求出螺栓所受的总拉力 F_Q,则螺栓强度条件为

$$\sigma_{ca} = \frac{1.3F_Q}{\frac{\pi}{4}d_1^2} \leqslant [\sigma] \tag{11-16}$$

或

$$d_1 \geqslant \sqrt{\frac{4\times1.3F_Q}{\pi[\sigma]}} \tag{11-17}$$

确定出螺栓直径后,安装时施加多大的预紧力 F_p,才能保证在工作拉力 F 作用下残余预紧力 F'_p 符合选定值? 这就要求建立预紧力 F_p 和残余预紧力 F'_p 之间的关系。

螺栓的预紧力 F_p 与残余预紧力 F'_p 的关系可由螺栓连接受力和变形关系推出。

图 11-17a、b 分别表示预紧力 F_p 与 λ_b 和 λ_m 关系。从图可知,螺栓刚度 $C_b=F_p/\lambda_b$,$\theta_b=\arctan C_b$;被连接件刚度 $C_m=F_p/\lambda_m$,$\theta_m=\arctan C_m$。在连接没受工作拉力之前,螺栓和被连接件

同受预紧力 F_p。由图 11-17c 可得

$$F_p = F_p' + C_m \Delta \lambda$$
$$F_Q = F_p + C_b \Delta \lambda$$

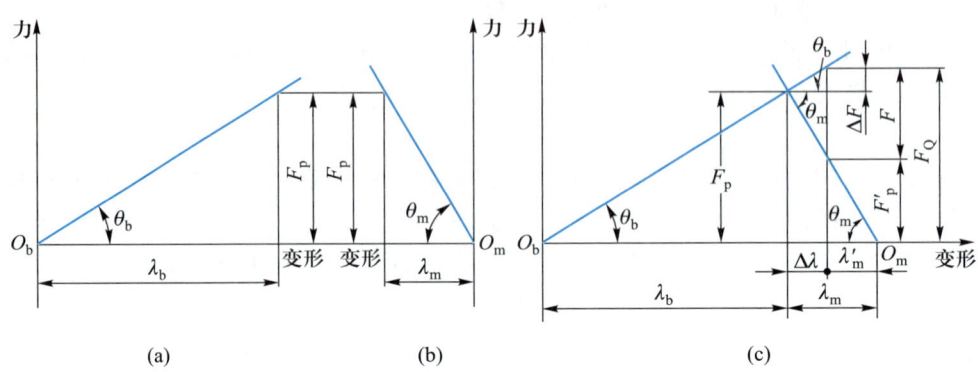

图 11-17　单个紧螺栓连接载荷与变形关系

而 $F = \Delta \lambda (C_b + C_m)$，即 $\Delta \lambda = F/(C_b + C_m)$，代入上式得

$$F_p = F_p' + \frac{C_m}{C_b + C_m} F \tag{11-18}$$

从而也可得出螺栓总拉力 F_Q 的另一种表达式

$$F_Q = F_p + \frac{C_b}{C_b + C_m} F \tag{11-19}$$

式中：$\dfrac{C_b}{C_b + C_m}$ 称为螺栓连接的相对刚度，见表 11-3。

表 11-3　螺栓连接的相对刚度

被连接钢板间所用垫片类别	$\dfrac{C_b}{C_b + C_m}$
金属垫片（或无垫片）	0.2 ~ 0.3
皮革垫片	0.7
铜皮石棉垫片	0.8
橡胶垫片	0.9

根据式（11-18），可求出安装时的预紧力 F_p，拧紧力矩 $T_p \approx 0.2 F_p d$。

2. 铰制孔螺栓连接的强度计算

在受横向载荷的铰制孔螺栓连接中（图 11-18），载荷是靠螺栓的剪切及螺栓与孔壁之间的挤压来传递的，所以连接只需很小的预紧力，可以不考虑预紧力和螺纹摩擦力矩的影响，按挤压及剪切强度条件计算。

挤压强度条件为

$$\sigma_p = \frac{F}{d_0 L_{min}} \leqslant [\sigma_p] \tag{11-20}$$

螺栓杆的剪切强度条件为

$$\tau = \frac{F}{\frac{\pi}{4}d_0^2} \leq [\tau] \qquad\qquad (11-21)$$

式中：F——螺栓所受的工作剪力，N；

$\quad\quad d_0$——螺栓剪切面的直径，mm；

$\quad\quad L_{min}$——螺栓杆与孔壁挤压面的最小高度 mm，设计

$\quad\quad\quad\quad$ 时应使 $L_{min} \geq 1.25 d_0$；

$\quad\quad [\sigma_p]$——螺栓或孔壁材料的许用挤压应力，MPa，见

$\quad\quad\quad\quad$ 表 11-4；

$\quad\quad [\tau]$——螺栓材料的许用切应力，MPa，见表 11-5。

根据式（11-20）、式（11-21）计算出螺栓剪切面的直径 d_0，按两者的大值在标准中选定螺栓的公称直径（大径）d 和与其相配用的其他螺纹连接件。

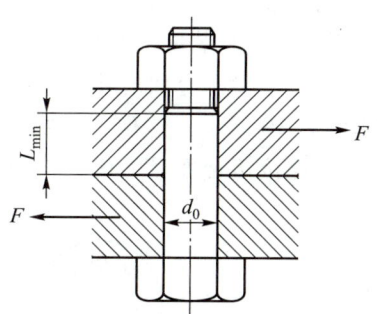

图 11-18　受横向载荷的铰制孔螺栓连接

表 11-4　螺栓的性能等级和许用应力（摘自 GB/T 3098.1—2010）

性能等级（标记）	4.6	4.8	5.6	5.8	6.8	8.8	9.8	10.9	12.9
抗拉强度极限 σ_{bmin}/MPa	400	400	500	500	600	800	900	1 000	1 200
屈服极限 σ_s/MPa	240	—	300	—	—	—	—	—	—
硬度/HBW$_{min}$	114	124	147	152	181	245	286	316	380
推荐材料	低碳钢或中碳钢					中碳钢,淬火并回火		中碳钢,低、中碳合金钢,淬火并回火,合金钢	合金钢

注：螺栓材料的许用应力：$[\sigma] = \dfrac{\sigma_s}{S}$，$[\tau] = \dfrac{\sigma_s}{S_\tau}$，对于钢 $[\sigma_p] = \dfrac{\sigma_s}{S_p}$，对于铸铁 $[\sigma_p] = \dfrac{\sigma_b}{S_p}$，常用铸铁连接件的 σ_b 可取 200~250 MPa。式中：S、S_τ、S_p 为安全系数，见表 11-5。

表 11-5　螺纹连接的安全系数 S

受载类型			静载荷			变载荷		
松螺栓连接			1.2~1.7					
紧螺栓连接	受轴向及横向载荷的普通螺栓连接	不控制预紧力	M6~M16	M16~M30	M30~M60	M6~M16	M16~M30	M30~M60
			碳钢			碳钢		
		碳钢	5~4	4~2.5	2.5~2	12.5~8.5	8.5	8.5~12.5
		合金钢	5.7~5	5~3.4	3.4~3	合金钢 10~6.8	6.8	6.8~10
		控制预紧力	1.2~1.5			1.2~1.5		
	铰制孔螺栓连接		钢：$S_\tau = 2.5$，$S_p = 1.25$ 铸铁：$S_p = 2$~2.5			钢：$S_\tau = 3.5$~5，$S_p = 1.5$ 铸铁：$S_p = 2.5$~3		

11. 3. 3 螺纹连接结构设计要点

1. 螺栓组连接的结构设计

绝大多数螺栓都是成组使用的。设计螺栓组连接结构时,力求各螺栓和连接接合面受力均匀,便于加工和装配。具体应考虑以下几方面的问题:

(1)连接接合面的几何形状通常都设计成轴对称的简单形状,如圆形、矩形、三角形、环形等如图 11-19 所示。这样不但便于制造,而且使螺栓组的对称中心和连接接合面的形心重合,从而保证连接接合面受力比较均匀。

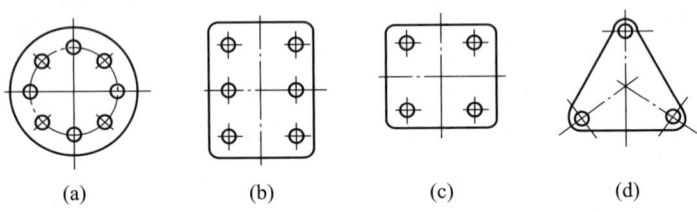

(a)   (b)   (c)   (d)

图 11-19   螺栓组连接接合面的形状

(2)螺栓的排列应有合理的间距、边距(图 11-20),以便扳手转动。扳手空间尺寸 A、B、C、E 可查阅设计手册。

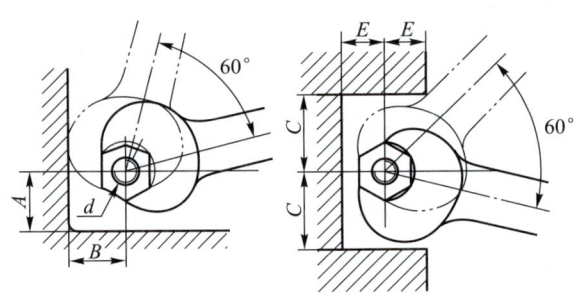

图 11-20   扳手空间尺寸

(3)分布在同一圆周上的螺栓数目,应取成 4、6、8 等偶数,以便于分度画线和加工。同一组螺栓中螺栓的材料、直径和长度均应相同。

2. 避免附加弯曲应力

如图 11-21a 所示,若被连接件支承面不平,会使螺栓受附加弯曲应力。为减小附加弯曲应力,在铸、锻件等粗糙表面上安装螺栓时,应制成凸台或沉头座(图 11-21b、c)。

3. 采用均载螺母

不论螺栓连接的结构如何,螺栓所受的总拉力都是通过螺栓和螺母的螺纹牙来传递的。由于螺栓、螺母的刚度和变形不同,各圈螺纹牙上的受力不同,旋合螺纹间的载荷分布,如图 11-22a 所示。实验证明,约有 1/3 的载荷集中在第一圈上,第八圈以后的螺纹牙几乎不承受载荷。因此,采用螺纹牙圈数过多的加厚螺母,并不能提高连接的强度。

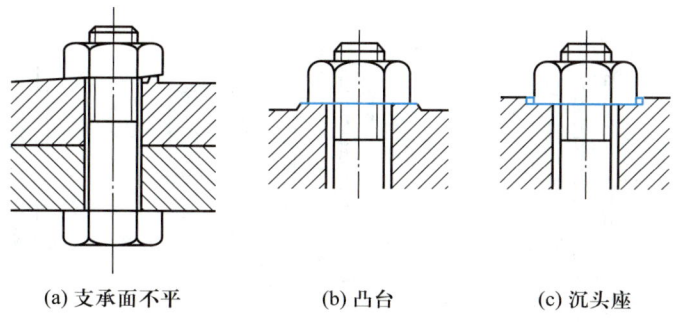

(a) 支承面不平　　　　　(b) 凸台　　　　　(c) 沉头座

图 11-21　避免附加弯曲应力

为了改善螺纹牙上的载荷分布不均匀程度,常采用悬置螺母(图 11-22b)、环槽螺母(图 11-22c)。

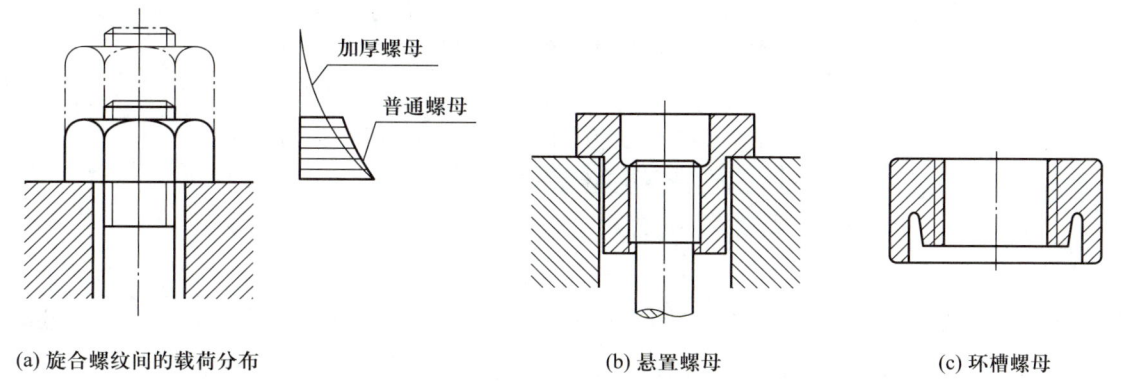

(a) 旋合螺纹间的载荷分布　　　　　　　　(b) 悬置螺母　　　　　(c) 环槽螺母

图 11-22　改善螺纹牙的载荷分布

4. 降低应力幅

当螺栓所受的工作拉力在 $0 \sim F$ 之间变化时(如内燃机缸盖连接螺栓),由式(11-19)可知,螺栓的总拉力 F_Q 将在 $F_P \sim \left(F_P + \dfrac{C_b}{C_b + C_m} F \right)$ 之间变动,使螺栓受变应力作用,易产生疲劳破坏。若采用低刚度螺栓和提高被连接件刚度,都可以减小总拉力 F_Q 的变化范围,即减小了应力幅,可以明显地提高螺栓连接的疲劳强度。减小螺栓刚度的主要措施有:适当增加螺栓的长度,采用腰状杆螺栓或空心螺栓(图 11-23)。为增加被连接件刚度,可以不用垫片或采用刚度较大的垫片,对于有密封性要求的连接,不应采用较软的垫片(图 11-24a),此时采用刚度较大的金属垫片或密封环较好(图 11-24b)。密封环的刚度不影响被连接件的刚度。图 11-25 实线所示为采用了低刚度螺栓和提高被连接件刚度后,相对于原刚度组合(虚线所示)时,螺栓总拉力的变化。由图 11-25 可知,此时的残余预紧力 F_P' 也随之下降,影响密封性,所以工程中在采取降低螺栓刚度和提高被连接件刚度的同时,会增加预紧力 F_P。

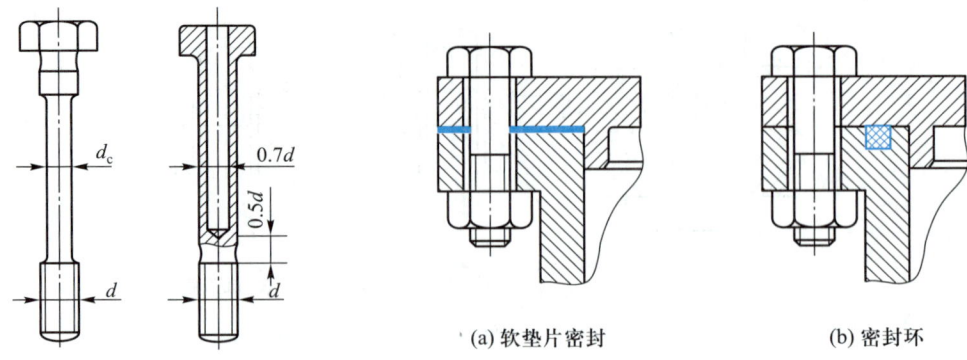

图 11-23 减小螺栓刚度结构

(a) 软垫片密封   (b) 密封环

图 11-24 被连接件刚度比较

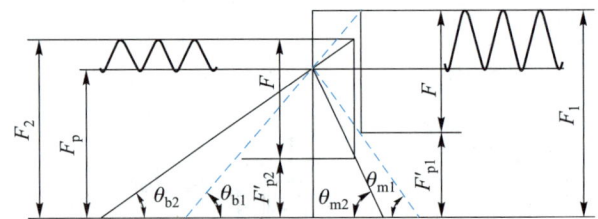

图 11-25 降低螺栓刚度和提高被连接件刚度后螺栓拉力的变化

例 11-1 图 11-26a 所示为一钢板采用两个普通螺栓固定在钢制立柱上,已知载荷 $P = 4\ 800$ N,载荷作用位置和连接尺寸如图 11-26a 所示,试设计此螺栓组连接。

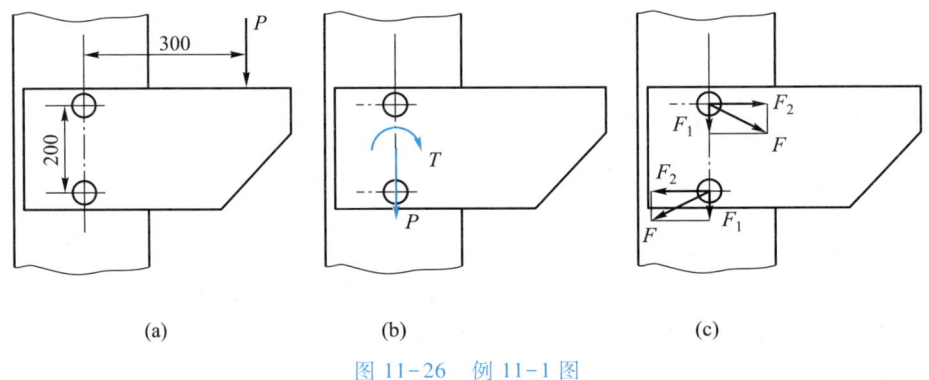

(a)   (b)   (c)

图 11-26 例 11-1 图

设计

（1）螺栓连接的受力分析

首先将载荷 P 移至螺栓组连接的对称中心,根据力等效作用原理,相当于螺栓组连接受载荷 P 和转矩 T 作用。载荷 P 和转矩 T 会使被连接件在垂直螺栓轴线平面上产生位置错动,螺栓连接承受横向载荷（图 11-26b、c）。

由载荷 P 产生的横向载荷 F_1

$$F_1 = \frac{P}{2} = 2\ 400\ \text{N}$$

由转矩 T 产生的横向载荷 F_2

$$F_2 = \frac{T}{2 \times 100} = \frac{4\ 800 \times 300}{2 \times 100}\ \text{N} = 7\ 200\ \text{N}$$

单个螺栓连接所受横向载荷 F

$$F = \sqrt{F_1^2 + F_2^2} = \sqrt{2\ 400^2 + 7\ 200^2}\ \text{N} = 7\ 589\ \text{N}$$

因选用的是普通螺栓连接,靠预紧力产生摩擦力平衡横向载荷 F。

(2)螺栓预紧力

连接不滑移条件 $fF_{\text{p}} \geqslant K_{\text{s}}F$,取 $K_{\text{s}} = 1.2$,由表 11-3,取接合面摩擦因数 $f = 0.3$,则

$$F_{\text{p}} \geqslant \frac{K_{\text{s}}F}{f} = \frac{1.2 \times 7\ 589}{0.3}\ \text{N} = 30\ 356\ \text{N}$$

(3)确定螺栓直径

选择螺栓材料为 Q235、性能等级为 4.6 的螺栓,由表 11-4 查得材料屈服极限 $\sigma_{\text{s}} = 240$ MPa;表 11-5,按静载荷控制预紧力,取安全系数 $S = 1.5$,故螺栓材料的许用应力 $[\sigma] = \dfrac{\sigma_{\text{s}}}{S} = \dfrac{240}{1.5}$ MPa $= 160$ MPa。根据式(11-14)求得螺栓小径为

$$d_1 \geqslant \sqrt{\frac{4 \times 1.3 F_{\text{p}}}{\pi [\sigma]}} = \sqrt{\frac{4 \times 1.3 \times 30\ 356}{3.14 \times 160}}\ \text{mm} = 17.72\ \text{mm}$$

在附表 4 中查出:粗牙普通螺纹公称直径 $d = 24$ mm,螺纹小径 $d_1 = 20.752$ mm > 17.72 mm,选用 M24 普通螺栓合适。

(4)安装时预紧力矩

$$T_{\text{p}} \approx 0.2 F_{\text{p}} d = 0.2 \times 30\ 356 \times 24\ \text{N} \cdot \text{mm} = 145\ 708\ \text{N} \cdot \text{mm} = 145.7\ \text{N} \cdot \text{m}$$

由设计结果可知,当横向载荷较大时,用普通螺栓连接需要的尺寸较大。可以考虑用铰制孔螺栓连接。

例 11-2 图 11-27 所示为例 9-2 中齿轮减速器输出轴轴承端盖的螺钉连接。按例 9-2,已知轴承轴向载荷 $F_{\text{a2}} = 1\ 526$ N,试设计此螺钉组连接。

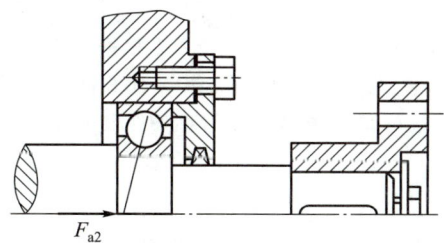

图 11-27 例 11-2 图

解 按端盖尺寸,选用 6 个螺钉连接。

(1)求螺钉工作拉力 F

$$F = \frac{F_{\text{a2}}}{z} = \frac{1\ 526}{6}\ \text{N} = 254\ \text{N}$$

（2）求螺钉总拉力 F_Q

按端盖与箱体之间有密封性要求，选 $F'_p = 1.5F$，则

$$F_Q = F'_p + F = 1.5F + F = 2.5F = 635 \text{ N}$$

（3）求螺钉小径

选择螺钉材料为 Q235、性能等级为 4.6 的螺钉，由表 11-4 查得材料屈服极限 $\sigma_s = 240$ MPa；由表 11-5，考虑减速器的换向、起动和停车等，按变载荷且安装时不控制预紧力，取安全系数 $S = 9$，故螺钉材料的许用应力 $[\sigma] = \dfrac{\sigma_s}{S} = \dfrac{240}{9}$ MPa = 26.6 MPa。根据式（11-17）求得螺钉小径为

$$d_1 \geq \sqrt{\frac{1.3 \times 4 \times F_Q}{\pi[\sigma]}} = \sqrt{\frac{1.3 \times 4 \times 635}{\pi \times 26.6}} \text{ mm} = 6.28 \text{ mm}$$

在附表 4 中查出：粗牙普通螺纹公称直径 $d = 8$ mm，螺纹小径 $d_1 = 6.647$ mm > 6.28 mm，选用 M8 普通螺钉合适。

例 11-3 图 11-28a 所示的轴承座用 2 个螺钉连接，已知 $P = 800$ N，$H = 120$ mm，$L = 80$ mm，取防滑系数 $K_s = 1.2$，接合面摩擦因数 $f = 0.15$，螺栓材料的许用应力 $[\sigma] = 120$ MPa，螺栓连接相对刚度 $\dfrac{C_b}{C_b + C_m} = 0.3$。试求螺钉小径。

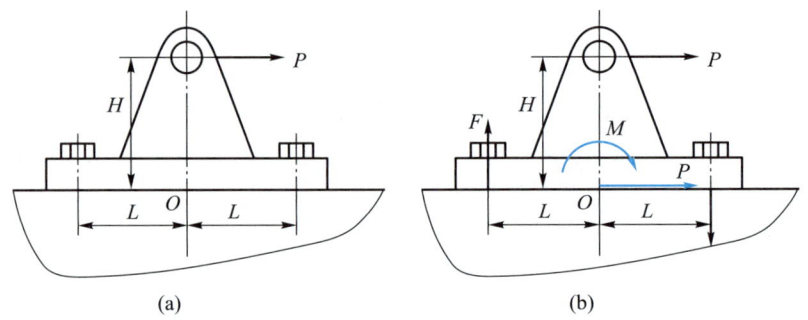

(a)　　　　　　　　　　　　(b)

图 11-28　例 11-3 图

解 （1）螺钉连接受力分析

首先将载荷 P 移至连接的接合面上，如图 11-28b 所示。根据力的等效作用原理，相当于被连接件（轴承座）接合面上作用横向载荷 P 和倾覆力矩 M。倾覆力矩 M 使螺钉产生工作拉力 F；横向载荷 P 使被连接件沿接合面产生位置错动，为使连接可靠，应按连接不滑移条件求螺钉预紧力 F_p。螺钉属于既受预紧力 F_p 又受工作拉力 F 的紧螺栓连接。

（2）求螺钉预紧力 F_p

工程设计中近似认为，在倾覆力矩 M 作用下，轴承座绕接合面对称轴（点 O）翻倾，接合面一侧压力减小，而另一侧压力在加大，对连接不滑移条件的影响可不计，则轴承座不滑移条件为 $zF_pf \geq K_sP$，z 为螺钉数，此例 $z = 2$。即螺钉预紧力 F_p

$$F_p \geq \frac{K_sP}{zf} = \frac{1.2 \times 800}{2 \times 0.15} \text{ N} = 3\,200 \text{ N}$$

（3）螺钉所受的工作拉力 F

按上面的近似条件，螺钉所受的工作拉力 F 为

$$F = \frac{M}{zL} = \frac{PH}{2 \times 80} = \frac{800 \times 120}{2 \times 80} \text{ N} = 600 \text{ N}$$

（4）求螺钉所受的总拉力 F_Q

$$F_Q = F_p + \frac{C_b}{C_b + C_m} F = (3\,200 + 0.3 \times 600) \text{ N} = 3\,380 \text{ N}$$

（5）求螺钉小径

$$d_1 \geqslant \sqrt{\frac{4 \times 1.3 F_Q}{\pi [\sigma]}} = \sqrt{\frac{4 \times 1.3 \times 3\,380}{3.14 \times 120}} \text{ mm} = 6.82 \text{ mm}$$

在附表 4 中查出：粗牙普通螺纹公称直径 $d = 10$ mm，螺纹小径 $d_1 = 8.37$ mm > 6.82 mm，选用 M10 普通螺栓。

对受倾覆力矩 M 作用的连接，当 M 较大时，还应校核接合面的挤压强度条件和另一侧最小挤压应力 $\sigma_{pmin} > 0$ 条件，避免接合面压溃或产生间隙。

习　　题

11-1 分析比较普通螺纹、梯形螺纹和矩形螺纹的特点，各举一例说明它们的应用。

11-2 普通螺栓的公称直径是指哪个直径？强度计算中危险截面指哪个直径？

11-3 螺纹副效率与哪些因素有关？螺纹副的自锁条件是什么？

11-4 螺纹连接有几种类型？各自适用于什么场合？

11-5 螺栓连接常用的防松方法有哪几种？

11-6 图 11-29 所示的被连接件采用 2 个 M10 的普通螺栓连接。被连接件接合面间的摩擦因数 $f = 0.15$，若取防滑系数 $K_s = 1.2$，螺栓材料的许用应力 $[\sigma] = 120$ MPa，试计算该连接允许的最大载荷 F。

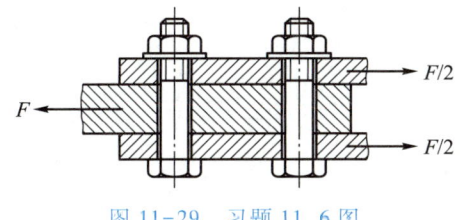

图 11-29　习题 11-6 图

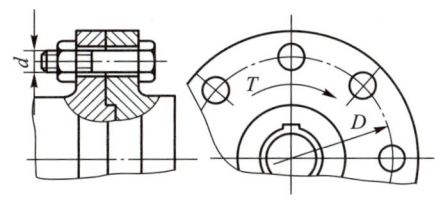

图 11-30　习题 11-7 图

11-7 图 11-30 所示为凸缘联轴器，已知用 8 个普通螺栓连接，螺栓布置直径 $D = 200$ mm，联轴器传递的扭矩 $T = 1$ kN·m。取接合面摩擦因数 $f = 0.2$，防滑系数 $K_s = 1.2$，螺栓材料的许用应力 $[\sigma] = 100$ MPa。试设计螺栓直径。

11-8 图 11-31 所示的气缸盖用 10 个普通螺栓连接，气缸压力 $p = 1.5$ MPa，内径 $D = 200$ mm。为保证密封性，选用铜皮石棉垫片。试选择螺栓材料并确定螺栓的直径和安装时的预紧力。

11-9 图 11-32 所示的托架用 2 个普通螺栓与立柱相连接。托架所承受的最大载荷 $P = 20$ kN，$H = 150$ mm，$L = 140$ mm，试设计螺栓连接。

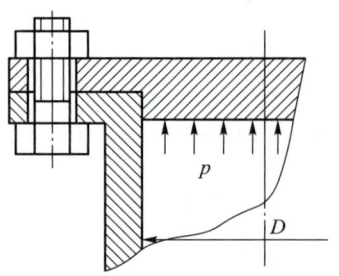

图 11-31 习题 11-8 图

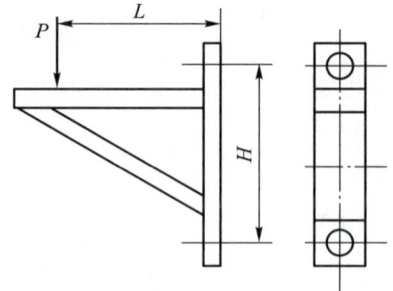

图 11-32 习题 11-9 图

第四篇 机械精度设计

　　精度是机械产品性能的关键指标之一。本篇将从基础知识出发，讨论尺寸精度、几何精度以及表面粗糙度的基本概念和设计方法，并介绍典型零件和连接的精度设计。希望读者通过本章的学习，理解精度在机械设计中的核心作用，掌握实现高精度机械产品设计的基本原理和方法。

第 12 章

机械精度设计的基本要素

机械精度设计是一项根据机械的功能需求正确选择零件尺寸精度、几何精度和表面轮廓精度的复杂过程,直接关联产品的功能表现、性能稳定性以及整体的质量。精度设计的一系列指标,可确保零件制造的精确度,并满足装配要求,以实现产品预定的运动精度。设计结果以公差的形式在机械的零件图和装配图中明确标注。按图样加工后的零件在零件表面、轴线和外观上仍可能与理论模型存在偏差,只要这些偏差被控制在公差允许的范围内,零件便被认为是合格的,其误差允许的变动量,称为公差。公差是零件互换性生产的保证。

12.1　尺　寸　精　度

尺寸精度设计主要针对有配合要求的圆柱面或是两相对平行面,确定零件的尺寸公差和配合种类,确保零件在径向或宽度方向的配合松紧程度以满足功能需求,也包括确定零件上的非配合表面的尺寸公差。

12.1.1　尺寸公差相关的名词术语

如图 12-1 所示,孔通常指工件圆柱形内尺寸要素,也包括非圆柱形内尺寸要素。轴通常指工件圆柱形外尺寸要素,也包括非圆柱形外尺寸要素。非圆柱形尺寸要素,如平键连接,轴上键槽是包容面(相当于孔),键的表面是被包容面(相当于轴)。公称尺寸是由图样规范定义的理想形状要素的尺寸,是由设计者按照机器设计确定的尺寸,孔用 D、轴用 d 表示。制造零件时要将偏差控制在一定范围内,因此规定了上、下极限尺寸,孔用 D_{max}、D_{min} 表示,轴用 d_{max}、d_{min} 表示。若加工后测量得到的实际尺寸介于上下两个极限尺寸之间,零件尺寸即为合格。

在图样上,上、下极限尺寸用极限偏差(简称偏差)表示更便捷,孔和轴的上极限偏差分别用 ES 和 es 表示,下极限偏差分别用 EI 和 ei 表示,公式表示为

$$ES = D_{max} - D; \quad es = d_{max} - d; \quad EI = D_{min} - D; \quad ei = d_{min} - d \tag{12-1}$$

尺寸公差(简称公差),指上、下极限尺寸或上、下极限偏差之差,是实际尺寸的允许变动量。孔的公差用 T_h 表示,轴的公差用 T_s 表示。公差与极限尺寸和极限偏差的关系可表示为

$$T_h = D_{max} - D_{min} = ES - EI; \quad T_s = d_{max} - d_{min} = es - ei \tag{12-2}$$

图 12-1 的右侧所示为孔、轴公差带示意图,图中可以很直观地看出孔、轴公差的大小和相对于零线的位置,即孔、轴尺寸的允许变动区域。公差带由"大小"和"位置"两要素构成。

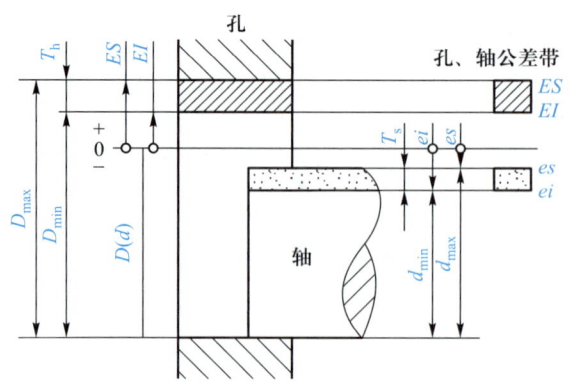

图 12-1 尺寸公差相关的名词术语

公差带的"大小"取决于标准公差等级。标准公差分为 20 个等级,用 IT01,IT0,IT1,IT2,…,IT18 表示,从 IT01 至 IT18 等级依次降低。标准公差值见附表 5。

公差带的"位置"取决于基本偏差。基本偏差是指靠近或位于零线的那个极限偏差。当公差带在零线上方时,基本偏差是下极限偏差,反之,则为上极限偏差。国标分别对孔和轴各规定了 28 个基本偏差,每种基本偏差代号用一或两个英文字母表示,孔用大写,轴用小写,如图 12-2 所示。基本偏差仅决定公差带中靠近零线的那个极限偏差,故图 12-2 中只画出公差带属于基本偏差的一端,另一端的极限偏差取决于标准公差等级即公差带的"大小"。

基本偏差代号和标准公差等级代号组成孔或轴的公差带代号,即确定孔、轴公差带。如 50D9,表示公称尺寸为 $\phi 50$ 的孔,基本偏差代号 D,公差等级 IT9。按 $\phi 50D9$ 在公差表(附表 6)中可查出孔的上、下极限偏差值,写为 $\phi 50^{+0.142}_{+0.08}$。在零件图上标注该孔时,可以采用三种形式标注:$\phi 50D9$,$\phi 50^{+0.142}_{+0.08}$,$\phi 50({}^{+0.142}_{+0.08})$。同理,对于公称尺寸为 $\phi 50$ 的轴,若其公差带代号为 f7,可在附表 7 中查出轴的上、下极限偏差值,在零件图可标注为:$\phi 50f7$,$\phi 50^{-0.025}_{-0.05}$ 或 $\phi 50({}^{-0.025}_{-0.05})$。

12.1.2 配合的定义及其类别

在机械设计中,常会遇到孔、轴装配的问题,如减速器中的齿轮需要紧紧地装在轴上与轴同转;滑动轴承轴颈装入轴瓦孔中,要确保轴能自由转动。这些都要通过改变轴和孔的公差带来实现。这种由设计者定义的具有理想形状的工件模型和相同的公称尺寸,相互结合的孔和轴公差带之间的关系称为配合。

根据机器设计的要求,配合分三大类:间隙配合、过盈配合和过渡配合。对于孔、轴装配,孔比轴大,装配后孔与轴之间存在间隙(包括最小间隙为零)的配合称间隙配合;孔比轴小,装配时孔与轴之间存在过盈(包括最小过盈为零)的配合称过盈配合;装配后可能出现间隙或过盈的配合称过渡配合。孔和轴的公称尺寸确定后,要得到上述三类不同性质的配合,有两种办法:一是保持轴或孔其中的一个公差带位置不变,改变另一个公差带位置;二是同时改变孔和轴的公差带位置。显然,采用第一种办法更容易。为此,国标规定了两种基准制,即基孔制和基轴制。

基孔制中孔是基准孔,基本偏差代号 H,对应的基本偏差其下极限偏差为零,如图 12-2a 所示。通过改变轴的公差带位置可得到不同性质的配合,如图 12-3 所示。一般情况下,由于加工孔时所需的定值刀具较少,较加工轴困难,因此设计时应优先选用基孔制。

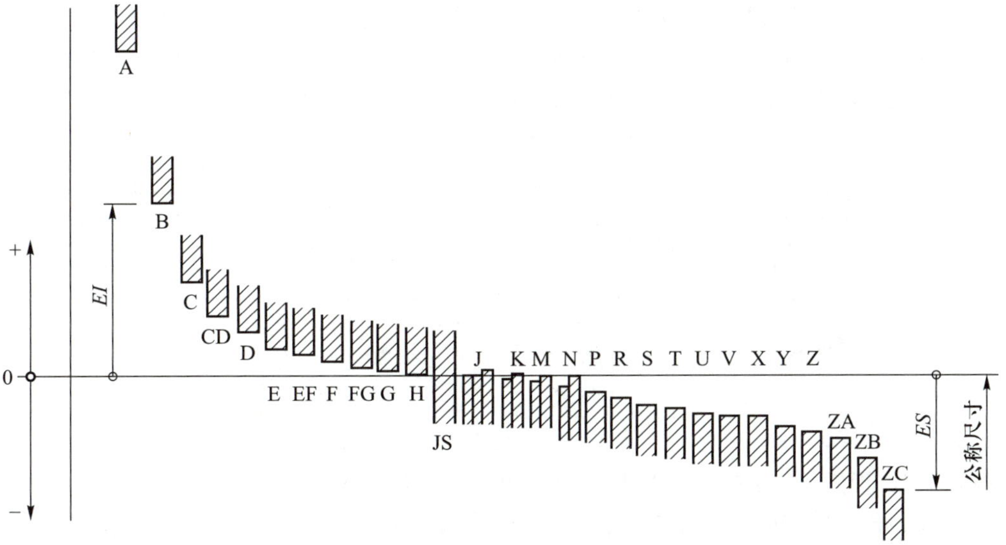

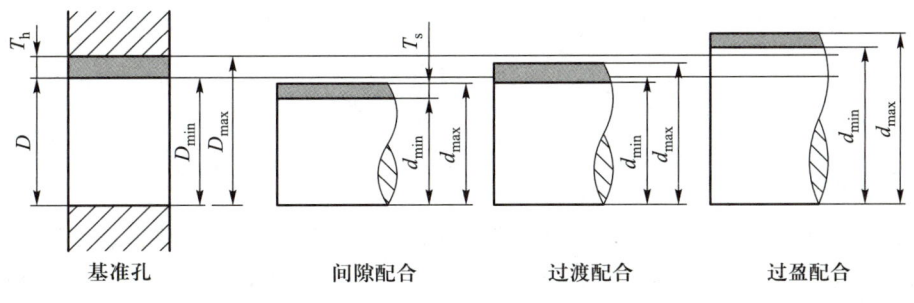

(a) 孔(内尺寸要素)

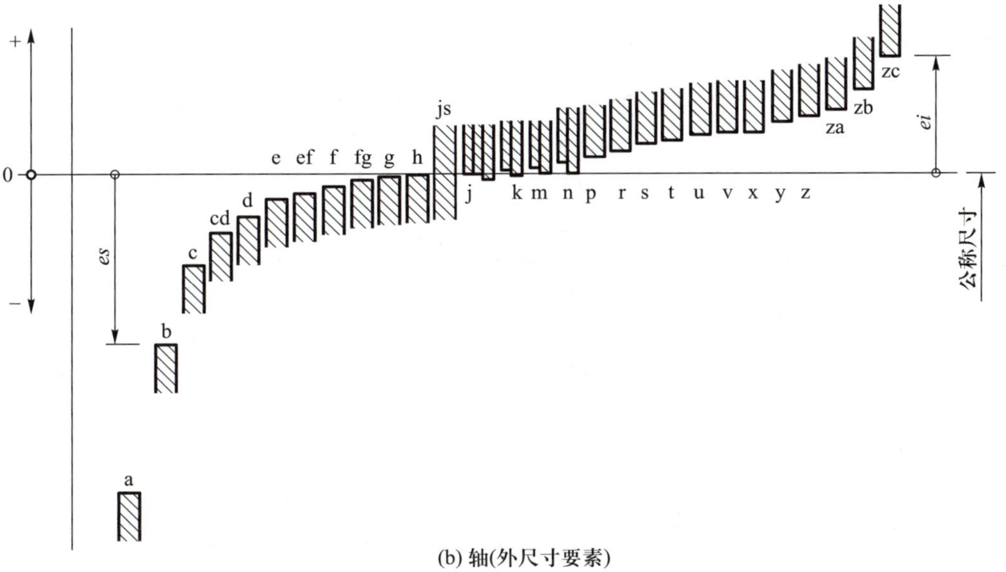

$+$

EI

0

$-$

A

B

C

CD

D

E EF F FG G H

JS

J K M N P R S T U V X Y Z

ZA

ZB

ZC

ES

公称尺寸

(b) 轴(外尺寸要素)

$+$

0

$-$

es

ei

a

b

c

cd

d

e ef f fg g h

js

j k m n p r s t u v x y z

za

zb

zc

公称尺寸

图 12-2　基本偏差系列

T_h　　T_s

D　　D_{min}　D_{max}　d_{min}　d_{max}

基准孔　　　　间隙配合　　　　过渡配合　　　　过盈配合

图 12-3　基孔制时三种不同类别的配合

217

基轴制中轴是基准轴,基本偏差代号 h,对应的基本偏差其上极限偏差为零,如图 12-2b 所示。通过改变孔的公差带位置可得到不同性质的配合,如图 12-4 所示。基轴制通常用于同一公称尺寸的轴,要与多个零件形成不同种类的配合处;或难加工的轴处。

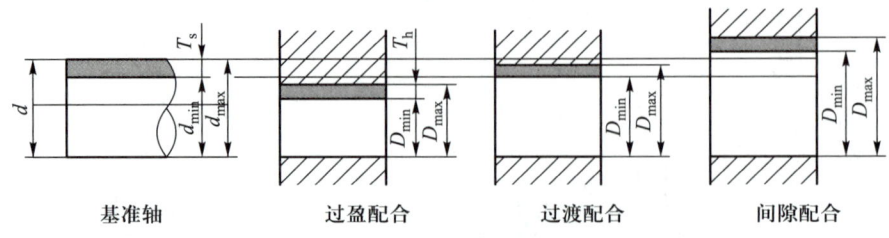

基准轴　　　过盈配合　　　过渡配合　　　间隙配合

图 12-4　基轴制时三种不同类别的配合

在机器装配图中,孔、轴配合处应标注配合代号,用以表示配合的基准制和类别。配合代号采用分式标注,分子为孔的公差带代号,分母为轴的公差带代号,如图 12-5a 所示。零件图上公差带代号与装配图上配合代号相对应,如图 12-5b、c 和 d 所示,由此可确定零件尺寸的上下极限偏差值。

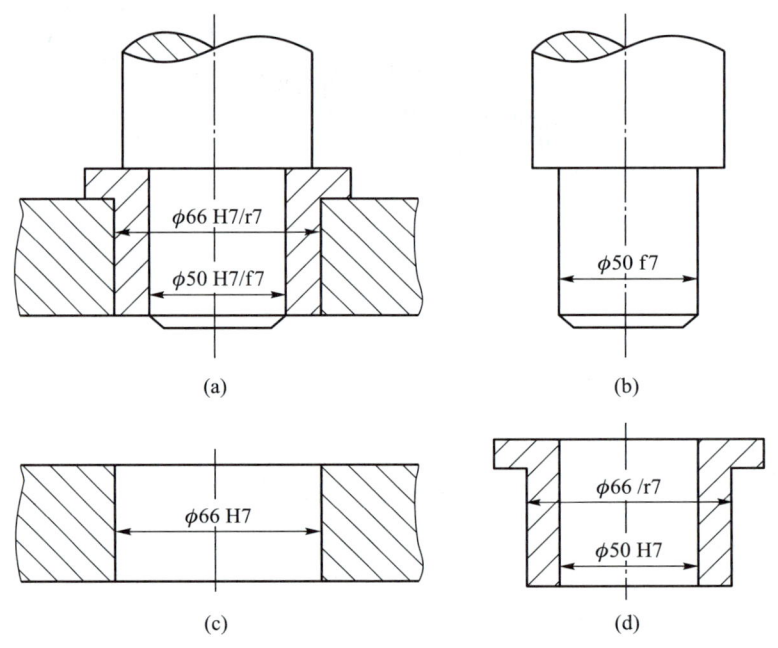

图 12-5　公差与配合的标注

12.1.3　常用公差带与优先、常用配合

国标规定了 20 个标准公差等级和 28 种基本偏差,为了获得最佳的技术经济效益,减少定值刀具的数量,对孔和轴分别规定了常用公差带。图 12-6 和图 12-7 分别为孔和轴的常用公差带。

218

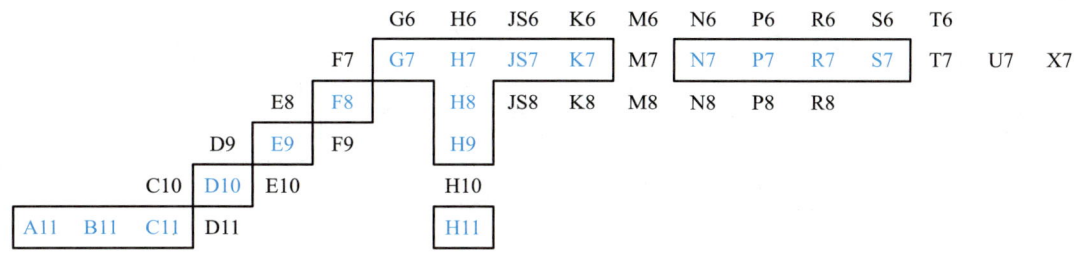

图 12-6 孔的常用公差带

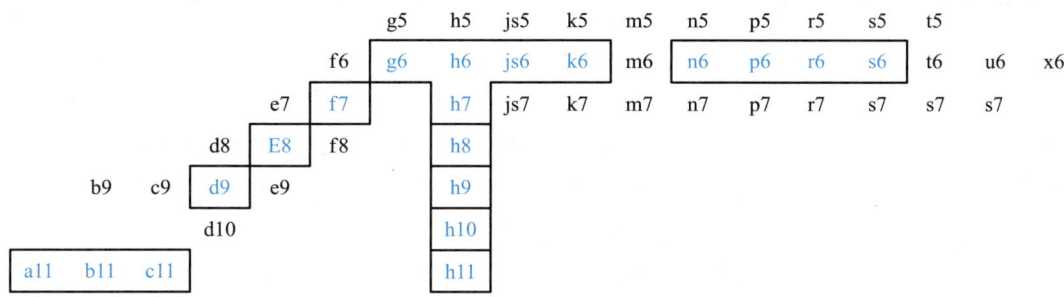

图 12-7 轴的常用公差带

国标中给出了基孔制配合和基轴制配合的优先配合,如表 12-1 和表 12-2 所示。一般情况下,配合尽量优先选择框中所示的公差带代号。部分常见的配合特点、应用及装配方法见附录附表 8。

表 12-1　基孔制配合的优先配合

基准孔	轴公差带代号		
	间隙配合	过渡配合	过盈配合
H6	g5　h5	js5　k5　m5	n5　p5
H7	f6　g6　h6	js6　k6　m6　n6	p6　r6　s6　t6　u6　x6
H8	e7　f7　h7	js7　k7　m7	s7　u7
	d8　e8　f8　h8		
H9	d8　e8　f8　h8		
H10	b9　c9　d9　e9　h9		
H11	b11　c11　d10　h10		

219

表 12-2　基轴制优先、常用配合

基准轴	孔公差带代号														
	间隙配合							过渡配合				过盈配合			
h5						G6	H6	JS6	K6	M6		N6	P6			
h6					F7	G7	H7	JS7	K7	M7	N7	P7	R7	S7	T7　U7　X7
h7			E8	F8			H8								
h8		D9	E9	F9			H9								
h9			E8	F8			H8								
		D9	E9	F9			H9								
	B11　C10　D10						H10								

12.1.4　线性尺寸的未注公差

在零件图上,对于一般加工条件下能够保证的非配合线性尺寸(含倒圆半径、倒角高度尺寸)的公差和极限偏差可以不标注,而采用 GB/T 1804—2000《一般公差 未注公差的线性和角度尺寸公差》所规定的线性尺寸一般公差,以简化图样标注。

国标中对线性尺寸的未注公差规定了四个公差等级,即 f 级(精密级)、m 级(中等级)、c 级(粗糙级)和 v 级(最粗级),并制定了相应的极限偏差数值。线性尺寸的未注公差要求应写在零件图的技术条件中,例如选用中等级时,在图样上标注为:线性尺寸的未注公差按 GB/T 1804—m。

12.2　几 何 精 度

为在提高机械产品质量的同时保证零件的互换性,不仅要设计出零件的尺寸公差,还需要对零件的几何公差进行设计。抛开零件的功用,各种零件的形状都是由点、线、面等几何要素(简称要素)构成的。图样所表示的都是不存在误差的理想要素,而加工后的零件的实际要素是被测对象,在形状或位置上可能存在多种形式的偏差,国标规定了形状、方向、位置和跳动四大类几何公差共 19 个项目,用 14 个特征项目符号表示,下面将对最常见的几何公差特征项目作简单介绍。

12.2.1　形状公差

表 12-3 中列出了最常见的形状公差项目及符号。形状公差均无基准,用形状公差框格标注,其公差值根据对零件要素的形状要求选择,各项目公差值见附表 9、附表 10。当被测要素为公称组成要素(轮廓线或表面)时,指引线的箭头应指向该轮廓线或其引出线上,且与尺寸线错开 3 mm 以上,如图 12-8 所示;当被测要素为公称导出要素(轴线、中心平面等)时,指引线的箭头应与该要素的尺寸线对齐,如图 12-9 所示。

表 12–3　常见的形状公差项目、符号、标注示例及说明

形状公差框格

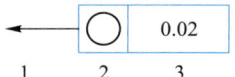

1—指引线；2—形状公差项目符号；3—公差值。

名称	符号	标注示例（每项只列举一种情况）	说明
直线度	—	— φ0.04　φd	**标注说明：** 被测要素为公称导出要素（轴线），指引线的箭头应与该要素的尺寸线对齐。 **公差带说明：** φd 圆柱体轴线必须位于直径为 0.04 mm 的圆柱面内
平面度	▱	▱ 0.08	**标注说明：** 被测要素为公称组成要素，指引线的箭头指向该轮廓线。 **公差带说明：** 被测表面必须位于距离为公差值 0.08 mm 的两平行平面内
圆度	○	○ 0.1	**标注说明：** 被测要素为公称组成要素，指引线的箭头指向该轮廓线。 **公差带说明：** 在垂直轴线的任意正截面上，被测圆必须位于半径差为 0.1 mm 的两同心圆之间
圆柱度	⌭	⌭ 0.1　φd	**标注说明：** 被测要素为公称组成要素，指引线的箭头指向该轮廓线，且与尺寸线错开 3 mm 以上。 **公差带说明：** 圆柱面必须位于半径差为 0.1 mm 的两同轴圆柱面之间

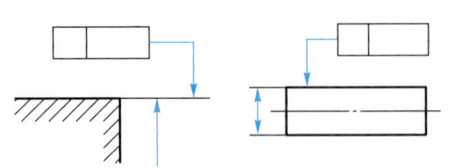

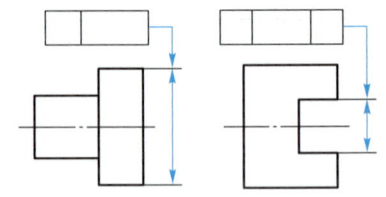

图 12-8　被测要素为公称组成要素时的标注　　　图 12-9　被测要素为公称导出要素时的标注

12.2.2　方向、位置及跳动公差

　　方向、位置及跳动偏差是被测要素相对某基准要素在位置上的偏移量,有基准。表 12-4 中列出了常用的方向、位置及跳动公差项目及符号,其公差值根据对零件要素的位置要求选择,各项目公差值见附表 11、附表 12。由表 12-4 可见,基准要素用基准符号表示,标注在第 3 个公差框格内。当基准要素为公称组成要素时,基准符号的连线与尺寸线应明显错开(大于 3 mm),如图 12-10 所示;当基准要素为公称导出要素时,基准符号应与该要素的尺寸线对齐,如图 12-11 所示。

表 12-4　常见的方向、位置及跳动公差项目、符号、标注示例及说明

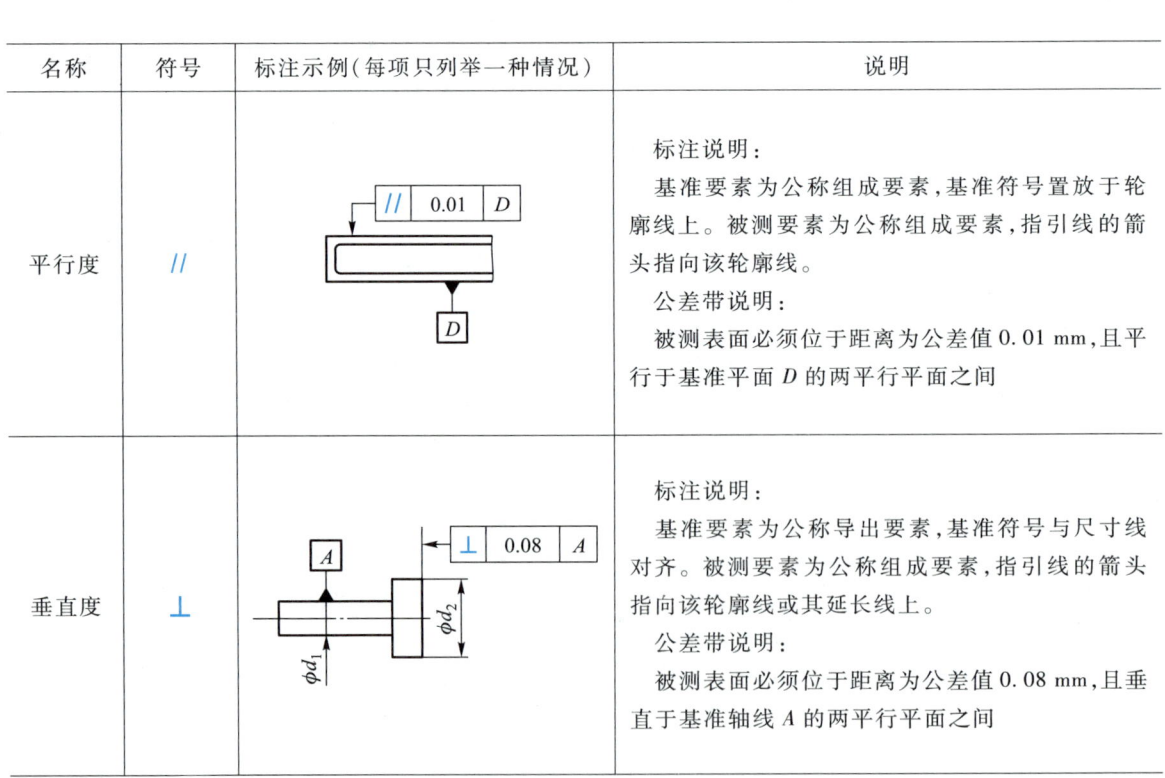

名称	符号	标注示例(每项只列举一种情况)	说明
平行度	//		标注说明: 　基准要素为公称组成要素,基准符号置放于轮廓线上。被测要素为公称组成要素,指引线的箭头指向该轮廓线。 公差带说明: 　被测表面必须位于距离为公差值 0.01 mm,且平行于基准平面 D 的两平行平面之间
垂直度	⊥		标注说明: 　基准要素为公称导出要素,基准符号与尺寸线对齐。被测要素为公称组成要素,指引线的箭头指向该轮廓线或其延长线上。 公差带说明: 　被测表面必须位于距离为公差值 0.08 mm,且垂直于基准轴线 A 的两平行平面之间

222

名称	符号	标注示例(每项只列举一种情况)	说明
同轴度	◎		标注说明: 基准要素为公称导出要素,基准符号与尺寸线对齐。被测要素为公称导出要素,指引线的箭头与该要素的尺寸线对齐。 公差带说明: ϕd_1 的轴线必须位于直径为公差值 $\phi 0.04$ mm,且与基准轴线 A 同轴的圆柱面内
对称度	=		标注说明: 基准要素为公称导出要素,基准符号与该要素的尺寸线对齐。被测要素为公称导出要素,指引线的箭头与该要素的尺寸线对齐。 公差带说明: 宽度为 b 的被测键槽的中心平面必须位于距离为 0.05 mm 的两平行平面之间,该两平行平面对称布置于通过基准轴线 B 的基准中心平面两侧
圆跳动	↗		标注说明: 基准要素为公称导出要素,基准符号与该要素的尺寸线对齐。被测要素为公称组成要素,指引线的箭头指向该轮廓线。 公差带说明: 当被测圆柱面绕基准轴线 A 转一转时,在任一测量平面内的径向圆跳动量均不得大于 0.1 mm
			标注说明: 基准要素为公称导出要素,基准符号与该要素的尺寸线对齐。被测要素为公称组成要素,指引线的箭头指向该轮廓线或其延长线上 公差带说明: 当被测端面绕基准轴线 D 转一转时,在任一测量直径处的轴向跳动量均不得大于 0.1mm

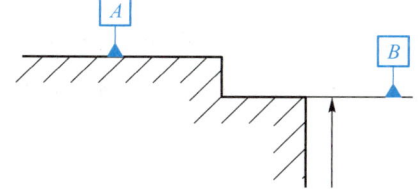

图 12-10　基准要素为公称组成要素时的标注

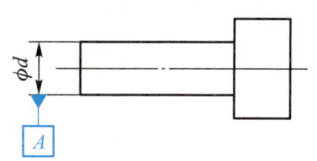

图 12-11　基准要素为公称导出要素时的标注

223

12.2.3 公差原则

零件的同一几何要素既有尺寸公差要求,又有几何公差要求时,应用公差原则处理尺寸公差与几何公差的关系。在设计机械零件时,并不是组成零件的所有要素都有几何公差要求,一般来说,零件上对几何精度有要求的要素只占少数,都是一些与零件使用功能相关的要素才提出几何公差要求。所以,选择几何公差(包括公差项目、公差值、基准)的依据是零件的结构特点和使用要求,在第 13 章典型零件和连接的精度设计中有应用。

前文所提及的都是按独立原则给定的几何公差及图样上的标注,所谓独立原则是指同一要素的几何公差和尺寸公差互不相关,分别满足要求的公差原则。图样上各公差分别标注,简单易懂。独立原则是几何公差和尺寸公差相互关系遵循的基本原则。

在机械设计领域,某些零件的功能特性,例如配合性质和互换性,允许尺寸公差与几何公差之间存在相关性,从而形成一种互补的动态公差带。即如果零件的尺寸偏差较小,对其几何误差的控制可以相对宽松一些;相反,如果尺寸偏差较大,则几何误差需要更严格地控制以确保零件的功能和性能。这种尺寸公差与几何公差相互有关的要求,称为相关要求,如常用于保证配合性质的包容要求Ⓔ、用于保证孔、轴连接可装配性的最大实体要求Ⓜ、用于保证零件在最小材料状态下的尺寸要求、功能要求和最小壁厚,确保零件的强度和刚性的最小实体要求Ⓛ等,相关内容可参阅 GB/T 4249—2018《产品几何技术规范(GPS)基础概念、原则和规则》。相关要求的实施不仅确保了零件的质量和可靠性,而且由于在某些情况下允许更大的公差,因此还可以提高生产效率和降低成本,带来显著的经济优势。

12.3 表面粗糙度

零件的表面,无论是通过铸造、锻造、冲压还是切削加工等手段获得,都会呈现出不同程度的表面轮廓误差。这些误差通常表现为三种形式:表面粗糙度轮廓误差,波距小于 1 mm;表面波纹度轮廓误差,波距介于 1 mm 至 10 mm 之间;以及形状误差,波距超过 10 mm。表面粗糙度轮廓误差对零件的使用性能和使用寿命有直接的影响,尤其在涉及两个相对运动表面的耐磨性、配合部件间的配合精度稳定性,以及在变化应力作用下的疲劳强度方面起着至关重要的作用。因此,进行零件设计时必须合理地提出表面粗糙度要求。

12.3.1 表面粗糙度的评定

为满足对表面不同的功能要求,国标规定了表面的幅度参数、间距参数、曲线和相关参数用以评定表面粗糙度。幅度参数包括轮廓的算术平均偏差 Ra 和轮廓的最大高度 Rz,常用前者。轮廓的算术平均偏差是指在规定的取样长度 lr 内,被测轮廓上各点至基准线距离(图 12-12 中 $Y_1, Y_2, \cdots$)绝对值的算术平均值,即 $Ra = \dfrac{1}{n} \sum_{i=1}^{n} |Y_i|$,式中 n 为取样长度 lr 内的测量点数。

12.3.2 表面粗糙度的标注

表面粗糙度参数值的选择原则是在满足零件表面功能要求的前提下,尽量选取较大的参数

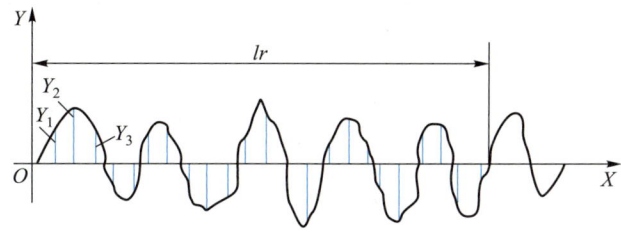

图 12-12　轮廓算术平均偏差 Ra

值。GB/T 1031—2009 规定了轮廓算术平均偏差 Ra 的数值(μm):0.012,0.025,0.05,0.1,0.2,0.4,0.8,1.6,3.2,6.3,12.5,25,50,100。GB/T 131—2006 规定了表面粗糙度符号代号及其标注方法。图 12-13 为表面粗糙度的图形符号。图 12-13a 为基本图形符号,表示未指定工艺方法的表面,仅适用于简化代号标注,没有补充说明时不能单独使用;图 12-13b 为允许用任何工艺的符号,表示零件表面可用任何方法获得;图 12-13c 为需去除材料的符号,表示零件表面用去除材料的方法获得,例如车、镗、磨、钻、抛光等方法获得的表面;图 12-13d 为不去除材料的符号,表示零件表面用不去除材料的方法获得,例如铸、锻、焊接、冲压、热轧、冷轧、粉末冶金压铸等方法获得的表面,或者是用于保持原供应状况的表面(包括保持上道工序的状况)。

(a) 基本图形符号　(b) 允许任何工艺的符号　(c) 需去除材料的符号　(d) 不去除材料的符号

图 12-13　表面粗糙度的图形符号

表 12-5 列出了表面结构要求的图形标注的演变情况。

表 12-5　表面结构要求的图形标注演变

GB/T 131 的版本		
1993(第二版)	2006(第三版)	意义
3.2　3.2	Ra 3.2	用去除材料的方法获得的表面的 Ra 的上限值为 3.2μm,Ra 值采用"16%规则"
1.6max	Ramax1.6	用去除材料的方法获得的表面的 Ra 的最大值为 1.6 μm,Ra 采用"最大规则"

1993(第二版)	2006(第三版)	意义
1.6/0.8 ▽	▽ -0.8/Ra1.6	传输带下限值为默认,上限值为 1.6 mm 取样长度为 0.8 mm
3.2 1.6 ▽	▽ U Ra 3.2 L Ra 1.6 或 ▽ Ra 3.2 Ra 1.6	给定 Ra 的上、下限值

注:"16% 规则"——评定长度中所有实测值大于上限值的个数小于总数的 16%;

"最大规则"——被测表面上幅度参数所有的实测值皆不大于允许值。

在零件设计时,根据需要选择合适的表面粗糙度值,并标注在其轮廓线或引出线上,符号的尖端应从材料的外侧指向被标注表面。图 12-14 所示为表面粗糙度代号在零件不同位置的标注方法。数值标注要求字体头朝上或朝左。其余表面具有相同的表面粗糙度要求的标注,可将这些表面的技术要求统一标注在标题栏附近,同时,需要在其右侧画一个内含基本图形符号的小括号,见图 12-14 右下角。

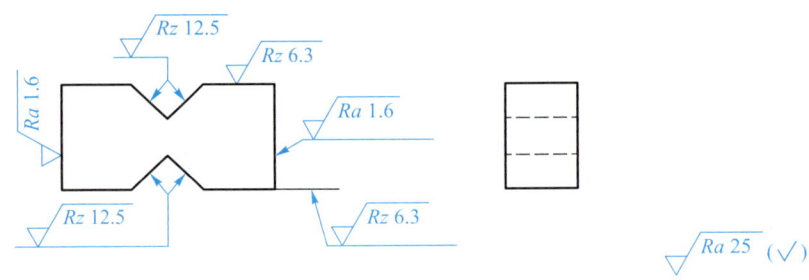

图 12-14　表面结构要求在轮廓线上的标注

在同一张零件图上,每个加工表面只标注一次表面粗糙度要求,并尽可能标注在相应的尺寸及几何公差的同一个视图上,便于识图。图 12-15 所示为表面粗糙度的代号标注在尺寸线或是几何公差框格上方的示例。

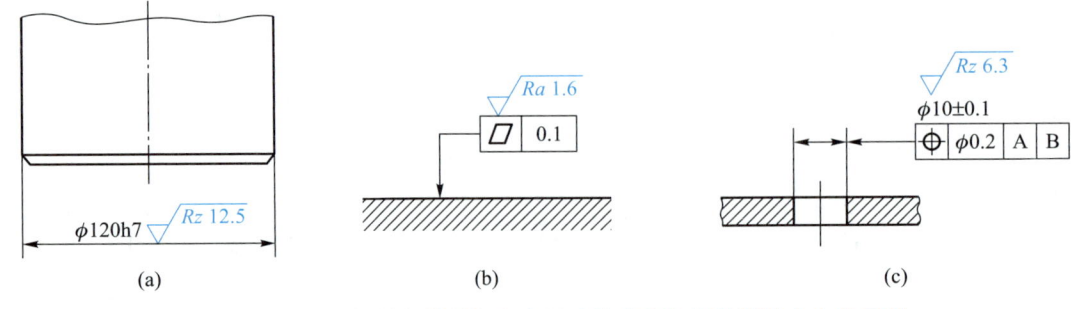

图 12-15　表面粗糙度代号标注在尺寸线或几何公差框格上方的示例

习　题

12-1　解释公称尺寸、极限偏差、基本偏差。

12-2　说明公差带代号的组成。解释 $\phi80h6$ 中数字和字母的含义,查附表 6 和附表 7,确定该轴的上、下极限偏差值。

12-3　孔、轴配合的配合代号为 $\phi100H7/g6$,确定其配合性质和基准制。

12-4　常用的几何公差有哪些项目？各是什么含义？

12-5　标注几何公差时,基准和被测要素是公称导出要素,应如何标注？

12-6　标注几何公差时,基准和被测要素是公称组成要素,应如何标注？

12-7　形状公差区别于其他类型几何公差的关键是什么？

12-8　生产实际中,应用最多的公差原则是哪种原则？

12-9　表面粗糙度轮廓误差对零件的使用性能有哪些影响？

12-10　将下列各项公差要求标注在图 12-16 上。

（1）两个 $\phi40m6$ 圆柱面的圆柱度公差为 0.008 mm,表面粗糙度度参数 Ra 上限值为 0.8 μm;

（2）$\phi60g6$ 圆柱面的轴线相对两个 $\phi40m6$ 的公共轴线的同轴度公差为 0.01 mm,表面粗糙度度参数 Ra 上限值为 0.8 μm;

（3）键槽 18N9 对 $\phi60g6$ 圆柱面轴线的对称度公差为 0.015 mm,键槽工作面表面粗糙度参数 Ra 上限值为 3.2 μm;

（4）其余表面粗糙度参数 Ra 上限值为 25 μm。

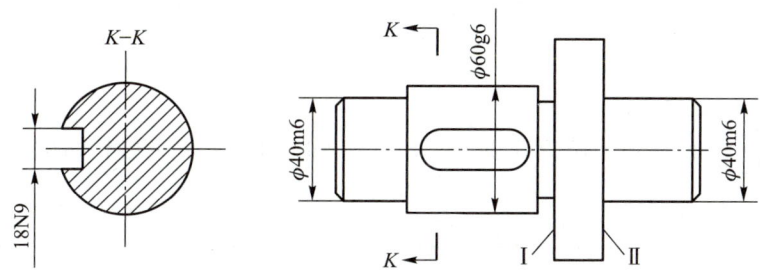

图 12-16　习题 12-10 图

第 13 章

典型零件和连接的精度设计

机械零件和连接的精度设计是指根据零件或连接在部件装配图中的作用和要求,合理确定其几何要素的尺寸公差、几何公差和表面粗糙度参数值。下面以渐开线带孔圆柱齿轮、轴、螺纹连接、花键连接和滚动轴承及其相配件为例,简要介绍其精度的设计。

13.1 渐开线圆柱齿轮的精度设计

渐开线圆柱齿轮在机械工程中常用来传递运动和动力。若传递运动,应保证传递运动准确、平稳;若传递动力,则应保证传动可靠、承载能力高和运动灵活。因此,对齿轮传动一般应提出以下四个方面的使用要求:传递运动的准确性,传动的平稳性,载荷分布的均匀性和合适的齿侧间隙。

完成齿轮的结构设计后,需要对其进行精度设计。齿轮的精度设计内容包括:确定齿轮的精度等级;确定齿轮轮齿部分的各项公差;确定齿坯的各项公差及齿轮各部分的表面粗糙度参数值。

13.1.1 确定齿轮的精度等级

根据 $v = \dfrac{\pi dn}{60 \times 1\,000}$ 计算齿轮圆周速度,由表 13-1 和表 13-2 确定齿轮精度等级。

表 13-1 齿轮精度等级的应用范围

产品类型	精度等级	产品类型	精度等级	产品类型	精度等级
测量齿轮	2~4	汽车底盘	5~8	拖拉机	6~9
金属切削机床	3~8	通用减速器	6~9	航空发动机	4~8
内燃机车	6~7	载重汽车	6~9	轻型汽车	5~8

表 13-2 常用齿轮精度等级的应用范围

精度等级	圆周速度 m/s		齿面的终加工	工 作 条 件
	直齿	斜齿		
5 级	到 20	到 44	精密磨齿;精密滚齿,精密珩齿或剃齿的齿轮	精密分度机构中或要求极平稳且无噪声的极高速下工作的齿轮传动;特别精密分度机构中的齿轮;高速涡轮机传动;检测 7 级齿轮传动用的测量齿轮

精度等级	圆周速度 m/s		齿面的终加工	工 作 条 件
	直齿	斜齿		
6级	到16	到30	磨齿或剃齿	要求最高效率且无噪声的高速下平稳工作的齿轮转动或分度机构的齿轮传动;特别重要的航空、汽车齿轮;读数装置用特别精密传动的齿轮
7级	到10	到15	用精确刀具加工的不淬火齿轮;对于淬火齿轮必须精整加工(磨齿、珩齿等)	增速和减速用齿轮传动;金属切削机床进给机构用齿轮;减速器用齿轮;航空、汽车用齿轮;读数装置用齿轮
8级	到5	到10	必要时精整加工	一般机械制造用齿轮;机床传动齿轮;飞机、汽车制造业中的不重要齿轮;起重机构用齿轮;农业机械中的重要齿轮;通用减速器齿轮
9级	到2	到4	无须精整加工	用于其他齿轮

13.1.2 确定齿轮公差项目和公差数值

齿轮有多项的精度检测指标,选择哪个指标进行检测,取决于齿轮的加工精度等级与企业具有的检测仪器,也与生产批量有关。一般用途齿轮可选择项目为:

1. 依据附表13选择齿轮副的中心距极限偏差 $\pm f_a$。

2. 依据附表14、附表15选择齿轮精度检测指标为:单个齿距偏差 $\pm f_p$,齿距累积总偏差 F_p,齿廓总偏差 F_α 和螺旋线总偏差 F_β。

3. 选择齿厚 s_{nc} 及其极限偏差(上偏差 E_{sns}、下偏差 E_{sni})或公法线长度 W_k 及其极限偏差(上偏差 E_{bns}、下偏差 E_{bni})。

(1) 齿厚 s_{nc} 及其极限偏差(上偏差 E_{sns}、下偏差 E_{sni})的计算

$$s_{nc} = m_n z \sin\left(\frac{\pi + 4x\tan\alpha_n}{2z}\right) \tag{13-1}$$

$$h_c = m_n\left\{1 + \frac{z}{2}\left[1 - \cos\left(\frac{\pi + 4x\tan\alpha}{2z}\right)\right]\right\} \tag{13-2}$$

式中,s_{nc} 为分度圆弦齿厚公称值。

$$j_{bmin} = \frac{2}{3}(0.06 + 0.0005a + 0.3 m_n)(mm) \tag{13-3}$$

式中,j_{bmin} 为齿轮副的最小极限侧隙。

$$j_n = \sqrt{0.88(f_{pt1}^2 + f_{pt2}^2) + [2 + 0.34(L/b)^2]F_\beta^2} \tag{13-4}$$

式中:j_n 为补偿制造和安装误差引起的侧隙减少量;L 为齿轮支撑轴承之间的跨距。

$$E_{sns} = -\left[|f_a|\tan\alpha_n + (j_{bmin} + j_n)/(2\cos\alpha_n)\right] \tag{13-5}$$

式中，E_{sns}为齿厚上偏差。

$$E_{sni} = E_{sns} - T_{sn} \tag{13-6}$$

$$T_{sn} = 2\tan\alpha\sqrt{F_r^2 + b_r^2} \tag{13-7}$$

式中，E_{sni}为齿厚下偏差。

（2）公法线长度 W_k 及其极限偏差（上偏差 E_{bns} 和下偏差 E_{bni}）的计算

所跨齿数

$$k = \frac{z'}{9} + 0.5 \tag{13-8}$$

$$z' = z\frac{inv\ \alpha_t}{inv\ \alpha_n} \tag{13-9}$$

$$\tan\alpha_n = \cos\beta \cdot \tan d_t \tag{13-10}$$

公法线的公称长度为

$$W_k = m_n\cos\alpha_n\left[\pi(k-0.5) + z'inv\ \alpha_n\right] \tag{13-11}$$

公法线长度上、下偏差 E_{bns} 和 E_{bni} 分别为

$$E_{bns} = E_{sns}\cos\alpha_n \tag{13-12}$$

$$E_{bni} = E_{sni}\cos\alpha_n \tag{13-13}$$

式中：F_r为径向跳动公差；b_r为齿轮加工时径向进刀公差，可查附表 16。

13.1.3 齿坯的精度设计

1. 尺寸精度设计

主要完成齿顶圆、齿轮内孔、轮毂键槽的尺寸公差设计。可参考表 13-3。

表 13-3 齿坯尺寸公差

齿轮精度等级	1	2	3	4	5	6	7	8	9	10	11	12
孔尺寸公差	IT 4	IT 4	IT 4	IT 5	IT 5	IT 6	IT 7		IT 8		IT 9	
轴尺寸公差	IT 4	IT 4	IT 4	IT 4	IT 5	IT 5	IT 6		IT 7		IT 8	
齿顶圆直径	IT 6	IT 6	IT 7	IT 7	IT 7	IT 8	IT 8		IT 9		IT 11	

注：当轮齿的检测参数精度等级不同时，按其中的最高精度等级确定齿坯公差；

　　当齿顶圆不作测量基准时，其尺寸公差按 IT 11 给定，但不得大于 $0.1\ m_n$ 法向模数。

（1）选用公法线偏差时，齿顶圆不作测量基准，可按表 13-3 选择；选用齿厚偏差时，要以齿顶圆作为测量齿厚的基准，一般按基准轴中等精度等级选择；

（2）齿轮内孔为安装基准面，一般按基孔制选择基本偏差；

（3）轮毂键槽按附表 17 选择，一般取正常连接，确定键槽宽度和槽深的大小及相应的极限偏差。

2. 几何精度设计

主要完成内孔、齿轮两端面和轮毂键槽的几何公差设计。

（1）内孔圆柱面要有圆柱度要求，为保证配合性质要在尺寸公差后标注包容要求；

（2）齿轮两端面为轴向定位基准,要标注轴向圆跳动公差;

（3）轮毂键槽中键宽中心面按平键连接公差标准标注对称度公差。

3. 表面粗糙度参数的设计

主要完成齿顶圆、齿面、齿轮内孔、端面、键宽侧面、键槽底面和其余表面粗糙度参数的设计。

通常要结合齿面硬度、加工方法、是否为定位面或工作面等因素选择,一般用轮廓算术平均偏差 Ra 来评定。常用表面粗糙度参数值与所适应的表面见表 13-4。

表 13-4　常用表面粗糙度参数值与所适应的表面

Ra/μm	适应的零件表面
12.5	粗加工非配合表面。如轴端面、倒角、钻孔、键槽非工作面、垫圈接触面、不重要的安装支承面、螺钉孔表面等
6.3	半精加工表面。用于不重要零件的非配合表面,如支柱、轴、支架、外壳、衬套、盖等的端面;螺钉、螺栓和螺母的自由表面;不要求保证定心和配合特性的表面,如螺栓孔、螺钉通孔、铆钉孔等;飞轮、带轮、离合器、联轴器、凸轮、偏心轮的侧面;平键及键槽上下面,花键非定心表面,齿顶圆表面;所有轴和孔的退刀槽;不重要的连接配合表面;犁铧、犁侧板、深耕铲等零件的摩擦工作面;插秧爪面等
3.2	半精加工表面。外壳、箱体、盖、套筒、支架等和其他零件连接而不形成配合的表面;不重要的紧固螺纹表面,非传动用梯形螺纹、锯齿螺纹表面;燕尾槽表面;键和键槽的工作面;需要发蓝的表面;需滚花的预加工表面;低速滑动轴承和轴的摩擦面;张紧链轮、导向滚轮与轴的配合表面;滑块及导向面(速度 20~50m/min)收割机械切割器的摩擦器动刀片、压力片的摩擦面,脱粒机格板工作面等,起轴向定位的孔肩、轴肩端面
1.6	要求保证定心及配合特性的固定支承、衬套、轴承和定位销的压入孔表面;不要求保证定心及配合特性的活动支承面,活动关节及花键接合面;8 级齿轮的齿面,齿条齿面;传动螺纹工作面;低速转动的轴颈;楔形键及键槽上、下面;轴承盖凸肩(对中心用),V 带轮槽表面,电镀前金属表面等
0.8	要求保证定心及配合特性的表面。锥销和圆柱销表面;与 0 级和 6 级滚动轴承相配合的孔和轴颈表面;中速转动的轴颈,过盈配合的孔 IT7,间隙配合的孔 IT8,花键轴定心表面,滑动导轨面。 不要求保证定心及配合特性的活动支承面;高精度的活动球状接头表面、支承垫圈、榨油机螺旋榨辊表面等

13.1.4　技术要求

齿轮的技术要求中一般包括热处理的要求;对未注的圆角、倒角的说明;对铸件、锻件或其他坯件的要求;对未注的线性尺寸公差、几何公差的要求以及采用的公差原则等。

根据上述齿轮的精度设计,最后可完成齿轮零件图,带孔斜齿轮的精度设计实例如图 13-1 所示。

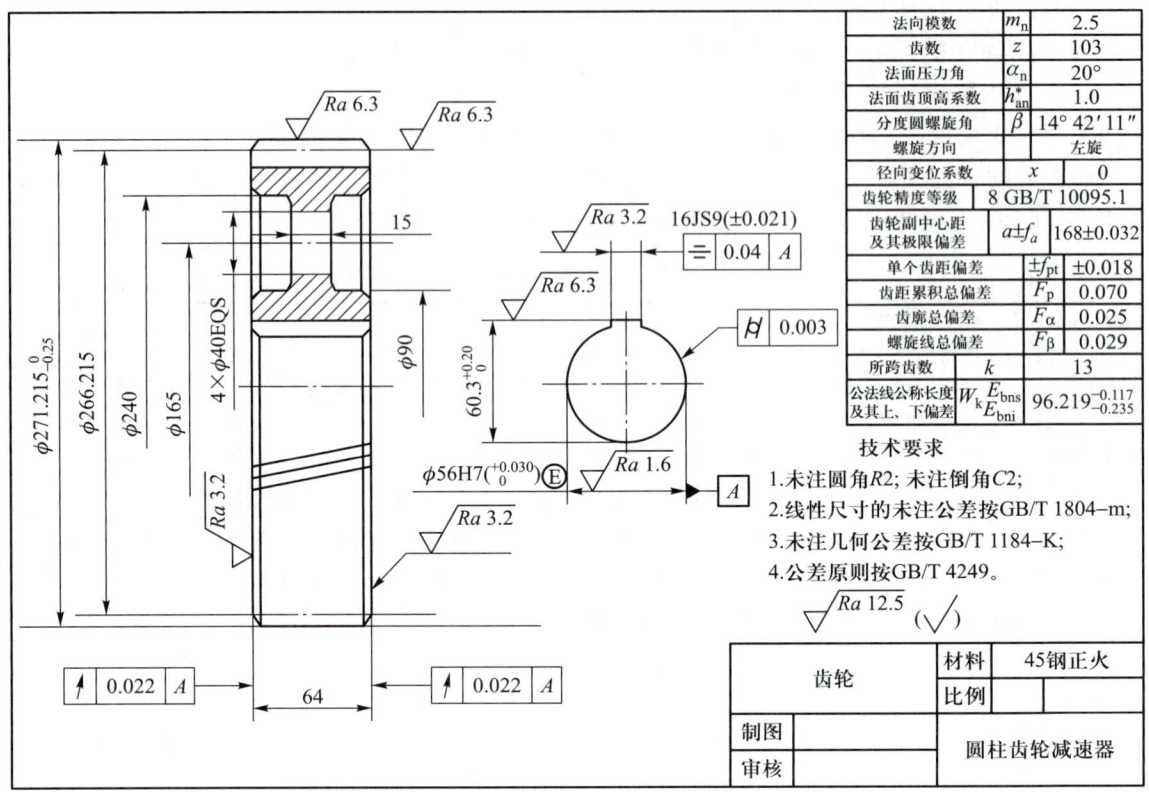

图 13-1　带孔斜齿轮的精度设计实例

13.2　轴的精度设计

轴类零件由外圆柱面、圆锥面、内孔、螺纹及相应端面组成。其精度设计应根据轴上零件（如滚动轴承、齿轮等）对轴的精度要求，合理确定轴的各部位的尺寸公差、几何公差和表面粗糙度参数值。本节主要针对常见的阶梯轴精度设计进行说明。

13.2.1　尺寸精度设计

参考图 8-14，轴的尺寸精度设计包括与轴承配合的轴颈、与联轴器配合的轴头及与齿轮配合的轴头的直径尺寸公差带代号的确定，及实现齿轮、联轴器与相应轴头周向连接的键槽的尺寸公差的确定。

1. 与轴承内圈配合的轴颈直径的尺寸公差

图 8-14 中的两个 $\phi45$ mm 的轴颈通过计算后确认滚动轴承的载荷状态属于哪种载荷，再参考表 13-5 选择合适的轴颈公差带代号。装配图中标注该处的配合代号时，可不标内圈的公差带代号，直接标注对应轴颈的公差带代号即可。

2. 与联轴器配合的轴头直径的尺寸公差

图 8-14 中的 $\phi35$ mm 的轴头与联轴器的标准孔配合，孔的基本偏差代号为 H，结合工艺等

价性,考虑联轴器在轴头上装拆方便,一般轴头与联轴器的配合采用过渡配合,轴头直径的基本偏差代号可选择 k、m 或 n 等,标准公差等级与和轴承内圈配合的两轴颈处同级即可。

表 13-5　向心轴承和轴的配合　轴公差带代号

载荷情况		举例	深沟球轴承,调心球轴承和角接触球轴承	圆柱滚子轴承和圆锥滚子轴承	调心滚子轴承	公差带
			圆柱孔轴承			
			轴承公称内径/mm			
内圈承受旋转载荷或方向不定载荷	轻载荷	输送机、轻载齿轮箱	≤18	—	—	h5
			>18～100	≤40	≤40	j6[a]
			>100～200	>40～140	>40～100	k6[a]
			—	>140～200	>100～200	m6[a]
	正常载荷	一般通用机械、电动机、泵、内燃机、正齿轮传动装置	≤18	—	—	j5　js5
			>18～100	≤40	≤40	k5[b]
			>100～140	>40～100	>40～65	m5[b]
			>140～200	>100～140	>65～100	m6[c]
	重载荷	铁路机车车辆轴箱、牵引电机、破碎机等	—	>50～140	>50～100	n6[c]
				>140～200	>100～140	p6

3. 与齿轮内孔配合的轴头直径的尺寸公差

图 8-14 中的 $\phi50$ mm 轴头与齿轮内孔配合,按照基本偏差的选择原则,并且考虑到一般轴上齿轮传递的转矩较大,参考表 13-3 选定其直径尺寸公差带的精度等级,采用过盈配合,轴头直径的基本偏差代号可选择 p、r、s 或 t 等。

4. 键槽的尺寸公差

图 8-14 中,对于与联轴器和齿轮配合的两个轴头与轴上零件的周向固定采用普通平键连接。这两个轴头上键槽宽度和深度尺寸及公差分别按不同轴径可查附表 17。

13.2.2　几何精度设计

1. 为了保证轴的配合性质,轴颈和轴头的径向接合面应采用包容要求,标注 Ⓔ。

2. 与滚动轴承配合的轴颈应标注圆柱度公差,可查附表 10。

3. 有定位要求的端面应标注轴向圆跳动公差,可查附表 12,如装配齿轮和轴承的轴肩处,因为联轴器可以补偿轴向位移,所以该处定位轴肩的轴向圆跳动也可不标;与传动零件、轴承相配合的圆柱面应标注径向圆跳动公差,如与轴承配合的两个轴颈和与齿轮、联轴器配合的两个轴头处。

4. 键的对称中心面应标注对称度公差,如两个轴头的键槽应分别标注相对于各自轴线的对称度公差,也可查附表 12。

13.2.3 表面粗糙度参数的设计

轴的各个表面都需要加工,所以每个表面都应标注表面粗糙度参数。一般用轮廓算术平均偏差 Ra 来评定,参考表 13-4,其余表面粗糙度标注在标题栏附近。

13.2.4 技术要求

轴的技术要求一般包括热处理的要求,对加工的要求、对未注的圆角、倒角的说明,对未注的线性尺寸公差、几何公差的要求以及采用的公差原则、对个别部位的修饰加工的要求和对较长的轴进行毛坯矫直的要求等。

根据上述齿轮的精度设计,最后可完成轴的零件图,标注如图 8-14 所示。

13.3 螺纹连接和花键连接的精度设计

13.3.1 螺纹连接的精度设计

螺纹公差精度由公差带及旋合长度(短旋合长度(S)、中等旋合长度(N)、长旋合长度(L))构成,普通螺纹公差标准的基本结构如图 13-2 所示。国标 GB/T 197—2018 中,只对螺纹的中径和顶径规定了公差,普通螺纹一般不规定几何公差,其公差精度的选用主要取决于螺纹的用途,旋合长度通常选用中等旋合长度。为保证足够的接触高度,螺纹连接一般选择 H/g,H/h,G/h 的配合代号。普通螺纹的完整标记如图 13-3 所示。对于粗牙普通螺纹,可不标注螺距;当选用中等旋合长度、右旋时对应代号可以省略不标。螺纹牙侧表面的粗糙度主要按用途和公差等级确定,Ra 值可取 1.6 μm,3.2 μm 或 6.3 μm。螺纹在装配图和零件图上的标注示例如图 13-4 所示。

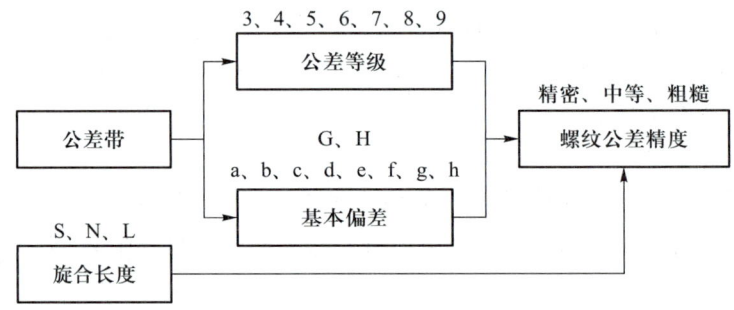

图 13-2　普通螺纹公差标准的基本结构

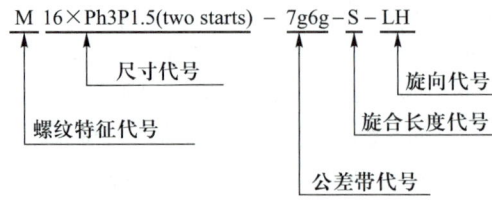

图 13-3　螺纹的标记方法

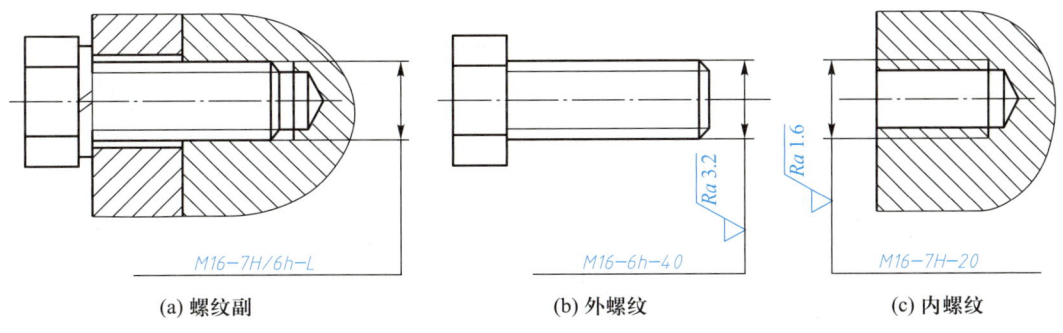

(a) 螺纹副	(b) 外螺纹	(c) 内螺纹
M16–7H/6h–L	M16–6h–40	M16–7H–20

图 13-4　螺纹标注示例

13.3.2　花键连接的精度设计

花键连接中常采用矩形花键连接。矩形花键连接(图 13-5)由内花键和外花键构成，GB/T 1144—2001规定矩形花键的主要尺寸为大径 D、小径 d 和键宽(键槽宽)B。矩形花键键数 N 通常取 6、8、10，花键规格按 $N{\times}d{\times}D{\times}B$ 的方法表示，如 $6{\times}52{\times}58{\times}10$ 依次表示键数为 6，小径公称尺寸为 52 mm，大径公称尺寸为 58 mm，键宽(键槽宽)公称尺寸为 10 mm。

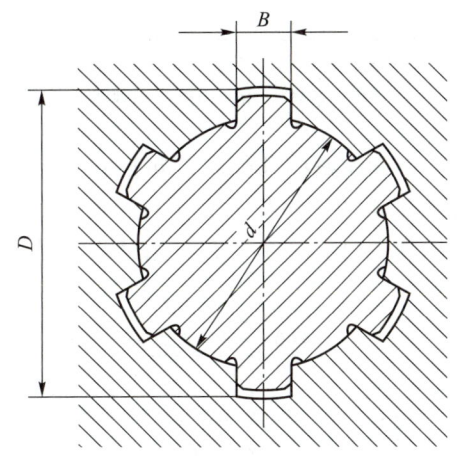

图 13-5　矩形花键连接的主要尺寸

矩形花键连接的主要使用要求是保证内、外花键的同轴度、连接强度、传递转矩的可靠性以及轴向滑动连接的导向精度。由于花键接合面的硬度通常要求较高，需淬火处理，为保证定心表面的尺寸精度和几何精度，淬火后需进行磨削加工。从加工工艺性看，内花键小径便于磨削加工，因此规定矩形花键连接采用小径定心。为减少花键拉刀和花键塞规的规格，花键连接采用基孔制配合。矩形花键的尺寸公差带与装配形式见表 13-6。

表 13-6　矩形花键的尺寸公差带与装配形式

内花键				外花键			装配形式
d	D	\multicolumn 2 B		d	D	B	
		拉削后 不热处理	拉削后 热处理				
一般用途							
H7	H10	H9	H11	f7	a11	d10	滑动
				g7		f9	紧滑动
				h7		h10	固定

235

内花键				外花键			装配形式
d	D	B		d	D	B	
		拉削后不热处理	拉削后热处理				
精密传动用							
H5	H10	H7,H9		f5	a11	d8	滑动
				g5		f7	紧滑动
				h5		h8	固定
H6				f6		d8	滑动
				g6		f7	紧滑动
				h6		h8	固定

注:精密传动用的内花键,当需要控制键侧配合间隙时,键槽宽 B 可选用 H7,一般情况下可选用 H9;
小径 d 的公差带为 H6 或 H7 的内花键,允许与提高一级的外花键配合。

　　键和键槽的几何误差包括它们各自的中心平面对小径定心表面轴线的对称度误差、等分度误差及键(键槽)侧面对小径定心表面轴线的平行度误差,大批量生产时,可规定位置度公差予以控制(见图 13-6),并采用最大实体要求。

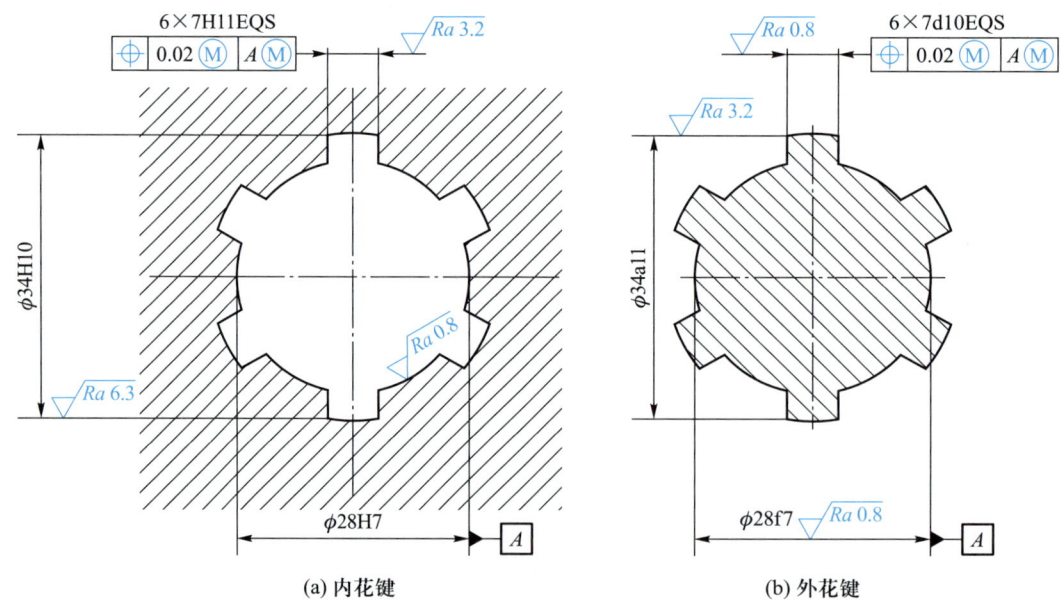

(a) 内花键　　　　　　　　　　　(b) 外花键

图 13-6　矩形内、外花键位置度标注示例

236

单件小批生产时,采用单项测量,为保证内、外花键小径定心表面装配后的配合性质,它们各自的几何公差与尺寸公差的关系采用包容要求,规定键(键槽)两侧面的中心平面对小径定心表面轴线的对称度公差,如图 13-7 所示。

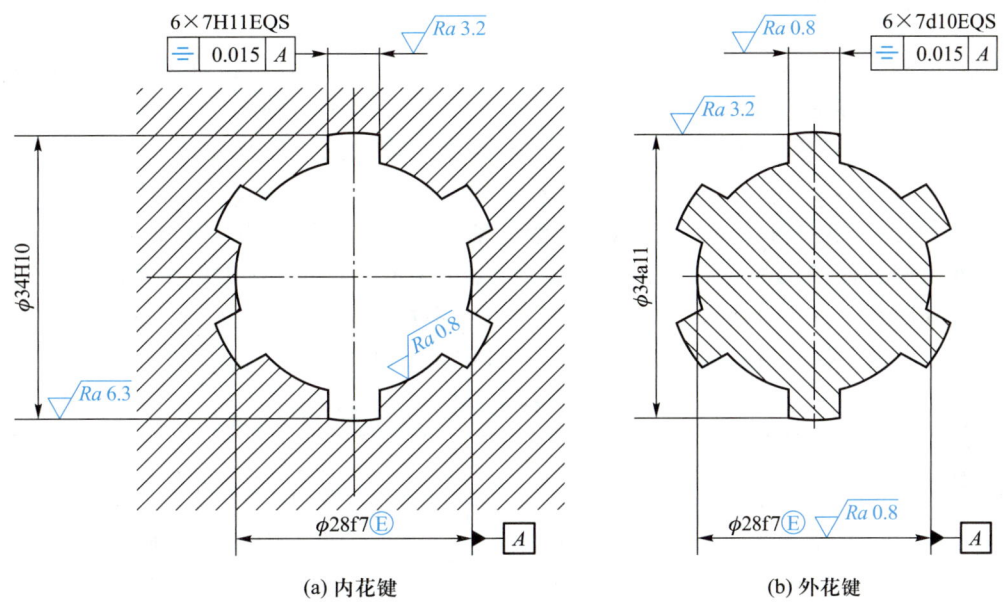

图 13-7　矩形内、外花键对称度标注示例

矩形花键的表面粗糙度参数,一般用 Ra 的上限值标注,如图 13-6,图 13-7 所示。内花键:小径表面不大于 0.8 μm,键槽侧面不大于 3.2 μm,大径表面不大于 6.3 μm;外花键:小径表面不大于 0.8 μm,键侧面不大于 0.8 μm,大径表面不大于 3.2 μm。

矩形花键配合代号及尺寸公差带代号的标注,标注在大径上,如图 13-8 所示。

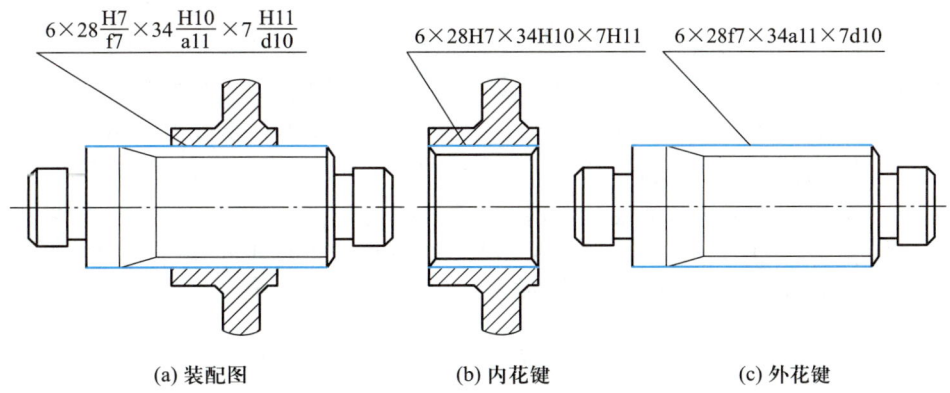

(a) 装配图　　　　　(b) 内花键　　　　　(c) 外花键

图 13-8　矩形花键配合代号及尺寸公差带代号的标注示例

13.4 滚动轴承及其相配件的精度设计

13.4.1 滚动轴承的公差等级

滚动轴承的公差等级由轴承尺寸公差和旋转精度决定。前者是指轴承内径（内圈孔的直径）、外径（外圈外圆柱面的直径）和宽度等的尺寸公差；后者是指轴承内、外圈做相对转动时跳动的程度（包括成套轴承内、外圈的径向跳动，内、外圈端面对滚道的跳动，内圈基准端面对内孔轴线的跳动等）。GB/T 307.1—2017 对滚动轴承的精度进行如下分级：向心轴承圆锥滚子轴承除外）的公差等级分为 2、4、5、6、0 五级；圆锥滚子轴承的公差等级分为 2、4、5、6X、0 五级。它们的精度依次由高到低，2 级精度最高，0 级精度最低。GB/T 307.4—2017 将推力轴承的公差等级分为 4、5、6、0 四级。其中 0 级称为普通级，代号省略不标。滚动轴承的各个公差等级的代号见表 13-7，一般机械、通用机械、中低速减速器，常用 0 级滚动轴承。

表 13-7　各公差等级滚动轴承的等级代号

精度代号	含义	示例	注释
/P0	0 级,代号省略不标	6203	深沟球轴承轻系列 0 级精度
/P6	6 级	N1005/P6	单列圆柱滚子轴承 6 级精度
/P6X	6X 级	30210/P6X	圆锥滚子轴承 6X 级精度
/P5	5 级	7010C/P5	角接触球轴承 5 级精度
/P4	4 级	5203/P4	推力球轴承 4 级精度
/P2	2 级	6203/P2	深沟球轴承轻系列 2 级精度

13.4.2 滚动轴承的内、外径公差带与配合

滚动轴承是标准部件，轴承内径与轴颈的配合采用基孔制，轴承外径与外壳孔的配合采用基轴制。GB/T 307.1—2017 中规定滚动轴承的公差带都在以轴承内圈孔、外圈圆柱面的公称尺寸为零线的下方，基本偏差为上偏差且等于零，滚动轴承的内、外径公差带如图 13-9 所示。这种特殊的基准孔公差带不同于 GB/T 1800.2—2020 中基本偏差代号为 H 的基准孔公差带，例如，当轴承内圈与基本偏差代号为 k、m、n 等的轴颈配合时，会形成具有小过盈量的过盈配合。一般情况下，内圈与轴一起转动，故内圈与轴常采用 js6、k5、k6、m6、n6 等配合（顺序由松至紧），当载荷大、转速高、振动较大或工作温度变化大时，应选较紧的配合。外圈与外壳孔常采用 G7、H7、J6、J7、K7、M7 等配合（顺序由松至紧），游动座圈和需经常拆卸的轴承，配合应选得松些。内、外径公差值与内、外径的大小及轴承的公差等级有关。

13.4.3 滚动轴承配合及其相配件精度设计的标注

图 13-10a 为单级直齿圆柱齿轮减速器输入轴的装配图，与滚动轴承内、外圈配合处只需标出轴颈和外壳孔的公差带代号即可。图 13-10b 为与外圈配合的外壳孔的精度设计标注，图 13-10c 为与内圈配合的轴颈的精度设计标注。

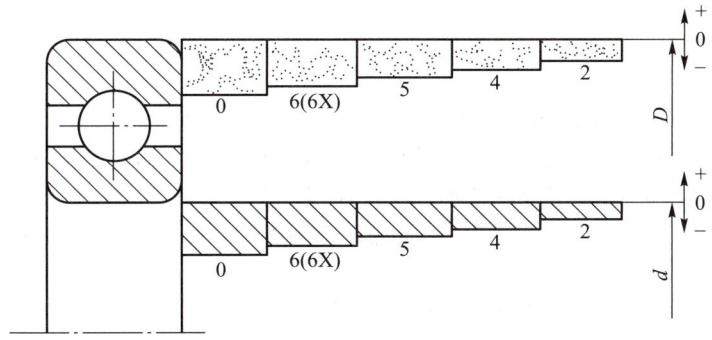

d、D—轴承内圈孔、外圈圆柱面的公称尺寸

图 13-9 滚动轴承内、外径公差带示意图

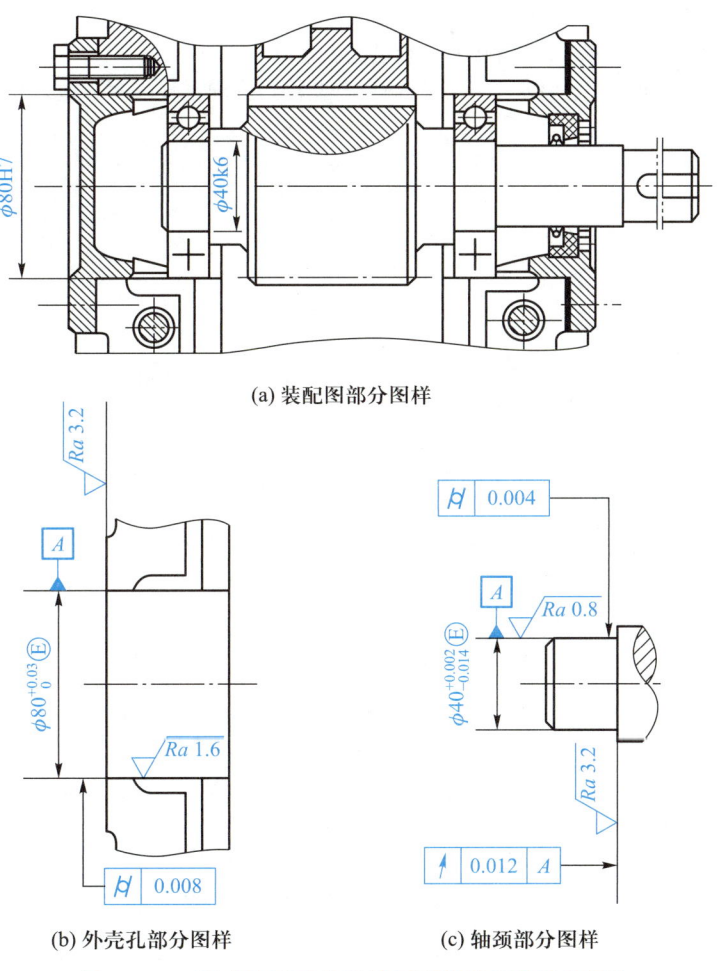

(a) 装配图部分图样

(b) 外壳孔部分图样　　　　(c) 轴颈部分图样

图 13-10 滚动轴承配合及其相配件精度设计的标注

习　题

13-1　简述对渐开线直齿圆柱齿轮进行精度设计时,如何确定各处的尺寸公差。

13-2　一渐开线直齿圆柱齿轮,齿数 $z=27$,模数 $m=4$ mm,齿宽 $b=30$ mm。分度圆压力角 $\alpha=20°$。齿轮精度等级为 8 级,查表确定齿轮的公差检测项目 Δf_p,ΔF_p,ΔF_α 和 ΔF_β 的数值。

13-3　为了保证轴系中各处的配合性质,一般在轴颈和轴头的径向接合面应采哪种公差原则? 标注符号是什么?

13-4　轴上有定位要求的端面通常要标注哪种几何公差? 与传动零件、轴承相配合的轴段应标注哪几种几何公差?

13-5　普通螺纹公差带的选用包括哪些内容?

13-6　说明螺纹标注为 M20-7H-L-LH 中各代号的含义。

13-7　平键与轴键槽和轮毂键槽的配合采用哪种基准制? 键连接时平键的公差带代号是什么? 正常连接时轴键槽和轮毂键槽的公差带代号分别是什么?

13-8　平键连接配合表面通常要标注哪种几何公差?

13-9　当滚动轴承内圈与基本偏差代号为 k 的轴颈配合时,其配合性质与一般基孔制配合下配合性质有何差异? 为什么?

附　　录

附表 1　深沟球轴承 (摘自 GB/T 276—2013)

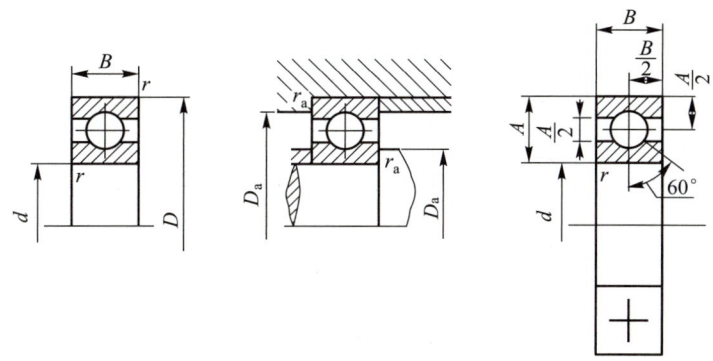

60000 型标准外形　　　　　安装尺寸　　　　　简化画法

标记示例:滚动轴承 6312 GB/T 276—2013

轴承代号	基本尺寸/mm				安装尺寸/mm			基本额定动载荷/kN	基本额定静载荷/kN	极限转速/(r/min)	
	d	D	B	r min	d_a	D_a	r_a max	C_r	C_{0r}	脂润滑	油润滑
(0)2 尺寸系列											
6204	20	47	14	1	26	41	1	12.8	6.65	14 000	18 000
6205	25	52	15	1	31	46	1	14.0	7.88	12 000	16 000
6206	30	62	16	1	36	56	1	19.5	11.5	9 500	13 000
6207	35	72	17	1.1	42	65	1	25.5	15.2	8 500	11 000
6208	40	80	18	1.1	47	73	1	29.5	18.0	8 000	10 000
6209	45	85	19	1.1	52	78	1	31.5	20.5	7 000	9 000
6210	50	90	20	1.1	57	83	1	35.0	23.2	6 700	8 500
6211	55	100	21	1.5	64	91	1.5	43.2	29.2	6 000	7 500
6212	60	110	22	1.5	69	101	1.5	47.8	32.8	5 600	7 000
6213	65	120	23	1.5	74	111	1.5	57.2	40.0	5 000	6 300
6214	70	125	24	1.5	79	116	1.5	60.8	45.0	4 800	6 000
6215	75	130	25	1.5	84	121	1.5	66.0	49.5	4 500	5 600

轴承代号	基本尺寸/mm				安装尺寸/mm			基本额定动载荷/kN	基本额定静载荷/kN	极限转速/(r/min)	
	d	D	B	r min	d_a	D_a	r_a max	C_r	C_{0r}	脂润滑	油润滑
(0)3尺寸系列											
6304	20	52	15	1.1	27	45	1	15.8	7.88	13 000	17 000
6305	25	62	17	1.1	32	55	1	22.2	11.5	10 000	14 000
6306	30	72	19	1.1	37	65	1	27.0	15.2	9 000	12 000
6307	35	80	21	1.5	44	71	1.5	33.2	19.2	8 000	10 000
6308	40	90	23	1.5	49	81	1.5	40.8	24.0	7 000	9 000
6309	45	100	25	1.5	54	91	1.5	52.8	31.8	6 300	8 000
6310	50	110	27	2	60	100	2	61.8	38.0	6 000	7 500
6311	55	120	29	2	65	110	2	71.5	44.8	5 300	6 700
6312	60	130	31	2.1	72	118	2.1	81.8	51.8	5 000	6 300
6313	65	140	33	2.1	77	128	2.1	93.8	60.5	4 500	5 600
6314	70	150	35	2.1	82	138	2.1	105	68.0	4 300	5 300
6315	75	160	37	2.1	87	148	2.1	112	76.8	4 000	5 000

附表 2　角接触球轴承(摘自 GB/T 292—2023)

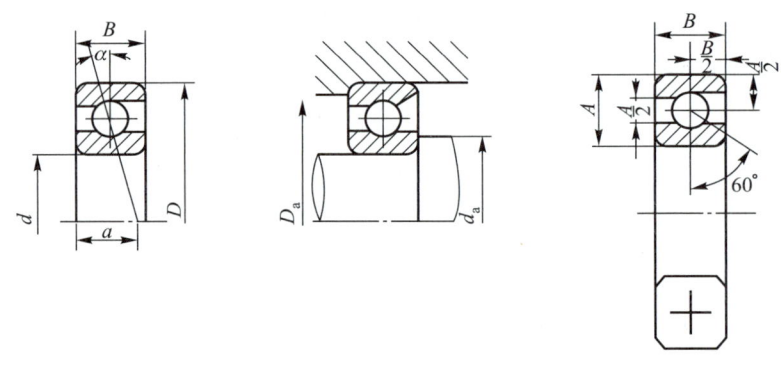

70000 型标准外形　　　　安装尺寸　　　　简化画法

标记示例:滚动轴承 7210AC GB/T 292—2023

轴承代号		基本尺寸/mm			安装尺寸/mm		70000C($\alpha=15°$)			70000AC($\alpha=25°$)			极限转速 10^3/(r/min)	
		d	D	B	d_a	D_a	a/mm	基本额定载荷/kN		a/mm	基本额定载荷/kN		脂润滑	油润滑
								C_r	C_{0r}		C_r	C_{0r}		
(1)2尺寸系列														
7204C	7204AC	20	47	14	26	41	11.5	14.5	8.22	14.9	14.0	7.82	13	18

轴承 代号		基本尺寸/mm			安装尺寸/mm		70000C($\alpha=15°$)			70000AC($\alpha=25°$)			极限转速 10^3/(r/min)	
								基本额定载荷 /kN			基本额定载荷 /kN			
		d	D	B	d_a	D_a	a/mm	C_r	C_{0r}	a/mm	C_r	C_{0r}	脂润滑	油润滑
(1)2尺寸系列														
7205C	7205AC	25	52	15	31	46	12.7	16.5	10.5	16.4	15.8	9.88	11	16
7206C	7206AC	30	62	16	36	56	14.2	23.0	15.0	18.7	22.0	14.2	9	13
7207C	7207AC	35	72	17	42	65	15.7	30.5	20.0	21	29.0	19.2	8	11
7208C	7208AC	40	80	18	47	73	17	36.8	25.8	23	35.2	24.5	7.5	10
7209C	7209AC	45	85	19	52	78	18.2	38.5	28.5	24.7	36.8	27.2	6.7	9
7210C	7210AC	50	90	20	57	83	19.4	42.8	32.0	26.3	40.8	30.5	6.3	8.5
7211C	7211AC	55	100	21	64	91	20.9	52.8	40.5	28.6	50.5	38.5	5.6	7.5
7212C	7212AC	60	110	22	69	101	22.4	61.0	48.5	30.8	58.2	46.2	5.3	7
7213C	7213AC	65	120	23	74	111	24.2	69.8	55.2	33.5	66.5	52.5	4.8	6.3
7214C	7214AC	70	125	24	79	116	25.3	70.2	60.0	35.1	69.2	57.5	4.5	6
7215C	7215AC	75	130	25	84	121	26.4	79.2	65.8	36.6	75.2	63.0	4.3	5.6
(0)3尺寸系列														
7304C	7304AC	20	52	15	27	45	11.3	14.2	9.68	16.8	13.8	9.10	12	17
7305C	7305AC	25	62	17	32	55	13.1	21.5	15.8	19.1	20.8	14.8	9.5	14
7306C	7306AC	30	72	19	37	65	15	26.5	19.8	22.2	25.2	18.5	8.5	12
7307C	7307AC	35	80	21	44	71	16.6	34.2	26.8	24.5	32.8	24.8	7.5	10
7308C	7308AC	40	90	23	49	81	18.5	40.2	32.3	27.5	38.5	30.5	6.7	9
7309C	7309AC	45	100	25	54	91	20.2	49.2	39.8	30.2	47.5	37.2	6	8
7310C	7310AC	50	110	27	60	100	22	53.5	47.2	33	55.5	44.5	5.6	7.5
7311C	7311AC	55	120	29	65	110	23.8	70.5	60.5	35.8	67.2	56.8	5	6.7
7312C	7312AC	60	130	31	72	118	25.6	80.5	70.2	38.7	77.8	65.8	4.8	6.3
7313C	7313AC	65	140	33	77	128	27.4	91.5	80.5	41.5	89.8	75.5	4.3	5.6
7314C	7314AC	70	150	35	82	138	29.2	102	91.5	44.3	98.5	86.0	4	5.3
7315C	7315AC	75	160	37	87	148	31	112	105	47.2	108	97.0	3.8	5

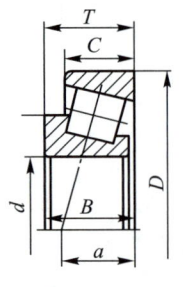
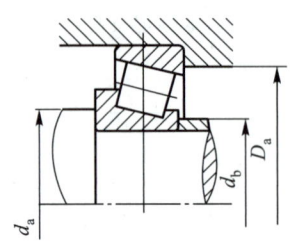
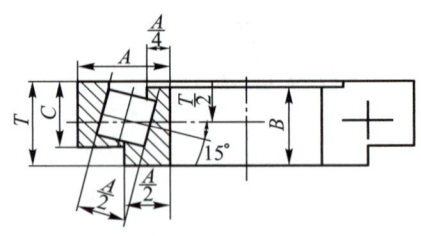

标准外形　　　　　　　　安装尺寸　　　　　　　　简化画法

标记示例：滚动轴承 30208 GB/T 297—2015

轴承代号	基本尺寸/mm						安装尺寸/mm			计算系数			基本额定载荷/kN		极限转速/(r/min)	
	d	D	T	B	C	$a\approx$	d_a	d_b	D_a	e	Y	Y_0	C_r	C_{0r}	脂润滑	油润滑
02 尺寸系列																
30204	20	47	15.25	14	12	11.2	26	27	40	0.35	1.7	1	28.2	30.5	8000	10000
30205	25	52	16.25	15	13	12.5	31	31	44	0.37	1.6	0.9	32.2	37.0	7 000	9 000
30206	30	62	17.25	16	14	13.8	36	37	53	0.37	1.6	0.9	43.2	50.5	6 000	7 500
30207	35	72	18.25	17	15	15.3	42	44	62	0.37	1.6	0.9	54.2	63.5	5 300	6 700
30208	40	80	19.75	18	16	16.9	47	49	69	0.37	1.6	0.9	63.0	74.0	5 000	6 300
30209	45	85	20.75	19	16	18.6	52	53	74	0.4	1.5	0.8	67.8	83.5	4 500	5 600
30210	50	90	21.75	20	17	20	57	58	79	0.42	1.4	0.8	73.2	92.0	4 300	5 300
30211	55	100	22.75	21	18	21	64	64	88	0.4	1.5	0.8	90.8	115	3 800	4 800
30212	60	110	23.75	22	19	22.3	69	69	96	0.4	1.5	0.8	102	130	3 600	4 500
30213	65	120	24.75	23	20	23.8	74	77	106	0.4	1.5	0.8	120	152	3 200	4 000
30214	70	125	26.25	24	21	25.8	79	81	110	0.42	1.4	0.8	132	175	3 000	3 800
30215	75	130	27.25	25	22	27.4	84	85	115	0.44	1.4	0.8	138	185	2 800	3 600
03 尺寸系列																
30304	20	52	16.25	15	13	11.1	27	28	44	0.3	2	1.1	33.0	33.2	7 500	9 500
30305	25	62	18.25	17	15	13	32	34	54	0.3	2	1.1	46.8	48.0	6 300	8 000
30306	30	72	20.75	19	16	15.3	37	40	62	0.31	1.9	1.1	59.0	63.0	5 600	7 000
30307	35	80	22.75	21	18	16.8	44	45	70	0.31	1.9	1.1	75.2	82.5	5 000	6 300
30308	40	90	25.25	23	20	19.5	49	52	77	0.35	1.7	1	90.8	108	4 500	5 600
30309	45	100	27.25	25	22	21.3	54	59	86	0.35	1.7	1	108	130	4 000	5 000

轴承代号	基本尺寸/mm						安装尺寸/mm			计算系数			基本额定载荷/kN		极限转速/(r/min)	
	d	D	T	B	C	$a\approx$	d_a	d_b	D_a	e	Y	Y_0	C_r	C_{0r}	脂润滑	油润滑
03 尺寸系列																
30310	50	110	29.25	27	23	23	60	65	95	0.35	1.7	1	130	158	3 800	4 800
30311	55	120	31.5	29	25	24.9	65	70	104	0.35	1.7	1	152	188	3 400	4 300
30312	60	130	33.5	31	26	26.6	72	76	112	0.35	1.7	1	170	210	3 200	4 000
30313	65	140	36	33	28	28.7	77	83	122	0.35	1.7	1	195	242	2 800	3 600
30314	70	150	38	35	30	30.7	82	89	130	0.35	1.7	1	218	272	2 600	3 400
30315	75	160	40	37	31	32	87	95	139	0.35	1.7	1	252	318	2 400	3 200

附表 4　六角头螺栓(摘自 GB/T 5780~5783—2000)

mm

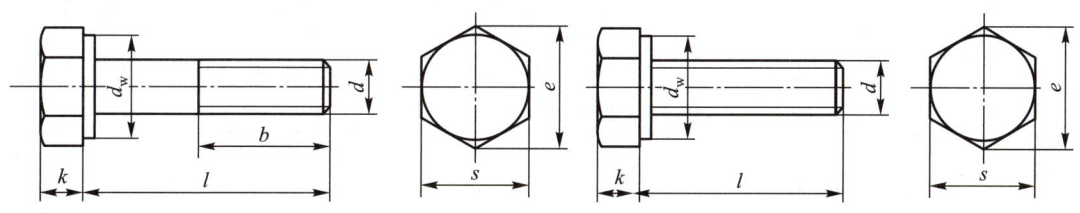

A 级和 B 级(GB/T 5782—2000)　　　　　　　A 级和 B 级 全螺纹(GB/T 5783—2000)

C 级(GB/T 5780—2000)　　　　　　　　　　C 级 全螺纹 (GB/T 5781—2000)

标记示例:M10,C 级,全螺纹,$l=50$,性能等级 5.6 级,不经表面处理。

标记为:螺栓 GB/T5781 M10×50-5.6

公称直径 d/小径 d_1	e_{min}		s	k	d_w(min)		杆长度 l			螺纹长度 b			
	B、C 级	A 级			B、C 级	A 级	GB/T 5780 GB/T 5782	C 级 全螺纹	A、B 级 全螺纹	GB/T 5780、GB/T 5782			全螺纹
										$l\leqslant125$	$125<l\leqslant200$	$l>200$	
5/4.134	8.63	8.79	8.0	3.5	6.7	6.9	25~50	10~40	10~50	—	—	—	
6/4.917	10.89	11.05	10	4.0	8.7	8.9	30~60	12~50	12~60	—	—	—	
8/6.647	14.20	14.38	13	5.3	11.4	11.6	35~80	16~65	16~80	—	—	—	$b=l$
10/8.376	17.59	17.77	16	6.4	14.4	14.6	40~100	20~80	20~100	2d+6	2d+12	—	
12/10.106	19.85	20.03	18	7.5	16.4	16.6	45~120	25~100	25~100			—	
16/13.835	26.17	26.75	24	10	22	22.5	55~160	35~100	35~100			2d+25	

公称直径 d/小径 d_1	e_{min}		s	k	d_w(min)		杆长度 l			螺纹长度 b			
	B、C 级	A 级			B、C 级	A 级	GB/T 5780 GB/T 5782	C 级全螺纹	A、B 级全螺纹	GB/T 5780、GB/T 5782			全螺纹
										$l \leqslant 125$	$125 < l \leqslant 200$	$l > 200$	
20/17.294	32.95	33.53	30	12.5	27.7	28.2	65~200	40~100	40~100				$2d+25$
24/20.752	39.55	39.98	36	15	33.2	33.6	80~240	50~100	40~100				
长度系列:25、30、35、40、45、50、(55)、60、(65)、70~160(10 递增)、180~400(20 递增)													

注:A、B 级用于精密连接,C 级用于一般连接。

附表 5　标准公差数值（摘自 GB/T 1800.1—2020）　　　　　　　　　μm

公称尺寸/mm		>6 ~10	>10 ~18	>18 ~30	>30 ~50	>50 ~80	>80 ~120	>120 ~180	>180 ~250	>250 ~315	>315 ~400
公差等级	IT5	6	8	9	11	13	15	18	20	23	25
	IT6	9	11	13	16	19	22	25	29	32	36
	IT7	15	18	21	25	30	35	40	46	52	57
	IT8	22	27	33	39	46	54	63	72	81	89
	IT9	36	43	52	62	74	87	100	115	130	140
	IT10	58	70	84	100	120	140	160	185	210	230
	IT11	90	110	130	160	190	220	250	290	320	360
	IT12	150	180	210	250	300	350	400	460	520	570

附表 6　孔的极限偏差值（摘自 GB/T 1800.1—2020　GB/T 1800.2—2020）　　　　　μm

公称尺寸/mm		>18 ~24	>24 ~30	>30 ~40	>40 ~50	>50 ~65	>65 ~80	>80 ~100	>100 ~120	>120 ~180	>180 ~250	>250 ~315
公差带	D 7	+86 +65		+105 +80		+130 +100		+155 +120		+185 +145	+216 +170	+242 +190
	D 8	+98 +65		+119 +80		+146 +100		+174 +120		+208 +145	+242 +170	+271 +190
	D 9	+117 +65		+142 +80		+174 +100		+207 +120		+245 +145	+285 +170	+320 +190
	▼ D10	+149 +65		+180 +80		+220 +100		+260 +120		+305 +145	+355 +170	+400 +190
	D 11	+195 +65		+240 +80		+290 +100		+340 +120		+395 +145	+460 +170	+510 +190
	▼ H 7	+21 0		+25 0		+30 0		+35 0		+40 0	+46 0	+52 0
	▼ H 8	+33 0		+39 0		+46 0		+54 0		+63 0	+72 0	+81 0
	▼ H 9	+52 0		+62 0		+74 0		+87 0		+100 0	+115 0	+130 0
	H10	+84 0		+100 0		+120 0		+140 0		+160 0	+185 0	+210 0
	▼ H 11	+130 0		+160 0		+190 0		+220 0		+250 0	+290 0	+320 0

注:标注▼者为优先公差带,应优先选用。

附表 7 轴的极限偏差值（摘自 GB/T 1800.2—2020） μm

公称尺寸 mm	>18~24	>24~30	>30~40	>40~50	>50~65	>65~80	>80~100	>100~120	>120~140	>140~160	>160~180	>180~225
▼d 9	-65 / -117		-80 / -142		-100 / -174		-120 / -207		-145 / -245			-170 / -285
d 10	-65 / -149		-80 / -180		-100 / -220		-120 / -260		-145 / -305			-170 / -355
▼f 7	-20 / -41		-25 / -50		-30 / -60		-36 / -71		-43 / -83			-50 / -96
f 8	-20 / -53		-25 / -64		-30 / -76		-36 / -90		-43 / -106			-50 / -122
▼h 7	0 / -21		0 / -25		0 / -30		0 / -35		0 / -40			0 / -46
h 8	0 / -33		0 / -39		0 / -46		0 / -54		0 / -63			0 / -72
▼h 9	0 / -52		0 / -62		0 / -74		0 / -87		0 / -100			0 / -115
▼h 11	0 / -130		0 / -160		0 / -190		0 / -220		0 / -250			0 / -290
▼js 6	±6.5		±8		±9.5		±11		±12.5			±14.5
js 7	±10		±12		±15		±17		±20			±23
▼k 6	+15 / +2		+18 / +2		+21 / +2		+25 / +3		+28 / +3			+33 / +4
k 7	+23 / +2		+27 / +2		+32 / +2		+38 / +3		+43 / +3			+50 / +4
m 6	+21 / +8		+25 / +9		+30 / +11		+35 / +13		+40 / +15			+46 / +17
m 7	+29 / +8		+34 / +9		+41 / +11		+48 / +13		+55 / +15			+63 / +17
▼n 6	+28 / +15		+33 / +17		+38 / +20		+45 / +23		+52 / +27			+60 / +31
n 7	+36 / +15		+42 / +17		+50 / +20		+58 / +23		+67 / +27			+77 / +31
▼r 6	+41 / +28		+50 / +34		+60 / +41	+62 / +34	+73 / +51	+76 / +54	+88 / +63	+90 / +65	+93 / +68	+106 / +77
r 7	+49 / +28		+59 / +34		+71 / +41	+73 / +43	+86 / +51	+89 / +54	+103 / +63	+105 / +65	+108 / +68	+123 / +77

注:标注▼者为优先公差带,应优先选用。

附表 8　配合的应用

配　　合	特点与应用	装配方法
$\dfrac{H7}{s6}$	受重载、大冲击载荷、转速较高时仍能保持零件的相对位置	压力机装配
$\dfrac{H7}{r6}$、$\dfrac{H7}{n6}$	受冲击、振动时能保证相互对中,用于轮芯与齿圈的配合,或不常拆卸的轴毂配合	压力机或锤装配
$\dfrac{H7}{m6}$、$\dfrac{H7}{k6}$	能保证在载荷平稳下零件相互对中,用于较常拆卸的轴毂连接,如齿轮与轴,联轴器与轴	压力机或锤装配
$\dfrac{H7}{js6}$	用于需保证相配零件对中和经常拆卸的轴毂连接	木槌装配

附表 9　直线度、平面度公差值(摘自 GB/T 1184—1996)　　　　　　　　μm

公差等级	主参数 /mm										应用举例
	≤10	>10 ~16	>16 ~25	>25 ~40	>40 ~63	>63 ~100	>100 ~160	>160 ~250	>250 ~400	>400 ~630	
5	2	2.5	3	4	5	6	8	10	12	15	平面磨床导轨、液压龙门刨及六角车床导轨,柴油机进排气门导杆
6	3	4	5	6	8	10	12	15	20	25	普通机床导轨及柴油机机体的接合面
7	5	6	8	10	12	15	20	25	30	40	机床床头箱、镗床工作台、液压泵泵盖
8	8	10	12	15	20	25	30	40	50	60	机床主轴箱及减速机箱体的接合面、油泵、轴系支承轴承的接合面
9	12	15	20	25	30	40	50	60	80	100	辅助机构或手动机械的支承面、柴油机缸体和连杆的分离面
10	20	25	30	40	50	60	80	100	120	150	床身底面,液压管件和法兰的连接面

注:直线度以棱线、素线和回转表面的轴线长度作为主参数;平面度以矩形平面的较长边、以圆平面的直径作为主参数。

附表 10 圆度、圆柱度公差值（摘自 GB/T 1184—1996） μm

公差等级	主参数 /mm									应用举例
	>18 ~30	>30 ~50	>50 ~80	>80 ~120	>120 ~180	>180 ~250	>250 ~315	>315 ~400	>400 ~500	
5	2.5	2.5	3	4	5	7	8	9	10	安装6和0级滚动轴承的配合面,中等压力下的液压装置工作面(包括泵、压缩机的活塞和气缸),风动绞车曲轴,通用减速机轴颈,一般机床主轴
6	4	4	5	6	8	10	12	13	15	
7	6	7	8	10	12	14	16	18	20	发动机的胀圈和活塞销及连杆装衬套的孔等,千斤顶或压力油缸活塞,水泵及减速机轴颈,液压传动系统的分配机构
8	9	11	13	15	18	20	23	25	27	
9	13	16	19	22	25	29	32	36	40	起重机、卷扬机用的滑动轴承,带软密封的低压泵的活塞和气缸,通用机械杠杆、拖拉机的活环塞与套筒孔
10	21	25	30	35	40	46	52	57	63	
11	33	39	46	54	63	72	81	89	97	

注:以圆柱、球、圆的直径作为主参数。

附表 11 平行度、垂直度公差值（摘自 GB/T 1184—1996） μm

公差等级	主参数 /mm								应用举例	
	>25 ~40	>40 ~63	>63 ~100	>100 ~160	>160 ~250	>250 ~400	>400 ~630	>630 ~1 000	平行度	垂直度
4	6	8	10	12	15	20	25	30	普通机床基准与工作面,高精度轴承座圈、端盖、挡圈的端面,一般减速器箱体孔	普通机床导轨、气缸支承端面,装4、5级轴承的箱体的凸肩
5	10	12	15	20	25	30	40	50		
6	15	20	25	30	40	50	60	80	一般机床零件工作面或基准,中等精度钻模的工作面,变速箱箱体孔,重型机械轴承盖的端面	6、0级轴承的箱体孔轴线,低精度机床主要基准面和工作面
7	25	30	40	50	60	80	100	120		
8	40	50	60	80	100	120	150	200		

公差等级	主参数 /mm								应用举例	
	>25 ~40	>40 ~63	>63 ~100	>100 ~160	>160 ~250	>250 ~400	>400 ~630	>630 ~1000	平行度	垂直度
9	60	80	100	120	150	200	250	300	低精度零件、重型机械滚动轴承端盖、柴油机的曲轴孔、轴颈等	减速器箱体平面、花键轴轴肩端面
10	100	120	150	200	250	300	400	500		

注:以被测要素的直径或长度作为主参数。

附表 12　同轴度、对称度、圆跳动公差值(摘自 GB/T 1184—1996) μm

公差等级	主参数 /mm								应用举例
	>3 ~6	>6 ~10	>10 ~18	>18 ~30	>30 ~50	>50 ~120	>120 ~250	>250 ~500	
4	2	2.5	3	4	5	6	8	10	机床主轴轴颈、汽轮机主轴
5	3	4	5	6	8	10	12	15	尺寸按 IT6 制造的零件,机床轴颈,汽轮机主轴,高精度高速轴,6 级精度齿轮轴的配合面
6	5	6	8	10	12	15	20	25	尺寸按 IT6、7 制造的零件,内燃机曲轴,水泵轴及 7 级精度齿轮轴的配合面
7	8	10	12	15	20	25	30	40	尺寸按 IT7、8 制造的零件,普通精度的高速轴(1 000 r/min 以下),8 级精度齿轮的配合面
8	12	15	20	25	30	40	50	60	9 级精度以下齿轮轴的配合面,水泵叶轮,离心泵泵体,以及通常按尺寸精度 IT9 制造的零件
9	25	30	40	50	60	80	100	120	内燃机气缸套配合面,自行车中轴
10	50	60	80	100	120	150	200	250	内燃机活塞环槽底径对活塞中心,气缸套外圈及内孔

注:以被测要素的直径或宽度作为主参数。

附表 13　中心距极限偏差 $\pm f_a$ 值

μm

第 1 公差组精度等级		1~2	3~4	5~6	7~8	9~10	11~12
f_a		$\frac{1}{2}$IT 4	$\frac{1}{2}$IT 6	$\frac{1}{2}$IT 7	$\frac{1}{2}$IT 8	$\frac{1}{2}$IT 9	$\frac{1}{2}$IT 11
齿轮副的中心距/mm	>6~10	2	4.5	7.5	11	18	45
	>10~18	2.5	5.5	9	13.5	21.5	55
	>18~13	3	6.5	10.5	16.5	26	65
	>30~50	3.5	8	12.5	19.5	31	80
	>50~80	4	9.5	15	23	37	95
	>80~120	5	11	17.5	27	43.5	110
	>120~180	6	12.5	20	31.5	50	125
	>180~250	7	14.5	23	36	57.5	145
	>250~315	8	16	26	40.5	65	160
	>315~400	9	18	28.5	44.5	70	180

注:中心距极限偏差值沿用旧标准,仅作为参考。

附表 14　齿轮齿距累积总偏差 F_p、单个齿距偏差 $\pm f_p$ 和齿廓总偏差 F_α 值

μm

分度圆直径 d/mm	法向模数 m_n /mm	精 度 等 级											
		7	8	9	10	7	8	9	10	7	8	9	10
		F_p				$\pm f_p$				F_α			
50<d≤125	0.5≤m_n≤2	37	52	74	104	11	15	21	30	12	17	23	33
	2<m_n≤3.5	38	53	76	107	12	17	23	33	16	22	31	44
	3.5<m_n≤6	39	55	78	110	13	18	26	36	19	27	38	54
125<d≤280	0.5≤m_n≤2	49	69	98	138	12	17	24	34	14	20	28	39
	2<m_n≤3.5	50	70	100	141	13	18	26	36	18	25	36	50
	3.5<m_n≤6	51	72	102	144	14	20	28	40	21	30	42	60
280<d≤560	0.5≤m_n≤2	64	91	129	182	13	19	27	38	17	23	33	47
	2<m_n≤3.5	65	92	131	185	14	20	29	41	21	29	41	58
	3.5<m_n≤6	66	94	133	188	16	22	31	44	24	34	48	67

注:表中值仅供参考。

251

附表 15 　齿轮螺旋线总偏差 F_β 和径向跳动 F_r 值　　　　　　　μm

分度圆直径 d/mm	齿宽 b/mm	精 度 等 级				法向模数 m_n/mm	精 度 等 级			
		7	8	9	10		7	8	9	10
		F_β					F_r			
$50 < d \leqslant 125$	$20 < b \leqslant 40$	17	24	34	48	$0.5 \leqslant m_n \leqslant 2$	29	42	59	83
	$40 < b \leqslant 80$	20	28	39	56	$2 < m_n \leqslant 3.5$	30	43	61	86
						$3.5 < m_n \leqslant 6$	31	44	62	88
$125 < d \leqslant 280$	$20 < b \leqslant 40$	18	25	36	50	$0.5 \leqslant m_n \leqslant 2$	39	55	78	110
	$40 < b \leqslant 80$	21	29	41	58	$2 < m_n \leqslant 3.5$	40	56	80	113
						$3.5 < m_n \leqslant 6$	41	58	82	115
$280 < d \leqslant 560$	$20 < b \leqslant 40$	19	27	38	54	$0.5 \leqslant m_n \leqslant 2$	51	73	103	146
	$40 < b \leqslant 80$	22	31	44	62	$2 < m_n \leqslant 3.5$	52	74	105	148
	$80 < b \leqslant 160$	26	36	52	73	$3.5 < m_n \leqslant 6$	53	75	106	150

注：表中值仅供参考。

附表 16 　齿轮切齿时的径向进刀公差 b_r

齿轮精度等级	6	7	8	9	10
b_r	1.26 IT8	IT 9	1.26 IT9	IT10	1.26 IT10

注：标准公差值 IT 按齿轮分度圆直径查取。

附表 17 　普通平键、键槽的尺寸（摘自 GB/T 1095—2003、GB/T 1096—2003）

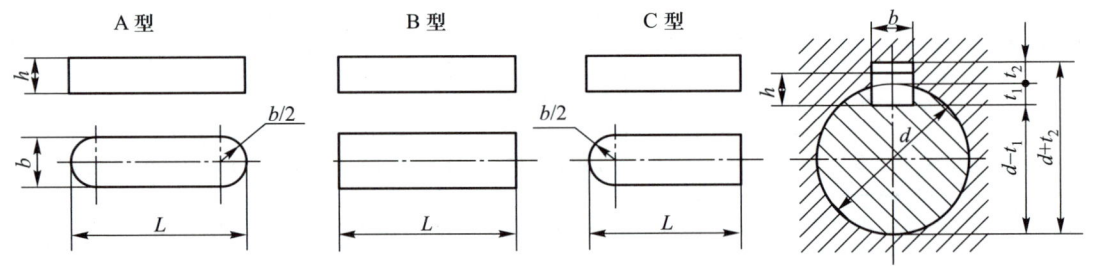

标记示例：

　　$b = 10$ mm、$h = 8$ mm、$L = 56$ mm 普通 A 型平键的标记为：GB/T 1096 键 10×8×56

　　$b = 10$ mm、$h = 8$ mm、$L = 56$ mm 普通 B 型平键的标记为：GB/T 1096 键 B10×8×56

　　$b = 10$ mm、$h = 8$ mm、$L = 56$ mm 普通 C 型平键的标记为：GB/T 1096 键 C10×8×56

轴	键	键　槽								
		宽度 b							深　度	
轴径 d/mm	键尺寸 b×h /mm×mm	基本尺寸 b/mm	极限偏差					轴 t_1	毂 t_2	极限偏差
			正常连接		紧密连接	松连接				
			轴 N9	毂 JS9	轴和毂 P9	轴 H9	毂 D10	基本尺寸	基本尺寸	
>10~12	4×4	4	0 −0.030	±0.015	−0.012 −0.042	+0.030 0	+0.078 +0.030	2.5	1.8	+0.1 0
>12~17	5×5	5						3.0	2.3	
>17~22	6×6	6						3.5	2.8	
>22~30	8×7	8	0 −0.036	±0.018	−0.015 −0.051	+0.036 0	+0.098 +0.040	4.0	3.3	+0.2 0
>30~38	10×8	10						5.0	3.3	
>38~44	12×8	12	0 −0.043	±0.022	−0.018 −0.061	+0.043 0	+0.120 +0.050	5.0	3.3	
>44~50	14×9	14						5.5	3.8	
>50~58	16×10	16						6.0	4.3	
>58~65	18×11	18	0 −0.052	±0.026	−0.022 −0.074	+0.052 0	+0.149 +0.065	7.0	4.4	
>65~75	20×12	20						7.5	4.9	
>75~85	22×14	22						9.0	5.4	
>85~95	25×14	25						9.0	5.4	
>95~100	28×16	28						10.0	6.4	
键的长度系列	6,8,10,12,14,16,18,20,22,25,28,32,36,40,45,50,56,63,70,80,90,100,110,125,140, 160,180,200,220,250,280,320,360									

注:① 在零件图中,轴槽深度用 $d-t_1$ 标注,轮毂槽深度用 $d+t_2$ 标注。$d-t_1$ 和 $d+t_2$ 尺寸的极限偏差按相应的 t_1 或 t_2 的极限偏差选取,但 $d-t_1$ 的极限上偏差为 0,极限下偏差取负号,−0.1 或 −0.2。

② 键槽对轴线的对称度公差按公差等级 7~9 级确定。

参 考 文 献

[1] 谭庆昌,贾艳辉,王顺.机械设计[M].5 版.北京:高等教育出版社,2024.

[2] 西北工业大学机械原理及机械零件教研室.机械原理[M].9 版.北京:高等教育出版社,2021.

[3] 黄平,朱文坚.机械设计基础[M].1 版.北京:清华大学出版社,2012.

[4] 陈晓华,陈炳锟.机械精度设计与检测[M].4 版.北京:中国质量标准出版社,2022.

[5] 国家市场监督管理总局,国家标准化管理委员会.普通和窄 V 带传动 第 1 部分 基准宽度制:GB/T 13575.1—2022[S].北京:中国标准出版社,2022.

[6] 成大先.机械设计手册[M].6 版.北京:化学工业出版社,2016.

[7] 国家市场监督管理总局,国家标准化管理委员会.直齿轮和斜齿轮承载能力计算 第 1 部分 基本原理、概述及通用影响系数:GB/T 3480.1—2019[S].北京:中国标准出版社,2019.

[8] 国家市场监督管理总局,国家标准化管理委员会.直齿轮和斜齿轮承载能力计算 第 2 部分 齿面接触强度(点蚀)计算:GB/T 3480.2—2021[S].北京:中国标准出版社,2021.

[9] 国家市场监督管理总局,国家标准化管理委员会.直齿轮和斜齿轮承载能力计算 第 3 部分 齿轮弯曲强度计算:GB/T 3480.3—2021[S].北京:中国标准出版社,2019.

[10] 朱爱华.机械设计基础案例教程[M].1 版.北京:机械工业出版社,2015.

[11] 温诗铸,黄平,田煜,等.摩擦学原理[M].5 版.北京:清华大学出版社,2018.

[12] 于骏一,邹青.机械制造技术基础[M].2 版.北京:机械工业出版社,2009.

[13] 杨可桢,程光蕴等.机械设计基础[M].7 版.北京:高等教育出版社,2020.

[14] 寇尊权,王多.机械设计课程设计[M].2 版 北京:机械工业出版社,2011.

[15] 诺顿.机械设计:第 5 版[M].黄平,李静蓉,翟敬梅,等译.北京:机械工业出版社,2015.